DORIS LESSING

Werkauswahl

Band 15

DORIS LESSING

Essays, Gespräche, kleine Schriften

Aus dem Englischen von Barbara Christ,
Adelheid Dormagen, Elke Hosfeld, Regine Laudann,
Manfred Ohl, Hans Sartorius
und Sabine Schulte

Ι Hoffmann und Campe Ι

Redaktion der Werkauswahl: Barbara Christ

1. Auflage 2013
Copyright © by Doris Lessing
Detaillierter Textnachweis für die
einzelnen Texte siehe Seite 443 ff.
Copyright dieser Ausgabe © 2013
by Hoffmann und Campe Verlag, Hamburg
Satz: pagina GmbH, Tübingen
Druck und Bindung: Friedrich Pustet, Regensburg
Printed in Germany
ISBN 978-3-455-40073-1

INHALT

MIT LEISER PERSÖNLICHER STIMME

Der Beitrag erschien erstmals in dem von Tom Maschler
herausgegebenen Sammelband Declaration, *London 1957,*
in dem sich auch andere Autoren zur gesellschaftlichen Rolle
des Romans äußerten.

Wenn man im Jahre 1957 sagt, man glaubt, Künstler sollten sich engagieren, dann erweckt man Misstrauen und Ablehnung, denn es gibt viele schlechte Romane, Bilder und Filme, die unter dem Banner des Engagements produziert werden. Außerdem ist es eine im Moment verbreitete Reaktion, auf den sozialistischen Kunstjargon ablehnend zu reagieren, da dessen Wörter und Sätze durch ein zweitklassiges Nachgeplapper so abgenutzt sind, dass viele von uns den Jargon überhaupt nur widerwillig und mit Nervosität benutzen. Diese Reaktion ist so nachdrücklich und prompt, dass man heute nur auf dem Podium sagen muss, man glaube immer noch an die Klassenanalyse der Gesellschaft und daher auch der Kunst, kurz gesagt, man sei Marxist, und neun von zehn im Publikum vermuten sofort, dass man sich unter Romanen einfache Traktate über Fabriken oder Streiks oder ökonomische Ungerechtigkeit vorstellt.

Ich sehe keinen Grund, warum gute Schriftsteller, wenn sie eine Neigung dazu haben, nicht wütende Protestromane gegen ökonomische Ungerechtigkeit schreiben sollen. Viele gute Schriftsteller haben das getan. Dickens wurde zum Beispiel oft durch Armut und Ungerechtigkeit inspiriert. Romane wie *Germinal* oder *Der Dschungel* sind nicht zu verachten. Ein Schriftsteller mag durch sein naturgegebenes Talent dazu getrieben sein, das, was vorher eine einfache moralische Fabel gewesen sein mag, in etwas weit Mächtigeres zu verwandeln. Oder sein Talent erlaubt lediglich den groben Protest. Aber Propagandaliteratur, religiöse oder politische, ist so alt wie die

Literatur selbst, und sie war manchmal gut und manchmal schlecht.

In letzter Zeit war sie sehr schlecht; und aus diesem Grund ist der Gedanke des Engagements in Verruf geraten. Aber zumindest wird darüber diskutiert, und das ist gut so: Polemik im Bereich der Kunst oder in anderen Bereichen ist immer ein Zeichen von Gesundheit.

Polemik im Bereich der Kunst muss einbeziehen, was in kommunistischen Ländern geschehen ist, wo sozialistische Kunsttheorien in die Praxis umgesetzt worden sind. Die »schwierigen Neubewertungen«, die in allen sozialistischen Bewegungen aufleben, sind eine zukunftsträchtige Kraft; denn ich glaube nicht, dass sich die Menschen so stark voneinander abschotten lassen, dass Neubewertungen, ob schwierig oder nicht, nur in einem bestimmten Bereich wirken, ohne gleichzeitig nicht auch woanders denkende Menschen zu beeinflussen.

Als Schriftstellerin beschäftige ich mich vorrangig mit Romanen und Erzählungen, obwohl ich glaube, dass sich die Künste ständig untereinander beeinflussen und dass das, was für eine Kunstrichtung einer bestimmten Epoche zutrifft, auch auf andere Kunstformen übertragen werden kann. Mir geht es darum, dass der Roman und die Erzählung als Kunstformen nach der Blütezeit der Literatur nicht noch weiter verfallen; ich möchte, dass sie ihre Bedeutung wiedergewinnen. Für mich war der Roman des neunzehnten Jahrhunderts der Höhepunkt der Literatur, die Werke von Tolstoi, Stendhal, Dostojewski, Balzac, Turgenjew und Tschechow; die Werke der großen Realisten. Ich definiere Realismus als die Kunst, die so vital und natürlich einer tief fundierten, wenn auch nicht notwendigerweise intellektuell definierten Lebensauffassung entspringt, dass sie den Symbolismus absorbiert. Meiner Ansicht nach ist der realistische Roman und die realistische Erzählung die höchste Form der Prosa; der Realismus ist unvergleichlich bedeutsamer als Expressionismus, Impressionismus, Symbolismus, Naturalismus oder sonstige -ismen.

Die großen Männer des neunzehnten Jahrhunderts hatten weder Religion noch politische Interessen noch ästhetische Prinzipien gemein. Aber was sie gemeinsam hatten, war ein Klima der ethischen Überzeugung; sie teilten bestimmte Werte; sie waren Humanisten. Ein Roman des neunzehnten Jahrhunderts ist als Roman des neunzehnten Jahrhunderts an seinem moralischen Klima erkennbar.

Wenn es etwas gibt, das die moderne Literatur kennzeichnet, dann ist es die Verwirrung der ethischen Normen und die Ungewissheit der Werte. Es würde einem Schriftsteller heute schwerfallen, Ausdrücke von Balzac, wie »erhabene Tugend« oder »Ungeheuer an Boshaftigkeit«, ohne Befangenheit zu gebrauchen. Wörter können, so scheint es, nicht mehr einfach und natürlich benutzt werden. Alle großen Wörter wie Liebe, Hass, Leben, Tod, Reue, Betrug tragen ihren Gegensatz in sich und implizieren zugleich Nuancen von fragwürdiger Bedeutung. Wörter sind so unangemessen geworden, unseren Erfahrungsreichtum auszudrücken, dass der einfachste Satz, den man in einem Bus mithört, nachhallt, als ob die Wörter gegen ein Kliff geschrien würden. Die eine Sicherheit, die wir alle akzeptieren, ist der Zustand der Unsicherheit und Ungewissheit. Es ist schwer geworden, moralische Urteile zu fällen, Wörter wie gut und böse zu gebrauchen.

Dennoch habe ich Tolstoi, Stendhal, Balzac und die anderen Großen immer wieder gelesen. Das tun die meisten Menschen, die ich kenne, Linke oder Rechte, engagiert oder nicht engagiert, religiös oder atheistisch, Menschen, die zumindest gemeinsam haben, Romane so zu lesen, wie ich glaube, dass Romane gelesen werden sollten: zur Erhellung, um die eigene Wahrnehmung des Lebens zu erweitern.

Warum? Weil wir nach Gewissheiten suchen? Weil wir in eine relativ unkomplizierte Welt zurückkehren möchten? Weil es uns ein Sicherheitsgefühl gibt, Balzacs donnernde Urteilssprüche über Schuld und Unschuld zu hören oder beispielsweise mit Dostojewskis *Schuld und Sühne* die Möglichkeiten der moralischen Anarchie zu entdecken, nur um am Ende die Ordnung mit den einfachsten Aussagen über den Glauben an Vergebung, Sühne und Erlösung wiederhergestellt zu finden?

Vor Kurzem habe ich einen amerikanischen Roman gelesen, der mir gefiel; er war witzig, intelligent, ohne Selbstmitleid und mutig. Als ich ihn jedoch zur Seite legte, wusste ich, dass ich ihn nicht noch einmal lesen würde. Ich fragte mich, warum nicht, welche meiner Forderungen der Autor nicht einlöse? Warum war ich mit nahezu allen modernen Romanen, die ich las, unzufrieden? Warum würde ich, wenn ich nur für mich läse und nicht zur Information, beginnen, *Krieg und Frieden* oder *Rot und Schwarz* noch einmal zu lesen?

Wird die Frage so direkt gestellt, scheint mir die Antwort klar. Ich suchte nicht nach einer Bekräftigung aller ethischen Werte, von denen ich viele nicht akzeptiere; ich war nicht auf der Suche nach den Freuden der Vertrautheit. Ich suchte nach Wärme, Mitgefühl, Menschlichkeit – jener Liebe zu den Menschen, die die Literatur des neunzehnten Jahrhunderts durchzieht und die alle diese alten Romane zu einer Erklärung des Glaubens an den Menschen selbst macht.

Diese Qualitäten fehlen meiner Meinung nach der jetzigen Literatur.

Das meine ich, wenn ich sage, Literatur sollte engagiert sein. Es sind diese Qualitäten, die ich fordere und die, wie ich glaube, im Engagement wurzeln; denn ohne Glauben kann man nicht engagiert sein.

Für was engagiert sein? Nicht dafür, Propagandist einer politischen Partei zu sein. Ich sehe zwar keinen Grund, warum Schriftsteller in ihrer Rolle als Bürger nicht für eine politische Partei arbeiten sollten; aber sie sollten sich nicht verpflichtet fühlen, Parteipolitik öffentlich zu vertreten oder zu unterstützen, es sei denn, ihre privaten Leidenschaften als Schriftsteller veranlassen sie dazu: In diesem Fall kann die Leidenschaft, wenn die Autoren talentiert genug sind, aus Propaganda Literatur machen.

Wenn ein Schriftsteller Verantwortungsgefühl besitzt – als Mensch für andere Menschen, die er beeinflusst –, so muss er meiner Ansicht nach Humanist werden. Er muss sich selbst als Werkzeug der Veränderung zum Guten oder zum Schlechten empfinden. Jenes Bild vom schönen Sänger im Elfenbeinturm ist mir immer unehrlich erschienen. Der müsste damit zufrieden sein, sein Spiegelbild anzusingen, aber eine Erzählung oder einen Roman zu veröffentlichen ist eine kommunikative Handlung, ein Versuch, die eigene Persönlichkeit und die eigenen Anschauungen anderer Menschen aufzudrängen. Wenn ein Schriftsteller diese Verantwortung akzeptiert, dann muss er sich selbst als Architekten der Seele verstehen, um eine sozialistische Redewendung zu gebrauchen, eine Verantwortung, vor der keiner der Schriftsteller des neunzehnten Jahrhunderts zurückgeschreckt wäre.

Aber wenn man Architekt sein will, dann muss man eine Vorstellung von dem haben, was man baut, und diese Vorstellung muss dem Wesen der Welt, in der wir leben, entspringen.

Wir leben in einer Zeit, die so gefährlich, gewaltsam, explosiv und prekär ist, dass es fraglich ist, ob es bald überhaupt noch Menschen geben wird, die Bücher schreiben oder lesen. Es ist für uns alle eine Frage von Leben und Tod, und auf uns lastet die Drohung, dass, selbst wenn ein Verrückter uns nicht alle vernichtet, unsere Kinder deformiert oder geistesgestört geboren werden könnten. Wir leben an einem der großen Wendepunkte der Geschichte. In den letzten zwei Jahrzehnten hat der Mensch einen so revolutionären Fortschritt gemacht wie damals, als er sich zum ersten Mal aufrichtete. Gestern haben wir das Atom gespalten. Wir haben diese gewaltige Zitadelle der Macht angegriffen, die winzige Einheit, aus der sich das Universum zusammensetzt. Und deswegen sind der große Traum und der große Albtraum menschlichen Denkens Fleisch geworden und begleiten uns nun Tag und Nacht. Künstler sind die traditionellen Deuter der Träume und der Albträume, und dies ist nicht die Zeit, unserer selbst gewählten Verantwortung den Rücken zu kehren. Das aber täten wir, wenn wir uns weigerten, an den tiefen Ängsten, am Schrecken und an den Hoffnungen der Menschen überall Anteil zu nehmen.

Welches ist die Entscheidung, die vor uns liegt? Es geht nicht nur darum, das Böse zu verhindern, sondern darum, eine Vision des Guten, welche das Böse besiegen kann, zu entwerfen.

Schon bevor wir die Macht des Atoms freisetzten, so behaupten die sozialistischen Wirtschaftswissenschaftler, reichten die Produkte unserer Arbeit aus (das heißt, wenn sie von den künstlichen Einschränkungen unseres ökonomischen Systems befreit sind), alle Menschen auf der Welt zu ernähren und zu kleiden; die Menschheit hätte von Mangel und Plackerei befreit werden können, wenn wir die Maschinen frei hätten einsetzen können und ein Großteil des von uns produzierten Reichtums nicht für Waffen verschwendet worden wäre. Schon bevor wir das Atom spalteten, war der alte Traum eines von der Tyrannei des Hungers und der Kälte befreiten Menschen fast in greifbare Nähe gerückt.

Aber die Vorstellung eines freien Menschen, eines Lebens in Muße, bedeutet, aus dem, was wir sind, herauszutreten. Auf dieser Welt gibt es niemanden, der nicht von Angst und Unsicherheit geplagt wäre, und die Kompromisse des Denkens sind zwangsläufig durch Mangel und Furcht bestimmt. Die Menschen, die sich Muße nur in den Begriffen des Fußballspielens oder Fernsehens vorstellen können, diejenigen, die behaupten: »Man kann dem Menschen keine Freizeit geben, er weiß damit nichts anzufangen«, sind genauso Opfer der gegenwärtigen ökonomischen Entwicklung wie Lotteriespieler und zwanghafte Fernseher. Ihre Vorstellungen sind an ihre Notwendigkeiten gefesselt. Sklaven können die Freien beneiden; Sklaven können um die Freiheit ihrer Kinder kämpfen; aber plötzlich freigelassene Sklaven sind durch Gewohnheiten der Unterwerfung gekennzeichnet; und Sklaven, die sich die Freiheit vorstellen, sehen sie mit den Augen von Sklaven.

Ich bin überzeugt, dass wir alle vor einer offenen Tür stehen und dass die Geburt eines neuen, nicht von Plackerei verbogenen Menschen bevorsteht; eines Menschen, dessen Stolz sich nicht an seiner Fähigkeit misst, Arbeit und Verpflichtungen auf sich zu nehmen, die er hasst und die ihn langweilen, die geringer sind als das, was er tun könnte; eines Menschen, dessen Kraft nicht durch die Werte einer Leidensmystik bestimmt ist.

In ihrer Vorstellung lehnt die Welt bereits Hunger und Armut ab. Wir alle glauben, dass sie beseitigt werden können. Wenn sich die Menschen dareinfügen, mit weniger als dem Möglichen zu leben, ist das so schändlich, wie wenn ein Mensch sich entscheidet, hinter seinen Möglichkeiten zurückzubleiben, eine Nation, unter ihrer Würde zu leben.

Es gibt nur zwei Wege: Entweder wir entwickeln die notwendige Vorstellungskraft, zu werden, wozu wir fähig sind, oder wir unterwerfen uns den Männern des Big Business oder den sozialistischen Bürokraten, die vergessen haben, dass Sozialismus die Sehnsucht nach Güte und Mitgefühl bedeutet – und das letzte Ergebnis dieser Unterwerfung wird sein, dass wir uns selbst in die Luft jagen.

Gerade weil es so schwierig ist, uns selbst in die Möglichkeiten des alten Traums vom freien Menschen hineinzudenken, ist der Albtraum so stark. In dieser Welt kennt jeder Momente, in denen er die Zeitung zu Boden wirft, das Radio ausschaltet, dem Sprecher auf dem Podium nicht mehr zuhört, seine Hand ansieht und vom Schrecken erfasst wird. Die Hand eines weißen Mannes an die Wärme eines nördlichen Kaminfeuers gehalten; die Hand eines schwarzen Mannes in die starke Hitze der Sonne gehalten; wir sehen unsere arbeitenden Hände, braun und weiß, und dazu die Oberfläche einer Wand, den kalten Stein des Pflasters in der Stadt, die atmende Erde, die Bäume, die Blumen, das wachsende Getreide. Wir denken: Die kleinen Partikel der Materie meiner Hand, meines Körpers teile ich mit Wänden, Tischen, Straßen, Bäumen, Blumen, Erde … und plötzlich, zu jeder Zeit, könnte die Hand eines Irren auf einen Knopf drücken, und Körper und Erde und Blätter könnten anfangen, im Feuer der Zerstörung miteinander zu tanzen. Wir sind alle miteinander und mit allem in der Welt verwandt, es ist die Verwandtschaft einer möglichen Zerstörung. Und die Geschichte der letzten fünfzig Jahre macht deutlich, dass es für einen Wahnsinnigen keineswegs unmöglich ist, in eine Machtposition zu gelangen. Wir werden vom Bild verfolgt, dass eine idiotische Hand einen großen schwarzen Hebel herumlegt oder ein Daumen einen Knopf drückt, wenn der Tanz des Feuertodes in einem Land anfängt und sich über die ganze Erde ausbreitet; und über dieser Hand ist das konzentrierte fanatische Starren eines verrückten kranken Gesichts.

Selbst die Vision vom Verrückten ist noch nicht einmal so schlimm. Wir alle sind manchmal dieser Verrückte. Viele von uns haben schon einmal irgendwann, erschöpft von den Anstrengungen unseres Lebens, gesagt: »Um Himmels willen, drück auf den Knopf, leg den Hebel um, wir haben genug.« Da wir den Verrückten verstehen können – er ist ein Teil von uns –, können wir mit ihm zurechtkommen, er ist nicht so beängstigend wie jene andere Vorstellung: die von einem jungen gesichtslosen Techniker in anonymer Arbeitskleidung, der »Zu Befehl!« sagt und auf den Knopf drückt. Der unbekannte Techniker, einer aus der wachsenden Armee jener, die die Todesabteilungen bemannen, trägt keine Verantwortung. Er kann den Schalter betätigen, und dabei sucht er, über die Schulter blickend, nach einer Bestätigung des Vorsitzenden des Komitees, der ihm den Befehl dazu erteilt hat. Und das Komitee folgt einem anderen Komitee. Und der Vorsitzende dieses höchsten Komitees, einer dieser kleinen Halbmenschen mit ihren betont demokratischen Gesichtern, die wir aus Nachrichtenfilmen kennen – dieser Vorsitzende wird sagen: »Ich vertrete das Volk.« Und das Volk ist der braune Mann, der unter einem Baum sitzt und seinen Arm der Sonne entgegenstreckt und sich denkt, dass die Wärme der großen Sonne auch der Wärme der letzten Hitzeexplosion entspricht; das Volk bin ich.

Jetzt, im März 1957, entscheidet die britische Regierung, die Tests der Wasserstoffbombe fortzusetzen, auch wenn ungeborene Kinder dadurch bedroht werden. Und von den Männern, die diese Entscheidung zu verantworten haben, sagt bestimmt niemand: Meinetwegen werden Tausende von Kindern verkrüppelt, blind, taub oder geistesgestört auf die Welt kommen. Sie sind Komiteemitglieder. Als Individuen tragen sie keine Verantwortung. Sie repräsentieren mich. Aber ich lehne ihr Tun ab. Ich kenne keinen Menschen und habe nie einen gekannt, der als Individuum zustimmen würde, jenen Hebel zu betätigen, der ungeborene Kinder in Monster verwandelt. Wir sind uns alle der schrecklichen Kluft zwischen öffentlichem und privatem Gewissen bewusst, und solange sie nicht überbrückt wird, sind wir vor dem mordenden Verrückten oder dem anonymen Techniker nicht sicher. Aber wie kommt es zu dieser Kluft? Zum Teil, so glaube ich, haben wir uns so sehr auf den Tod und die Angst konzentriert, dass wir nicht mehr versucht haben, uns vorzustellen, wie ein Leben ohne Leidensdruck sein könnte. Und die Künstler waren mit diesem Albtraum dermaßen beschäftigt, dass sie keine Zeit fanden, die alten Utopien neu zu schreiben. Der Adel der Menschheit besteht aus ihren Siegen über das Leiden. Wir sind durchdrungen vom Glanz des Leidens und können uns Glück nur als die Langeweile eines Vorstadtsonntags vorstellen.

Dennoch gab es viele Versuche, die Kluft zu füllen. Man kann von den literarischen Produkten des sozialistischen Weltdrittels kaum behaupten, dass es ihnen an Optimismus fehlt. Jeder, der sie untersucht hat, kennt diesen fröhlichen, unbeschwerten und sonderbar emotionslosen Roman über den kollektiven Betrieb, die Fabrik, den Fünfjahresplan, der an nichts mehr erinnert als an einen kleinen Jungen, der im Dunkeln pfeift. Die einfache Forderung nach einfachen, hoffnungsvollen Aussagen erzeugt eine Kunst, die so unerträglich langweilig und falsch ist, dass man sie gähnend liest und sich wieder Tolstoi zuwendet.

Inzwischen sind die besten und lebendigsten Werke der westlichen Literatur verzweifelte Feststellungen emotionaler Anarchie. Wenn das typische Produkt kommunistischer Literatur der letzten zwei Jahrzehnte der fröhliche kleine Traktat über den ökonomischen Fortschritt ist, dann mag für die westliche Literatur der Roman oder das Theaterstück typisch sein, die man mit entsetztem Mitleid für die ganze Menschheit liest oder sieht. Wenn Schriftsteller wie Camus, Sartre, Genet, Beckett auch noch etwas anderes als müdes Mitleid für die Menschen empfinden, dann ist das aus ihren Werken nicht ersichtlich.

Ich glaube, der Luxus der Verzweiflung und die Akzeptanz des Ekels gehen genauso an dem, was ein Schriftsteller sein sollte, vorbei wie die Übernahme einer simplen ökonomischen Sicht des Menschen; beide sind Aspekte der Feigheit, beide sind Abweichungen von einer zentralen Vision, es sind die Fluchtwege unserer Zeit in eine falsche Unschuld. Sie sind die beiden Seiten der gleichen Münze. Man sieht den Menschen als isoliertes Individuum, kommunikationsunfähig, hilflos und vereinzelt, oder als Kollektivmenschen mit einem kollektiven Gewissen. Ich glaube, zwischen diesen beiden befindet sich ein Ruhepunkt, ein Ort der Entscheidung, schwer erreichbar und immer in seinem Gleichgewicht gefährdet. Das Gleichgewicht muss immer wieder überprüft und neu hergestellt werden. Im Wirbel der Veränderung kann man keine endgültigen Urteile oder absoluten Wertaussagen treffen. Der Ruhepunkt sollte darin bestehen, dass der Autor den Menschen anerkennt, das verantwortliche Individuum, das seinen Willen aus freien Stücken dem Kollektiv unterwirft – jedoch nie endgültig – und vor jedem Unterwerfungsakt auf seinem eigenen persönlichen und privaten Urteil insistiert.

Ich glaube, dass ein Schriftsteller, der seit Jahren emotional in den grundlegenden ethischen Konflikt des Kommunismus verwickelt ist – den zwischen dem kollektiven und dem individuellen Gewissen –, besonders gerüstet ist, über die Gefahren zu schreiben, die dem »Engagement« eigen sind. Der Schriftsteller, der sich durch Angst oder ökonomischen Druck zum Schweigen bringen lässt, ist der Rede nicht wert; dieses Problem ist einfach, und die Gefahren sind leicht erkennbar. Gefährlich ist die innere Treue gegenüber einer Instanz, die als größer als das eigene Selbst empfunden wird. Ich erinnere mich, dass in Moskau diese Frage diskutiert wurde und ein Schriftsteller auf die Anschuldigung, die Partei habe ihn gezwungen, Falsches zu schreiben, erwiderte: »Niemand zwingt uns. Unser Bewusstsein steht im Dienst des Volkes. Wir entwickeln einen inneren Zensor.« Dieser innere Zensor ist der Feind.

Die gleiche Haltung wurde differenzierter in einem anderen Gespräch vertreten, das ich mit einem der bekannten sowjetischen Schriftsteller einige Monate vor dem XX. Parteitag führte. Er hatte mir von seinen Erfahrungen in den dreißiger Jahren erzählt. Weil er sich geweigert hatte, über einige seiner Kollegen

Informationen zu liefern, hatte er zwei Jahre lang unter sozialer Ächtung gelitten. Er war kein Kommunist, aber er fühlte sich den kommunistischen Idealen tief verbunden. Ich fragte ihn, ob er über seine Erlebnisse geschrieben habe, und sagte, dass die sowjetische Literatur seit Scholochow viele interessante kleine Bücher hervorgebracht habe, aber kein einziges den großen Konflikt zwischen Gut und Böse beschreibe, der immer noch in diesem Land ausgefochten werde. Ich sagte, ich könnte verstehen, dass solche Bücher jetzt nicht veröffentlicht werden könnten, aber dass eine Zeit kommen würde, in der sie veröffentlicht werden würden. Er antwortete: »Wie könnte ich darüber schreiben? Es war zu schmerzhaft, zu schwierig zu erkennen, was richtig und was falsch war.« Ich sagte, dass die Literatur seines Landes verarmen würde, wenn Leute wie er über diesen Kampf schwiegen. Er sagte: »Um über solches Leiden zu schreiben, um von solchen Qualen zu schreiben, bedarf es der Objektivität, über die nur ein zweitklassiger Schriftsteller verfügt. Ein großer Schriftsteller hat ein warmes Herz, das ihn an den tiefsten Qualen und Leiden seines Volkes Anteil nehmen lässt. Aber von dieser Erfahrung weit genug zurückzutreten, um darüber zu schreiben, bedeutete eine Kälte des Herzens.« Ich antwortete, das, was er da sage, laufe auf eine neue Kunsttheorie hinaus. Daraufhin meinte er: »Die Kunst sorgt für sich selbst. Kunst wird sich immer wieder in verschiedenen Formen neu erschaffen. Aber es gibt Zeiten, in denen die Menschheit so jämmerlich und so entblößt ist, dass die Kunst bereit sein sollte, zurückzutreten und zu warten. Kunst ist arrogant, wenn sie nicht bereit ist, zurückzutreten.«

Nach meinem tiefsten und persönlichsten Gefühl ist genau dies der Punkt, wo sich das »Engagement« an den Pragmatismus verrät. Wenn man einmal zulässt, dass »Kunst bereit sein sollte, zurückzutreten«, werden die kleinen Traktate über Fortschritt, der falsche Optimismus, die grauenhaft leblosen Erzeugnisse des sozialistischen Realismus unvermeidlich.

Menschen, die durch das kommunistische Ethos beeinflusst worden sind oder in seinem Einflussbereich gelebt haben, werden die komplexen Emotionen, die schwierigen Loyalitäten verstehen, die sich hinter dem, was dieser sowjetische Schriftsteller sagte, verbergen. Für mich ist es deprimierend, dass die jüngeren Menschen dafür kein Verständnis haben. Das ist die wirkliche Kluft zwischen meiner Generation und, um willkürlich einen Punkt herauszugreifen, den Menschen unter dreißig. Indem sie »Propaganda« ablehnen – denn das ist es, was sie zu tun glauben –, verschließen sie sich einem Verständnis dessen, was ich für den grundlegenden Konflikt unserer Zeit halte. Das geistige Klima des Kalten Krieges hat eine Generation von jungen Intellektuellen erzeugt, die alles ablehnen, wofür der Kommunismus steht. Geistig schneiden sie sich von einem Drittel der Menschheit ab. Das ist eine Verarmung.

Diesen Konflikt versuche ich in meinem Romanzyklus »Kinder der Gewalt«, von dem bisher zwei Bände erschienen sind, zu untersuchen. Nicht ein einziger Kritiker hat verstanden, was ich seit dem ersten Kapitel für offensichtlich hielt. In ihm bemühte ich mich, das Thema klar und deutlich darzulegen: dass dies eine Studie des individuellen Gewissens in seiner Beziehung zum kollektiven Gewissen ist. Die Tatsache, dass kein Kritiker das gesehen hat, erstaunt mich natürlich nicht. Solange die Kritiker so »sensibel«, subjektiv und gleichgültig gegenüber allem anderen außer ihren eigenen privaten Empfindungen sind, gibt es in diesem Land keine Literaturkritik, die es wert wäre, ernst genommen zu werden. Gegenwärtig erinnern mich unsere Kritiker an viktorianische Damen, die ihre Bücherlisten aufstellen: Dies ist ein »anständiges« Buch; das ist kein »anständiges« Buch; die Gestalten sind »anständig«; oder sie sind nicht »anständig«.

Was wir nach meiner Überzeugung mehr als alles andere brauchen, ist eine ernst zu nehmende Literaturkritik. Die aufregendsten Epochen der Literatur waren immer diejenigen, in denen es große Kritiker gab.

Wir leben nicht in einer aufregenden, literarischen Epoche, sondern in einer glanzlosen. Wir produzieren keine Meisterwerke, sondern viele kleine, recht lebendige, intelligente Romane. Vor allem ist die gegenwärtige britische Literatur provinziell, und dies trotz des Auftauchens der »Zornigen jungen

Männer«. Ich gebrauche diesen Ausdruck nicht, weil ich glaube, dass er eine in irgendeiner Form angemessene Beschreibung wäre, sondern weil er sofort verstanden wird.

Wenn ich mich als Sozialistin darauf freue, dass die Arbeiterklasse sich zu Lesern und Schriftstellern ernster Literatur emanzipiert, so nicht, weil ich glaube, Bücher »über« Arbeiter wären besser als Bücher über Leute aus der Mittelklasse. Ich muss das betonen, weil immer angenommen wird, dass Sozialisten dies glaubten. Ich freue mich darauf, weil eine bislang wortlose Klasse, deren Sprache freigesetzt wird, neue Vitalität in die Literatur bringt. Aus diesem Grund war die Arbeit der »Zornigen jungen Männer« wie eine Injektion von Vitalität in den welken Arm der britischen Literatur. Sie drückt etwas Neues aus. Als ein Teil der Intelligenz, der die Werte der Mittelklasse verachtet, das Establishment ablehnt, sind sie erfrischend höhnisch und nicht bereit, sich durch Phrasen wie »guter Geschmack« tyrannisieren zu lassen. Trotzdem sind sie außerordentlich provinziell, und damit meine ich nicht, dass sie aus der Provinz kommen oder über sie schreiben. Ich meine, dass ihr Horizont der des britischen Lebens und der britischen Werte ist.

Ein Beispiel dafür ist John Braines Buch ... *und nähme doch Schaden an seiner Seele*, das mit Stendhals Werk verglichen wurde. Dieser Vergleich trifft genau den Punkt, den ich meine. Stendhals verbitterte opportunistische Helden suchen ihr unterschiedliches Schicksal im schmerzlichen Zwielicht der Reaktion, die der Französischen Revolution folgte. Die Größe von Stendhals Vision entspringt seinem bitteren Wissen um die Beschränktheit des Lebens nach dem Scheitern eines großen Entwurfs. Aber der Held in ... *und nähme doch Schaden an seiner Seele*, dessen Werte mit jenen Julien Sorels, als er sich korrumpieren lässt, durchaus vergleichbar sind, sieht sich nicht im Zusammenhang mit einer größeren Vision. Deswegen bleibt er unbedeutend.

Mir scheint, dass die Arbeiten aller neuen jungen Schriftsteller im Wesentlichen ein Protest gegen die Enge und Bedeutungslosigkeit sind, die vor ihnen liegen. Von Jimmy Porter bis Lucky

Jim sagen sie: »Ich bin zu gut für das, was mir geboten wird.«
Und in der Tat, sie sind es.

Zurzeit ist das Leben in Großbritannien kleinlich und frustrierend. Die Bewohner dieser Inseln sind freundlich, angenehm und tolerant; offensichtlich haben sie sich damit abgefunden, immer weiter in nobler Armut zu versinken, weil unsere Herrschenden darauf bestehen, einen großen Teil des von uns erzeugten Reichtums für Vorbereitungen des Krieges gegen den Kommunismus aufzuwenden; ein Krieg, der stattfindet, falls und wann die Vereinigten Staaten ihn wollen. Sie sind ein Volk, das die Gewohnheit, sich zu wehren, verloren hat. Sie emigrieren, aber sie rebellieren nicht oder zumindest nicht gegen das Grundsätzliche. Bei Arbeitskämpfen verhalten sich sogar sozialistische Zeitungen wie ängstliche Jungfern und ermahnen beide Seiten, ordentlich mitzuspielen, nicht die Regeln des Fair Play zu verletzen. Und die Arbeiter streiken, weil sich ihr Lebensstandard ständig verschlechtert, nicht etwa, weil ein Fünftel ihres Arbeitsertrags für Rüstung ausgegeben wird, die ohnehin gleich wieder veraltet. Sie streiken nicht, weil England ein reiches Land ist, das nur künstlich arm gehalten wird. Wenn es eine Strafexpedition gegen eine aufrührerische Kolonie gibt, brechen die jungen Männer folgsam dahin auf, denn sie sind erzogen worden, nicht zu denken. Sie marschieren, weil die Kriegserfahrung möglicherweise die einzige aufregende Erfahrung ist, der sie entgegensehen können. Die arbeitende Bevölkerung gewinnt ihre Lebensauffassung durch den Filter aggressiver Werbung, sexdurchtränkter Zeitschriften, heruntergekommener Filme und des Fernsehens. Die Mittelklasse bezieht ihre Kenntnisse durch eine Presse, die von *The Times* bis zum *New Statesman* von einem trägen Konformismus entkräftet ist, der Großbritannien wie eine Fäulnis angreift.

Dieses Land ist so abgrundtief engstirnig, dass Leute, die wie ich von außerhalb hierhergekommen sind, niemals aufhören, sich zu wundern. Weiß das britische Volk, dass überall in den Ländern, die so höflich als Commonwealth bezeichnet werden, Millionen von Menschen ständig darüber diskutieren und spekulieren, was in London zu diesem oder jenem Ereignis gesagt wird? Nein, und wenn sie es wüssten, wäre es ihnen gleichgültig. Ich erinnere mich, dass ich nachmittags einmal im Unterhaus war, als ein Problem der Kolonien debattiert wurde. Es waren mehr Afrikaner auf der Besuchertribüne als Parlamentarier im Saal, die den Fall für wichtig genug erachteten, ihren Sitz im Parlament einzunehmen.

Versteht die englische Arbeiterbewegung, dass Hunderttausende von intelligenten Menschen in den Kolonien, Menschen, deren Bewusstsein oft durch das fruchtbare Zeitalter der britischen Literatur geweckt worden ist – durch Dichter wie Shelley und Byron und Burns, Schriftsteller wie Dickens –, bei ihnen Hilfe und Rat suchen? Die Mehrzahl der Sozialisten interessiert sich nicht besonders für das, was in den Kolonien passiert. Wenn man in Großbritannien Politik diskutiert, ist man zur eigenen Verblüffung innerhalb von fünf Minuten dabei angelangt, dass der alte Freddie oder Tony zum Regieren nach New South Wales geschickt wird oder dass Genosse John oder Jack der nächste Gewerkschaftssekretär wird.

International zu denken bedeutet, halb neidisch und halb herablassend über die Vereinigten Staaten zu sprechen oder für Ungarn Geld zu sammeln oder in Europa Urlaub zu machen oder französische oder italienische Filme zu mögen.

Inzwischen brodelt und gärt die Welt.

Überall auf dieser enormen Landmasse, der Sowjetunion und China, ereignet sich die aufregendste Umgestaltung, die es jemals in der Geschichte gegeben hat. Es ist das größte Ereignis unserer Zeit, und wir alle haben Anteil daran. Aber, um einen jungen Intellektuellen von ungefähr fünfundzwanzig Jahren zu zitieren: »Dieses ganze Ding, meine Liebe, ist doch wirklich *vieux jeu*, nicht wahr? Ich mein, der Fortschritt und all das ist doch ein alter Hut.«

Und die aufregendsten und interessantesten Schriftsteller, die dieses Land hervorbringt, sind trotz ihrer Vitalität im Spießertum versunken.

Der Schriftsteller Kingsley Amis, zum Beispiel, behauptet, er beneide Autoren, die von einer Sache inspiriert sind: der Unabhängigkeit der Kolonien, zum Beispiel. Das ist der viktorianische Barmherzigkeitsgedanke; die Armen sind uns stets präsent als passende Objekte für erhebende Gefühle. Denn offensichtlich sieht Mr. Amis, obwohl er ein Waliser ist, Großbritannien nicht in enger Beziehung zu und in Wechselwirkung mit anderen Ländern. Mr. Amis sagt auch, Selbstinteresse sei das einzige authentische politische Motiv. Ohne jetzt auf eine psychologische Analyse von Motiven einzugehen, die immer zu vieldeutig ist, um nützlich zu sein, ist es eine Tatsache, dass in der ganzen Welt Leute, die durch den Sozialismus nichts zu gewinnen haben (Gewinn verstanden als Selbstinteresse, wie Mr. Amis den Begriff gebraucht), auf die eine oder andere Art und Weise Sozialisten wurden, es sind und es werden. Die meisten Leute, die ich in den letzten fünfzehn Jahren gekannt habe, verpflichten sich einer Sache, die gegen ihr Selbstinteresse verstößt. Großbritannien ist immer ein Land gewesen, dessen Menschen zu Kreuzzügen neigten, ob nun zu Hause oder im Ausland. Dies waren Menschen, die nichts zu gewinnen hatten – außer der Aufrechterhaltung ihres Selbstrespekts. Mr. Amis verallgemeinert ein Gefühl, das in Teilen seiner Generation verbreitet ist. Es ist eine zeitweilige Stimmung der Desillusionierung.

Auch der Schriftsteller Colin Wilson sieht keinen Grund, warum er Folgendes nicht sagen sollte: »Wie meine ganze Generation bin ich Antihumanist und Antimaterialist.« Mr. Wilson darf Antihumanist und Antimaterialist sein; aber es zeugt von seinem unbesiegbar britischen Provinzialismus, dass er meint, für seine ganze Generation zu sprechen. Tatsächlich sind, abgesehen von der winzig kleinen Untergruppe von Menschen, zu der Mr. Wilson zählt, viele junge Menschen sowohl Humanisten als auch Materialisten. Millionen junger Menschen in China, der Sowjetunion und Indien zum Beispiel. Und die Leidenschaften, die den jungen afrikanischen Nationalisten erregen, der gerade fünf Jahre des Lesens und Schreibens kundig ist, der den Fortschritt beim Bau der Staudämme in Indien und China verfolgt, weil er weiß, dass alles, was in anderen Ländern geschieht, sich direkt auf ihn auswirken wird, haben mit denen von Mr. Wilson wenig gemein. Mr. Wilson mag den Wunsch rückständiger Menschen, nicht zu verhungern, nicht ungebildet zu bleiben, eher uninteressant finden, aber er und Leute, die ihm ähnlich sind, sollten zumindest versuchen zu verstehen, dass dieser Wunsch existiert und welch großartige und kreative Kraft in ihm steckt, eine Kraft, die uns alle berühren wird.

Dann ist da Mr. Osborne, dessen Werk, wenn ich es richtig verstehe, ein leidenschaftlicher Protest gegen die Enge ist. Es gibt nichts Großes mehr, für das zu kämpfen sich lohnte. Sein Held, Jimmy Porter, ist zur Sinnlosigkeit verurteilt, weil er für die Französische Revolution zu spät geboren wurde. Zugegeben, Stendhal verkündete: »Glücklich die Helden, die vor 1804 starben«, aber das ist lange her. Da jedoch andere Menschen für Jimmy Porter in den dreißiger und vierziger Jahren gekämpft haben, gibt es für ihn nichts anderes mehr, als zu stagnieren und sich von Frauen aussaugen zu lassen. Ich denke, ich zitiere mehr oder minder korrekt.

Wenn aber der Punkt erreicht ist, wo uns, wenn auch ironisch, angeboten wird, den Krieg der Geschlechter als ernsten Ersatz für den gesellschaftlichen Kampf anzusehen, dann ist es an der Zeit, die Gründe dafür zu untersuchen. Gibt es vielleicht keine großen reinen Anliegen mehr? Vielleicht, aber andererseits kommen so einfache und klare Ereignisse wie der Sturm auf die Bastille in der Geschichte nicht so häufig vor. Und in den dreißiger Jahren ging viel an Leidenschaft in die großen Anliegen, die durch die Uneinigkeit der sozialistischen Bewegung kompliziert wurden; und in den vierziger Jahren waren die Leute bereit, ihr Leben zu opfern, um das Schlechte gegen das Schlimmere zu verteidigen.

Neulich traf ich ein Mädchen, das sagte, sie beneide mich, weil ich mindestens zehn Jahre lang an die Reinheit des Kommunismus glauben konnte, dieser Vorteil sei ihrer Generation verwehrt. Wir alle, sagte sie, lebten vom angesammelten Fett des sozialistischen Höckers. Sie war selbst Sozialistin, aber ohne jeglichen Enthusiasmus.

Aber was ist dieser sozialistische Höcker, von dem wir, die wir im mittleren Alter stehen, leben? Jemand hat einmal gesagt, es gebe nichts Arroganteres, als ein vollkommenes Ziel zu fordern, mit dem man sich identifizieren kann. Es stimmt, als ich 1942 Kommunistin wurde – emotional, nicht organisiert –, war meine Vorstellung vom Sozialismus, wie ihn die Sowjetunion entwickelte, um das Mindeste zu sagen, ungenau. Aber nach fünfzehn Jahren schmerzlicher Anpassung an die Realität besitze ich immer noch einen Optimismus, was die Zukunft angeht, der von den Leuten unter dreißig Jahren offensichtlich als unreif erachtet wird (das heißt: in Großbritannien). Vielleicht wird man, wenn man einmal Kommunist gewesen ist, zum Humanisten.

Eine Zeit lang dachte ich, dass ein Schlüssel zu dieser Desillusionierung im Vergleich unserer Zeit mit der Desillusionierung, die der Französischen Revolution folgte, gefunden werden könnte. Aus diesem Grund las ich Stendhal noch einmal. »Unrecht und Absurdität erzürnten ihn wider Willen, und noch wütender war er, weil es ihn erzürnte und weil er sich für diesen absurden und niederträchtigen Pöbel, der die überwiegende Mehrheit der Menschheit ausmacht, überhaupt interessierte.« – »Das macht der Parteigeist«, antwortet ihm Altamira. »Es gibt keine echten Leidenschaften mehr im neunzehnten Jahrhundert; deshalb langweilt man sich so sehr in Frankreich. Man begeht die größten Grausamkeiten, aber ohne Grausamkeit.« Solche Äußerungen klingen recht modern in unseren Ohren.

Wir sind alle, direkt oder indirekt, vom großen Wirbel der Veränderung erfasst; und ich glaube, wenn ein Künstler das in sich selbst einmal gespürt hat und sich als ein Teil der Veränderung gefühlt hat, wenn er einmal die notwendige Vorstellungskraft aufgebracht hat, sie zu verstehen, bedeutet dies das Ende der Verzweiflung und des fruchtlosen Selbstmitleids. Es ist der Anfang von etwas anderem, was, wie ich glaube, für einen Schriftsteller das Minimum an Demut ist: die Erkenntnis, dass man überhaupt Schriftsteller ist, weil man sich stellvertretend für viele Menschen artikuliert und dabei ständig und unsichtbar von jenen, die sprachlos sind, zu denen man gehört und denen man verantwortlich ist, genährt wird.

Da dies kein großes Zeitalter der Literatur ist, kann man leicht in Mutlosigkeit und Frustration verfallen. Eine Zeit lang war ich sehr deprimiert, weil ich es für möglich hielt, dass der Roman vielleicht überhaupt verschwinden würde. Er war ja mit der Mittelklasse entstanden und könnte mit der Mittelklasse sterben. Vor hundert Jahren warteten die Leute noch ungeduldig auf die nächste Fortsetzung eines Romans. Film und Fernsehen sind zu den populären Künsten hinzugekommen, wo der Roman einmal allein stand.

Aber die Romanschriftsteller haben einen Vorteil, der jedem anderen Künstler vorenthalten ist. Der Roman ist die einzig populäre Kunstform, in der der Künstler direkt, in klaren Worten, sein Publikum anspricht. Filmemacher, Dramatiker, Drehbuchautoren für Film und Fernsehen müssen die Menschen über eine Barriere von Finanziers, Produzenten und Direktoren erreichen. Der Romanautor spricht als Individuum zu anderen Individuen mit leiser persönlicher Stimme. Im Zeitalter der kollektiven Kunst, der populären Kunst werden die Menschen vielleicht wieder das Bedürfnis nach der leisen persönlichen Stimme verspüren; und das wird den Schriftstellern Vertrauen geben, und mit dem Vertrauen, das aus dem Gefühl, gebraucht zu werden, kommt, Wärme, Humanität und Menschenliebe, die für ein großes Zeitalter der Literatur unverzichtbar sind.

MEIN VATER

*Das Porträt erschien erstmals am 1. September 1963
im* Sunday Telegraph.

Wir gebrauchen unsere Eltern wie wiederkehrende Träume, in
die wir nach Belieben eintreten, sie sind immer da – für Liebe
oder für Hass; aber mir fällt auf, dass ich nicht immer für meinen
Vater da war. Ich habe schon über ihn geschrieben, aber Romane
und Erzählungen müssen nicht »wahr« sein. Diesen Artikel zu
schreiben ist schwierig, denn er muss »wahr« sein. Ich kannte
meinen Vater, als seine besten Jahre vorbei waren.

Es existieren Fotos von ihm. Das größte unter ihnen zeigt
einen Offizier des Ersten Weltkriegs. Eine neue Uniform – mit
Schnüren und Ehrenzeichen – umschließt einen hübschen dun-
kelhaarigen jungen Mann, der sich steif aufrecht hält, vielleicht
in Gedanken an das, was er sicherlich für seine Pflicht hielt. Seine
Augen – ruhig, ernst und verantwortungsbewusst – lassen noch
nicht erkennen, was später aus ihm werden sollte. Ein anderes
Foto, das des Sechzehnjährigen, zeigt einen dunklen, introver-
tierten Jüngling mit den gleichen eindringlichen Augen. Sein
Mund fällt jedoch auf – die vorstehende Oberlippe scheint den
sonst so ebenmäßigen Gesichtszügen zu widersprechen. Ein
Schnurrbart sollte sie verdecken: »Musste was dagegen tun –
diese verdammten wulstigen Lippen. Machte mich immer un-
sicher, dieser Mund.«

Noch früher erscheint ein Kindergesicht (die Augen bereits
wachsam) in einem Wasserfall von Spitzen, die über den gepols-
terten Busen einer dicken einfachen Frau bis zu ihren Füßen
herabfallen. Es ist das Gesicht einer Köchin. »Lieber Himmel,
meine Mutter war eine praktische Frau – fast so schlimm wie
du!«, wie er häufig mir oder meiner Mutter sagte oder hinwarf,
wenn er aufgebracht war. Neben ihr steht gebeugt, mit hängen-

den Schultern, sein Vater, die Quelle der dunklen, markanten Augen, sonst jedoch von einem langen Bart verhüllt.

Auf der Geburtsurkunde steht: Geboren: 3. August 1886, Walton Villa, Creffield Road, S. Mary at the Wall, R.S.D. Name: Alfred Cook. Name und Vorname des Vaters: Alfred Cook Tayler. Name und Geburtsname der Mutter: Caroline May Batley. Beruf: Bankangestellter. Colchester, Essex.

Sie waren sehr arm. Kleidung und Schuhe waren ein Problem. Sie »schufen sich ihre eigenen Spiele und Unterhaltungen«. Zu ihren Büchern gehörten die Bibel und John Bunyans Erbauungsbuch *The Pilgrim's Progress*. Jeden Samstagabend badeten sie in einer Sitzwanne vor dem Küchenherd. Keine Dienerschaft. Am Sonntag dreimal in die Kirche. »Meine Güte, wenn ich an diese Sonntage denke! Den ganzen Rest der Woche fürchtete ich mich vor dem Sonntag wie vor einem Albtraum, der unentrinnbar auf einen zuraste.« Andererseits ging er mit Frettchen auf Kaninchenjagd entlang der Wege und Wiesen, nahm Vogelnester aus, stahl Obst, sammelte Nüsse und Pilze, besuchte die Schmiede und die Mühle und ritt das Kutschpferd eines Bauern.

Sie waren sparsame Esser, aber als er in seinen vierziger Jahren Diabetiker wurde und von magerem Fleisch und Salatblättern lebte, erinnerte er sich an Talgpasteten, Siruppuddings, Rosinen- und Johannisbeerpuddings, Filet- und Nierenpastete, »Brot-und-Butter-Pudding«, »Schlagteig in Soße mit Fleisch gekocht«, Kartoffelauflauf, Pflaumenauflauf, Butterkuchen, Porridge mit Sirup, Früchtekuchen und Pies, Presskopf, Schweinsfüße und Schweinsbacken und hausgeräucherte Schinken und Würste. Und an »unbegrenzte Mengen frischer Butter, Sahne und Eier«. Er fragte sich, ob diese Ernährung ihm den Diabetes eingetragen hatte, fand jedoch, das sei es wert gewesen.

Er hatte einen älteren Bruder, den er einmal so beschrieb: »Ein richtiger Schlaumeier! Einer dieser schnellen, cleveren Köpfe. Ich dagegen brauchte immer lange, aber ich kam am Ende auch dahinter, verdammt noch mal!«

Die Brüder besuchten eine Schule am Ort. Der Ältere war ein recht guter Schüler, mein Vater jedoch bekam Prügel, weil er so langsam war. Beide wurden Bankangestellte in der Westminster Bank, wie ich glaube, und dem einen scheint es gefallen zu haben, denn er brachte es schließlich zum Manager, zum »reichen Bruder«, der Autos und sogar eine Jacht besaß. Mein Vater dagegen fand keine Freude daran, obwohl er pflichtbewusst war. Beispielsweise veränderte er seine Handschrift Buchstabe um Buchstabe, weil ein Vorgesetzter sie kritisiert hatte. Niemals sah ich seine ursprüngliche Schrift, aber die, die er sich geschaffen hatte, war elegant, voller Spitzen, sorgfältig. Bedeutete dies, dass er sich gleichsam eine neue Persönlichkeit schuf, um die andere, die ihm nicht gefiel, zu verbergen, wie er auch seine »verdammten wulstigen Lippen« versteckte? Ich weiß es nicht.

Ebenso wenig weiß ich, wann und warum er von zu Hause fortging, um in Luton zu leben. Fand er das Familienleben zu beengend? Vermutlich empfand er alles als zu eng. War seine Mutter zu praktisch und energisch? Musste er fort von diesem klugen Bruder?

Als junger Mann in Luton – das war der beste Teil seines Lebens. Es endete 1914, also erlebte er ein glückliches Jahrzehnt. Seine Erinnerungen an diese Zeit waren ausschließlich vergnügt, voll Freude an der körperlichen Bewegung, besonders am Tanzen. Alle seine Freundinnen waren »wunderbare Tänzerinnen, leicht wie Federn«. Er spielte Billard und Pingpong (beides in der Mannschaft der Grafschaft), außerdem Cricket und Fußball; er schwamm, ruderte, ging auf Picknicks und zum Pferderennen und sang auf Musikabenden. Eine Familie – eine Mutter mit zwei Töchtern – behandelte ihn »wie einen Sohn, nur besser. Ich wusste nicht, ob ich in die Mutter oder die Töchter verliebt war, aber ich ging so gerne dorthin; wir waren so vergnügt.« Er war mit einer der Töchter verlobt, und dann eine Zeit lang mit der anderen. Eine Verlobung wurde gelöst, weil die eine Tochter unhöflich zu einem Kellner war. »Ich konnte keine Frau heiraten, die sich erlaubte, einen Schutzlosen zu beleidigen.« Er sagte oft zu meiner ironisch lächelnden Mutter: »Ist auch besser, dass ich keine von *denen* geheiratet habe; sie hätten's nie so ausgehalten wie du, altes Mädchen.«

Kurz vor seinem Tod erzählte er mir, er habe geträumt, dass er auf einem sehr hohen Berg stand und eine Frau in den Armen hielt. »Ah ja, das hab ich in meinem Leben vermisst. Lasst euch nicht von den Alten um euer Leben betrügen. Sie nehmen allen Dingen die Farbe, wenn man sie lässt.«

Aber in jenem Jahrzehnt: »Ich ging zehn, fünfzehn Kilometer zu Fuß, um zwei- oder dreimal in der Woche zu tanzen, und dachte mir nichts dabei. Ich ließ keinen Tanz aus und wanderte durch die Felder nach Hause. Manchmal schien der Mond, aber ich mochte den frischen, harschen Schnee am liebsten. Ich liebte den Spaziergang zurück in meine Bude, die ich gerade erreichte, als die Sonne aufging. Mein kleiner Hund freute sich, mich zu sehen, und ich fütterte ihn und machte mir selbst Porridge und Tee, danach wusch und rasierte ich mich und ging zur Arbeit.«

Der Junge, der in der Schule geprügelt worden war, der zu oft in die Kirche ging, der sich sein ganzes Leben lang vor der Armut fürchtete, der aber trotzdem voller Erinnerungen an die Freuden des Landlebens steckte; der junge Bankangestellte, der so viele Stunden am Tag für so wenig Lohn arbeitete, der aber tanzte, sang, spielte und flirtete – dieses natürlich kraftvolle, sinnliche Geschöpf kam 1914, 1915, 1916 um. Ich glaube, das Beste an meinem Vater starb in diesem Krieg, sein Geist wurde gebrochen. Die Leute, die ich getroffen habe, insbesondere Frauen, die ihn als jungen Mann kannten, sprechen von seiner Hochstimmung, seiner Energie, seiner Lebensfreude. Auch von seiner Aufmerksamkeit, seinem Mitgefühl und – ein Wort, das immer wiederauftaucht – seiner Weisheit. »Schon als kleiner Junge verstand er Dinge, die selbst ein alter Mann noch verurteilt hätte.« Ich glaube nicht, dass diese Leute den kranken, reizbaren, zerstreuten Hypochonder erkannt hätten, der mir vertraut war.

Aufgrund eines typischen, schrulligen Skrupels ging er als einfacher Soldat zum Militär: Es war unrecht, die Offiziersprivilegien zu genießen, wenn der Gemeine so sehr zu leiden hatte. Aber er konnte die gemeinsamen Latrinen nicht ertragen, auch nicht die obligatorischen Saufgelage, die Gruppenbesuche in

Bordellen, die Witze über Mädchen. Also nahm er an, als man ihm erneut das Offizierspatent anbot.

Seine Kindheits- und Jugenderinnerungen blieben lebendig, wurden ausgeschmückt, wuchsen, wie es mit lebendigen Erinnerungen geschieht. Aber seine Kriegserinnerungen erstarrten in Geschichten, die er in stereotypen Sätzen wiederholte, immer mit denselben Worten und derselben Gestik. Sie waren anonym, allgemein, als wären sie einer kollektiven Kriegserinnerung entsprungen. Im Niemandsland war er auf einen Deutschen gestoßen, beide jedoch ließen langsam ihre Gewehre sinken, lächelten und gingen ihrer Wege. Die Tommys waren das Salz der Erde, die britische Kampftruppe die beste der Welt. Nie hatte er solche Kameradschaft kennengelernt. Ein brutaler Offizier wurde in einem Einsatz von seinen eigenen Männern erschossen, die anderen Offiziere schwiegen jedoch in Anerkennung rauer Gerechtigkeit. Er hatte Männer gut gekannt, die die Engel in Mons gesehen hatten. Er wünschte sich, die Generäle beider Seiten nur einen Tag lang in die Schützengräben zwingen zu können, damit sie erkannten, was die einfachen Soldaten aushalten mussten – *das* hätte den Krieg sofort beendet.

Es gab jedoch eine Strömung von Erinnerungen, Träumen und Emotionen, die viel tiefer und persönlicher zu sein schien. Dieses dunkle, vom Schicksal beherrschte Gebiet in ihm, wo nichts außer dem Schrecken wirklich war, drückte sich unartikuliert in kurzen und bitteren Ausrufen oder Sätzen der Wut, der Ungläubigkeit, der Enttäuschung aus. Die Männer, die in diesem Krieg kämpften, glaubten wirklich daran, wenn sie sagten, dass dieser Krieg alle Kriege beenden würde. Mein Vater glaubte daran. Und niemals gelang es ihm, den Glauben an sein Land mit dem Zorn über den Zynismus seiner Führer zu versöhnen. Und der Zorn, das Gefühl, betrogen worden zu sein, verstärkten sich, als er alt und krank wurde.

1914 aber war er naiv; die Gräueltaten der Deutschen in Belgien entsetzten ihn, und er meldete sich aus Idealismus zum Militär, wohlwissend, dass eine harte Zeit auf ihn zukam. Er wusste es von einer Wahrsagerin. (Man könnte ihn als unkritischen Abergläubigen oder als Menschen mit übernatürlicher Wahrnehmung bezeichnen.) Er werde zweimal in große Gefahr geraten, jedoch nicht sterben – ein berühmter Soldat, einer seiner Vorfahren, werde ihn beschützen. »Und tatsächlich hörte ich später von den Tantchen, dass in Kirchenbüchern unsere Abstammung vom Herzog von Wellington verzeichnet ist, oder war es Marlborough? Verdammt, ich hab's vergessen. Aber einer von beiden würde während des ganzen Krieges an meiner Seite stehen, das hat sie gesagt.« (Er war romantisch, nicht nur, was dieses um ihn besorgte Gespenst betraf, sondern auch, wenn es um seine Abstammung von Hugenotten ging – kraft des »e« in Tayler und wegen »seines wilden Blutes«, der Erbschaft eines Großonkels, der unschuldig wegen Schmuggels ins Gefängnis geraten war, nach zehnjähriger Haft entlassen wurde und sich nachträglich an den Küsten von Cornwall höchst effizient die Strafe verdiente.)

Als sein größtes Glück betrachtete mein Vater die Tatsache, dass zehn Tage vor Passchendaele ein Schrapnell sein Bein zerschmetterte. Seine ganze Kompanie fand dort den Tod. Er wusste, er würde verwundet werden, die Wahrsagerin hatte ihm gesagt, dass er es im Voraus wissen würde. »Anfangs war mir nicht klar, was sie meinte, aber beide Male, zuerst als mein Blinddarm platzte und ich beinahe starb, dann, kurz vor Passchendaele, fühlte ich mich einige Tage wie unter einem dicken samtigen Leichentuch begraben. Ich kann es nicht gut beschreiben, es war schrecklich, schrecklich, und beim zweiten Mal war es so schlimm, dass ich den Eltern schrieb, ich würde fallen.«

Sein Bein wurde unter dem Oberschenkel amputiert; er litt unter Kriegsneurose, monatelang war sein Gesundheitszustand bedenklich, dann verfiel er in eine lange Depression. »Du musst immer daran denken, dass manche Leute unter der Oberfläche geradezu kochen. Du weißt nicht, gegen welche schrecklichen Sachen Menschen ankämpfen müssen. Du solltest einer Person in die Augen sehen, daran kannst du's erkennen ... Nachdem ich mein Bein verloren hatte, war ich so. Ich ging zu einem netten Arzt und sagte ihm, ich wär am Durchdrehen, aber er sagte, keine Sorge, jeder verschließt solche Sachen in sich. Du kennst das nicht, schreckliche, schreckliche, grauenvolle Dinge. Ich hatte Angst vor mir, vor meinen Träumen. Ich war nicht mehr ich selbst.«

Im Royal Free Hospital arbeitete meine Mutter, Schwester McVeagh. Er heiratete seine Krankenschwester, und das war, wie beide oft sagten (wenn auch mit unterschiedlicher Tonlage), nicht das Schlechteste. Das war 1919. Er konnte sich nicht mehr vorstellen, als Bankangestellter in England zu arbeiten, nicht nach den Schützengräben. Außerdem war England zu eng und konventionell. Und die Zivilbevölkerung wusste nicht, was die Soldaten erlitten hatten. Sie wollte es nicht wissen, und das »Große Unaussprechliche« sollte aus der Erinnerung getilgt werden. Er ging zur Imperial Bank von Persien, und in Persien wurde ich geboren.

Das Haus war wunderschön – große hohe Räume mit Steinböden, Ausblick auf eine Kette schneebedeckter Berge. In den Gärten wuchsen Rosen, Jasmin, Granatäpfel und Walnüsse. Er sprach mit Zuneigung von Kermanschah, bald aber zogen sie nach Teheran, wo es viele »Botschaftsleute« gab und meine lebhafte Mutter für ein reges gesellschaftliches Leben sorgte, über das er selbst in der Erinnerung noch gereizt sprach.

Gereiztheit – dieser Ton kam erst hier auf, im Zusammenhang mit Persien. Er konnte, sagte er, »Schiebung und Korruption« nicht ertragen. Aber hier ist es an der Zeit, einen schwierigen Sachverhalt zu beschreiben – die guten Eigenschaften eines Menschen können auch seine schlechten sein, zumindest können sie ihm gefährlich werden.

Mein Vater war integer – er wusste immer ganz genau, was dieses Wort bedeutete. Sein »So etwas macht man nicht«, sein »Nein, das ist *nicht* richtig« klang durch meine ganze Kindheit, und das war für uns alle das letzte Wort. Ich bin überzeugt, es ist wahr, dass er Persien wegen »der Korruption« verlassen wollte. Jedoch auch, weil er sich unbewusst bereits nach einem freieren Leben sehnte, denn als Bankangestellter konnte er sich nicht in jene verträumte Persönlichkeit sinken lassen, die auf ihn wartete.

Und später in Rhodesien hielten ihn gerade seine guten Eigenschaften davon ab, die Schatten abzuschütteln: Stets weigerte er sich im Namen der Ehrlichkeit und des Anstands, dem langsamen Zerfall unseres Familienbesitzes entgegenzutreten.

1925 verließen wir Persien, und in diesem Jahr fand in London eine Empire-Ausstellung statt. Am Stand von Südrhodesien verkündeten wunderbare Maiskolben und ein Plakat, dass dort mit Mais – fünfundzwanzig Pence pro Sack – ein Vermögen zu verdienen sei. Impulsiv kehrte mein Vater England für immer den Rücken, ließ die Korruption des Ostens hinter sich und sammelte sein ganzes Kapital, achthundert Pfund, schätze ich, während meine Mutter die Vorhänge von Liberty's, die Kleider von Harrods, Visitenkarten, ein Klavier, persische Teppiche, eine Gouvernante und zwei kleine Kinder einpackte.

Bald saß mein Vater in einem zigarrenförmigen Haus aus Stroh und Lehm auf einem *kopje*, von dem aus er eine großartige Landschaft mit Bergen, Flüssen und Tälern überblicken konnte, deren leerer Horizont sich im Unermesslichen verlor. Dies war zweihundert Meilen südlich des Sambesi, einhundert Meilen westlich von Mosambik. Der Distrikt hieß Banket, weil bestimmte Felsen die gleiche Formation hatten wie jene, die man am Rand in Südafrika »banket« nannte. Lomagundi – Goldland, Tabakland, Maisland –, verwildert, fast menschenleer (die Afrikaner hatte man in Reservate gesperrt). Die Nachbarn wohnten vier, fünf, sieben Meilen von uns entfernt. Vor dem Haus … keine Nachbarn, niemand; keine Farmen, nur wilder Busch mit zwei Flüssen, und im Umkreis von sieben Meilen keine Zäune bis zu den Bergen. Und hinter diesen Bergen wieder Busch bis zur portugiesischen Grenze, über die »unsere Jungs« stets flüchteten, wenn sie wegen fehlender Ausweispapiere oder anderer Delikte gesucht wurden.

Und dann? Viel Pech. Zum Beispiel fiel der Maispreis von fünfundzwanzig auf neun Shilling pro Sack. Das Wetter war schlecht, die Preise niedrig, und dazu eine Missernte. Das war die Art Missgeschick, die es ihm unmöglich machte, je »die Farm zu verlassen«, denn das wollte er, da stimmte er mit meiner Mutter überein, unbedingt.

Es war ein absurdes Land, sagte er. Jemand konnte jahrelang eine Farm »besitzen«, die an den Staat verpfändet war und der Land-Bank gehörte, gleichzeitig konnte er fünfzig Afrikaner einstellen, die zwölf Shilling im Monat verdienten, obwohl keiner von ihnen auch nur ein Tagwerk leisten konnte. Mein Gott, zwei Landarbeiter aus Europa konnten an einem Tag das erledigen, was zwanzig dieser unwissenden schwarzen Wilden in einer Woche zustande brachten. (Er war jedoch stolz, als gerechter Arbeitgeber zu gelten und die Leute »gut zu behandeln«.) Die Lage wurde immer schwieriger. Eine Wahrsagerin hatte ihm gesagt, ihr tue das Herz weh, wenn sie das Elend betrachte, das meinem Vater bevorstehe: Dies war das Elend.

Aber es war meine Mutter, die wirklich litt. Nach einigen neurotischen Krankheiten, die ein Protest gegen ihre Situation waren, wurde sie tapfer und erfinderisch. Aber sie begriff nie, dass ihr Mann in einer unwirklichen Welt lebte und ihren gesunden Menschenverstand gefangen hielt. Stets wollten wir »die Farm verlassen«. Ein Wunder würde geschehen – ein Wettgewinn, eine Goldmine, eine Erbschaft. Und dann? Was für eine Frage! Wir würden nach England ziehen, ein normales Leben führen, mit Leuten, die uns besuchten, um zu musizieren oder nach einer Show ins Trocadero zum Essen zu gehen. Arme Frau! Während der ganzen zwanzig Jahre, die wir auf der Farm lebten, wartete sie darauf, dass das Leben für sie und ihre Kinder begann. Das Leben auf der Farm war für sie eine Katastrophe, und sie verstand nie, dass es für ihre Kinder ein Segen war.

Inzwischen sank mein Vater (im Alter von 61 Jahren) dem Tod entgegen. Alles änderte sich an ihm. Der ehemals heikle Dandy hasste es jetzt, seine schmutzigen Kakisachen zu wechseln. Der Menschenfreund wurde zum Misanthropen. Seine körperlichen Beschwerden – Diabetes und alle möglichen Magenstörungen – beherrschten ihn. Sein Holzbein trug er tapfer und stieg damit sogar in die Minenschächte und kletterte auf Bäume; er ging jedoch schwerfällig, und es störte ihn sehr. Seine Haare ergrauten früh, und er schlief zunehmend tagsüber, lag nachts lange wach und grübelte.

Zum Beispiel über die Goldsuche mit der Wünschelrute. Zehn Jahre lang experimentierte er mit privaten Theorien über die Anziehung und Abstoßung der Metalle herum. Mit ganzer Seele stürzte er sich in die Sache hinein, seine Theorien waren jedoch falsch oder er hatte *Pech* – wenn er eine Mine gefunden hätte, hätte er die Farm verlassen können. Vielleicht führte die Beziehung zwischen den Mineralien der Erde und denen des Mondes zu einer Erkenntnis. Dann kam seine Entscheidung, Aufgüsse diverser Pflanzen der Farm im Interesse der Wissenschaft selbst zu trinken; dann die kriminelle Dummheit der britischen Regierung, nicht zu bemerken, dass die Deutschen und die Russen sich als Antichristen verschworen hatten, um ...; zwangsläufig würde es zum Krieg kommen, weil niemand auf Churchill hörte, es machte aber nichts, denn Gott (inzwischen war er ein britischer Israelit) hatte die Briten zur Herrschaft der Welt bestimmt; eine Prophezeiung besagte, zehn Millionen Tote würden um die Mauern von Jerusalem liegen – wie waren die Leichen wegzubringen? Leute, die die Prügelstrafe abschaffen wollten, sollten geprügelt werden; die Eingeborenen verstanden nichts außer einer Tracht Prügel; die Todesstrafe sollte nicht abgeschafft werden, denn das Alte Testament lehrte: »Auge um Auge und Zahn um Zahn ...«

Dennoch, obwohl diese Seite an ihm sich zunehmend verdunkelte, als dächte er nur noch an Gewalt, Krankheit und Krieg, wagte es niemand, in seiner Gegenwart eine unfreundliche Bemerkung zu machen oder zu tratschen. Kritik an Leuten, besonders Frauen, fiel ihm zunehmend auf die Nerven, bis er schließlich herausplatzte: »Das mag ja alles stimmen, aber niemand hat das Recht, so etwas über eine andere Person zu sagen.«

Wenn in Afrika die Sonne untergeht, tauchen mit einem Schlag die Sterne auf, wo man sie erwartet, glitzernd und in Bewegung. In der Regenzeit blitzte und donnerte es. In der Trockenzeit erleuchteten Steppenbrände die große dunkle Höhle der Nacht: Die Berge brannten den September und Oktober hindurch in Ketten roten Feuers. Jede Nacht stellte mein Vater seinen Stuhl vor die Tür, um den Himmel und die Berge zu beobachten. Er saß rauchend und still da, eine dünne, schäbige, flüchtige Gestalt unter den Sternen. »Man kommt ins Nachdenken – es gibt da oben so viele Welten, würd nichts ausmachen, wenn wir uns selbst in die Luft jagen – da, wo wir herkommen, gibt's noch jede Menge mehr.«

Der Zweite Weltkrieg, den er so lange vorhergesehen hatte, war eine schlechte Zeit. Sein Sohn war in der Marine und in Gefahr, seine Tochter machte ihm Kummer. Er wurde sehr krank. Immer öfter musste man ihn im Koma oder in Gefahr eines Komas auf dem Rücksitz nach Salisbury fahren. Meine Mutter brachte ihn in ein hübsches, kleines Vorstadthaus in der Nähe des Krankenhauses, wo er sich ins Bett legte und zwei Jahre später starb. Meistens war er bewusstlos, unter Drogen. Wenn er wach wurde, sprach er zwanghaft (wie eine Zunge, die eine wunde Stelle leckt) über »den alten Krieg«. Oder er erinnerte sich an seine Jugend. »Ich hab geträumt – lieber Himmel, man sah die Pferde leuchtend die Bahn herunterkommen, alle mit gestrecktem Hals und der Sonne auf ihrem Fell, und alles schrie ... Ich träumte, wie ich im Nebel den Fluss entlangwanderte und die Sonne aufging ... Oh Gott, was für eine Zeit das war, die gute alte Zeit, damals, vor dem alten Krieg.«

LERNEN, DIE FRAGEN ANDERS
ZU STELLEN

Im Gespräch mit Studs Terkel

*Studs Terkels Rundfunkinterview fand am 10. Juni 1969
in Chicago statt.*

TERKEL: Die Passage aus *Die viertorige Stadt*, die Sie soeben vorgelesen haben, scheint eine der Schlüsselstellen dieses Romans zu
sein. Lynda, die Ehefrau eines Freundes der Protagonistin Martha Quest, ist für wahnsinnig erklärt worden, und Martha findet
etwas heraus, nicht wahr?

LESSING: Sehen Sie, in diesem Punkt habe ich meine Hausaufgaben gemacht, ohne das jemals vorgehabt zu haben, denn es hat
sich einfach so ergeben, dass ich in den letzten zwanzig Jahren
unbeabsichtigt ständig mit Psychiatern oder Sozialarbeitern zu
tun hatte, die sich mit dem beschäftigten, was wir als »Wahnsinn« bezeichnen, und dass ich außerdem sehr gute Freunde
hatte, die auf die eine oder andere Weise, in Anführungszeichen,
»wahnsinnig« waren. Das hatte ich nicht geplant; es ist einfach so
passiert. Was man erlebt, fließt in die Arbeit ein!

Als ich dieses Buch geschrieben habe, hatte ich zwar eine ziemlich klare Vorstellung von bestimmten Dingen, die ich sagen
wollte, aber andere Sachen habe ich erst beim Schreiben entdeckt.
Lynda ist die Figur, die mich in dem Buch am meisten fasziniert,
weil in ihr eine Menge von Erfahrungen Gestalt angenommen
haben in einer Form, die ich nie erwartet hätte. Durch Lynda habe
ich ganz viel über mein eigenes Denken herausgefunden. Lynda
ähnelt vielen Menschen, die ich kenne, die immer wieder Zeit in
der Psychiatrie verbringen. Das nimmt ständig zu. Ich habe keinen Zweifel daran, dass viele Menschen entweder selbst in psychiatrische Kliniken kommen oder Freunde haben werden, die immer wieder in die Psychiatrie eingeliefert werden und ihr Leben
lang unter Drogen dahindämmern. Mit »Drogen« meine ich ...

TERKEL: ... Beruhigungsmittel, Tranquilizer ...

LESSING: ... die ganze Palette an chemischen Substanzen, mit denen die Leute vollgestopft werden. Diese Menschen sind wahrscheinlich, so behaupte ich, gar nicht wahnsinnig, oder jedenfalls sind sehr viele von ihnen nicht verrückt und auch nie verrückt gewesen. Kurz bevor ich aus England abgereist bin, habe ich einen Arzt kennengelernt, der in Amerika gearbeitet hat, und er sagte, die Einstellung zur Schizophrenie sei hier anders. In England kann man zu einem Arzt gehen und gesagt bekommen, dass man schizophren ist, aber hier passiert das immer seltener, hat er gesagt. Diese »Krankheit« – wieder in Anführungszeichen, weil ich nicht glaube, dass es eine ist – wurde überwunden und mit Worten nahezu weggezaubert, sozusagen, als würde sie nicht mehr existieren, bloß weil die Ärzte sagen, dass sie nicht existiert, und weil sie Medikamente verteilen. Ich glaube, was in den nächsten – na, lassen Sie uns rein theoretisch sagen – zehn Jahren geschehen wird, ist, dass man viel darüber nachdenken wird, was Schizophrenie eigentlich ist. Ich glaube, man wird zu einer Reihe überraschender Schlussfolgerungen kommen, und was wir jetzt gerade tun, ist nichts weiter als unterdrücken und quälen – ich darf in diesem Zusammenhang sehr harte Worte benutzen, weil ich liebe Freunde habe, die dieses Elend durchmachen, und es ist schwer, ruhig mit anzusehen, wie Menschen gequält werden. Kurz, eine Menge völlig normaler Menschen, die einfach bestimmte Fähigkeiten haben, werden gegenwärtig als »krank« eingestuft.

TERKEL: Lassen Sie uns darauf noch näher eingehen. Es scheint in Ihrem Werk ein immer wiederkehrendes Thema zu sein. Sie beschäftigen sich mit bestimmten Kreisen, mit Literaten, mit Menschen mitten in umwälzenden Ereignissen – in der Zeit der Suezkrise und danach –, mit Schriftstellern in Schwierigkeiten. Martha Quest ist doch unentwegt auf der Suche, oder? Sie möchte herausfinden, worum es geht, wer *sie* ist.

LESSING: Ja, das machen wir alle. Ich habe diesen *Namen* fast blind gewählt, als ich vor zwanzig Jahren mit dem ersten Buch dieser Reihe begann, wissen Sie. Kürzlich habe ich *Martha Quest*, den ersten Band, wieder gelesen, und ich war fasziniert, als ich sah, dass alle Themen, die sich durch den Romanzyklus ziehen, schon darin vorkommen.

TERKEL: Aber der Zyklus und diese Themen haben sich weiterentwickelt, weil sich in diesen zwanzig Jahren auch in der Welt manches ereignet hat, parallel dazu – sowohl Sie als Individuum als auch die Welt überhaupt haben Dinge erlebt, die diese Themen jetzt noch entscheidender und relevanter machen.

LESSING: Das habe ich damals erkannt, als ich den Titel »Kinder der Gewalt« für diesen Zyklus wählte. *Gewalt* ist inzwischen ein Modewort; es ist ein Klischee: Wir leben in einer Zeit der Gewalt. Als ich den Titel wählte, war das noch keineswegs so.

TERKEL: Es ist, als wären Schriftsteller in gewissem Sinne Propheten; in diesem Sinne haben Sie die Zukunft vorhergesehen. Sie als Schriftstellerin, als schöpferischer Geist, haben in der Welt, in der Sie lebten, offenbar etwas gespürt.

LESSING: Ich glaube nicht, dass Schriftsteller mehr Gespür haben als andere Leute. Wir können es nur besser ausdrücken. Unsere Funktion als Schriftsteller, so behaupte ich, besteht darin, das zum Ausdruck zu bringen, was andere fühlen. Wenn wir einen Nutzen haben, liegt das daran, dass wir wie andere Menschen sind, uns aber ausdrücken können.

TERKEL: Dann sagen Sie also mehr oder weniger, dass es eine Frage der Kunst und des Handwerks ist und dass Sie ein universelles Gefühl zum Ausdruck bringen müssen. Um auf Lynda und Martha zurückzukommen, Sie bringen offenbar zur Sprache, was viele, insbesondere empfindsame Menschen, spüren.

LESSING: Und zwar immer mehr Menschen – ich habe mir kürzlich die Zahlen angesehen, aber ich habe sie fast vergessen, weil ich ein ganz schlechtes Zahlengedächtnis habe – doch ich weiß noch, dass der Anteil unserer Krankenhausbetten, die derzeit von Menschen belegt sind, die, in Anführungszeichen, »wahnsinnig« sind, unglaublich hoch ist, etwas wie die Hälfte. Und er wird ständig höher. Aber was daran so schrecklich ist, ist die Fähigkeit der Menschheit, Dinge als gegeben hinzunehmen. Wir sagen, dass die Zahl der Menschen, die wahnsinnig werden, steigt, weil die Leute unter »größerem Stress« stehen. – Aber was ist dieser angebliche »größere Stress«, unter dem sie leiden? Was ist es eigentlich, das Menschen auf diese bestimmte Weise sensibel macht? Stellen wir die richtigen Fragen dazu? Reicht es, wenn wir sagen, dass die Autos und die Spannungen in der Gesellschaft uns verrückt machen? Was passiert sonst noch mit uns?

TERKEL: Auch in *Die viertorige Stadt* beschäftigen Sie sich mit verschiedenen Ereignissen, von denen das Land überrascht wird. Außerdem befassen Sie sich mit persönlichen Beziehungen und mit der neuen Generation von Kindern, die diesen ungeheuren Sprung nach vorn machen. Kommt das daher, dass die Sprünge heutzutage auch so überwältigend groß sind?

LESSING: Darüber können wir nicht sprechen, ohne einen ganzen Haufen Verallgemeinerungen von uns zu geben, was ich jetzt tun werde. Sehen Sie, ich glaube nicht, dass ich irgendwas wahnsinnig Originelles sage, aber ich meine doch, dass ich es besser verstehe, Fakten zusammenzufügen; ich glaube, ich bin ganz gut darin, Dinge nebeneinanderzustellen.

Wenn ich also sage, dass zwei Weltkriege der Menschheit nicht gutgetan haben, ist das keine besonders originelle Bemerkung – aber erinnern wir uns jederzeit daran, fragen wir uns überhaupt, welche Wirkung die Weltkriege auf einen jungen Menschen an der Universität haben, der mit seinem Verhalten die Professoren zum Wahnsinn treibt? Ich staune über den Mangel an Vorstellungskraft, den *einige* ältere Menschen zeigen. Mir gefällt diese Geschichte mit dem »Generationskonflikt« nicht – das ist ein großes Klischee: Es gibt einen Konflikt zwischen einigen Angehörigen der jüngeren Generation und einigen Angehörigen der älteren Generation. Ein großer Teil der älteren Generation redet über die Jungen, als hätten diese jungen Leute die gleiche Welt geerbt, die die älteren damals geerbt haben. Aber das ist ja nicht der Fall, und die Welt ist so schrecklich – und so wunderbar. Die Möglichkeiten sind so unglaublich. Und diese jungen Menschen reagieren sehr intensiv auf eine Situation, mit der sich noch keine Generation vor ihnen auseinandersetzen musste, und dazu gehört auch, dass durchaus die Möglichkeit besteht, dass sie ihr dreißigstes oder vierzigstes Lebensjahr nicht erreichen. Sie alle wissen das. Und wenn ihre Mütter und Väter nicht erkennen, dass diese Tatsache einen Teil ihres Denkens ausmacht, dann sind sie sehr dumm und sehr unsensibel. Ich finde, die junge Generation ist wunderbar, aber ich will hier kein Loblied singen, denn ich glaube, dass sie auch große Mängel hat.

TERKEL: Sie sagen »Mängel«, und Ihr Buch ist, wegen der Figur der Lynda, fast ein Plädoyer dafür, sich verschiedene Möglichkeiten vorzustellen. Sie sprechen von einem »Mangel an Vorstellungskraft«. Das »Unvermögen, sich verschiedene Möglichkeiten vorzustellen«, fasziniert Sie offensichtlich.

LESSING: Ja, ich glaube, wir leben in einer Zeit, die mit dem Zentrum einer Atomexplosion vergleichbar ist, wo alles Schlechte und alles Gute gleichzeitig passiert, denn wir wissen nicht, was bei dem, was wir jetzt durchleben, herauskommen wird. Alles verändert sich so rasend schnell, dass wir die Veränderungen nicht erfassen können. Das ist das Entscheidende. Die Jugendlichen versuchen zumindest, die Veränderungen zu begreifen, und lassen sich nicht von Alkohol und Vorstadtdunst benebeln, wie ein Teil ihrer Eltern das gemacht hat.

TERKEL: Die Älteren leben in einem Martininebel, und trotzdem verurteilen sie die Jungen für etwas, das sie als »Hasch-Szene« bezeichnen. Die Jungen sehen darin eine Doppelmoral, nicht wahr?

LESSING: Ja, das stimmt. Was mich im Hinblick auf die Jugendlichen beunruhigt, ist, dass sie zu selbstzufrieden sind. Es ist interessant, das so zu sagen, denn sie sind immer so mutig, wie sie eben sind. Aber keiner von ihnen hat je die Erfahrung gemacht, in einer Atmosphäre zu kämpfen, die ihm feindlich gesinnt ist. Ich weiß, dass die Polizei sie zusammenschlägt und dass die Vorgesetzten sie hassen und dass ein großer Teil der älteren Generation sie mit absoluter Unversöhnlichkeit hasst, das ist wahr – aber Tatsache ist, dass es ein Freimaurertum unter den Jungen gibt: Sie halten zusammen, sie unterstützen und bestätigen sich gegenseitig, auch wenn sie vielleicht verschiedener Meinung sind. Ich glaube aber, es wird in diesem Land und in anderen Teilen der Welt irgendwann aufhören – eigentlich ist das unvermeidlich –, dass eine große Masse der Jugendlichen mehr oder weniger einer Meinung ist.

Ein großer Teil dieser Jugendlichen wird von der Obrigkeit gekauft und wahrscheinlich durch Schmeichelei bestochen werden. Wir werden feststellen, dass die Kämpfer dann nur noch eine Minderheit sind, weil das immer so ist. Es ist noch nie vorgekommen, dass die Kämpfe nicht von einer Minderheit ausgefochten wurden, während die Masse der Bürger gesetzt und konservativ war und Angst hatte. Was werden diese Jugendlichen dann machen? Im Augenblick sehe ich nicht, dass die Jugend darüber nachdenkt, wie sie reagieren wird, wenn sie diese massenhafte Unterstützung aus der eigenen Generation nicht mehr bekommt. Ich glaube nicht, dass den jungen Leuten klar ist, wie es ist, ganz allein dazustehen und allein zu kämpfen.

Unsere Generation weiß das sehr wohl, weil wir es gesehen haben, wir haben es erlebt. Wir wissen sehr gut, dass die Leute weglaufen, wenn es Druck gibt, und wenn es brenzlig wird, kämpfen nur noch wenige weiter. Und wenn die öffentliche Meinung – das ist der Punkt – gegen etwas ist, halten nicht viele Leute durch. Das haben diese Jugendlichen noch nicht erfahren, und deswegen glaube ich, dass sie sehr verletzlich sind, weil es ihnen noch bevorsteht.

Ich nehme zum Beispiel die Gruppe von Leuten, die ich für die brutalsten und dümmsten auf der ganzen Welt halte – die weißen Südafrikaner –, die aber gleichzeitig, wenn man ihnen begegnet, freundliche, warmherzige, nette Menschen sind. Ich erinnere mich an die Faschisten im Nazideutschland nach dem Ende des Zweiten Weltkriegs, von denen wir wussten, dass sie alles waren, was die Geschichte über sie sagte, und dann lernte ich sie kennen, und sie waren nicht anders als Sie oder ich; sie hatten in einer anderen historischen Situation gelebt – das ist alles. Solange diese Kinder nicht wissen, dass es niemanden unter uns gibt, der in einer entsprechenden Situation nicht brutal, grausam oder ausbeuterisch wäre, haben sie keine Ahnung, wie Geschichte funktioniert.

Es ist keine besondere Tugend, zweiundzwanzig zu sein und auf einem College-Campus zu leben. Jung zu sein ist eine notwendige Voraussetzung – aber schließlich ist jeder einmal jung gewesen; es ist eine Gnade, aber sie währt nicht lange. Haben diese Jugendlichen denn ihre Hausaufgaben gemacht und sich angeschaut, wie viele Menschen auf der Welt gegenwärtig in faschistischen Ländern leben und nach den Maßstäben, die die jungen Leute anlegen, wenn sie die amerikanische Gesellschaft verurteilen, genauso zu verurteilen wären? Haben sie sich gefragt, was in zehn Jahren mit ihnen geschehen wird, wenn der Druck wächst? Wenn sie sich das nämlich nicht überlegt haben, dann sind sie so gut wie besiegt.

TERKEL: Das ist ein endloses Thema – das Thema Mensch und Umstände. In dem Buch *Eichmann in Jerusalem* von Hannah Arendt, das den Untertitel »Ein Bericht von der Banalität des Bösen« trägt – und jetzt haben wir es auch mit dem Bösen der Banalität zu tun –, sagt die Autorin, dass Eichmann eigentlich kein Unmensch war: Er war ein Mensch, der *unmenschlich* handelte. Ist es nicht das, was Sie sagen, dass nämlich die Möglichkeiten im Innern liegen?

LESSING: Ja, können Sie sich vorstellen, dass in hundert Jahren, wenn dann überhaupt noch ein Mensch am Leben ist, irgendjemand auf den Zweiten Weltkrieg zurückblickt und sagt: »Oh, diese unmenschlichen Deutschen«? Man wird sagen, dass die Welt zuließ, dass ein bestimmter Regierungstypus in Deutschland die Macht übernahm, und dass nur eine ganz kleine Gruppe von Menschen in anderen Ländern gegen diese Vorgänge protestierte; aber man wird uns allen die Schuld daran geben. Und man wird auf das zurückblicken, was wir jetzt durchleben, und sagen: »Diese Leute ließen zu, dass das und das geschah« – ich will die Schrecken nicht aufzählen, denn wir alle kennen sie –, obwohl wir furchtbar nette, gute, freundliche, bezaubernde, reizende Menschen sind. Stimmt's?

TERKEL: Hier kommen wir zur Frage nach dem Individuum. Ich erinnere mich an meine eigenen Erfahrungen, und auch die habe ich alle in *Die viertorige Stadt* wiedergefunden. Ich hörte, wie eine Gruppe von Männern in Südafrika Schuberts Lied *Der Lindenbaum* sang; alle waren bezaubernd und liebenswürdig, Afrikaander, die die Apartheid in ihrer widerwärtigsten Form akzeptierten und unterstützten. Aber, ganz wie Sie sagen, persönlich waren diese Männer zu mir als Weißem reizend, völlig herausgetreten aus der Welt um sie herum.

LESSING: Bernard Shaw hat irgendwo etwas sehr Erschreckendes gesagt: »Ist es wirklich nötig, dass Christus in jeder Generation getötet wird, um jene zu retten, die keine Fantasie haben?« Ist es das? Die Leute sind so wenig darauf gefasst, dass jemand als Individuum ein netter Mensch sein und trotzdem ganz furchtbare Grundsätze vertreten kann. Das sollte nach allem, was die Menschheit erlebt hat, nicht mehr vorkommen.

TERKEL: Sie sprechen auch über Wurzeln. Eigentlich geht es dabei um ein Wissen über die Vergangenheit, dass man weiß, was geschah und warum es geschah.

LESSING: Nun, Sie haben gestern Abend gesagt, dass diese Jugendlichen sich benehmen, als hätte die Geschichte erst vor drei Jahren begonnen, und da liegt ihr Problem, denn das ist nicht der Fall.

TERKEL: Es ist wieder das gleiche Thema.

LESSING: Ich will wirklich nicht weiter über die Jugendlichen reden, denn ich bewundere sie, und ich finde, dass sie sehr mutig sind. Ich denke anders über sie. In meiner Generation gibt es so viele, die kein gutes Haar an der Jugend lassen. Aber ich möchte sie nicht allzu heftig kritisieren.

TERKEL: Bevor wir zu *Die viertorige Stadt* zurückkehren, Sie reisen jetzt seit etwa fünf Wochen durch Amerika, und Sie haben gesagt, dass Sie irgendwo im Mittleren Westen aufseiten unserer Altersgruppe eine unglaubliche Feindseligkeit gegen die jungen Leute erlebt haben.

LESSING: Ja, ich bin blankem Hass begegnet. Ich glaube, viele ältere Leute sind neidisch, und weil sie neidisch sind, kritisieren sie die Jungen. Aber bis dahin war ich nirgends auf diesen blanken Hass auf die Jungen gestoßen, den ich im Mittleren Westen erlebt habe: Die älteren hassten die jungen Leute. Es ist wirklich

scheußlich, das zu sehen. Und das sind Lehrer, die den Jugendlichen eigentlich etwas beibringen sollten.

TERKEL: Und Sie haben gesagt, Sie glauben, einer der Gründe
für diesen Hass sei Neid auf eine bestimmte Fröhlichkeit unter
den jungen Leuten.

LESSING: Ja, sie haben zum Teil einen großartigen Stil und sind
voller Freude und guter Laune – das ist das Tolle an ihnen.

TERKEL: Wenn wir jetzt wieder *Die viertorige Stadt* betrachten –
darf ich fragen, wie Sie zu diesem Titel gekommen sind?

LESSING: Es ist ein Begriff, der aus der Mythologie stammt, und
er kommt auch in der Bibel vor und ist in den Überlieferungen
aller nur denkbaren Völker der Erde verbreitet. Ich habe ihn
gewählt, weil die Struktur von »Kinder der Gewalt« vierteilig ist
– jedes Buch ist in vier Teile untergliedert –, und hier sind es
wieder vier. Es ist ein uraltes Symbol, und außerdem hatte ich
einen Traum, in dem ich etwas gesehen habe, das, wie ich später
entdeckte, ein ägyptisches Motiv war: Die heilige Kuh steht auf
ihren großen weißen Beinen, und die Hinterbeine sind die Menschen der Stadt. Es war ein schöner Traum, in Farbe – genau zu
der Zeit, als ich mich bemühte, einen Titel für das Buch zu
finden.

TERKEL: Es gibt ein altes Negrospiritual, das heißt *Twelve Gates
to the City*. Ich nehme an, dass dieses Thema universell ist, diese
Sache mit den Toren.

Sie haben davon gesprochen, dass die Leute nicht genug Fantasie oder Vorstellungskraft haben. Vorhin haben wir uns darüber unterhalten, wie grauenhaft die Arbeit der Behavioristen
ist, die einem bestimmten Muster folgen und Tiere und Menschen manipulieren, und Sie haben gesagt, es gebe noch einen
anderen Aspekt des Lebens, an den diese Männer – und viele von
uns – nicht einmal im Traum denken würden – andere Erfah-
rungsmöglichkeiten.

LESSING: Ja, diese Wissenschaftler behandeln Menschen, als wären sie Ratten; sie machen ihre Forschungen an Ratten und Tauben. Sie können nicht die richtigen Fragen stellen. Aber ich
glaube, es ist ein Fehler, ein Phänomen zu attackieren und zu

kritisieren, das in fünf Jahren nicht mehr wichtig sein wird, weil diese Leute sehr *unbedeutend* sind. Ich vermute, dass sie in der wissenschaftlichen Hierarchie eine ziemlich bedeutende Stellung einnehmen, aber ich gehe jede Wette mit Ihnen ein, dass das, was diese Männer vertreten, binnen ganz kurzer Zeit vergessen sein wird, weil sie zu klein sind, zu beschränkt, zu engstirnig, um … Das ist das Problem bei diesen Diskussionen: Man hat nie genug Zeit, um sich gründlicher mit solchen Themen zu beschäftigen.

Ich glaube, einer der Prozesse, die gerade überall ablaufen, ist, dass wir neue Arten der Fantasie, des Denkens und des Erfahrens ausbilden. Eigentlich sind sie sehr alt, und wir finden sie in Kulturen, die wir gern als primitiv bezeichnen; technologisch gesehen sind sie rückständig, aber in jeder anderen Weise sind sie keineswegs rückständig und wahrscheinlich fortschrittlicher als unsere. Ich glaube, man wird die Entdeckung machen, dass viele Methoden, die Welt zu erleben und zu erspüren, die wir als abergläubisch ansehen, das in keiner Weise sind. Wenn Sie sich anschauen, was überall passiert – Ihr Land hat ja ein echtes Gespür für neue Möglichkeiten –, stellen Sie fest, dass diese erstaunlichen Leute, die sich selbst als Rationalisten bezeichnen und dieses altmodische Etikett bis zum Letzten verteidigen würden, Methoden der Wahrnehmung einsetzen, die unsere Kultur gar nicht gelten lässt: Eine davon ist die Verwendung von Träumen, die in unserer Gesellschaft ziemlich anerkannt ist, daher wird sie angewendet; aber auch andere Formen der außersinnlichen Wahrnehmung werden ernsthaft erforscht und akzeptiert. Und haben Sie schon mal darüber nachgedacht, wie die Einstellung etwa zur Telepathie sich innerhalb der letzten zehn Jahre verändert hat? Ausgerechnet die Sowjetunion war es, die plötzlich verkündete, sie würde Experimente mit Telepathie machen, um sie für die Raumfahrt einzusetzen. Das klingt doch wirklich wie Space-Fiction – ich lese Space-Fiction sehr gern. In diesem Genre findet man Romane, die so unglaublich sind, dass man sie für ein Hirngespinst hält, und am nächsten Tag liest man es dann in der Zeitung.

TERKEL: Wenn wir auf Lynda und Martha zurückkommen, die

Protagonistinnen in *Die viertorige Stadt*, sehen wir, dass Martha, die geistig gesunde Frau, die Sekretärin, die Organisatorin, plötzlich zu Lyndas Denkweise tendiert.

LESSING: Ja, Martha wohnt mit Lynda zusammen in diesem Haus, und Lynda hat man als schizophren abgestempelt: Sie ist die Bekloppte, sie ist verrückt. Aber Martha beginnt durch ihr Zusammensein mit Lynda zu verstehen, dass Lynda die Dinge einfach anders erlebt. Ich versuche zu erforschen, was bestimmte Geisteskrankheiten eigentlich sind. Ich neige zu der Annahme, dass Schizophrenie gar keine Krankheit ist. Wir sind in dieser Hinsicht dogmatisch gewesen. Ich will damit nicht sagen, dass Schizophrenie ausschließlich diese andere Erfahrungsweise ist; ich mag es nicht, wenn man etwas so festlegt.

TERKEL: Die Figur der Lynda fasziniert mich.

LESSING: Was mir unter anderem geholfen hat, Lynda zu erfinden, war der Gedanke an eine Frau, die ich in London kannte und der erst mit fünfzehn klar wurde, dass nicht alle wussten, wer gerade anrief, oder hörten, was die anderen dachten. Sie wusste, was andere Leute dachten, und sie entdeckte, kurz gesagt, dass die anderen keineswegs so waren wie sie, sondern dass sie sehr allein war, und sie lernte, die Welt auszuschließen. Lynda ist ein Mädchen, das eine sehr einsame Kindheit hat, und durch eine Reihe von Umständen gerät sie unter Druck und zerbricht emotional, so wie wer weiß wie viele Menschen in der Adoleszenz – denn in der Adoleszenz ist jeder ein bisschen verrückt –, und sie wird als schizophren und noch mehreres andere eingestuft, wird lange behandelt, zum Beispiel mit Elektroschocks, mit Insulin, mit der ganzen Palette, und ist so geschädigt, dass sie für den Rest ihres Lebens immer wieder Zeit in der Psychiatrie verbringt. Gleichzeitig hat sie diese *Kräfte*, die zunehmen, die Fähigkeit, zu *hören*, was andere denken, und zu *sehen*.

Das möchte ich betonen, denn viele Menschen haben solche Fähigkeiten. Ärzte und Psychiater haben ihnen einen Stempel aufgedrückt, und sie wissen gar nicht, welche Kräfte sie da haben. Sehr viele Menschen hören mit an, was andere denken. Es ist eine Fähigkeit, die man entwickeln kann, wenn man Geduld hat und darauf gefasst ist, Fehler zu machen, und wenn man sich nicht von der wissenschaftlichen Denkweise einschüchtern lässt, die nicht gelernt hat, ihre Fragen richtig zu formulieren. Die Wissenschaftler müssen lernen, die Fragen anders zu stellen. So, wie sie die Fragen derzeit stellen, können sie nichts lernen.

Die andere Fähigkeit, die viele Menschen haben, ist, dass sie mit geschlossenen Augenlidern Bilder sehen können; sehr viele Leute sehen Bilder, wenn sie krank, müde oder sehr angestrengt sind oder kurz vor dem Einschlafen. Es gibt ein Wort dafür – »hypnagogisch«. Der Arzt sagt in so einem Fall: »Ach ja, das ist ein hypnagogisches Dingsbums – Sie können gehen!« Diese Fähigkeit ist das, was in der Bibel als die Vision des Sehers bezeichnet wird, etwas, was in unserer Kultur gar nicht vorkommen soll, und deshalb wird es einfach ignoriert. Auch diese Fähigkeit kann man schulen. Diese Wahrnehmungen haben übrigens nichts mit unserem Zeitbegriff zu tun.

Mir ist völlig klar, dass das verrückt klingt: Diese Wahrnehmungen können sich, aber das ist nicht immer der Fall, außerhalb der Zeit abspielen. Sie finden auf einer anderen Zeitfrequenz, einer anderen Wellenlänge statt. Sie können verschiedene Formen annehmen: Sie können schwarz-weiß oder bunt sein, sie können aus einer Reihe von Standfotos bestehen, wie Einzelaufnahmen aus einem Film, oder sie können einem laufenden Film ähneln – es gibt viele verschiedene Möglichkeiten. In der Zeitschrift *Scientific American* habe ich kurz vor meiner Abreise einen Artikel über ein Forschungsprojekt mit Kindern gelesen. Ich habe total vergessen, sind es eidetische Kinder? – also Kinder, die, wenn man ihnen ein Bild zeigt, dieses Bild im Kopf behalten. Darüber ist nämlich viel geforscht worden.

TERKEL: Es ist merkwürdig, dass Sie das erwähnen, denn neulich abends im Fernsehen hat Jacob Bronowski gesagt, dass William Blake diese besondere Eigenschaft besaß, die Sie gerade beschrieben haben.

LESSING: Er hatte auch noch eine Menge andere, ganz klar.

TERKEL: Aber diese Sache mit den Bildern, »Blake konnte *sehen*«, hat Bronowski gesagt, »Blake konnte klar *sehen*, umfassend, in absolut allen Dimensionen«, das, worüber Sie gerade gesprochen haben.

LESSING: Es ist das »Eidetische« – die Fähigkeit, ein Bild vor sich zu sehen, als wäre es eine Fotografie. Das habe ich nicht gemeint, als ich sagte, dass manche Leute bewegte Bilder oder Standfotos sehen; das ist etwas anderes.

Aber ich spreche davon, weil ich schildern möchte, wie die Wissenschaftler damit umgegangen sind: Der Test, ob das Kind die Wahrheit sagte oder nicht, bestand darin, wie viele Einzelheiten auf dem Bild das Kind nennen konnte. Sehen Sie, wenn es sich an die genaue Zahl der Knöpfe an einem Mantel oder der Haare auf dem Schwanz einer Miezekatze erinnern konnte, sagte es die Wahrheit, und wenn ihm das nicht gelang, dann hatte es diese Fähigkeit eben nicht. Da ist das wissenschaftliche Denken am Werk, verstehen Sie. Wenn ich Ihnen morgen früh auf der Straße begegne, halten wir ein Schwätzchen und gehen weiter; und selbst wenn Sie gerade sehr aufmerksam sind und ich das auch bin, können Sie sich vielleicht hinterher nicht erinnern, was ich anhatte, und ich weiß vielleicht auch nicht mehr, was Sie anhatten. Wenn jemand dann fragen würde: »Wie sah er aus?«, würde ich sagen: »Ich weiß nicht; er sah so aus wie immer.« Aber wir hätten nicht den geringsten Zweifel daran, dass wir uns getroffen haben, selbst wenn wir uns an kein einziges Detail erinnern könnten. Stimmt's? Wir würden die Hand dafür ins Feuer legen, dass wir uns begegnet sind, auch wenn wir nicht mehr sagen könnten als das. Die Wissenschaftler sind noch nicht imstande zu messen, was passiert, wenn Sie und ich uns auf der Straße begegnen, oder *was* sich da überhaupt auf der Straße begegnet. *Was* begegnet sich, wenn wir uns auf der Straße treffen?

TERKEL: Sind es zwei Körper, zwei Augenpaare, zwei Paar Beine, oder ist es mehr als das?

LESSING: Richtig, es ist mehr als das, und jeder reagiert darauf, aber wir können es noch nicht messen. Was ist es?

TERKEL: Sie sagen, die Fragen seien falsch. Und sie seien falsch gestellt, denn es liege Zynismus oder Skepsis darin, wenn es um das Kind geht, das im Geiste das Bild sieht. Demnach sind die

Wissenschaftler also eigentlich gar nicht so sehr neugierig darauf, was das Kind gesehen hat, sondern sie stellen die Ehrlichkeit des Kindes infrage.

LESSING: Ich glaube, die Wissenschaftler müssen eine unbewusste, oder vielleicht auch gar nicht so unbewusste, Annahme beweisen, dass diese Dinge nicht existieren. Das ist ihr Problem. Ich habe in New York eine junge Frau kennengelernt, die sagte, sie habe dieses Buch (*Die viertorige Stadt*) gelesen und eine große Last sei von ihr abgefallen, denn sie sei wie Lynda. Plötzlich war ihr klar, dass sie niemals krank war. Darüber habe ich mich sehr gefreut.

TERKEL: In der Passage, die Sie zu Anfang unserer Sendung vorgelesen haben, ging es um eben diesen Punkt, dass man Lynda gesagt hatte, sie sei verrückt, dass sie das aber in Wirklichkeit gar nicht war.

LESSING: Es gibt Hunderttausende von Menschen, die von Ärzten und Psychiatern in einer Weise gequält wurden, die sie als wirklich barbarisch ansehen. Die ganze Palette der Behandlungen, die in psychiatrischen Kliniken eingesetzt werden, ist brutal und grausam und schrecklich und zerstört die Menschen.

TERKEL: Es ist, als stünden wir, was solche Behandlungen angeht, noch auf der Stufe des Neandertalers.

LESSING: Ja. Wie kommt es, dass *wir* den Zustand haben eintreten lassen, dass ein Mensch hinter einem Schreibtisch sitzt und sagt: »Ihnen fehlt das und das«, und wir ihm glauben? Warum lassen wir zu, dass man uns so was antut? Das ist eine viel interessantere Frage, denn die Geschichte der Medizin bestärkt uns ja nicht gerade in dem Glauben, dass dieser Mensch hinter dem Schreibtisch recht hat. Ärzte sind, um es ganz vorsichtig auszudrücken, äußerst konservativ, geistig unbeweglich und fantasielos und verteufeln neue Ideen; aber obwohl die Psychiatrie etwas Neues und sehr Gefürchtetes ist, glauben wir ihnen, wir lassen zu, dass sie diesen Leuten ein Etikett verpassen – warum tun wir das bloß?

TERKEL: Kennen Sie den Schriftsteller und Psychiater R. D. Laing?

LESSING: Ja, und seine Arbeit auch. Ich finde, er ist nicht weit genug gegangen. Ich bewundere ihn, weil er gegen das medizinische Establishment in England gekämpft hat und weil er die Konzepte so verändert hat, dass man jetzt auf eine Weise Fragen stellen kann, wie es vorher nicht möglich war.

TERKEL: Sie erwähnen den Psychiater, der distanziert ist, der seinen Patienten auf der Couch liegen hat, während Laing sagt, der Therapeut muss auch seine eigene Verletzlichkeit einbeziehen. Ich glaube, Laing verwendet den Ausdruck »Mitreisender«.

LESSING: Ich habe Laing und einige andere einflussreiche Ärzte seiner Schule einmal im Fernsehen gesehen. Sie wurden den altmodischen Ärzten gegenübergestellt, und was sich dabei zeigte, war das wunderbare Mitgefühl der einen und die kalte Gewalt der anderen.

TERKEL: Das bringt uns also wieder zurück zu ...

LESSING: Oh, ich wollte etwas ganz Interessantes sagen: In *Die viertorige Stadt* habe ich mir vorgestellt, dass es Ärzte gibt, die irgendwo im Gesundheitswesen versteckt sind, Psychiater, die an solchen Fähigkeiten arbeiten; ich hatte den Abschnitt noch nicht beendet, da hörte ich von Ärzten, die tatsächlich in Ihrem Land und in Großbritannien und in der Sowjetunion stillschweigend vor sich hin arbeiten; sie benutzen dabei die Fassade des Systems, für das sie arbeiten müssen, und erforschen außersinnliche Wahrnehmung und Schizophrenie. Es geschieht also! Diese Ärzte, die im Moment den Mund halten müssen, weil sie sonst ihre Stellen verlieren würden, werden die Situation sehr verändern.

TERKEL: *Die viertorige Stadt* hat einen Anhang, den ich als apokalyptisch bezeichnen würde. Ein Ereignis tritt ein, das Sie nicht genau beschreiben – vielleicht eine Seuche – vermutlich sind es viele Faktoren. Sie sagen damit, dass wir vor der Katastrophe stehen, wenn wir unsere Fantasie nicht spielen lassen. Stimmt das?

LESSING: Ich bin etwas pessimistisch, was die Zukunft angeht. Ich sehe keinen großen Krieg, denn die Großmächte sagen ja, dass sie zu viel zu verlieren haben, aber irgendein Unfall ist vorprogrammiert, weil so was jetzt schon dauernd passiert, dauernd geht irgendetwas weniger Wichtiges schief. Ich glaube, Teile der

Erde werden danach so schwer geschädigt sein, dass sie eine Zeit lang nicht bewohnbar sind, und es wird viele verschiedene Gifte in der Atmosphäre geben, und wir wissen nicht, welche Wirkung das auf den menschlichen Organismus haben wird. Wir können es uns ausmalen. Wie alles andere auch wird so ein Unfall gute und schlechte Wirkungen haben. Alles hat immer zwei Gesichter: Es gibt nichts, was ganz und gar schlecht oder ganz und gar gut wäre; beides geht immer Hand in Hand.

TERKEL: Sehen Sie irgendeinen Weg, wie man so ein Unglück verhüten könnte? Ich frage Sie jetzt nicht nach einem Allheilmittel oder einem Patentrezept: Sehen Sie die Katastrophe als unausweichlich an?

LESSING: Man kann ja keine Zeitung in die Hand nehmen, ohne Artikel zu lesen, in denen Wissenschaftler vor dem, was wir tun, warnen. Ich kann mich nicht an den Namen von dem Mann erinnern, der gesagt hat, dass unsere Erde von einer ganz feinen Materieschicht umgeben ist, von der die Gesamtheit des Lebens abhängt. Wir pumpen so viel Müll nach oben, dass wir diese Schicht verändern. Die Vorhersagen sind unterschiedlich, denn schließlich weiß keiner viel, nicht einmal die Wissenschaftler. Wir könnten jegliches organische Leben auf diesem Planeten zerstören.

TERKEL: Wenn das wahrscheinlich ist, kommen wir wieder auf den Mangel an Vorstellungsvermögen zurück, oder nicht? Wollen Sie mit diesen Figuren, mit Martha und Lynda, ausdrücken, dass es in der menschlichen Psyche etwas gibt, was man noch nicht erforscht hat?

LESSING: So, wie die Menschen gegenwärtig sind, konnte es gar nicht erforscht werden; ich glaube, dass wir uns vielleicht zu besseren Menschen entwickeln. Der Strudel, in dem wir uns befinden, könnte unter anderem bewirken, dass wir zu Menschen werden, die ein größeres Vorstellungsvermögen besitzen, und dass man uns dann später einmal als das fehlende Glied in der Kette betrachten wird, als die Übergangsmenschen, und dann wird es viel bessere Menschen geben.

TERKEL: Sie kennen den alten chinesischen Fluch, den der

Science-Fiction-Autor Arthur C. Clarke verwendet: Mögest du in interessanten Zeiten leben.

LESSING: Ja, in der Tat, wir leben in interessanten Zeiten.

TERKEL: Ich möchte gern eine Frage stellen, von der ich weiß, dass sie Ihnen immer lästiger wird, denn weil Sie in Amerika sind, wurde sie Ihnen schon oft gestellt. Für viele militante Frauen hier sind Sie die Simone de Beauvoir Großbritanniens, insbesondere wegen des *Goldenen Notizbuches*. Ich vermute, dass Sie dieser Behauptung sehr oft begegnen, denn Sie lachen. Das haut Sie immer um, was?

LESSING: Nein, inzwischen langweilt es mich schrecklich – das ist die Wahrheit –, weil ich nicht glaube, dass *Das goldene Notizbuch* von dem handelt, wovon es nach Meinung dieser Frauen angeblich handelt. Inzwischen kann ich bescheiden sagen, dass es eine große Vielfalt von Themen enthält, und eins davon ist der Krieg zwischen den Geschlechtern; allerdings merke ich jetzt gerade, dass ich heftig reagiere und ungeduldig bin und dass es deswegen so klingt, als hätte ich kein Verständnis für Frauen, die ja, wie ich weiß, oft unter sehr starkem Druck stehen. Aber ich glaube, dass diese ganzen Probleme zwischen Männern und Frauen ein Symptom für etwas viel Größeres sind. Wir werden die Missstände zwischen Männern und Frauen nicht beheben, indem wir einander Beleidigungen an den Kopf werfen. Da muss etwas anderes in Ordnung gebracht werden.

Das Klima in Großbritannien hat sich sehr verändert, und Sie werden feststellen, dass es zwischen der jüngeren Generation, Männern und Frauen, und Leuten meiner Altersgruppe sehr viel weniger Spannungen gibt. Warum? Es gibt immer physische Dinge, die diese emotionalen Reaktionen verändern, was man leicht vergisst. Wenn zwischen den Geschlechtern ein Gleichgewicht entsteht, verschwindet eine Menge Spannung. Man sollte für Tageskindergärten und gleichen Lohn für Frauen sorgen. Ich persönlich bin nicht dafür, herumzusitzen und über Psychologie zu diskutieren; man sollte draußen für bessere Kindergärten und gleichen Lohn kämpfen. Da draußen muss der Kampf stattfinden.

TERKEL: Sie betrachten diese, in Anführungszeichen, »Frauenbewegung« also nicht losgelöst vom Kampf der Menschheit überhaupt, nicht als etwas Getrenntes und Separates?

LESSING: Ich glaube, dass die Menschen wahnsinnige Angst haben, und sie schlagen sich gegenseitig auf die eine oder andere Art die Köpfe ein, das ist alles. Mir fällt dazu nichts Hilfreiches ein, sehen Sie, weil ich es für eine Nebensache halte – die Ursache für viel Unglück, aber es ist nicht das Wichtigste.

TERKEL: Sie sind zufällig eine Schriftstellerin, eine Frau. Diese beiden Figuren, Lynda und Martha, hätten genauso gut zwei Männer sein können, oder?

LESSING: Ja.

TERKEL: Sie beschäftigen sich mit vielen faszinierenden Aspekten der heutigen Welt, aber wir kommen wieder auf das Thema zurück, dass die Menschen ihre Möglichkeiten noch nicht entdeckt haben.

LESSING: Nein, ich glaube, sie fangen gerade erst an. Wir stehen an der Schwelle. Wir sollten ständig darauf achten, dass wir nichts übersehen. Wissen Sie, ich glaube nicht, dass gewisse Dinge irgendwann passieren werden; sie passieren *jetzt*. Wir sollten versuchen, wacher zu beobachten, was in unseren Freunden und in uns selbst vor sich geht, denn schon mit ein bisschen mehr Wachsamkeit könnten wir allmählich sehen, wie die Dinge passieren. Wir reden immer so, als ob das alles erst in fünfzig Jahren losgehen würde. Aber wir übersehen, was jetzt gerade geschieht. Können Sie mir eine Gesellschaft nennen, die nicht große blinde Flecken hatte und in der die Menschen nicht später zurückblickten und sich fragten, wie es möglich war, dass man so blind war? Was sind unsere blinden Flecken?

TERKEL: Es geht also darum, die unverschämten Fragen zu stellen, die bisher nicht gestellten Fragen?

LESSING: Ja, es ist immer eine gute Idee, in einer Situation, in der eine bestimmte Frage oder ein bestimmter Gedanke absolut dumm und lächerlich erscheint, nachzufragen, ob dieser Gedanke oder diese Frage wirklich so dumm oder so lächerlich ist.

IN DER WELT, NICHT VON IHR

Der Essay erschien erstmals im August 1972
in der Zeitschrift Encounter.

Dass der Osten stets Osten und der Westen stets Westen bleiben muss, gehört nicht zum Glauben der Sufis. Sie behaupten, der Sufismus werde im Alltagsleben jeder Kultur ständig angewandt, wenn auch nicht notwendigerweise unter diesem Namen. Manchmal unsichtbar, wird er dann wieder offen angeboten wie Waren in einem Supermarkt. Wenn das der Fall ist, rechnen die Sufis mit feindlichen Reaktionen von Akademikern, die die Orientalistik zu ihrem Eigentum erklärt haben. Auch literarische Gruppen oder Kulturämter wenden sich dann manchmal gegen sie.

Während ihrer mehr als tausendjährigen durchgehenden literarischen und psychologischen Tradition in Spanien, Nordafrika, Zentralasien und dem Nahen Osten sind die Sufis beinahe ständig mit engstirnigen Denkern aneinandergeraten. Oft erinnert der Kampf des »Establishments« gegen die Sufis in unangenehmer Art an gewisse Vorgehensweisen der Nazis gegen ihre Feinde. Einige der alten Strukturen sind uns fremd; andere können immer noch aufschlussreich sein, denn in der einen oder anderen Form wiederholen sie sich.

Hallaj wurde 922 A. D. wegen Gotteslästerung in Bagdad geviertelt. Das Beweismaterial gegen ihn enthielt die gefürchtete Anklage, er sei der Enkel eines Zoroastriers und leugne »den Koran und seine untergeordneten Wissenschaften der Rechtslehre, der Traditionen und so weiter wie auch die Dichtung und die arabische Philologie«.*

---

* E. G. Browne, *Literary History of Persia* (Cambridge: Cambridge University Press 1928, zitiert nach der Ausgabe von 1964).

Bei Hausdurchsuchungen seiner Anhänger entdeckte man Bücher mit goldenen Lettern auf chinesischem Papier. Falls Sie es nicht wussten: Da Manichäer goldene Tinte und chinesisches Papier benutzen, wurden die Funde als Beweis für ketzerische Schriften aufgefasst.

Suhrawadi wurde 1191 getötet, die Anklage lautete auf »Atheismus, Ketzertum und Glauben an alte Philosophien«. Ibn El Arabi von Spanien wurde im zwölften Jahrhundert vor eine Inquisition von Gelehrten gezerrt, weil er unanständigerweise vorgab, Liebespoesie könne geistlich sein, obwohl diese pornografisch war.

Sarmad wurde 1563 in Indien hingerichtet, weil er seinen Körper enthüllte; er war angeblich Jude oder jüdischer Abstammung.

Die Anklage gegen Jalaluddin Rumi lautete, triviale Volksmärchen in der Form geistlicher Schriften herauszugeben.

In Zeiten dagegen, als die Sufis in der Literatur einen guten Ruf hatten oder nicht als gefährlich dargestellt werden konnten, war es schwierig, sie anzugreifen. In solchen Fällen wurde ein Komplott geschmiedet, wie zum Beispiel gegen Nasimi. Einige Gelehrte, die ihn argumentativ nicht überführen konnten, schickten ihm als Geschenk ein Paar Schuhe aus einem fremden Land. In die Sohle hatten sie ein Kapitel aus dem Koran genäht. Anschließend teilten sie dem Gouverneur von Aleppo mit, dass Nasimi den Koran beschmutze. Der Gouverneur ließ seine Schuhe aufschlitzen. Als das Papier gefunden wurde, antwortete Nasimi nicht auf die Anklage, denn er wusste, dass er getötet werden würde. Während er Verse zitierte, wurde ihm bei lebendigem Leib die Haut abgezogen.

Die Anklage lautet stets gleich. Die Schriftgelehrten der etablierten Religionen verfolgen und verurteilen Abtrünnigkeit und Unkenntnis, sie unterstellen zweifelhafte Herkunft, Machtgier, Gefahr für die öffentliche Ordnung, Selbstherrlichkeit und die Verbreitung von falscher, oberflächlicher und unverantwortlicher Literatur. Aber trotz dieser Anklagen, trotz der Verfolgung, die oft einen Justizmord nach sich zog, wurden die Sufi-Meister zu wichtigen geistigen Autoritäten der islamischen Welt. Die meisten dieser Sufis waren Literaten, und alle weigerten sich, die Dogmen des jeweiligen »Establishments« zu akzeptieren. Sobald sie sicher tot waren, konnten sie inoffiziell heiliggesprochen werden, zu Lebzeiten jedoch hatten viele Schlimmes zu erleiden.

Aber vielleicht ist dieses Verhalten gar nicht überraschend: Menschen verfolgen oder ignorieren, was sie nicht verstehen. Und die Sufis hatten etwas besonders Provokatives an sich. Was konnte beispielsweise ein Theologe im Mittelalter mit einem Mann anfangen, der sich selbst als Mystiker bezeichnete, sich für die Evolution des Menschen interessierte und sich mit den Wissenschaften auseinandersetzte?

Es ist sinnvoll, die Sufi-Literatur vor diesem historischen Hintergrund zu betrachten; sie existiert in den unterschiedlichsten Formen, von einfacher Unterhaltung bis zu Wahrheiten, die sorgfältig in Poesie verhüllt wurden. Verschlüsselungen und Rätsel dienten sowohl praktischen als auch geistigen Zwecken.

Orientalische Studien sind selbst heute noch das Aschenputtel der gelehrten Welt. Das lässt sich einerseits historisch begründen, andererseits scheinen sich Wissenschaftler, die diese Nische beanspruchen, zu weigern oder unfähig zu sein, einen echten praktizierenden Sufi zu erkennen, wenn einer auftaucht. Unser westliches Denken grenzt auch heute noch viele Informationen über den Einfluss aus, den Spanier, Araber, Mauren – überhaupt der Islam – auf unsere Kultur hatten. Ihr Einfluss war enorm, wenn er auch selten anerkannt wird. Auf diesem Gebiet erwarten wir – und sehen bereits – erstaunliche Ergebnisse der akademischen Forschung. Aber es gibt da einen geistigen Block, und er ist schwer zu überwinden. Professor A. J. Arberry aus Cambridge beschwert sich in einem kürzlich erschienenen Buch über die Tatsache, dass, wer auf diesem Gebiet forscht, »sich in der Defensive befindet, sich mit dummen Spötteleien und manchmal mit aktiver Opposition herumschlagen muss«.*

* *Oriental Essays* (London 1960), S. 256.

Der Werdegang des wichtigsten Vertreters der Sufi-Literatur und -Lehre heute, Idries Shah, zeigt seit einigen Jahren Ähnlichkeiten mit dem der klassischen Sufis. Es gab die gleichen Zeichen und Symptome der Opposition; aber es gab auch Unterstützung, manchmal aus höchsten Kreisen. Als Ende 1970, zum Beispiel, erwartungsgemäß einige irritierte Wissenschaftler gegen ihn opponierten, setzte sich sofort ein großes Gremium von Experten zusammen und verfasste eine *Festschrift* (die bei Cape veröffentlicht wurde). Zu diesem Gremium gehörten Wissenschaftler aus dem Westen, die sich auf die Orientalistik spezialisiert hatten, aber auch viele Orientalen. Sie repräsentierten das ganze Spektrum der orientalischen Studien, mit denen Idries Shah sich beschäftigt – Islam, Mystizismus, Persien, Arabien, Türkei, Sufismus, Geschichte. Unter ihnen sind Araber und Juden und Akademiker von beiden Seiten des Eisernen Vorhangs, ganz zu schweigen von solchen Leuten wie Diplomaten, Generälen, einem Richter und einem Staatsminister, der gleichzeitig im Nahen Osten als Sufi-Autorität gilt.

Die Notwendigkeit dieser Art von aktiver Unterstützung lässt sich in einer Geschichte aus dem Mulla-Nasrudin-Werk zusammenfassen*:

Eines Tages fand Nasrudin auf seiner Fensterbank einen Falken. Er hatte noch nie so einen Vogel gesehen. »Du armer Kerl«, sagte er, »wie war es nur möglich, dass du in einen solchen Zustand gekommen bist?« Er kürzte dem Falken die Krallen, schnitt den Schnabel zurecht und stutzte die Flügel. »Nun siehst du schon eher wie ein Vogel aus«, sagte Nasrudin.

Außerdem haben wir das Problem, dass wir Engländer normalerweise östliche Philosophien und deren Vertreter durch unsere indische Brille betrachten. »Gurus« sind Meister; sie werden von den religiösen und wissenschaftlichen Einrichtungen respektiert,

---

* Idries Shah, *Die fabelhaften Heldentaten des vollendeten Narren und Meisters Mulla Nasrudin.* Aus dem Englischen von Inge von Wedemeyer (Freiburg 1984), S. 109.

häufig von Journalisten interviewt, die von ihren bizarren und offensichtlich heiligen Praktiken fasziniert sind, und je mehr sie behaupten, die Dinge dieser Welt hätten keinen Wert, desto authentischer wirken sie. Der Sufismus betrachtet diese Erscheinungen als Entartung einer echten Tradition und ähnelt ihnen in keiner Weise, er sagt, dass man sich ihm erst dann nähern kann, wenn man in der Lage sei, zu akzeptieren, dass ein in seinem Leben und Auftreten ganz gewöhnlicher Mensch höhere geistige Stufen erfahren kann. Der Sufismus glaubt, Teil jener Strömung zu sein, die den Menschen auf eine höhere evolutionäre Stufe tragen wird. Er verachtet die Welt nicht. »Sei in der Welt, aber nicht von ihr«, lautet sein Ziel. Aber die Unfähigkeit, an die Verbindung zwischen Mystischem und Praktischem zu glauben, hat eine lange Tradition.

Roger Bacon, der Franziskanermönch, lehrte im dreizehnten Jahrhundert in Oxford aus Sufi-Büchern: Weil er Sufi-Praktiken empfahl, geriet er in Schwierigkeiten mit seinen kirchlichen Vorgesetzten. Lully von Mallorca pries Sufi-Methodologien und war »ein Anhänger des arabischen Mystizismus« (Professor E. W. F. Tomlin). Heute nimmt er als Erfinder eines ersten digitalen Computers einen Platz in der Geschichte der Wissenschaft ein. Rumi, Dichter und Mystiker, stellte achthundert Jahre vor Darwin eine Evolutionstheorie auf. Shabistan, ein persischer Sufi des dreizehnten Jahrhunderts, schrieb über die Mystik und betonte zugleich die unglaubliche Energie, die das Atom freizusetzen vermag. El Ghazali schrieb über die Bedeutung des kollektiven Unbewussten für medizinische und psychologische Techniken. Hujwiri von Indien behauptete zur Zeit der normannischen Eroberung von England (in einem Buch über Sufi-Heilige) die Identität von Zeit und Raum. Jafar Sadiq und Jabir (Geber), die Väter der westlichen Chemie, waren Sufis. Baba Farid hatte kommerzielle Interessen, und Rumi musste ihn deswegen verteidigen – wahrscheinlich wäre das auch heute noch notwendig. Da die Sufis behaupten, die menschliche Aufklärung müsse durch Arbeit in der materiellen Welt erreicht werden, zogen sich viele potenzielle Anhänger von ihnen zurück. Dahinter steckt das eingefahrene Denken, dass jeder, der normal lebt und sich mit dem praktischen Wohlergehen der Menschen beschäftigt, oberflächlich sein müsse. Man kann nur hoffen, dass diese überkommene Einstellung nicht mehr stark genug ist, dem menschlichen Verstand das zu verschließen, was der Sufismus heute zu bieten hat.

In weniger als zehn Jahren ist dieses Vorurteil indessen bedeutend abgebaut worden. Das erste Buch von Idries Shah, *Die Sufis**, wurde vom konventionellen literarischen Establishment rezensiert, allerdings vor allem, weil Dichter und andere Literaten Druck ausübten; von den Akademikern dieses Fachgebietes wurde es übersehen. Je länger man sich mit diesem Buch beschäftigt, als desto außergewöhnlicher erweist es sich, zum einen wegen seiner Ausführlichkeit und weil es etwas über ein Thema aussagt, das in seinen tieferen Schichten definitionsgemäß nicht in Worte zu fassen ist. Viele Leser dieses Buches, in dem nirgends erwähnt wird, dass eine »Schule« beginnen soll oder eine »Lehre« angeboten wird, bewarben sich aus der ganzen Welt als Schüler. Dies ist ein kleines Beispiel für die Vielseitigkeit aller Sufi-Tätigkeit und -Kunstwerke. »Wir sind in unserer Lebensgestaltung ökonomisch«, sagen die Sufis. »Wenn man so will, sogar geizig: Alles, was wir sagen oder tun, hat viele verschiedene Funktionen und Resultate.« Das Buch wird weiterhin ein Standardwerk bleiben, eine Fundgrube für Akademiker, es liefert Material für esoterische Studien, aber es trat so dramatisch in Erscheinung wie ein Mann, der auf die Bühne geht, um Trompete zu blasen.

Das neue Buch, *Das Zauberkloster***, setzt das Thema fort. Leute, die fragen: »Was ist denn Sufismus?«, finden darin eine »Kostprobe« des Sufismus. Aber es ist auch ein Lehrbuch für Studenten, wenn das Wort Lehrbuch das passende Wort für eine

---

* Idries Shah, *Die Sufis. Botschaft der Derwische, Weisheit der Magier.* Aus dem Englischen von Jochen Eggert und Stephan Schumacher (München 1976).
** Idries Shah, *Das Zauberkloster. Alte und neue Sufi-Geschichten.* Aus dem Englischen von Sabine Reinhardt (Reinbek bei Hamburg 1986).

Aktivität ist, die dem, was wir gewöhnlich als Belehrung bezeichnen, überhaupt nicht gleicht.

Der Sufismus ist kein wissenschaftliches Studium. Seine Grundmaterialien sind fast jeder Form menschlicher Erfahrung entnommen. Buch und Feder sind in die Umwelt eingebettet und besitzen mit nichts Ähnlichkeit, wovon der Akademiker oder der Enthusiast auch nur zu träumen wagen. Weil diese Art Studium Rezitationen, Bücher und geistige Anstrengung einschließt und weil Sufi-Lehrer als Lehrer bezeichnet werden, ist diese spezialisierte Kommunikation mit akademischem oder imitativem Studium verwechselt worden. Deshalb spricht man von der Existenz eines »Sufi-Studiums« und eines »Gewöhnlichen Studiums«. Die beiden unterscheiden sich voneinander. Der gegenwärtige Zustand ist mit jener Lage vergleichbar, die sich ergibt, wenn man die Maus und den Elefanten mit demselben Wort bezeichnet. Bis zu einem gewissen Punkt (sie sind Vierfüßler, grau und haben Schwänze) ist diese Ungenauigkeit ohne Belang. Darüber hinaus jedoch wird eine Unterscheidung zwischen den beiden nötig. Dieses Unterscheiden findet in einem Sufi-Kreis statt.[*]

Dieses Buch besteht, wie andere von Shah, aus Stücken von unterschiedlicher Länge; jedes veranschaulicht Aspekte oder Themen auf verschiedenen Ebenen. Einige sind Anekdoten, andere Parabeln, manche sind praktisch informativ. Aber das Buch unterscheidet sich von seinen Vorgängern (ausgenommen *Reflections*) insofern, als Shah Teile einbezieht, die er speziell geschrieben hat, um das Buch »als Kurs im nichtlinearen Denken« zu vollenden. In den vorhergehenden Sammlungen lag die Betonung auf Erzählungen, welche Lehrmethoden veranschaulichten, die während der letzten tausend Jahre von Weisen angewandt und von Shah aus schriftlich und mündlich überlieferten Quellen zusammengetragen wurden.

---

[*] Idries Shah, *Der glücklichste Mensch. Das große Buch der Sufi-Weisheit.* Aus dem Englischen von Thomas Poppe (Freiburg 1986), S. 206.

Das Zauberkloster ist besonders informativ, was die Darstellung von praktischen Lehrmethoden eines Meisters angeht; er kann sich nicht immer entsprechend den Konventionen des normalen Sozialverhaltens und der Höflichkeit betragen: Seine Handlungen können stark von beidem abweichen.

Zum Beispiel: Ein berühmter Sufi-Meister des neunzehnten Jahrhunderts, Jan Fishan Khan aus Afghanistan, hörte, dass ein bestimmter Schüler seinen Nachbarn bösartig angriff. Er lud beide Männer zu einem Fest ein, und nachdem er den Nachbarn gebeten hatte, auf nichts zu reagieren, was auch immer geschehen würde, begann er, auf dem Höhepunkt des Festes, ihn wie der Schüler wegen Vergehen und Fehlern aller Art zu schelten. Der Mann blieb ruhig, bis der andere Schüler schrie: »Bitte, hör auf. Ich habe mein eigenes Verhalten an dir gesehen und kann den Anblick nicht ertragen.« Jan Fishan Khan sagte: »Heute Abend hier zu sein, war für uns alle ein Risiko. Deines war, dass unser Freund hier nicht geduldig sitzen, sondern dich angreifen würde. Meines war, dass du möglicherweise durch meine Schmähungen noch mehr aufgebracht wärst, anstatt dich zu schämen, und seines war, dass er anfangen könnte zu glauben, ich wäre wirklich gegen ihn. Nun haben wir das Problem gelöst. Es bleibt das Risiko, dass ein Bericht über diesen Zwischenfall, wenn er von jenen, die nicht wissen, was wir tun, von Mund zu Ohr weitergegeben wird, unseren Freund als schwach, dich als leicht beeinflussbar und mich als leicht reizbar darstellen wird.«

Diese Dinge sind – wenn man so will – zur Selbstweiterbildung bestimmt, zumindest zur Selbstbeobachtung. Um sie anwenden zu können, muss man kein formaler Student sein. Noch einmal Nasrudin: »Du hast Leder? Du hast Faden und Nägel und Farbstoff und Werkzeug? Warum machst du dir dann nicht ein Paar Schuhe?«

Eine Schwierigkeit liegt darin, dass manche Leute erwarten, das Material müsse sensationeller sein, als es ist; ein Sufi würde ihnen entgegnen, unsere Gaumen seien abgestumpft; dass wir sanften Wirkungen keine Chance mehr geben; dass Leute sich der Sufi-Wirkungsweise entziehen können, indem sie diese als »banal« bezeichnen.

Die Notwendigkeit sozialer und emotionaler Bestandteile in Lehrsituationen wird von den Sufis bestritten, im scharfen Gegensatz zu anderen Methoden, deren Fürsprecher ausnahmslos möglichst viele subjektive und gemeinschaftliche Bestandteile in »Lehr«-Kontakte mit einzubeziehen suchen. In der wissenschaftlichen Forschung findet man eine erstaunliche Parallele, die für das Beharren der Sufis auf der größeren Wirkung subtiler Kommunikation spricht: Man hat entdeckt, dass alle Lebewesen, eingeschlossen der Mensch, »unglaublich sensibel für Wellen von sehr geringer Energie sind, wenn gröbere Einflüsse ausgeschlossen bleiben«.[*]

Zum Schluss noch ein Stück aus *Das Zauberkloster*, das die erste Begegnung vieler Menschen mit dem Sufismus veranschaulicht:

Es gibt eine Geschichte über einen Mann, der zu einem Lexikon-Kompilator ging und ihn fragte, warum er an Geld interessiert sei. Der Lexikograf war ganz erstaunt und sagte: »Wie sind Sie denn auf die Idee gekommen?«

»Durch Ihre eigenen Schriften«, entgegnete der Besucher.

»Aber ich habe nur dieses eine Lexikon geschrieben – das sind meine Schriften«, entgegnete der Autor.

»Ich weiß, und das ist auch das Buch, das ich gelesen habe«, sagte der Mann.

»Aber das Buch enthält hunderttausend Wörter! Und unter ihnen sind meiner Meinung nach nicht mehr als zwanzig oder dreißig über Geld.«

»Was reden Sie über all die anderen Wörter«, erwiderte der Besucher, »wenn *ich* Sie über die Wörter über *Geld* frage?«[**]

---

[*] Idries Shah, *Die Hautprobe. Anleitung zum Sufi-Pfad.* Aus dem Englischen von Thomas Poppe (Freiburg 1984), S. 132. Shah zitiert hier Michel Gauquelins *The Cosmic Clocks* (London 1967).
[**] Idries Shah, *Das Zauberkloster*, S. 106.

DAS BEDÜRFNIS,
GESCHICHTEN ZU ERZÄHLEN
Im Gespräch mit Christopher Bigsby

Christopher Bigsby interviewte Doris Lessing am 23. April 1980. Der erste Abdruck erschien in dem von Christopher Bigsby und Heide Ziegler herausgegebenen Interview-Sammelband The Radical Imagination of the Liberal Tradition, *London 1982.*

BIGSBY: Sie haben einmal gesagt, George Eliot habe vieles nicht verstanden, weil sie moralisch war. Was meinten Sie damit?

LESSING: Nun, ich glaube, sie war ein Opfer der viktorianischen Moral, wie so viele Frauen jener Zeit. Weil sie mit George Lewes »in wilder Ehe« lebte, stand sie unter großem Druck, brav zu sein. Ich habe diesen Druck auch bei mir selbst bemerkt, als ich *Das goldene Notizbuch* schrieb. Ich bilde mir das nicht ein; Sie haben keine Ahnung, was für Angriffen ich ausgesetzt war. Es war wirklich ziemlich barbarisch. Es hieß, ich sei eine Männerhasserin, eine Schwanzabschneiderin, das kam besonders von Amerikanern. Ich spürte einen ungeheuren Druck, feminin und brav und freundlich und lieb zu sein. Ziemlich widerlich war das. Mir fällt auf, dass andere Frauen, die dem gleichen Druck ausgesetzt waren, das gleiche Geständnis ablegen; sie merken plötzlich, wie sie denken: Oh Gott, das darf ich nicht, denn dann heißt es, ich sei eine Schwanzabschneiderin. Nun, das ist inzwischen vorbei, weil die Frauenbewegung so viel erreicht hat. Aber um auf George Eliot zurückzukommen: Ich wäre sehr überrascht, wenn sie sich nicht ein Bein ausgerissen hat, um brav zu sein, weil ein solcher Druck auf ihr lastete. Ich meine, es war kein Zuckerschlecken, in der damaligen Gesellschaft zu leben. Es muss schrecklich gewesen sein.

BIGSBY: Sie erwähnen, dass die Reaktionen der Männer auf *Das goldene Notizbuch* Sie erschreckten oder überraschten. Ging es Ihnen mit den Reaktionen der Frauen genauso?

LESSING: Oh, Sie irren sich, wenn Sie meinen, dass nur Männer mich angegriffen hätten. Ich habe viel Unterstützung von Männern bekommen, von ein paar Männern, und die bösartigsten Angriffe kamen von Frauen, etwa in dem Sinne, dass ich uns mit dem, was ich da enthüllte, blamieren würde. An so was hatte ich nie gedacht. Weder war ich auf den Gedanken gekommen, dass ich ein Frauenbuch schrieb, noch war es mir jemals in den Sinn gekommen, mir bei dem, was ich schrieb, etwas Besonderes zu denken. So reden Frauen eben. Und Männer reden auch über Frauen, sie lassen in Umkleideräumen Dampf ab und so weiter, aber sie meinen das nicht unbedingt so. Und wenn Frauen zusammensitzen und solche Dinge sagen, meinen sie das auch nicht unbedingt so; es ist ein Dampfablassen. Als ich das alles schrieb, bin ich gar nicht auf die Idee gekommen, dass das vorher eigentlich noch nie aufgeschrieben worden war. Ich dachte: Wie kommt es bloß, dass ich diese heftigen Reaktionen ernte? Was habe ich denn gemacht? Was habe ich gesagt? Und als ich anfing, mich umzusehen, fiel mir kein Roman ein, der diese Art der Kritik, die Frauen an Männern üben, zur Sprache bringt. Fast so selbstverständlich wie Atmen, wissen Sie, so tief verwurzelt.

BIGSBY: In dem Essay »Mit leiser persönlicher Stimme«, den Sie zugegebenermaßen schon vor ziemlich langer Zeit geschrieben haben, haben Sie gesagt, der Höhepunkt der Literatur sei der Roman des neunzehnten Jahrhunderts, die Werke der großen Realisten. Außerdem haben Sie gesagt, der realistische Roman sei die höchste Form der Prosa. Was hat Sie damals veranlasst, das zu schreiben, und warum haben Sie sich mit *Das goldene Notizbuch* und den meisten ihrer folgenden Werke von diesem Standpunkt entfernt?

LESSING: Ich habe mich vor nicht langer Zeit selbst gefragt, warum ich so heftig reagiert habe – es muss etwas geschehen sein, das diese Reaktion bei mir auslöste. Ich erinnere mich, dass ich diese Gedanken zum Roman des neunzehnten Jahrhunderts hatte. Ich meine, er war doch großartig, oder? Diese Dichter besaßen eine Art Selbstsicherheit, die niemand von uns mehr hat, glaube ich. Warum haben wir sie nicht mehr?

BIGSBY: Sie haben damals geschrieben, ein Teil Ihrer Bewunderung beruhe auf der Tatsache, dass die Realisten damals ein, wie Sie es nannten, »Klima der ethischen Überzeugung« gemeinsam hatten.

LESSING: Das stimmt. Doch, das hatten sie. Wir haben nichts Vergleichbares.

BIGSBY: Auf der anderen Seite sagten Sie von George Eliot, sie verstehe bestimmte Dinge nicht, gerade *weil* sie moralisch sei.

LESSING: Nun, in George Eliots Büchern gibt es eine spezielle weibliche Bestimmtheit, die man bei, sagen wir mal, Tschechow nicht finden würde. Ihr Urteil hat etwas Engstirniges. Ich bewundere George Eliot sehr, das bestreite ich gar nicht. Aber da ist etwas zu Behütetes in ihren Überzeugungen.

BIGSBY: Als Sie von einem Klima der ethischen Überzeugung schrieben, wollten Sie da andeuten, dass es eine notwendige Beziehung zwischen Kunst und Moral gibt oder geben sollte, dass die Kunst in gewisser Weise eine moralische Kraft ist?

LESSING: Ich weiß nicht, ob es so eine Beziehung geben sollte. Aber wenn Sie ein Buch schreiben, das Sie selbst nicht als moralisch ansehen, dann werden Ihre Leser das tun, glauben Sie mir, und das ist etwas, mit dem ich mich nie ganz abfinden kann. *Die Ehen zwischen den Zonen Drei, Vier und Fünf* entzieht sich meiner Meinung nach fast einer derartigen Beurteilung, weil das Buch eine Legende ist. Es ist voller Vergebung. Finden Sie nicht auch, dass es voller Vergebung ist? Ein alter Kämpfer aus dem Krieg der Geschlechter zuckt da einfach ratlos mit den Schultern und gibt auf und lacht; ich finde, das ist doch wenigstens etwas.

BIGSBY: Ja, ich stimme Ihnen zu, aber um auf die Frage zurückzukommen, warum Sie den Roman des neunzehnten Jahrhunderts bewundern: Warum haben Sie sich von dieser Tradition fortbewegt, der Sie sich anfangs doch verschreiben wollten?

LESSING: Weil sie zu beschränkt ist, das ist der Grund, weil wir uns weiterbewegt haben. Nehmen wir *Anna Karenina*. Was für ein herrliches Buch! Aber es handelt ausschließlich von den sozialen Problemen, die in einer sehr engstirnigen, bigotten Gesellschaft existierten, und zwar vollkommen unnötig. Eigentlich kann man einen großen Teil der viktorianischen Literatur auch so einstufen. Schauen Sie sich zum Beispiel Hardy an. Seine Tragödien sind Tragödien im Kleinformat, weil sie durch ziemlich willkürliche soziale Bedingungen ausgelöst werden; sie sind nicht in der menschlichen Natur angelegt. Wenn man *Anna Karenina* durchgelesen hat, denkt man: Mein Gott, hier wird diese Frau ruiniert und kaputt gemacht, weil ihre Gesellschaft so dumm und idiotisch ist, und aus meiner Sicht verliert der Roman dadurch tatsächlich an Bedeutung. Bei Tolstoi wimmelt es zwar von den wunderbarsten Dingen, aber in der eigentlichen Handlung geht es im Grunde um gar nichts, um eine örtlich begrenzte Gesellschaft, um stark orts- und zeitgebundene soziale Bedingungen. Mein Gedankengang war, dass wir jetzt im Geiste mitten in explodierenden Galaxien leben und über Quasare und Quarks und schwarze Löcher und andere Universen und so weiter nachdenken, sodass alte moralische Gewissheiten einem keinen Trost mehr bieten können, weil etwas Neues geschieht. Alle unsere Wertmaßstäbe sind umgedreht worden, glaube ich. Wobei ich der Überzeugung bin, dass das Leben das sowieso für einen tut, denn mir scheint, dass ein Prozess im Gange ist, der dazu führt, dass wir ständig mehr Überzeugungen verlieren. Ich hatte wirklich sehr feste Ansichten zu allen möglichen Themen, selbst vor fünfzehn Jahren noch, aber ich kann sie jetzt nicht mehr aufrechterhalten, weil die Welt zu groß geworden ist, alles ist relativ. Was für die eine Gesellschaft gilt, gilt nicht für die andere. Was zu einem Zeitpunkt stimmte, ist fünf Jahre später überholt.

BIGSBY: Es gibt also eigentlich keine festen moralischen Maßstäbe.

LESSING: Nein, ich glaube nicht, dass es so was geben kann. Ich meine, man kann Lippenbekenntnisse zu einem festen moralischen Maßstab ablegen, weil es einem Ärger erspart, wozu ich vollkommen bereit bin. Ich habe vielleicht eine andere Einstellung zur Heuchelei.

BIGSBY: Doch gibt es in Ihrem Werk nicht einen starken moralischen Impetus? Man hat das Gefühl, dass Sie versuchen, den

Sturz ins Verderben aufzuhalten, indem Sie Ihren Leser von einem gefährlichen Weg abbringen.

LESSING: Wenn Sie das sagen, klingt es so, als ob ich glauben würde, dass ich das kann.

BIGSBY: Halb glaube ich, dass Sie es können.

LESSING: In der Vergangenheit habe ich wohl Gedanken in der Richtung gehabt, dass sich die Dinge ändern könnten, wenn genug Autoren das schreiben, was wir weiß Gott tun, wenn genug Schriftsteller sagen: »Um Gottes willen, seht doch, was da passiert!« Aber ich bin wieder bei einem Gedanken angelangt, den ich ganz am Anfang von »Kinder der Gewalt« hatte. Ich habe *Martha Quest* neulich wieder gelesen. Erinnern Sie sich an die Passage, als sie an der Tür steht und beobachtet, wie die Gefangenen in Handschellen vorbeigehen, und denkt, dass das jetzt schon so lange in der Literatur beschrieben wird und sich nichts geändert hat? Wissen Sie, das ist ein ganz schlimmer Gedanke für einen Schriftsteller, und das ist einer der Komplexe, mit denen ich lebe, denn mit einer Hälfte meines Wesens denke ich, ich sehe keinen Sinn im Schreiben, weil ich nicht glaube, dass wir irgendwas ändern können.

BIGSBY: Dann hat Kunst also die Funktion, die Realität oder die Art, wie die Menschen Realität wahrnehmen, zu verändern?

LESSING: Ich glaube, die Funktion echter Kunst, die ich gar nicht anstrebe, besteht darin, die Art, wie die Menschen sich selbst sehen, zu verändern. Ich frage mich, ob wir das schaffen. Wenn wir es schaffen, ist es jedenfalls sehr vorübergehend. Lassen Sie uns zu den Russen zurückkehren. Man kann sagen, dass Turgenjew und Tolstoi und dieses ganze Heer von Giganten tatsächlich das Selbstbild der Menschen verändert haben. Ja, aber mit welchem Ergebnis? Denn schauen Sie sich doch die Russen heute an: Ich habe gerade ein Buch mit dem Titel *The Russians* zu Ende gelesen, von einem amerikanischen Korrespondenten in Russland, und es ist ganz klar, dass zwischen einer kommunistischen und einer kapitalistischen Gesellschaft ganz wenig Unterschied besteht. Die kommunistische Gesellschaft ist vielleicht schlimmer, aber es ist kein sehr großer Unterschied; sie haben eine neue herrschende Schicht, die eine andere Grundlage hat, aber es ist eine hochprivilegierte Schicht, die durchaus beabsichtigt, an ihren Privilegien festzuhalten, und eine ganze Masse von Leibeigenen, die ganz wenig bekommen. Und, was die Freiheit angeht, die ist genauso eingeschränkt wie unter der Zarenherrschaft. Also fragt man sich, frage ich mich, wenn man so eine Fülle an wunderbaren Autoren haben kann, wie das in Russland der Fall war, die alle das Gleiche rufen, was sie ja auf die eine oder andere Weise getan haben, und trotzdem so wenig dabei herauskommt, was dann?

Nun ist es so, dass ich ein Schreibtier bin und mir nicht vorstellen kann, nicht zu schreiben; ich werde buchstäblich krank, wenn ich nicht ein bisschen schreibe. Vielleicht ist das mein Problem und geht sonst niemanden etwas an.

BIGSBY: Aber ich frage mich, ob Sie diesen Determinismus nicht in gewisser Weise noch verschlimmern. Nehmen Sie ein Buch wie *Shikasta*. Es enthält eine bestimmte Version der Weltgeschichte, Geschichte als Pathologie, als Degeneration, als Bewegung auf die Katastrophe zu. Aber wir entdecken, dass diese Bewegung kein Zufall ist, dass sie nicht willkürlich ist, sondern das Ergebnis von Eingriffen, von Manipulationen seitens verschiedener, weit entfernter Sternensysteme. Sprechen Sie sich damit nicht für eine deterministische Sichtweise aus, insofern nämlich, als es unmöglich ist, dieser Entwicklung zu widerstehen, weil sie von außerhalb der Menschheit angestoßen wird?

LESSING: Sehen Sie, ich glaube, dass ich Folgendes denke oder dass ich es jedenfalls jetzt denke. Ich weiß nicht, was ich in zehn Jahren denken werde. Ich denke also, dass wir nicht viel Einfluss auf die Ereignisse haben, aber wir glauben das, wir stellen uns vor, wir hätten Einfluss. Es gibt eine wunderbare Sufi-Geschichte über die Maus, die durch eine Reihe von Zufällen zur Besitzerin einer Kuh wird. Sie hat das Ende eines Strickes, den die Kuh um den Hals hat, im Maul, und als die Kuh hinaus in die Landschaft wandert, kann die Maus die Kuh nicht halten. Aber als die Kuh dann stehen bleibt, um Gras zu fressen, ruft die Maus: »So ist's recht, friss Gras«, und als die Kuh nach links geht, ruft die Maus:

»So ist's recht, geh nach links.« Ich glaube, wir sind genauso, denn für mich ist das offensichtlich. Ich weiß, das ist arrogant, aber sehen Sie sich doch nur einmal den Gang der Ereignisse an. Wir, und mit »wir« meine ich jetzt die Politiker, arbeiten ständig an Beschlüssen, um mit den Ergebnissen anderer Beschlüsse, die ganz anders aussahen, als man erwartet hatte, zurechtzukommen. Wir planen nicht, wir sagen nicht vorher, was geschehen wird.

BIGSBY: Und steht dahinter eine regierende, manipulative Macht?

LESSING: Nein, das glaube ich nicht. Aber ich sehe die Menschheit nicht als die großartige Krone der Schöpfung. Ich möchte es so sagen: In diesem Augenblick schicken wir Raketen um den Jupiter herum. Warum nehmen wir an, dass wir die einzigen Wesen mit technologischem Wissen sind, wenn die Astronomen und die Physiker von Planeten sprechen, von vielen, vielen Hunderttausenden von bewohnten Planeten? Ich meine, das sagt ja nicht irgendein wahnsinniger Schriftsteller. Der Autor kann heutzutage nicht mehr mit den Physikern mithalten.

BIGSBY: Doch besteht nicht die Gefahr, dass man, wenn man diese Sichtweise akzeptiert, eigentlich den Menschen nahelegt, dass es keinen Sinn hat, eine Rolle in der Gesellschaft zu spielen oder auch nur zu versuchen, überhaupt in die Geschichte einzugreifen? Sie fordern die Leser auf, angesichts von Gewalt gleichgültig zu bleiben.

LESSING: Nein, das tue ich nicht. Ich will bestimmt nie wieder etwas mit Politik zu tun haben, es sei denn, ich werde mit der Pistole dazu gezwungen, nachdem ich gesehen habe, was da passiert.

BIGSBY: In Ihrem Frühwerk interessierten Sie sich für die Beziehung des Individuums zur Gruppe; das heißt, ihrer Auffassung nach war das Individuum von der Gruppe getrennt und handelte dann seine Beziehung zu ihr aus. Aber ist Individualität nicht bedeutungslos, sobald man den reinen Determinismus akzeptiert?

LESSING: Nein, das sehe ich nicht so. Doch das ist eine uralte philosophische Debatte. Kann man einen freien Willen haben, wenn Gott alles geplant hat? Darauf antworten wir, wie Sie wissen, schon seit Jahrhunderten, besonders im Westen.

BIGSBY: Aber Ihre Sichtweise hat sich doch geändert, denn sogar in den »Kinder der Gewalt«-Bänden steht Martha Quest zu Anfang sehr im Zentrum des Buches: Der Leser nimmt die Ereignisse durch den Filter ihrer Sensibilität wahr. Aber im letzten Band, den Sie vermutlich gar nicht vorgesehen hatten, als Sie mit dem Romanzyklus begannen, gelangen wir durch eine Katastrophe in eine Situation, in der Martha Quest aus dem Mittelpunkt des Romans verschwindet. Und sie verschwindet, weil die Lage sich grundlegend verändert hat und Martha nur insofern noch existiert, als sie in gewissem Sinn der Aufrechterhaltung der Art dient. Das bloße Überleben der Gruppe ist es, das in diesem Stadium die Bedeutung bekommt. Die Bedeutung des Individuums wurde unter der Wucht der Geschichte reduziert.

LESSING: Aber Martha hat ihr Leben gelebt und Ereignisse und Menschen beeinflusst.

BIGSBY: Ja, aber im Kontext eines vorherbestimmten Schrittes auf die Katastrophe zu. In Ihren späteren Büchern scheint man den Einzelnen in dem Maße zu schätzen, wie er in der Lage ist zu erkennen, dass seine Hauptfunktion darin besteht, in einer Masse aufzugehen. Sie sprechen über den Schritt vom »Ich« zum »Wir«, als ob der Zustand des »Ich-Seins« in gewissem Sinn unerwünscht wäre und transzendiert werden müsste.

LESSING: Ich betreibe wirklich keine Haarspalterei. Ich halte das Individuum für äußerst wichtig. Ich glaube, in der Situation, auf die wir uns zubewegen – die entsetzlich ist –, wird der Einzelne immer größere Bedeutung bekommen. Allerdings glaube ich auch, dass es auf die Evolution ankommt. Ich glaube, dass die Menschheit sich über ihren gewohnten Weg des Horrors und der Fehler zu etwas Besserem entwickelt, denn wann haben wir je etwas anderes gemacht, wann hat die Geschichte je etwas anderes gezeigt?

BIGSBY: Also ist die Geschichte doch nicht reine Pathologie, sondern sie erreicht eine Art kritischen Punkt der Erneuerung.

LESSING: In dieser Weise denke ich nicht. Ich finde das sehr schwierig. Sie sprechen immer wieder von Gegensätzen, für Sie ist es ein Entweder-oder. Ich habe zwar etwas in mir, was ich als einmaliges Selbst erkenne und was mich natürlich mehr interessiert als vieles andere und für das ich verantwortlich bin, aber gleichzeitig habe ich auch ein Bild von mir als geschichtlichem Wesen, als Menschen, der von der Vergangenheit geschaffen wurde und durch die Gegenwart bestimmt ist. Und wenn ich sterbe, werde ich etwas hinterlassen, komme, was da wolle, nicht, weil ich Schriftstellerin bin, sondern weil ich lebe. Mitte der fünfziger Jahre habe ich mich mit der Beziehung zwischen Einzelpersonen und politischen Gruppen befasst, weil alle Leute, die ich damals kannte, oder fast alle, in irgendeiner Weise politisch aktiv waren; sie waren entweder Kommunisten oder Exkommunisten oder in der Labour Party. Außerdem, vergessen Sie das nicht, war das ganz kurz nach McCarthy in Amerika, und ich hatte viele amerikanische Freunde, und die beschäftigten sich sehr intensiv damit, wie sie entweder vor dem Komitee ausgesagt hatten oder wie sie die Aussage verweigert hatten: Dieses ganze Problem Individuum versus Gruppe war zu jener Zeit und in jener speziellen Form sehr wichtig.

BIGSBY: Es hat eine Zeit gegeben, da haben Sie Beckett und anderen vorgeworfen, »verzweifelte Feststellungen emotionaler Anarchie«* von sich zu geben. Und weiter schrieben Sie, Ihrer Meinung nach gehe der angenehme »Luxus der Verzweiflung, die Akzeptanz des Ekels (…) genauso an dem, was ein Schriftsteller sein sollte, vorbei wie die Übernahme einer simplen ökonomischen Sicht des Menschen«, und Sie bezeichneten diese Methoden beide als eine Art »falscher Unschuld«. Würden Sie diesen Standpunkt auch heute noch vertreten, und wenn das nicht die Funktion des Schriftstellers ist, worin genau besteht sie dann?

LESSING: Nein, ich bin nicht mehr dieser Ansicht. Was die sim-

---

* Dieses und die folgenden Zitate stammen aus dem im vorliegenden Band enthaltenen Essay »Mit leiser persönlicher Stimme«.

ple ökonomische Sicht vom Menschen angeht, dieser Meinung bin ich natürlich immer noch; das war eine spezielle Stellungnahme zu einer kommunistischen Sichtweise von Literatur. An die andere Sache erinnere ich mich nicht mehr. Sehen Sie, ich erinnere mich nicht an das Gefühl, das mich veranlasst hat, das so zu schreiben. Ich erinnere mich nicht, warum ich solche Dinge über Schriftsteller gesagt habe, die ich bewundere. Das ist also weg. Was jeder Schriftsteller tun sollte, ist, so wahrheitsgetreu wie möglich über sich als Individuum zu schreiben, denn wir sind keine einzigartigen und besonderen Menschen. Immer wieder habe ich die Erfahrung gemacht, dass ich über Themen schrieb, die ich für ziemlich abwegig hielt, und dann entdeckte, einfach aufgrund der Briefe, die ich bekam, oder weil meine Ideen anderswo auftauchten, dass ich auf einer ziemlich drittrangigen allgemeinen Wellenlänge lag. Immer wieder habe ich Gedanken niedergeschrieben, die kurz darauf zu Gemeinplätzen wurden. Ich drücke das so und nicht anders aus, weil ich nicht will, dass es wie etwas Besonderes klingt. Aber ich glaube wohl, dass ich manchmal ein Gespür dafür habe, was in fünf Jahren kommen wird, und so war das auch beim *Goldenen Notizbuch*, denn ich wusste damals gar nicht, was ich da eigentlich schrieb.

BIGSBY: Als Sie diese Bemerkung über Beckett machten, schrieben Sie auch, dass der Schriftsteller Humanist werden muss, dass er sich selbst als Werkzeug der Veränderung empfinden muss, komme, was wolle: »Es geht nicht nur darum, das Böse zu verhindern, sondern darum, eine Vision des Guten, die das Böse besiegen kann, zu entwerfen.« Das verleiht der Kunst ein ungeheures Gewicht; die Kunst wird in gewisser Weise zum Werkzeug des Guten.

LESSING: Das würde ich heute überhaupt nicht mehr sagen, weil ich nicht weiß, was gut und was böse ist. Inzwischen glaube ich, dass Schriftsteller, wenn sie wirklich wahrheitsgetreu schreiben (es ist nämlich sehr schwer, ehrlich zu sein), das zum Ausdruck bringen, was in anderen Menschen vor sich geht.

BIGSBY: Sie haben seit einer Weile den Eindruck, dass der menschliche Verstand sich verändert oder dass unsere Art, die

Realität wahrzunehmen, sich verändert; Sie haben angedeutet, dass das zum Teil ein Ergebnis der Fortschritte in der Physik sein könnte. Sickern diese wissenschaftlichen Resultate bis zum Einzelnen durch, oder könnte es andere Gründe haben, dass unsere Auffassung von der Realität sich verändert, dass wir die Realität anders wahrnehmen?

LESSING: Ich glaube, diese Resultate sickern nicht so schnell durch, wie sie es eigentlich sollten, und der Grund dafür ist meiner Ansicht nach ein Fehler im Bildungssystem. Ich meine nicht in erster Linie die neuen Ideen in der Physik, sondern vor allem soziologische Erkenntnisse, deren Implikationen zum Teil erschütternd sind. Solche Dinge müssten unterrichtet werden. Ich finde, man sollte Kindern beibringen, dass man sich im Leben leicht in einer Situation wiederfinden kann, in der man sich wie Eichmann verhalten könnte – ich nehme Eichmann einfach deswegen, weil er ein Symbol für hirnlosen Gehorsam ist. Es ist erwiesen, dass man von fünfundachtzig Prozent aller Menschen erwarten kann, dass sie sich so verhalten. Man könnte sich irgendwann in so einer Situation wiederfinden, und man muss jetzt schon darüber nachdenken und sich auf eine solche Entscheidung vorbereiten. Mit anderen Worten, gebt Kindern Entscheidungsmöglichkeiten; lasst nicht zu, dass sie unvorbereitet in Situationen hineingeschleudert werden. Und dann ist da diese ganze Geschichte, dass man als Individuum statt als Gruppenmitglied handeln sollte, wobei wir jetzt wissen, dass nur ganz, ganz wenige Menschen, eine Zahl, die man vernachlässigen kann, bereit sind, sich gegen eine Gruppe zu wenden, der sie angehören. Das hat man immer wieder bewiesen, durch alle möglichen Experimente; wenn man eine bestimmte Anzahl von Menschen zusammenbringt, werden sie alles tun, um sich nicht von den anderen abzuheben. Und das erklärt zum Beispiel, warum bestimmte neue Ergebnisse nur so widerwillig anerkannt werden. Wir haben seit dem Zweiten Weltkrieg ein ganzes Arsenal an Fakten über die Natur des Menschen entdeckt. Weil dieser Krieg so entsetzlich war und uns gezeigt hat, wozu die menschliche Natur fähig ist, wird in Universitäten auf der ganzen Welt auf diesem Gebiet geforscht. Inzwischen wissen wir, wie wir wirklich sind. Außerdem gibt es sehr viele Erkenntnisse darüber, wie Gruppen funktionieren.

BIGSBY: Mir scheint, dass das tatsächlich ein immer wiederkehrendes Thema in Ihrem Werk ist: dieses Bedürfnis, der Definition zu entkommen, die Ihnen als Angehöriger einer bestimmten Gruppe, einer Rasse oder eines Landes oder in gewissem Sinne eines Geschlechtes nahegelegt wird – dieses Bedürfnis, der Typisierung zu entkommen, die Ihnen angeboten wird.

LESSING: Wir leben in einer Reihe von Gefängnissen, die man als Rasse, Schicht, Männlichkeit und Weiblichkeit bezeichnet. Immer stößt man auf diese Klassifizierungen.

BIGSBY: Aber ebenso scheint mir, dass Sie in Ihren jüngsten Büchern darauf dringen, dass Trennwände innerhalb des Empfindens niedergerissen werden, Trennwände zwischen Verstand und Fantasie, zwischen Körper und Geist. Die Intuition zum Beispiel, die normalerweise skeptisch betrachtet wird, wird zu einer echten Kraft. Etwas zu fühlen wird in Ihrem Werk nicht als gewissermaßen unzureichend dargestellt, sondern es hat eine Bedeutung. Fühlen ist eine vollgültige Reaktion.

LESSING: Das ist interessant, Sie verwenden das Wort *Fühlen* für beides, für Emotion und Intuition. Weil die Intuition aus unserer Kultur verbannt wurde, wird der Bereich des Emotionalen so weit ausgedehnt, dass er die Intuition mit einschließt, obwohl ich der Überzeugung bin, dass es das Denken gibt und die Emotionen und die Intuition und dass alle drei etwas Verschiedenes sind. Es ist faszinierend. Man sieht es zum Beispiel im Fernsehen, in Gott weiß wie vielen Serien. In *Raumschiff Enterprise* zum Beispiel. Mr. Spock hat keine Emotionen und ist daher benachteiligt, aber die guten Erdenmenschen haben Emotionen, und daher stehen sie auf einem höheren Niveau. Der Begriff der Emotion wurde erweitert, sodass er jetzt den Begriff Intuition mitumfasst, und auf diese Weise können wir letzteren umgehen. Aber die Intuition ist nicht die Domäne von Frauen oder Wahrsagern; jeder hat Intuition, aber irgendwann in der Vergangenheit, wahrscheinlich in der Renaissance, gab es ein stillschweigendes Übereinkommen, die Intuition zu verbieten. Doch ohne Intuition könnte niemand von uns auch nur fünf Minuten lang funktionieren. Ich glaube, wir alle setzen sie ständig ein.

BIGSBY: Als Sie über Evolution sprachen, meinten Sie da die Intensivierung jener Fähigkeiten, die untergegangen sind? Rechnen Sie tatsächlich damit, dass diese Fähigkeiten wieder erworben oder verbessert werden?

LESSING: Ich glaube, dass schon jetzt jeder Mensch, wenn er beobachtet und zuhört, diese Fähigkeiten anwenden kann. Es erfordert allerdings Übung.

BIGSBY: Ist das der richtige Moment, um Sie nach dem Sufismus zu fragen?

LESSING: Wahrscheinlich ja. Ich habe angefangen, mich dafür zu interessieren, weil ich erkennen musste, dass das, was ich erlebt hatte und was ich dachte und fühlte, überhaupt nichts mit meiner Philosophie zu tun hatte. Das passierte in der Zeit, als ich *Das goldene Notizbuch* schrieb. Das Buch in dieser Form zu schreiben zwang mich dazu, mich in vieler Hinsicht sehr genau anzuschauen. Ich schrieb über Erlebnisse, die ich nie gehabt hatte. Manches davon habe ich seitdem erlebt, das kann ich wohl sagen, aber ich musste einsehen, dass meine damalige Denkweise, meine Philosophie, absolut unzulänglich war. Ich musste entweder so tun, als hätte ich die Erlebnisse oder Gedanken, die ich hatte, nicht, oder aber ich musste sie offen zugeben. Ich glaube, ganz viele Menschen tun Ersteres. Es kommt ein Punkt, an dem man sich entscheiden muss, und viele beschließen, solche Erlebnisse zu vergessen. Als ich an diesen Punkt kam, untersuchte ich meine Denkweise, das ganze progressive Programm (das ist eine Abkürzung für all die Vorstellungen, die die jungen Menschen jetzt haben, als wären sie programmiert, was sie ja auch sind – sie sind alle Materialisten und Sozialisten und Semi-Marxisten oder etwas in der Art, und es gibt einen ganzen Komplex an Vorstellungen, die zusammenpassen). Ich beschloss, dass ich nicht länger damit leben konnte, also begann ich, mich umzusehen. Das Interessante daran – ich habe es in *Die viertorige Stadt* beschrieben – ist, dass ich sehr weit gestreut gelesen habe, in Bereichen, auf Gebieten, die man damals noch ziemlich verrückt fand, heute allerdings nicht mehr so, sie sind sogar recht schick geworden.

Ich habe ungeheuer viel gelesen und bestimmte elementare Tatsachen herausgefunden. Eine davon war, dass wir in der Schule sehr wenig Informationen bekommen. Man kann in dieser Kultur aufwachsen und nicht die geringste Ahnung von den Vorstellungen anderer Kulturen haben. Wir werden mit dieser entsetzlichen westlichen Arroganz erzogen, wir alle: Das ist der Grund, weshalb ich froh bin, dass ich keine Schulbildung habe, denn es erscheint mir fast unmöglich, von dieser Arroganz frei zu bleiben, wenn man im westlichen Bildungssystem aufwächst. Der andere Gedanke, den ich hatte, war der, dass es gefährlich wäre, diesen Bereich ohne Lehrer zu erkunden, falls ich das wirklich ernsthaft betreiben wollte; manche Leute werden dabei verrückt und verirren sich. Weiß Gott, was sie alles machen. Sie gehen nach Kathmandu und so weiter. Deshalb habe ich mir große Mühe gegeben. In einer derartigen Situation bin ich absolut besessen, perfektionistisch und langweilig, und ich habe viel Zeit und Mühe darauf verwendet, nach einem Lehrer zu suchen. Ich machte einige Erfahrungen, die recht interessant waren, ich machte Fehler, und dann stieß ich auf den Sufismus, so wie er von Idries Shah gelehrt wird, eine Lehre, die den Anspruch erhebt, dass sie eigentlich uralt ist, die aber für diese Zeit und diesen Ort angemessen ist und daher neu eingeführt wird. Es ist nicht irgendwelches wiedergekäute Zeug aus dem Osten oder verwässerter Islam oder so was. Und ich wollte sein Buch mit dem Titel *Die Sufis* lesen, das, wie ich wusste, bald erscheinen sollte. Ich wartete darauf und las es dann und dachte einfach: Hier finde ich vielleicht, was ich suche. Denn dort fand ich meine Vorstellungen wieder und sonst nirgends; es gab keinen anderen Ort für sie. Ich wollte keine christliche Mystikerin werden. Ich konnte einfach keine Christin sein. Ich kann nicht religiös sein; ich habe nicht das religiöse Temperament, das dazu verlangt wird. In Klammern: Noch einmal, das Christentum ist eine sehr emotionale Religion. Im Hinduismus braucht man keine Gefühle zu haben. Aber das Christentum verlangt eine emotionale Reaktion, und die konnte ich nicht aufbringen. Es gibt andere Weltanschauungen, die eine vollkommen intellektuelle Reaktion von einem verlangen, und die könnte ich auch nicht leisten. Was ich gefunden habe, sind die Anfänge einer Betrachtungsweise, die sich im Laufe der Beschäftigung damit entfaltet, und wenn das ein ärgerlicher Satz ist, kann ich es nicht ändern. Man entdeckt ständig weiter. Es ist keine einfache Sache.

BIGSBY: Sie haben gesagt, Sie könnten nicht religiös sein, aber ist Ihre Sichtweise pantheistisch, oder postuliert sie eine Art höchstes Wesen?

LESSING: Ist es eine Hilfe, wenn ich sage, ja, man glaubt an Gott? Na und? Verstehen Sie, was ich sagen will? Angenommen, ich würde sagen, ich glaube nicht an Gott? Was dann? Angenommen, ich würde sagen, ich glaube an den Teufel? Das sind bloß Worte, sie bedeuten nichts.

BIGSBY: Aber man spricht doch vom Einssein, oder nicht? Es ist das Gefühl des Einsseins, es geht eigentlich nicht um ein Wesen außerhalb des Selbst, sondern gewissermaßen um die Gesamtheit aller Selbste, ist es das, was mit Einheit gemeint ist?

LESSING: Vielleicht weiß ich das auch nicht. Ich stehe noch am Anfang. Man beginnt damit, dass man Vorurteile und vorgefasste Meinungen abwirft. Wenn ich sage »Mystik« oder »Sufismus«, weiß ich nicht, welche Assoziationen das bei Ihnen auslöst, aber wahrscheinlich ist es eine Kette wie Mantras, Yoga, eintöniger Singsang, Hin- und Hertanzen und Islam, etwas in dieser Art, weil die Kultur, in der wir leben, uns so geprägt hat. Man fängt damit an, dass man seine Vorstellungen abwirft, von denen viele ja unbewusst sind. Lassen Sie uns das Wort »Lehrer« nehmen. Ein Lehrer ist jemand, der vorn auf einem Podium steht und einen Vortrag hält. Aber sehen Sie, das ist nicht der Lehrer, so wie ich ihn erlebt habe; mein Lehrer ist ganz anders, aber selbst wenn man das intellektuell akzeptiert hat, dauert es lange, es auf das eigene Erleben zu übertragen, denn die ganze Zeit denkt man unbewusst: Ah, eines Tages wird der Guru verkünden: »Mein Kind, die Wahrheit sieht folgendermaßen aus.«

Ich karikiere ein sehr tief verwurzeltes psychisches Bedürfnis, und ich war ziemlich schockiert, als ich feststellte, wie tief es geht. Shah sagt unter anderem, wir würden in dieser Kultur immer gelehrt, dass wir nicht konditioniert seien, dass wir frei seien, dass wir uns unser ganzes Leben lang selbst ausgesucht hätten, was wir glauben, und dass unser Hiersein das Produkt verschiedener Willensakte sei, die wir während unseres Lebens vollzogen hätten. Er sagt einfach: »Tut mir leid, aber dem ist nicht so, und in Wirklichkeit sind Sie darauf programmiert, nach Autorität zu verlangen; Sie möchten, dass man Ihnen sagt, was Sie tun sollen, Sie wollen einen Guru, Sie wollen Teil von etwas sein, Sie wollen Regeln.« Wenn er das zum ersten Mal zu einem sagt, sagt man sich: »Ach, komm«, aber dann wird man in eine Situation gebracht, in der man herausfindet, dass es wahr ist, und das ist sehr demütigend, eben weil es wahr ist. Ich wollte das alles tatsächlich. Jetzt wünsche ich es mir, so Gott will, nicht mehr. Aber die Sache ist, dass man lernt, dauernd Gedankenmuster abzuwerfen, aber nicht etwa durch einen intellektuellen Prozess, sondern man wird ständig in Situationen gebracht, in denen man die Wahrheit über sich selbst erkennt, und die ist überhaupt nicht schön. Sie ist demütigend.

BIGSBY: Mir scheint, dass *Die Ehen zwischen den Zonen Drei, Vier und Fünf* von solchen Gedanken durchdrungen ist. Handelt das Buch nicht vom Zusammenbrechen derartiger Annahmen, von der Anerkennung eines Determinismus?

LESSING: Sie reden dauernd von Determinismus. Ich habe genau das Gegenteil erfahren.

BIGSBY: Also, die Prinzessin Al·Ith erhält einen Befehl. Es ist ein Befehl, der nicht unmittelbar auf das Bewusstsein wirkt, sondern auf das Unbewusste. Es ist eine Aufforderung, der Folge geleistet werden muss. Es gibt keine Möglichkeit, sich zu weigern. Das ist es, was ich mit Determinismus meine; die Handlungen der Prinzessin sind vorherbestimmt, ganz anders, als sie aus ihrer Sensibilität heraus handeln würde. Haben Sie das nicht eben gemeint, die Anerkennung dieses Determinismus? Und diese Anerkennung wird sogar etwas wie ein moralischer Akt; man bezahlt damit, man schuldet sie, diese Anerkennung eines deterministischen Elementes.

LESSING: Ich glaube nicht, dass *Die Ehen* Haltungen der Sufis beschreibt, es sei denn, das, was ich gelernt habe, ist ganz in mein Unbewusstes übergegangen und in anderer Form wieder hervorgekommen. Aber das kann ich im Moment nicht beurteilen. Die Prozesse, die bei einer großen Wandlung vor sich gehen, kann man erst später beurteilen. Vielleicht bin ich in zehn Jahren dazu in der Lage.

BIGSBY: Aber eine Sache, die Al·Ith zu lernen hat, klingt ganz ähnlich wie das, was Sie beschreiben. Sie sagen, das Individuum muss lernen, sich außerhalb der Gruppe zu sehen, außerhalb dieses Systems von Annahmen. Das ist es, was Al·Ith auch lernen muss; sie muss sich außerhalb der Gruppe bewegen, in der sie sich so wohlfühlt und die gewissermaßen auf der gleichen Ebene schwingt wie sie.

LESSING: So habe ich es noch nicht gesehen, aber das stimmt wohl.

BIGSBY: Und die arrangierte Hochzeit und auch die folgende Hochzeit, denn es finden ja zwei statt, sind das nicht die Hochzeiten von jeweils zwei Menschen, die aus ihrem System von selbstverständlichen Annahmen herausgestoßen werden? Und vermutlich entsteht daraus eine neue Qualität, etwas Drittes, das die Zonen zusammenbringt oder die Schranken zwischen ihnen niederbricht.

LESSING: Ja, aber ich möchte zu diesem Buch gern etwas anderes sagen. Ich habe es aus folgender Erfahrung heraus geschrieben: Als ich Ende dreißig und Anfang vierzig war, war mein Liebesleben chaotisch und durcheinander und ganz allgemein weder für mich noch für sonst jemanden gut. Es ging mir ziemlich schlecht, und das wusste ich auch. Damals habe ich unwissentlich eine bestimmte therapeutische Technik eingesetzt, die einfach aus meinem Unbewussten aufstieg. Ich hatte eine Fantasielandschaft, in der es eine männliche und eine weibliche Figur gab, die in verschiedenen Beziehungen zueinander standen. Und vergessen Sie nicht, das war vor zwanzig Jahren oder so, und diese ganze Geschichte, was Männer sind und was Frauen sind, wurde ständig diskutiert und wird das natürlich immer noch. Ich machte den Mann als Mann sehr stark, verantwortlich für das, was er tun musste, und autonom, und die Frau machte ich genauso, denn ich war zu der Zeit in verschiedener Hinsicht sehr kaputt, und das ging eigentlich mehrere Jahre so. Und dann habe ich davon gelesen; es ist eine jungianische Technik. Die Anleitung lautet: Wenn ein Teil von einem selbst schwach ist, soll man sich bewusst vorstellen, er sei stark, man soll ihn so machen, wie man ihn gerne hätte. Dass das Buch, als ich es dann schrieb, etwas anders wurde, hat nichts damit zu tun; dieses Buch geht ganz tief in mich hinein. Wie und warum, weiß ich eigentlich nicht. Das Buch ist nicht das Ergebnis von Theorien oder Ideen, sondern von ziemlich gründlicher Fantasiearbeit an Erfahrungen, die ich in der Vergangenheit gemacht hatte.

BIGSBY: Warum hat es so lange gedauert, bis Sie so weit waren, es aufzuschreiben, wenn es doch von diesen Erfahrungen herrührte?

LESSING: Ich vermute, diese Erfahrungen sind untergetaucht und in anderer Form wieder zum Vorschein gekommen. Dieses Buch zu schreiben war herrlich. Das Schreiben war einfach ein Vergnügen, weil es so mühelos ging, und ich bin dabei auf eine bestimmte Ebene gestoßen und habe von dieser Ebene aus geschrieben. Das passierte nie wieder.

BIGSBY: Darf ich auf eine Frage über das Romanschreiben und die Struktur des Romans zurückkommen? Die Abschnitte »Ungebundene Frauen« in *Das goldene Notizbuch* bilden einen konventionellen Roman, aber das Buch als Ganzes handelt von der Unzulänglichkeit des konventionellen Romans, denn es geht darin um die Komplexität, die letztlich in eine feste Form übertragen werden muss. Ist diese Reduzierung nicht in gewissem Sinne unvermeidlich, ganz gleich, welche Technik man anwendet? Im *Goldenen Notizbuch* haben Sie auf dieses Problem aufmerksam gemacht, aber auf das Problem aufmerksam zu machen, löst es noch nicht. Ist es überhaupt lösbar? Bedeutet Kunst nicht immer auch Reduktion?

LESSING: Doch, aber das ist der Grund, weshalb wir alle die Form aufbrechen, wir müssen sie aufbrechen. Der fünfbändige oder dreibändige realistische Roman – der Familienroman – ist in meinen Augen tot. Vielleicht ist er gar nicht tot, aber ich interessiere mich nicht dafür. Einen schlechten Roman, der misslungen ist, aber Ideen oder Neues zu bieten hat, lese ich mit viel größerem Interesse als zum soundsovielten Mal einen perfekten, aber unbedeutenden Roman. Irgendwo habe ich neulich gelesen, dass man in China 1912, als überall Bürgerkrieg herrschte, immer noch höchst exquisite kleine Gedichte über Apfelblüten und so weiter schrieb, und ich habe nichts gegen exquisite kleine Gedichte über Apfelblüten, und ich lese unbedeutende Romane über Emotionen in den alten englischen Grafschaften mit großem Vergnügen, aber ich halte sie wirklich für überholt.

BIGSBY: Wenden Sie sich deswegen mit solcher Begeisterung der Science-Fiction zu? In Ihren Vorbemerkungen zu *Shikasta* sagen Sie, dieses Genre würde es Ihnen ermöglichen, sowohl experimentell als auch traditionell zu arbeiten, und ich vermute, dass das auch für *Die Ehen* gilt, denn man kann darin ein traditionelles Element erkennen.

LESSING: Ich finde, es ist überhaupt ein traditionelles Buch. Ich denke, es ist ein beinahe zeitloses Buch, während *Shikasta* ein Chaos ist, aber wenigstens ein neuartiges Chaos.

BIGSBY: *Die Ehen* ist eine Art Legende oder Mythos?

LESSING: Ja, Science-Fiction und Space-Fiction faszinieren mich, weil sie voller Ideen sind. In der Science-Fiction entwickelt der echte Wissenschaftler, der den Roman schreibt, eine wissenschaftliche Idee, zieht die Konsequenzen daraus und sagt: »Wenn ihr dies tut, wird das eintreten«, und so weiter, was ich faszinierend finde, obwohl ich sehr oft der Wissenschaft nicht folgen kann. Ich bin sicher, dass dieses Genre eine ganze Generation junger Menschen dazu erzogen hat, wissenschaftlich zu denken, was man ihnen da, wo sie unterrichtet werden, bestimmt nicht beibringt.

BIGSBY: In den Vorbemerkungen zu *Shikasta* scheinen Sie nahezulegen, dass der Romanautor gezwungen ist, die Grenzen des realistischen Romans zu durchbrechen, weil die Realität selbst immer fantastischer wird. Ich frage mich, ob das wirklich der Grund ist oder ob diese Grenzüberschreitung, zumindest in Ihrem Fall, nicht daher kommt, dass Sie glauben, die Realität sei dichter, tiefgründiger und vielfältiger, als wir gemeinhin annehmen; mit anderen Worten, die Realität selbst verändert sich gar nicht, sondern wir haben nicht wahrgenommen, dass sie immer schon diese Aspekte hatte.

LESSING: Das stimmt natürlich, denn unsere Sicht von uns selbst verändert sich ständig. Manchmal beruht diese Sichtweise auf einer Art fiktivem, aus Legenden bestehendem Gerüst, wie bei der Betrachtung von Menschen, die wir als rückständig bezeichnen, sie kann aber auch auf Fakten beruhen. Wir stellen uns gerne vor, dass unsere Sichtweise auf Fakten basiert, aber nun werden diese Fakten so unfassbar.

BIGSBY: Meines Wissens sind sie heutzutage nicht unfassbarer als früher. Für Menschen, die glaubten, die Erde sei eine Scheibe, muss die Entdeckung, dass sie das nicht ist, ziemlich erschütternd gewesen sein. In gewisser Weise ist die zeitgenössische Wirklichkeit viel weniger unbegreiflich. Wir sind inzwischen darauf eingestellt, innerhalb von sehr kurzer Zeit fast alles aufzunehmen und es in unser Bild von der Welt zu integrieren. Noch vor wenigen Hundert Jahren hätte es ein ganzes Jahrhundert gedauert, die Menschen dazu zu bringen, dass sie solche Dinge akzeptieren.

LESSING: Ja, das stimmt wohl. Das Tempo hat sich so beschleunigt, dass wir jetzt mit so was zurechtkommen ... Da ist noch etwas, das ich zum Schreiben oder zum Geschichtenerzählen sagen möchte. Es ist ein Gedanke, der mir keine Ruhe lässt: Warum erzählen wir Geschichten? Welche Funktion hat ein Erzähler? Wir erzählen uns ununterbrochen selbst Geschichten. Es ist unsere Art, die Realität zu strukturieren; wir erzählen ja den ganzen Tag Geschichten, oder? Und wenn wir einschlafen, erzählen wir uns auch Geschichten, denn ein Traum ist eine Geschichte, die manchmal sehr logisch und direkt ist und manchmal nicht, aber jedenfalls ist etwas in uns, das Geschichten braucht. Ich habe neulich abends im Radio gehört, dass der Traum eine Methode sei, um unseren Verstand neu zu programmieren. Das ist eine Theorie, aber was man eigentlich tut, wenn man sich hinsetzt und einen Roman schreibt, das wissen wir nicht. Warum hat die Menschheit dieses Bedürfnis?

BIGSBY: In *Die Ehen zwischen den Zonen Drei, Vier und Fünf* spielen Geschichtenerzähler in der Tat eine große Rolle, oder? Die Erzählerin ist von Beruf Chronistin; das heißt, ihre kulturelle Funktion besteht darin, Geschichten zu erzählen, nicht wahr? Sie singt Lieder.

LESSING: Ich wollte eine einzelne Stimme haben, also musste ich überlegen, wer diese eine Stimme wohl haben konnte. Es konnten weder Al·Ith noch Ben Ata sein, weil sie zu parteiisch waren, und auch meine schöne Dienerin, die ich über alles liebe, kam nicht infrage.

BIGSBY: Sie interessieren sich für den Bereich des Unterbewussten und in gewissem Maße auch für das, was man jetzt als paranormal bezeichnet. Das ist für Sie nicht bloß eine Metapher, oder? Sie meinen es wörtlich.

LESSING: Ja. Es ist das, was ich erlebt habe und was viele andere Menschen auch erlebt haben.

BIGSBY: Telepathie zum Beispiel.

LESSING: Ja, ich habe Telepathie erlebt, aber ich glaube, dass das ganz vielen Menschen so geht. Ich glaube, wir tun das wohl ständig, ohne es zu wissen. Ununterbrochen fließen Gedanken durch unsere Köpfe, wie Wasser. Aber ich interessiere mich nicht für das Paranormale, um mich daran zu berauschen. Früher war ich schrecklich fasziniert, aber jetzt versuche ich, es sehr ruhig und nüchtern einzusetzen. Ich führe zum Beispiel ein Tagebuch, in dem ich merkwürdige Ereignisse notiere, wie scheinbare Zufälle und Ereignisse, von denen ich glaube, dass sie eintreten werden, ganz gleich, ob sie dann wirklich eintreten oder nicht. Ich bin dabei ganz objektiv, ich erfinde nichts. Träume setze ich ständig ein. Das tue ich seit meiner Kindheit. Ich verwende Träume in meiner Arbeit, weil ich in meinen Träumen Ideen bekomme oder vor Menschen oder Situationen gewarnt werde. Ich weiß nicht, ob das zum Paranormalen zählt oder nicht, aber die Menschheit verwendet Träume, seit sie auf der Welt ist.

BIGSBY: Wenn wir nun zu Ihren Büchern aus der letzten Zeit kommen, dort tauchen ständig Bilder der Verwüstung auf, aber andererseits sieht es so aus, als würde die Menschheit diese Verwüstungen überleben. Das galt natürlich auch für *Die viertorige Stadt*. Aber in Ihren letzten Büchern bewegen sie sich auf einen einfachen Glauben zu, einen Glauben an etwas, das nicht ganz wahrgenommen wird, oder? Ist das Gehorsam einer Art von kosmischem Willen gegenüber?

LESSING: Gehorsam ist das meines Wissens nicht. Entscheidet man sich dafür, Gehorsam zu leisten?

BIGSBY: Ich glaube, Sie selbst benutzen das Wort »Glaube«. Das ist es, was den Romanfiguren schließlich bleibt.

LESSING: Ich habe viel darüber nachgedacht, ob ich das Wort nehmen sollte, weil es religiöse Konnotationen hat.

BIGSBY: Woran glauben Ihre Figuren denn?

LESSING: Hat es seit Beginn der Menschheitsgeschichte jemals etwas anderes gegeben als Katastrophen, Seuchen, Elend und Kriege? Und doch hat ein Teil der Menschen überlebt. Für unsere jetzige Sichtweise ist es natürlich, dass es mit uns ständig vorwärts- und aufwärtsgeht. Ich betrachte das unvoreingenommen. Aber ich glaube, dass wir, da wir in der Vergangenheit so vieles überlebt haben, vor allem die Fähigkeit zum Überleben haben, und außerdem sind wir ungeheuer fruchtbar. Ist Ihnen schon einmal aufgefallen, wie fruchtbar wir sind? Wir sind schlimmer als Karnickel. Wir vermehren uns einfach; die Welt ist voller Babys. Ich stelle mir gerne vor, dass einige davon überleben werden, und vielleicht sogar noch mehr als das. Und ist es möglich, dass die Strahlung, mit der wir die Erde bombardieren werden, bei uns Mutationen hervorrufen wird? Wir wissen es nicht. Es gibt jetzt eine Theorie, nach der die Dinosaurier nicht wegen eines Klimawechsels, sondern wegen einer Veränderung der Strahlung ausgestorben sind. Wir werden täglich mit verschiedenen Strahlungsarten bombardiert. Während wir hier sitzen, fließen Neutronen durch uns hindurch, wussten Sie das? Sehen Sie, wir wissen ja nicht, was sonst noch durch uns hindurchfließt und wie wir vielleicht auf eine andere Art von Medizin reagieren werden.

BIGSBY: Das ist also Glaube?

LESSING: Optimismus.

NOCH STEHT DER ZEIGER NICHT
AUF MITTERNACHT!
Im Gespräch mit Margarete von Schwarzkopf

Das Interview erschien am 9. Mai 1981 in Die Welt.

SCHWARZKOPF: Mrs. Lessing, Sie tragen als Engländerin einen
berühmten deutschen Namen. Wie kommt das?

LESSING: Ich war in zweiter Ehe mit dem deutschen kommunistischen Emigranten Gottfried Anton Nicolai Lessing verheiratet, der allerdings mit dem großen deutschen Schriftsteller
nicht in direkter Linie verwandt war. Nach der Scheidung behielt
ich diesen Namen bei, sozusagen als Omen für meine eigene
schriftstellerische Karriere. Denn es bedeutet Anregung und
Maßstab zugleich für mich, den Namen eines Genies zu tragen.

SCHWARZKOPF: In Deutschland sind Sie vor allem durch ein
Buch berühmt geworden, *Das goldene Notizbuch*. Was bedeutet
dieses Werk für Sie heute?

LESSING: Es mutet mich immer wieder sonderbar an, dass dieses
Buch noch nach fast zwanzig Jahren ein solches Echo in aller
Welt hervorruft. Noch heute bekomme ich, vor allem aus
Deutschland und den USA, Briefe von Lesern des Buches. Im
Vorwort zur 9. Auflage im Jahre 1971 bin ich auf dieses Echo
ausführlich eingegangen und habe zu ergründen versucht, weshalb ausgerechnet dieser Roman die Gemüter noch immer so
erregt. Denn in den seit dem Erscheinen des Buches vergangenen
zehn Jahren hat sich unendlich viel ereignet, und eigentlich sollte
das Thema von seiner Brisanz eine Menge eingebüßt haben. Was
1962 noch als Tabu galt, ist es doch heute längst nicht mehr.

Aber noch mehr hat mich verwundert, dass kaum einer meiner Leser das Buch als eine Einheit zu sehen bereit scheint. Die
einen betrachten es als Kampfansage gegen die Männer (was es
nicht ist), die anderen glauben, darin eine politische Konfession
vor sich zu haben, und Dritte meinen, es ginge ausschließlich um

die geistigen Verwirrungen meiner Heldin und meines »Alter Ego« Anne. Solche Reaktionen beunruhigen mich einerseits, denn sie zeigen, wie weit die Absicht des Autors und das Verständnis seiner Leser auseinanderklaffen können. Andererseits aber beweist mir diese Reaktion auch – und das beruhigt mich wieder –, dass ein Buch eine lebendige Sache ist, die vielerlei Früchte tragen kann.

SCHWARZKOPF: Könnten Sie dieses Buch heute noch einmal schreiben oder sich zumindest mit einem ähnlichen Thema auseinandersetzen?

LESSING: Nein. Erstens haben sich, wie gesagt, die Umstände geändert. Was soll da noch ein Buch über die für damalige Verhältnisse zwar sehr mutigen, aber auch verrückt anmutenden Emanzipationsversuche zweier Frauen. Zudem sollte sich ein Schriftsteller nicht wiederholen und möglichst nicht zweimal auf demselben Gleis fahren wollen. Viele meiner Leser, ja sogar mein Verleger haben allerdings von mir erwartet, dass ich nun immer wieder *Goldene Notizbücher* schreibe. Aber ein Buch ist wie ein Kind. Sobald es einmal geboren und abgenabelt worden ist, darf man nicht versuchen, es wieder in den Mutterleib zurückzuholen und noch einmal zu gebären. Das Thema ist passé.

SCHWARZKOPF: Wie stehen Sie heute zur Frauenbewegung?

LESSING: Das ist ein sehr komplexes, für mich fast schmerzliches Thema. *Das goldene Notizbuch* hat mir damals sehr viele Attribute eingebracht – von der Männerfeindin bis zur Frauenhasserin. Ich wurde zur heiligen Johanna der »Women's Lib« erklärt, dann wieder von Feministinnen als notorische Frauenverächterin abgestempelt. Auf jeden Fall wimmelte es von Missverständnissen. Natürlich bin ich für die Gleichberechtigung der Frau, natürlich halte ich die Frau dem Manne für ebenbürtig. Aber ich würde es nie wagen zu behaupten, dass Mann und Frau gleich sind. Sie sind es einfach nicht. Physisch nicht, psychisch nicht, auch intellektuell nicht, was nicht heißen soll, dass Frauen dümmer als Männer sein müssen. Sie haben andere Gaben. Keine zwei Menschen auf der Welt gleichen sich vollkommen, warum also sollten Mann und Frau dann gleich sein?

Was ich möchte, ist, dass die Frau zu sich steht, sie selbst ist, weder Sklavin des Mannes noch Amazone. In meinem Roman *Die Ehen zwischen den Zonen Drei, Vier und Fünf* versuche ich, eine Frau darzustellen, die diesem Ideal nahekommt: Sie ist frei, unabhängig, eine liebende Mutter, gefühlsbetont, aber nicht sentimental, intelligent, aber nicht überheblich. Gewiss, das Buch ist ein utopischer Roman, diese Frau eine Idealgestalt. Und ich hege längst keine Illusionen mehr darüber, wie Frauen sein können. Sie sind keine besseren, keine schlechteren Wesen, sie sind Menschen. Dass meine beiden Heldinnen im *Goldenen Notizbuch* aber durchaus aggressiv und schrill sein können, das kreiden mir die Feministinnen an, vor allem, weil ich sage, dass diese Eigenschaften Teil ihres Ichs seien, nicht Ergebnis langjähriger Unterdrückung. Wenn es aber mit der Frauenbewegung so weit gekommen ist, dass man keine Kritik mehr an den Frauen üben, die Wahrheit nicht mehr sagen darf, dann ist sie schlecht, dann dient sie den Frauen nicht, sondern schadet ihnen. Dann ist sie sinnlos und gefährlich.

SCHWARZKOPF: Gibt es Ihrer Meinung nach einen wesentlichen Unterschied zwischen »Männer-Literatur« und der Literatur, die von Frauen geschrieben wird?

LESSING: Natürlich sieht eine Frau bestimmte Dinge anders als ein Mann, wenn es auch Schriftsteller gibt, die behaupten, sie könnten sich in die Seele einer Frau hineinversetzen. Auch umgekehrt ist es schwierig. Eine Frau wird sich nie ganz in das Innere eines Mannes hineinversetzen können. Leider und auch glücklicherweise. Denn nur so entsteht die Vielfalt in der Literatur. Ich glaube zum Beispiel, dass Frauen instinktiver vorgehen als Männer, dass sie psychologische Themen weniger wissenschaftlich, sondern eher instinktmäßig angehen.

SCHWARZKOPF: Bei der Lektüre Ihrer Romane *Anweisung für einen Abstieg zur Hölle* und *Das goldene Notizbuch* drängt sich der Eindruck auf, dass Sie der Psychoanalyse nicht eben freundlich gegenüberstehen?

LESSING: Man hat mir schon öfter vorgeworfen, ich sei eine erklärte Feindin der Psychoanalyse. Nun, Feindin ist sicher überspitzt formuliert, aber ich bin tatsächlich eine Gegnerin der heute zur Mode gewordenen Überpsychologisiererei. Diese Mode ist eine sehr schlimme Zeiterscheinung in einem Jahrhundert, das sprachlos geworden zu sein scheint und in dem Worte eher für Kriegs- als für Liebeserklärungen geschaffen zu sein scheinen. Sicherlich bedarf die Menschheit auch der Psychologie, gerade weil sie an Mangelerscheinungen des Gefühls leidet. Aber ich wehre mich entschieden gegen die Kästchenmethode, mit der die Menschen von ihr eingeordnet und abgestempelt werden. Jeder Mensch ist ein wundersames Mosaik aus Tausenden von Steinchen. Er ist eine Singularität. Auch wenn diese Bemerkung allzu sehr nach einer Binsenwahrheit schmeckt, so steht doch eine Tatsache dahinter. Und da gerade die Seelenforscher diese wichtige Tatsache oft zu vergessen scheinen, muss man eben immer wieder auf die Binsenwahrheit verweisen.

SCHWARZKOPF: Was, glauben Sie, hat der Schriftsteller für eine Funktion in unserer Zeit? Was kann er tun, was sollte er tun?

LESSING: Eine allgemeingültige Antwort auf diese Fragen gibt es nicht. Denn es gibt Hunderte von Schriftstellern, und wir sind alle Einzelgänger, ängstlich darauf bedacht, unser Innenleben und unsere Ideen zu bewahren. Meiner Ansicht nach ist es natürlich die Aufgabe des Schriftstellers, wenn er seinen Beruf ernst nimmt, den Finger auf die Wunden unserer Zeit zu legen, aber das genügt nicht. Jeder kann an den herrschenden Zuständen herummäkeln. So etwas wird leicht zur Mode. Meiner Meinung nach sollte ein Autor so etwas wie ein Prophet sein, der Dinge spürt, ehe sie voll ausreifen, der Themen anpackt, ehe sie zum Trend werden, der seine Antennen bis in das Weltall hinausstreckt, um die geheimsten Strömungen zu erfühlen.

SCHWARZKOPF: Darf, kann und soll ein Schriftsteller sich in seinen Werken politisch äußern?

LESSING: Als ich vor mehr als dreißig Jahren mit zwanzig Pfund in der Tasche und meinem kleinen Sohn Peter an der Hand nach London kam, da glaubte ich fest daran, dass Schriftsteller sein bedeute, »die Welt zu verändern«. Ich hielt es für meine Pflicht, politisch aktiv zu sein, gegen das Unrecht zu Felde zu ziehen und, wo immer ich ging, stand oder saß, über politische Themen zu diskutieren. Aber was ist Politik? Um es poetisch auszudrücken – nichts als ein Flügelschlag. Und ein Schriftsteller ist nicht mehr als ein einsamer Rufer in der Wüste. Manche hören ihn, die meisten gehen vorbei. Es hat lange gedauert, bis ich erkannt habe, dass ein Schriftsteller sich zumindest in seinen Büchern von tagespolitischen Fragen fernhalten sollte. Sie reiben seine Kräfte nur sinnlos auf und verstellen ihm den Blick für die universellen Themen der Menschheit, die weder Zeit noch Raum kennen.

SCHWARZKOPF: Sie selbst, Mrs. Lessing, waren Marxistin …

LESSING: Gerade deshalb wage ich zu diesem Problem Stellung zu nehmen. Durch den Einfluss meines zweiten Mannes wurde ich eine gläubige Marxistin. Dazu kam noch meine Wut über die Zustände in Südafrika, später meine Eindrücke von den Londoner Arbeitervierteln. Es war ein langsamer, mühsamer Prozess, mich davon zu lösen. Meine Martha-Quest-Romane, die sehr stark autobiografisch geprägt sind, schildern meine eigene Entwicklung – hin zum Marxismus, weg vom Marxismus, einen Prozess der Desillusionierung. Ich habe längst erkannt, dass das Heil dieser Welt niemals in einer politischen Ideologie liegen kann. Alle Ideologien sind verlogen und dienen nur wenigen Menschen, nicht der Allgemeinheit.

SCHWARZKOPF: Sind Sie das, was so schön modisch mit »frustriert« bezeichnet wird?

LESSING: Nein, ich bin nur weiser geworden, wenn auch noch nicht weise. Als ich das erste und zugleich auch das letzte Mal nach meiner »Flucht« nach England im Jahre 1955 nach Südafrika zurückkehrte, wurde mir auf einmal bewusst, wie überflüssig meine politischen Purzelbäume gewesen waren. In meinem Tagebuch dieser Reise, *Heimkehr*, das für mich den endgültigen Abschied von meiner Jugend bedeutete, habe ich über diese Erkenntnisse geschrieben.

SCHWARZKOPF: Was wollen und können Sie überhaupt mit Ihren Büchern erreichen?

LESSING: Wenn ich ehrlich bin, und diese Ehrlichkeit verletzt natürlich meine Eitelkeit: wenig. Aber immerhin, ich kann die Menschen zum Denken anregen, ich kann sie unterhalten und auf Dinge aufmerksam machen, die sie im Strudel des Alltags vielleicht übersehen und überhören könnten. Die Schriftstellerei ist allerdings ein Prozess des Gebens und des Nehmens. Denn ich selbst lerne sicherlich fast ebenso viel von meinen Lesern wie sie von mir. Und mit Staunen und Schrecken wird mir klar, wie viele Probleme es allerorten gibt. Manchmal komme ich mir vor wie in Blaubarts Burg. Überall Türen, die ich öffne, und hinter jeder verschlossenen Tür sitzt jemand mit zerrissener Seele.

SCHWARZKOPF: Wie wichtig ist für Sie die Sprache selbst als Vehikel Ihrer Ideen?

LESSING: Ich mag es nicht, mich kompliziert auszudrücken. Ein Buch sollte für jedermann verständlich sein. Deshalb schätze ich Parabeln, Metaphern, Märchen und Allegorien und greife gerne auf literarische Formen zurück, die einfach sind, aber sich dennoch vorzüglich dazu eignen, selbst schwierigste seelische Vorgänge darzulegen. Allerdings muss ich dabei immer wieder erkennen, wie schnell die Sprache an Grenzen stößt, wie blass Worte doch letztlich wirken. Wie zum Beispiel lassen sich tiefe Empfindungen wirklich überzeugend in Worte kleiden? Da beginnt die Sprache ganz jämmerlich zu hinken, und diese Erkenntnis stürzt mich manchmal in schöpferische Krisen.

Mir ist zum ersten Mal die Enge der Sprache bewusst geworden, als ich in *Das goldene Notizbuch* nach Worten suchte, um Annas Träume zu schildern. Je älter ich werde, desto mehr beschäftige ich mich mit der Realität der Träume, die, so glaube ich, Spiegel und Ventil der Seele sind. Ich bin fasziniert von der Symbolik und der Vielfalt der Welt, wie sie sich im Traum darstellt. Jeden Morgen greife ich sofort nach dem Aufwachen nach meinem Notizblock, um meine nächtlichen Träume festzuhalten. Aber es ist unendlich schwierig, die Atmosphäre eines Traumes, diese Mischung aus Wahn, Wahrheit, Nebel und Licht, in Worte zu fassen. Im Film oder auf einem Gemälde lässt sich das alles viel besser darstellen, aber in einem Buch? Ich habe deshalb zumindest vorläufig einen lang gehegten Plan aufgegeben, eine »Autobiografie« zu schreiben, die nur aus meinen Träumen der letzten zehn Jahre besteht. Dennoch betreibe ich weiterhin eifrig Traumforschung. Sie ist neben meinem Garten und meinen Katzen sozusagen mein drittes Hobby.

SCHWARZKOPF: In *Die Memoiren einer Überlebenden*, das in einem völlig zerstörten und zum Slum gewordenen London der Zukunft spielt, lassen Sie am Ende des Romans die ältere Frau und das kleine Mädchen durch eine Wand gehen. Hat diese Metapher auch Bezug gehabt auf Ihr eigenes Leben und Ihre Arbeit?

LESSING: Sicherlich ja. Denn nach diesem Roman habe ich angefangen, mich sehr intensiv mit dem Gedanken von Utopia zu befassen, und bin dabei praktisch von unserer gegenwärtigen Welt hinübergewechselt in die bizarre Welt fremder Galaxien. Ein neuer Abschnitt meiner Arbeit hat damit seinen Anfang genommen.

SCHWARZKOPF: Sie haben in den letzten Jahren tatsächlich vier Science-Fiction-Romane geschrieben, drei sind bereits erschienen, der vierte wird im Herbst herauskommen. Sind Sie eine »SF-Autorin« geworden?

LESSING: Ich würde diese Bücher nicht als Science-Fiction bezeichnen. Sie haben mit »Science«, also Wissenschaft und Technik, nicht viel zu tun. Die überlasse ich meinen Kollegen, die wirklich etwas von Technik verstehen. Ich selbst stehe der Wissenschaft, wie sie heute so oft praktiziert wird, dieser kurzsichtig auf das Morgen und nicht mehr auf das Übermorgen gerichteten Disziplin, skeptisch gegenüber. Nein, meine Romane sind fantastische Märchen, sind Utopien im wahrsten, genauesten Sinne des Wortes, allerdings eher mit Orwell und Huxley verwandt als mit Thomas Morus oder Plato. Es sind Fabeln, die Dinge weiterspinnen, die heute schon geschehen. So schildere ich zum Beispiel im dritten Band der Reihe, *Die sirianischen Versuche*, genetische Experimente, die das, was unsere Wissenschaftler heute unter anderem beim »Klonen« ausprobieren, weit in den Schatten stellen. Aber trotz einer gewissen dem Erdenmenschen eigenen geistigen und charakterlichen Überlegenheit gleichen meine fernen Sternenbewohner letztlich doch wieder uns Menschen.

SCHWARZKOPF: Mrs. Lessing, in Ihren Büchern wie *Die Memoiren einer Überlebenden* und auch im ersten Band Ihrer utopischen Geschichten, *Shikasta*, in dem die Erde an Umweltverschmutzung, Anarchie und Rebellionen untergeht, sehen Sie die Zukunft unseres Planeten wenig rosig. Sind Sie pessimistisch, was die Zukunft der Menschheit angeht?

LESSING: Ich muss zugeben, es ist ein bisschen Mode geworden, die Apokalypse an die Wand zu malen. Ich bin von Haus aus an sich keine Pessimistin, doch leider sehe ich momentan wenig, was Anlass zu übergroßem Optimismus gäbe. Wohin man blickt, nur Dummheit und Chaos. Aber vielleicht existiert noch eine kleine Chance, das Schiff von der Klippe wieder wegzusteuern. Man müsste mit der Erziehung der Kinder anfangen, sie lehren, sich als vollwertige Menschen zu sehen, egal, welcher Gruppe, welcher Rasse sie angehören. Nur Menschen, die selbstbewusst sind und nicht an Minderwertigkeitskomplexen leiden, können miteinander auf gleicher Ebene verhandeln und reden. Das wäre ein erster Schritt, um Aggressionen und Hass abzubauen.

Was unsere Politiker angeht, so würde ich nicht mit Platon fordern, dass wir von Philosophen regiert werden sollten. Aber unsere Politiker müssten Menschen sein, die etwas mehr Weitblick besitzen, als sie wirklich haben, und es müssten Menschen sein, die ihre Mitmenschen kennen, achten und verstehen. Hoffnungen, lauter Hoffnungen, ich weiß. Aber solange der Zeiger nicht wirklich auf Mitternacht steht, will ich die Hoffnung nicht aufgeben, dass die Erde noch eine Weile weiterlebt.

SCHWARZKOPF: Es gibt, so scheint es, kaum ein Thema mehr, das nicht schon von irgendeinem Schriftsteller aufgegriffen worden wäre. Was für Themen, meinen Sie, sind noch »frei«?

LESSING: Leider gibt es da nur wenige hübsche, angenehme Themen. Mich persönlich interessiert die Problematik der rapide wachsenden Jugendarbeitslosigkeit. Der Gedanke ihrer möglichen Konsequenzen ist äußerst ungemütlich. Was würde zum Beispiel geschehen, wenn sich all diese Arbeitslosen, ziellosen

Wesen zusammenrotteten? Oder nehmen wir den Bereich des pränatalen Erlebens. Wird ein Kind im Mutterleib durch bestimmte Ereignisse und Emotionen geprägt, überträgt sich die Freude der Mutter auf das Ungeborene oder die Angst? Ich bin mir sehr sicher, dass Kinder schon geformt und beeinflusst werden, ehe sie zur Welt kommen. Neben meiner Passion für Traumforschung befasse ich mich zurzeit auch sehr intensiv mit dieser Frage. Ob daraus einmal ein Buch wird, weiß ich allerdings nicht.

DAS LEBEN MEINER MUTTER

Der ursprünglich zweiteilige Text erschien 1984 und 1985
im Granta Magazine *Nr. 14 beziehungsweise Nr. 17.*

Ein Foto meiner Mutter zeigt sie als fülliges Schulmädchen mit
rundem Gesicht und einer Zuversicht, die ich nicht anders als
»viktorianisch« nennen kann. Ihr Haar ist mit einer schwarzen
Schleife nach hinten gebunden. Sie hat ihre Schuluniform an,
eine weiße, weite Bluse und einen langen, dunklen Rock. Auf
einem fünfundvierzig Jahre später aufgenommenen Foto erscheint sie als ein hageres, ernstes altes Geschöpf, das tapfer aus
seiner Welt von Enttäuschung und Misserfolg blickt. Sie steht
neben meinem Vater, die Hand auf seinem Stuhlrücken. Er muss
sitzen: Wie immer, er ist krank. Es ist offensichtlich, dass er sich
nur so eben aufrecht hält, aber sein Anzug ist tadellos, sicherlich
hat sie ihm gesagt, die Mühe sei er sich schuldig. Sie trägt ein
recht schick geschnittenes Kleid, das aus einem im Ausverkauf
ergatterten Reststoff genäht ist.

Vom Unterschied der beiden Aufnahmen muss dieser Erin-
nerungsbericht handeln. Anscheinend habe ich ein Leben dazu
gebraucht, meine Eltern zu verstehen, von einer Verwunderung
in die andere stolpernd. Es gibt einen geheimnisvollen Vorgang,
der erschreckend ist, da sich daran überhaupt nichts ändern
lässt: Er führt dich aus grimmiger Jugendzeit – als stünden sich
die Eltern und du schwer bewaffnet auf einem Schlachtfeld gegenüber – dorthin, wo du im Geist jederzeit den Platz einnehmen kannst, auf dem sie selbst einstmals standen.

Erst beim Schreiben fiel mir auf, dass ich über meinen Vater
schreiben konnte, ohne jenes Schreckenswort »Klasse« erwähnen
zu müssen; doch bei meiner Mutter ist das anders. Sie konnte
sich in ihren Anschauungen nie aus dem Klassendenken lösen,
aber sie sah eigentlich auch nicht ein, warum. Klassenzugehörig-

keit war damals eine Zwangsjacke, eine Pflicht, etwas Lähmendes. Und meine Mutter war einzig ein Kind ihrer Zeit, ihrer Umgebung: London, Großbritannien, das Britische Weltreich. Aber dieses lag in den letzten Zügen: eine Vorstellung, die sie als verräterisch, verdreht und schwächlich abgetan hätte.

An der Lehmwand des alten Hauses auf der Farm in Afrika, wo ich aufwuchs, hing in einem reich verzierten Rahmen ein großes Porträt meines Großvaters McVeagh. Er steht neben seiner zweiten Frau. Ein fettgesichtiger, überfressener Mann, dessen Haar zu beiden Seiten des Scheitels glatt anliegt. Er trägt einen eleganten, eng sitzenden Anzug und über der Brust eine Goldkette. Ich verabscheute diesen selbstgerechten Spießbürger so stark, dass ich meiner Mutter nicht zuhören mochte, wenn sie von ihm erzählte, da ihre Erinnerungen mir nur wie ein weiterer Versuch vorkamen, mich an sie zu binden. Waren sie und mein Vater denn nicht aus England geflohen? Warum wollte sie dann mich wieder mit diesem Leichentuch umhüllen? Ich versperrte meine Ohren, und heute tut es mir leid darum. Wer zum Beispiel war jene vornehme, verwöhnt aussehende Dame, die er geheiratet hatte? Sie war Jüdin, mit einer feinen, gebogenen Nase und zarten Händen. Ihr Kleid war ein Traum aus Stickerei, Biesen und Spitzen. Sie kam aus einer anderen Welt, ihrer Natur nach zumindest, wenn nicht der Klasse nach. Vermutlich eine Gouvernante. Es hatte ihr jedoch beliebt, ihn zu heiraten: ein Gedanke, der mir lange Zeit nicht gekommen war; er ging zwei romantische Ehen ein, dieser spießige Bankdirektor.

Einmal überfiel mich die Neugier zu erkunden, wer meine Vorfahren waren, und bevor ich merkte, was für eine umständliche und langwierige Angelegenheit das ist, und es aufgab, entdeckte ich die Geburtsurkunden der McVeaghs aus Exeter und Maidstone. Sie hießen alle John und Edward und James und waren Feldwebel im Kavallerieregiment. Um es kurz zu machen, mein Großvater McVeagh, oder bereits sein Vater, hatte den Sprung in den Mittelstand geschafft, und er war ein Aufsteiger, wie er im Buche steht. Doch in erster Ehe war er mit Emily Flower verheiratet gewesen, der Tochter eines kleinen Reeders.

Eine Liebesheirat. Es gibt kein Bild von Emily Flower. Wohl deshalb, weil sie ein einziges Unglück war. In meiner ganzen Kindheit hieß es von dieser Großmutter immer: »Sie war sehr hübsch, aber sie hatte nur Tanzen und Pferde im Kopf.« Das wurde begleitet von einem kurzen Naserümpfen, wahrscheinlich vom Dienstpersonal übernommen, das die Kinder aufzog, nachdem die gottlose Emily bei der Geburt ihres dritten Kindes gestorben war, was, wie der Tonfall meiner Mutter verriet, ihr recht geschah. Das war 1888, und Emily war zweiunddreißig Jahre alt. Aber wie war es möglich, dass die Frau eines Bankfilialleiters in einem Londoner Vorort die ganze Zeit über tanzen konnte und verrückt nach Pferden war? In Blackheath? Laut meiner Mutter stand in Blackheath das große, düsterkalte Haus; aber auf Emilys Sterbeurkunde heißt es Canning Town.

Meine Mutter, Emily Maude, war das erstgeborene Kind. Dann folgte Onkel John. Danach Muriel, die sich und der Familie Schande bereitete, indem sie sich wieder zurück in die Arbeiterklasse verheiratete. Kaum überraschend, urteilte meine Mutter, denn Muriel hatte sich schon immer mit dem Dienstpersonal am wohlsten gefühlt. Anders ausgedrückt, sie fühlte sich nicht wohl in einer Atmosphäre erbitterter Konkurrenz, bei der es nur ums Weiter- und Höherkommen ging.

Es war ein kaltes Zuhause. Ihr Vater, so romantisch in der Liebe, führte bei seinen Kindern ein strenges Regiment, wie es dem Ruf viktorianischer Väter entsprach: mit der Rute und ohne Liebe. Zuneigung gab es keine von der eleganten Stiefmutter, die pflichtbewusst und korrekt war und Kinder nicht verstand. Ich habe nicht ein einziges Mal gehört, dass meine Mutter von ihrem Vater mit Wärme gesprochen hätte. Achtung, ja; verordnete Bewunderung gewiss. Niemals aber Liebe. Was ihre Stiefmutter betraf, so hätte sie jemand auf Besuch sein können oder eine entfernte Verwandte.

Emily war eine begabte Schülerin, viel begabter als ihr Bruder John, der für die Marine bestimmt war und dem die Prüfungen schwerfielen. Ständig musste man ihm Nachhilfe geben, ihn aufmuntern und anspornen. Sie liebte Prüfungen, war die Beste ihrer Klasse, schwärmte für Mathematik, und eine Zeit lang sagte man ihr eine Karriere als Pianistin voraus.

Die Kinder wurden, wie es in dieser Forsyte-Welt schicklich war, auf alle öffentlichen Jubel- oder Trauerveranstaltungen mitgenommen; und meine Mutter sprach von der Mafeking-Nacht, von Königin Viktorias Begräbnis, von der Krönung Edwards VII., von Ausstellungen, den Besuchen des deutschen Kaisers und ausländischer Regierungsoberhäupter, als wären diese Ereignisse die einzig mögliche Art, den Verlauf einer Kindheit zeitlich zu markieren.

Gab es auch kaum Familienleben, so herrschte doch ein reges gesellschaftliches Leben mit vielen Freunden, zu denen sie jahrelang Kontakt hielt, selbst später von der Farm in Afrika aus. Sie spielte Tennis, Lacrosse und Hockey und machte Fahrradtouren. Es wurden musikalische Abende veranstaltet. Sie zeichneten Porträts voneinander und aquarellierten geeignete Landschaften; schrieben humoristische und sentimentale Verse aus Anlass von Geburtstagen und Jahrestagen. Sie pressten Blumen und sammelten Muscheln, Vogeleier und Steine. Sie gingen ins Theater und anschließend ins Trocadero zum Abendessen. Das alles spielte sich in London ab: Sie war zutiefst großstädtisch, diese Frau, die sich auf einer Farm im Buschland wiederfinden sollte.

Der modern eingestellte John William McVeagh, stolz auf seine begabte Tochter, hatte für sie die Universität im Auge, sah sich aber einem rebellischen Mädchen gegenüber, das Krankenschwester werden wollte. Er war entsetzt, völlig überrumpelt. Mädchen aus dem Mittelstand wurden keine Krankenschwestern, und von Florence Nightingale wollte er nichts hören. Jede Dienstmagd konnte Krankenschwester werden, und bleibst du dabei, dann keinen Schritt über meine Schwelle! Na schön, sagte Emily darauf und ging an das alte Royal Free Hospital, um ihre Ausbildung zu beginnen. Es war hart: Die Bedingungen waren schlecht, die Bezahlung gering, aber sie machte ihre Sache gut, und nach einem glänzenden Abschluss war ihr Vater bereit, ihr zu verzeihen. Sie hatte es ganz allein geschafft, ohne ihn.

Wen hat sie eigentlich geliebt, dieses arme Mädchen, das ohne Zuneigung aufgewachsen war? Sie mochte ihren Bruder John, aber das war keineswegs ein unkompliziertes Gefühl, und natürlich lebte er die meiste Zeit im Internat. Ihre Schwester Muriel lag ihr nicht. Die zahlreichen und wechselnden Freunde? Anständige Kerle, Kameraden halt ... Warum kämpfte sie so erbittert darum, Krankenschwester zu werden, wenn nicht aus dem Bedürfnis heraus, sich um jemand zu kümmern, für ihn zu sorgen und darum geliebt zu werden? Dieser Gedanke ist mir jetzt erst gekommen: Ich hätte ihn früher schon haben können.

Nach dem Abschluss ihrer Ausbildung nahm sie so weit wie möglich ihr gesellschaftliches Leben wieder auf. Sie hatte den Traum aufgegeben, Pianistin zu werden, doch spielte sie weiterhin in Kirchen die Orgel, zum Beispiel in Langharn Place. Sie war, in bescheidenem Maß, Teil des musikalischen Lebens von London. »Ich hätte eine richtige Konzertpianistin werden können«, pflegte sie bis ans Ende ihrer Tage zu sagen. »Ich hatte alle Diplome. Die Prüfer haben mir geraten, ich sollte weitermachen.« Ich wundere mich über ihre Energie. Krankenschwestern arbeiteten damals schwerer als heute. Doch da fanden musikalische Abende, Konzerte und Ausflüge statt. Auch Ferien machte sie – immer Seereisen, denn sie liebte das Meer. Sie las auch, wie mein Vater. Beide kannten genug von Wells und Shaw, um sich beeindrucken zu lassen, und beide beurteilten die Gesellschaft von einer Warte kritischer Unabhängigkeit. Es gab eine Generation von jungen Leuten vor dem Ersten Weltkrieg, für die Wells und Shaw dieselbe Mentorenrolle hatten wie später Orwell.

Dann brach der Krieg aus. 1914. Sie war Schwester im Royal Free Hospital und pflegte die verwundeten Soldaten, die in ganzen Zugladungen von den Schützengräben ankamen. Sie hatte ein Album mit Widmungsversen von Männern, die sie durch ihre Pflege dem Leben zurückgegeben hatte, und darin erscheint sie als die traditionell strenge Oberin mit dem Herzen aus Gold.

Mein Vater kämpfte zu jener Zeit im Schützengraben. Er war zweimal in den Gräben. Die erste Zeit wurde durch einen Blinddarm im rechten Augenblick beendet, ansonsten wäre er mit der gesamten Kompanie in der Sommeschlacht gefallen. Die zweite fand ebenfalls im rechten Augenblick ihr Ende, als er verwundet wurde – Granatsplitter im Bein –, was ihn davor bewahrte, mit den übrigen Männern der Kompanie bei Passchendaele umzukommen. Ich weiß nicht genau, wie lange er in den Schützengräben kämpfte, aber insgesamt waren es Monate. Er sagte, er habe Glück gehabt, dass er nicht gleich ein Dutzend Mal hintereinander umgekommen sei. Aber der Krieg erledigte ihn dennoch: Er verlor ein Bein und war seelisch geschädigt. In den Kampf war er tatenfroh und optimistisch gezogen und kam zurück mit dem, was damals Schützengrabenneurose hieß. Er lag monatelang im Bett. Meine Mutter pflegte ihn. Er war schwer krank, sagte sie, und das Beunruhigendste war sein Geisteszustand.

Ich habe von ihm eine Aufnahme im Bett des Royal Free Hospital, ein gut aussehender Mann, aber mit nur einem Bein und voll innerer Qual. Am Bettrand sitzt Schwester McVeagh mit ihrem weißen Häubchenschleier und näht, den Blick auf die Handarbeit gesenkt. »Als man an sie noch nicht dachte«, lautet die Unterschrift, gemeint bin ich, ihr erstes Kind. Das Datum ist September 1917.

Sie war dreiunddreißig, ein Jahr älter, als ihre Mutter gewesen war, die bei der Geburt des dritten Kindes starb. Schwester McVeagh stand vor einer schweren, sehr schweren Entscheidung. Man hatte sie gefragt, ob sie die Leitung des St. George's Hospital übernehmen würde – eine Ehre in ihrem Alter. Gewöhnlich wurden viel ältere Frauen mit der Führung von Krankenhäusern beauftragt. Aber was sie mochte, war Krankenpflege: Wollte sie Verwalterin werden? Auch waren Oberinnen die reinsten Feldwebel! Sie selbst hatte unter ihnen gelitten; sollte sie also den Posten wählen? Und hier war Hauptmann Tayler, den sie sehr lieb gewonnen hatte und der sie heiraten wollte. Es gab keine Männer mehr, alle waren gefallen. Würde sie nochmals einen Antrag bekommen? Sie hatte immer geglaubt – immer hatte man es ihr gesagt –, dass sie nicht besonders aussehe. Wollte sie ihn heiraten? Wollte sie überhaupt heiraten, da doch ihre wirkliche Liebe, der Mann, den sie hätte heiraten sollen, tot war?

Es war ein Assistenzarzt im Krankenhaus gewesen, mit dem sie sich, wie mein Vater bestätigte, gut verstanden hatte. Sein winziges Bild, aus der Zeitung herausgerissen, die seinen Tod auf einem von Deutschen versenkten Schiff mitteilte, stand für alle Zeit auf ihrer Frisierkommode. Er hatte ein weiches, jungenhaftes Gesicht. Mein Vater, der nur gequält von ihm sprach, hatte das gute Einvernehmen zwischen ihnen, seinen Tod, das Unglücklichsein meiner Mutter beobachtet. »Deine arme Mutter«, sagte er häufig, »er war ein guter Kerl, der junge Arzt damals.«

Sie brauchte lange, um sich zu entscheiden, und all die Anspannung machte sie krank. Als Krankenschwester hätte sie wissen müssen, was ihr bei einem so geschädigten Mann bevorstand. Später sagte sie oftmals: »Hätten wir, als wir jung waren, geahnt, was auf uns zukommt, dann ...«

Sie hatte überhaupt keine Vorstellung, weder damals noch sonst je, von der geistigen Welt, in der mein Vater lebte. Ich meine damit nicht nur seine Nachkriegsdepression. Er besaß einfach eine Dimension, die ihr fehlte. Lange Zeit dachte ich, es wäre der Schrecken des Krieges, der ihm sein Feingefühl gegenüber anderen Menschen, die Großzügigkeit in seinen Anschauungen beigebracht hatte. Ihre früheren Erfahrungen waren schließlich nicht so verschieden gewesen. Seine Erziehung war genauso schlimm wie ihre gewesen – *brutal*, wollte ich sagen, ja, das Wort kann stehen bleiben. Ihre ungeduldige Hartherzigkeit, so dachte ich früher, war das Erbe ihrer Kindheit. Aber er war in der Schule und zu Hause viel geschlagen, übermäßig streng erzogen und krass missverstanden worden. Er, nicht anders als sie, war, sobald es ging, ausgebrochen. Jahre später traf ich Leute, die ihn als jungen Mann gekannt hatten – und der Krieg hatte nur seine Natur in ihren Grundzügen bekräftigt: er war schon immer nachdenklich und gleichmütig gewesen. »Dein Vater hatte seine eigene Art, die Dinge zu sehen«, schluchzte eine frühere Freundin, »und häufig hätte ich lieber nicht gewusst, was er dachte.« Und eine zweite meinte, nicht ohne Vieldeutigkeit, nie sei sie so gut verstanden worden wie von ihm. Er war freundlich; er war großzügig; sie hatte keinen wie ihn kennengelernt; aber er hatte etwas Losgelöstes an sich, das nicht leicht hinzunehmen war. Und diese Losgelöstheit war Teil seiner ausgeprägtesten Eigenart: Verständnis für die Unbeständigkeit, den Wechsel.

Ich glaube, es war wegen seines Wesens, das so verschieden von dem ihren war, dass meine Mutter ihn heiratete. Sie wusste um ihre eigenen Grenzen – wie sollte sie auch nicht, wo sie sich täglich so viel Großmut gegenübersah? »Verstehst du denn nicht, Mädchen, dass die Dinge nun mal so *sind*?«, pflegte er zu sagen, verwundert über ihre Kleinlichkeit, ihre Blindheit: Er hatte wieder das *Leben* dabei beobachtet, wie es eins seiner Spielchen trieb. Ihn überraschte das nicht, er war interessiert, sie dagegen immer rebellisch.

Um ihr Dilemma zu verdeutlichen: Was sie am meisten an ihm schätzte, was sie einer Großmütigkeit näherbrachte, von der sie ohne ihn nie erfahren hätte, war genau das, was sie beide zugrunde richtete: Diese feine Denkweise, sein weitblickender Geist untergruben ihr besseres Selbst, ihren großartigen Sinn fürs Praktische. Hatte sie also einen schwachen Mann geheiratet? Aber seine Schwäche war offensichtlich stärker als ihre Kraft und zog sie immer weiter weg von dem, was ihrem Wesen lag. Ein schwacher Mann? Von Natur aus war er nicht schwach; der Krieg hatte ihn deformiert. *Schwach!* Wie sonst könnte man ihn beschreiben? Stets weigerte er sich, ein Urteil zu fällen, Farbe zu bekennen; bestand immer auf dem, was er »die lange Sicht« nannte – man hätte glauben können, er habe vor gar nichts Achtung … und dennoch. Das Leben war keine einfache Sache; insgeheim gestand sie sich ein, dass er das Leben womöglich besser verstand, als sie es selbst je vermocht hätte.

Ich stelle sie mir vor, wie sie dem Leben ganz unterschiedlich gegenübertreten. Er blickt ihm direkt ins Gesicht, mit einem finster-grimmigen, ironischen Aha. Sie aber, immer enttäuscht auf eine Art und Weise, wie er nie enttäuscht werden konnte, zeigt eine herausfordernde, leicht verärgerte Miene: Sie hat das Leben *schon wieder* bei einer Ungerechtigkeit ertappt: »Wie kannst du nur!«, scheint sie gereizt dem Leben vorzuwerfen. »Es ist nicht recht, sich so zu benehmen!« Und dann schnaubt sie ganz kurz und trotzig durch die Nase.

Sie heirateten. Ihnen stand nicht der Sinn nach einer großartigen Hochzeit. Zum einen waren sie Wells- und Shaw-Anhänger, und Hochzeiten in Weiß waren lächerlich (bald würden sie geradezu obsolet sein!), und zum anderen missbilligte seine Mutter Schwester McVeagh: Sie werde ihn mit eiserner Hand regieren, sagte diese strenge Herrscherin. Mein Vater war elegant, wie immer, als er noch Wert auf Kleidung legte. Meine Mutter trug ein Kleid, dem sie viel Aufmerksamkeit gewidmet hatte: Vor Kurzem, als ich an den Jane-Somers-Büchern schrieb, wurde mir klar, dass meine Mutter (sie wäre wohl eine Art Jane Somers, wenn sie heute lebte) sehr viel Freude an Kleidern hatte, auch wenn sie meistens das dazu nötige Geld nicht besaß oder keine Gelegenheit hatte, sie zu tragen.

Noch in der Hochzeitsnacht, scherzten sie, muss meine Mutter schwanger geworden sein, auch wenn sie mit den Aufklärungsschriften von Marie Stopes wohlversorgt waren und sich entschlossen hatten, noch kein Kind zu kriegen, wenn überhaupt. Er war noch so niedergeschlagen: Er schien einfach nicht fähig, sich aus seiner hässlichen geistigen Verfassung herauszureißen. Und sie war krank, sie wusste nicht, warum, aber wahrscheinlich überarbeitet vom Krieg. Und dann die Grippeepidemie, überall starben die Menschen dahin: Alles war so deprimierend nach dem Krieg. Es war das Jahr 1919.

Sie brachen nach Persien auf. Er musste England verlassen – er konnte es dort nicht aushalten –, warum also nicht nach Persien? Meine Mutter, als Frau ihrer Zeit, war bereit, fortzugehen und im Mittleren Osten zu leben, auch wenn sie nichts darüber wusste. Ein enger Freund war Missionar in Japan; ihr Bruder John, der sich in der Kriegsmarine nie zu Hause gefühlt hatte, stand im Begriff, Kautschukpflanzer auf einer malaiischen Insel zu werden.

Persien war damals in verschiedene Einflusszonen unterteilt, hauptsächlich in die französische und in die britische. Großbritannien oblag der Geldhandel, und mein Vater sollte die Leitung der Bank in Kermanschah übernehmen. Vor dem Krieg war er Bankangestellter gewesen, und in die Position zurückkehren zu müssen war furchtbar für ihn; wenigstens kam er jetzt aus England fort, wo er, wie er wusste, niemals wieder leben konnte. Aus dem Schützengraben zurückgekehrt, fühlte er sich wie all die Soldaten dieses Krieges: von den Politikern verraten, die sie belogen und betrogen hatten; verraten von den Zivilisten, die patriotischen Unsinn geschwatzt und keine Vorstellung hatten, wie es in den Schützengräben zuging; verraten von den chauvinistischen Zeitungen; verraten von dem Waffenstillstand, der einen weiteren Krieg unausweichlich machte. Es war dumm, die Deutschen derart zu behandeln, man musste das auf lange Sicht betrachten. Keiner der Tommys war auf Rache aus. Jeder Tommy konnte den Politikern sagen, wie dumm sie waren. Eine komische Sache, nicht?, fragte er sein Leben lang (meine Mutter stimmte ihm halbherzig zu in dem Gefühl, das gehöre sich für sie, während sich ihre Natur dagegen sträubte): Jeder halbwegs normale Mensch könne das sehen, nur die Politiker nicht. Wie komme es bloß, dass die normalen Sterblichen so viel mehr Vernunft haben als die Politiker, wo es doch deren Beruf sei, vernünftig zu sein?

Es war das erste Mal in ihrem Leben, dass meine Mutter eine Menge Kleider brauchte, und sie nahm Schrankkoffer voll davon mit. Sie nahm auch alles Nötige mit für ein mittelständisches Kinderzimmer, wie es ein gewisser Dr. Trudy King und andere kluge Ratgeber vorgeschrieben hatten. Die Babyausstattung bestand aus einem Zwölfersatz von allem und jedem. Windeln, dicke und dünne, und Windeleinlagen. Kinderhemdchen, kurze und lange, Unter- und Überbekleidung. Kinderröckchen in den verschiedensten Längen, aus Flanell und Batist, bestickt und mit Fältchen und spitzengesäumt. Lange und kurze Kleidchen mit Biesen und aus besticktem Batist. Mützen, Schals. Nicht zu vergessen die Nabelbinden aus dickem Stoff, die den Bauch des

Babys stützen sollten, als wäre er eine Wunde, aus der die Eingeweide quellen könnten. Diese Ausstattung allein müsste ausgereicht haben, jeder Frau einen Schrecken einzujagen, ihr ein Gefühl der Hilflosigkeit zu geben, zumindest das Gefühl, eine schwere Prüfung stehe bevor. Das alles setzte natürlich Personal voraus. Schon jene auserlesenen Kleidchen benötigten stundenlanges Bügeln, ganz abgesehen von dem An- und Ausziehen des hilflosen Säuglings, den man auch alle zwei bis drei Stunden, ob Tag, ob Nacht, füttern sollte, und wenn er die Flasche bekam – eine empfohlene Praxis –, waren die Vorbereitungen die für eine chirurgische Operation.

Ich habe mir diese Listen damals auf der Farm in Rhodesien manchmal durchgelesen, verwirrt und ungläubig: Ich war von schwarzen Babys umgeben, die zufrieden und nackt in einem Hängetuch auf dem Rücken ihrer Mütter den Tag verbrachten.

Als »Maude« und »Michael« kamen sie in Persien an. Meine Mutter hatte den Namen Emily nie gemocht, vermutlich weil ihre Mutter so hieß, aber Maude mochte sie wegen der *Maud* von Tennyson. Sie hatte jahrelang versucht, Emily abzulegen. Alfred wollte sie nicht für meinen Vater gelten lassen: ein gewöhnlicher Name. Und was dachte er darüber? Ich kann ihn hören: »Du lieber Himmel, Mädchen, wen kümmert's? Was bedeutet das schon? Wenn es dich glücklich macht …« Er wurde Michael in Erinnerung an Peter Pan.

Die Westminster Bank bewilligte Maude und Michael ein riesiges Haus, aus gemeißeltem Stein und mit Reliefs verziert, mit mächtigen Bögen entlang den Veranden und Bogenfenstern und von wundervollen Gärten umgeben. Bedienstete – Gärtner, Köche, Leute, die das Haus sauber hielten und die Einkäufe machten – erledigten die ganze Arbeit. Meine Mutter erwähnte die Bediensteten kaum, außer um zu sagen, dass der Haushalt vom Protokoll geregelt war und dass die Hausherrin ihren Platz kannte und tat, was ihr befohlen. Sie hielt das für amüsant; keine Spur von dem, was in Afrika zu einer neurotischen Hauptbeschäftigung wurde: Klagen über die Unzulänglichkeit des schwarzen Personals.

Für meinen Vater war Kermanschah das, was er sich erträumt hatte: eine alte Stadt, in einer hoch gelegenen, öden braunen Landschaft, der ferne blaue Himmel, schneebedeckte Berge ringsum. Als ich zum ersten Mal Granada besuchte, wusste ich, es war wie Kermanschah: Gärten, allenthalben das Geräusch fließenden Wassers, der Geruch von Staub ... Mein Vater hatte die Geschäftsleitung der Bank; er stand nicht auf jedermanns Wink zur Verfügung. Er ritt überallhin, denn er wollte nicht zulassen, dass ihn sein Holzbein einschränkte. Er mochte das geräumige Haus und die Befreiung – zumindest bis zu einem bestimmten Grad – von der englischen Ehrbarkeit.

Meine Mutter hatte eine schwere Schwangerschaft, wobei die morgendliche Übelkeit nur eine der Komplikationen war. Sie erwartete einen Sohn, Peter John. Warum erwog sie nicht wenigstens die Möglichkeit einer Tochter? Ihre leidenschaftliche Identifikation mit einem Sohn hatte, glaube ich, mit ihrem Bruder John zu tun, der nicht besonders intelligent war, sich nicht viel darum kümmerte, was er tat, und dennoch, als wäre es sein gutes Recht, in die Marine eintrat. Ich glaube, sie beneidete ihn bitterlich, aber diese Empfindung gehörte sich nicht für eine Schwester. Sie war es eigentlich, die zum Marineoffizier Seiner Majestät bestimmt war! Sie war die Kluge, die alles bewunderte, was mit Meer und Schiffen zu tun hatte, nie seekrank wurde. Sie war einfallsreich und schlagfertig. Sie war bescheiden und gutmütig und kam mit anderen Leuten zurecht. Als autoritäre Persönlichkeit, glücklich in einem straff gegliederten Leben, vermochte sie, Befehle auszuführen und Befehle zu geben. Natürlich gehörten auch negative Seiten zu dieser besonderen Persönlichkeit: die Unfähigkeit, sich in die Lage von Menschen zu versetzen, die anders waren; die Verachtung von Schwäche; ein Mangel an Verständnis für das, was sie als »morbid« bezeichnete: das Mehrdeutige, das Geistreiche, das Doppelsinnige – diese Bereiche würden ihr immer suspekt bleiben, und sie fühlte sich von ihnen bedroht.

Ich kann nur vermuten, mit ihr leidend, wie sehr sie sich als Mädchen enttäuscht fühlen musste, wenn sie sah, wie ihr schwerfälliger Bruder das bekam, was eigentlich auch ihr zugestanden hätte. Und dennoch ließ sie nie etwas verlauten, außer in munteren kleinen Scherzen, trotzigen Scherzen. Was sie empfand, musste indirekt ausgedrückt werden.

Meine Geburt war schwer, eine Zangengeburt, die auf meinem Gesicht ein scharlachrotes Mal hinterließ. Vor allem, ich war ein Mädchen. Als der Arzt meinen Namen wissen wollte und hörte, dass man keinen parat hatte, schaute er auf die Wiege hinunter und sagte sanft »Doris?«. Meine Mutter stellte diese Szene – die Erschöpfung des Arztes nach der langen Nacht, seine sanfte, taktvolle, doch vorwurfsvolle Frage – immer wieder in allen Einzelheiten dar, wie viele andere Szenen auch.

Natürlich nahm ich ihr das alles sehr übel, besonders weil sie nicht einmal bemerkte, dass es mich doch wütend machen musste. Wie konnte sie dastehen mit ihrem üblichen festen kleinen Lächeln und ihrer munteren Geselligkeit und mir erzählen, dass ich zuerst nicht erwünscht war; dass ein Mädchen zu kriegen eine schlimme Enttäuschung nach jenen langen Wehen bedeutete, dass es sie beinah umgebracht hätte; dass sie keine Milch für mich hatte und ich von vornherein mit der Flasche ernährt werden musste und im ersten Jahr halb verhungert war und immerzu schrie, weil sie sich nicht klarmachte, dass die Milch der persischen Kühe nicht so nahrhaft war wie gute englische Landmilch; dass ich ein unmöglich schwieriges Baby war und dann ein aufreibendes Kind, ganz anders als mein kleiner Bruder Harry, der immer so lieb war. Und darum überließ sie mich dem Geschick der Kinderfrau und kümmerte sich selbst um Harry.

Besser es einmal aussprechen und dann genug davon: Meine Erinnerungen an sie bestehen aus lauter Feindseligkeit, Kampf und dem Gefühl, ausgeschlossen zu sein; aus Schmerz darüber, dass das zweieinhalb Jahre später geborene Baby so sehr geliebt wurde und ich nicht. Sie wollte nichts davon wahrhaben. Wie sie es sah: Ihre eigene Kindheit war kalt und ohne Liebe gewesen, und sie achtete stets darauf, dass ihre Kinder mit Liebe aufgezogen wurden. Liebe wurde ständig beschworen; und mit fünf Jahren war ich ein Experte im Erpressen von Gefühlen. Sie mochte mich nicht – das war es nun mal. Nicht ihre Schuld: Ich kann mir niemand Ungeeigneteres als mich vorstellen, um ihr zu gefallen. Doch dies zuzugeben wäre ihr unmöglich gewesen: Eine Mutter liebt ihr Kind, ein Kind seine Mutter. Und damit basta!

Mein Vater hasste es, nach Teheran in eine Zweigstelle der Bank versetzt zu werden, wo er nicht Geschäftsführer war und unter einem Vorgesetzten arbeiten und ein Haus beziehen musste, das ihm bedrückend englisch erschien. Aber meiner Mutter gefiel es. Endlich geeignete Kinderzimmer statt jener riesigen Steinräume, die auch Gardinen und Teppiche nicht behaglich hatten machen können. Ich erinnere mich an das hohe, quadratische Kinderspielzimmer, die schweren roten Samtvorhänge und die Spitzengardinen dahinter, das Kamingitter aus Messing vor dem gefährlich lodernden Feuer, die erstickende Fülle von Sachen, Sachen, Sachen. Und natürlich an meinen Bruder, das »Baby« (bis er sieben war und um seine Eigenständigkeit kämpfte, hieß er nur »Baby«), der im Mittelpunkt stand. Und an das schimpfende, immer geschäftige Kindermädchen.

Meine Mutter liebte auch das gesellschaftliche Leben in Teheran, das die Freuden ihrer Mädchenzeit heraufbeschwor. In Afrika redete sie dann wehmütig über den »Gesandtschaftszirkel«, während mein Vater sie halb seufzend mit seiner gewohnten Miene betrachtete: Ungläubigkeit, Neugierde, gemildert durch Ironie. Wie konnte sie bloß jene langweilig netten Gesellschaftsabende mit langweilig netten Leuten genießen? Er verabscheute die musikalischen Abende, wo man einander das *Indische Liebeslied* und *Die Straße nach Mandalay* vorsang, während meine Mutter Klavier spielte. (Sie spielte für sich zu ihrem eigenen Vergnügen, Musik hielten diese Leute für überkandidelt.) Er hasste die Männergesellschaften, die Empfänge, Gartenpartys und Picknicks; sie konnte nicht genug davon haben. Er erzählte oft die Geschichte von einem gewissen Engländer in Persien, der, von seiner Familie dazu gedrängt, ein Picknick zu machen, seine Kinder auf Esel setzte, ihnen die Augen verband und sie im Garten eine Stunde lang im Kreis herumführen ließ, bis sie wieder sehen durften und in einer Ecke ihres eigenen Gartens das für sie angerichtete Festessen bekamen. In der Zwischenzeit zog er sich in seine Bibliothek zurück. Ein Gleichgesinnter! Meine Mutter lachte nur. »Wage das ja nicht«, sagte sie.

Persien, vor allem Teheran, war die beste Zeit im Leben meiner Mutter.

Nach fünf Jahren stand ihnen Heimaturlaub zu; sie beabsichtigten, danach zurückzukommen. Er wollte eigentlich nicht: Musste er wirklich den Rest seines Lebens in einer Bank arbeiten? Er hatte seine Kindheit auf dem Lande verbracht und immer Farmer werden wollen.

Es war Sommer, das Rote Meer glühend heiß und gefährlich für Kinder. Sie beschlossen – das heißt, meine Mutter beschloss es –, über Russland zu reisen. Wir waren die erste Familie, die nach der Revolution jene Route über das Kaspische Meer bis nach Moskau nahm. 1924, und überall das Chaos. Auf einem Tanker im Kaspischen Meer saß meine Mutter die ganze Nacht wach und ließ das Licht brennen, denn es gab scharenweise Läuse. Ein Schatten fiel auf einen Arm: meinen, der rot anschwoll von ihren Bissen. Typhus grassierte. Die Züge waren uralt, ebenso verlaust, nichts zum Essen zu kaufen. Auf jeder Station wimmelte es von hungrigen Kindern, Waisen; und die Bäuerinnen, die ein hart gekochtes Ei zu verkaufen hatten oder Brot, mussten sich gegen diese *besprizorniks* verteidigen, wenn meine Mutter ausstieg, um etwas Essbares, irgendetwas, aufzutreiben. Einmal stand sie noch auf dem Bahnsteig, als unser Zug ohne sie abfuhr. Ich erinnere mich an das Entsetzen: Sie war verschwunden. Sie brauchte anderthalb Tage, bis sie uns eingeholt hatte. Sie musste sich bis zu einem Güterzug durchschlagen, musste »denen sagen, was sie tun sollten – *die* hatten keine Ahnung, ich veranlasste, dass sie unserem Zug telegrafierten, auf mich zu warten«. Alles auf Englisch natürlich. Als man ihr an der Grenze mitteilte, wir hätten nicht die richtigen Visa, sagte sie dem Grenzbeamten, er solle keinen Unsinn machen. Noch Jahre danach brach mein Vater in Lachen aus, wenn er sich den armen, zerlumpten, halb verhungerten Bolschewiken mit dem Gewehr, »das nicht mal eine Taube heruntergeholt hätte«, vorstellte, dem eine britische Matrone gegenüberstand. »Du lieber Himmel. Ich kann's genau vor mir sehen.« Mein Vater lachte Tränen. »›Machen Sie keinen Unsinn‹, sagt sie, während er das Gewehr hebt, um die ganze Sippschaft niederzuschießen.« – »Habe ich uns da reinbekommen oder nicht?«, wollte meine Mutter wissen, die nicht wirklich verstand, warum er so sehr lachte, aber wusste, dass sie im Recht war. »Klar hast du das geschafft!«

Im Moskauer Hotel baten die Stubenmädchen, uns baden und anziehen zu dürfen, da sie noch keine wohlgenährten Kinder gesehen hatten. Meine Mutter sprach darüber in ruhigem Besitzerstolz: Dass die Russen sich in diesem furchtbaren Durcheinander befanden, war natürlich nur ein weiterer Beweis für die Vorzüge der Briten und unseres Weltreiches.

Sechs Monate Urlaub in England. Ich habe viele Erinnerungen daran, nichts als Kälte, Nässe, Trostlosigkeit, Hässlichkeit, eine Reihe von Schnappschüssen veranschaulicht meinen Abscheu gegenüber der ganzen Umgebung. Meine Eltern nahmen uns zu Verwandtenbesuchen mit, zum Beispiel zur Stiefmutter meiner Mutter, nun eine distinguierte alte Dame, die von einer winzigen Pension lebte. Sie genossen den Urlaub nicht. Mein Vater wollte nichts als England verlassen, das noch erstickender war als in seiner Erinnerung, und meine Mutter sehnte sich danach, Teheran wiederzusehen. Sie besuchten die Empire Exhibition in Wembley von 1924, und auf dem Rhodesienstand waren Maiskolben von fast einem halben Meter Länge zu sehen, und meterhohe Anschläge behaupteten, jeder könne innerhalb von fünf Jahren mit Maisanbau sein Glück machen.

Mein Vater besaß etwa 1000 Pfund an Kapital und eine Rente, da er im Krieg sein Bein verloren hatte. Das war seine Chance.

Was stellten sie sich eigentlich dabei vor? Sicherlich erwarteten sie ein geselliges Leben, ähnlich dem in Teheran, denn meine Mutter hatte die Koffer voll mit Kleidern von Harrods. Auch Gardinen und Wandbehänge von Liberty's und Visitenkarten.

Und eine Hauslehrerin, Biddy O'Halloran, einundzwanzig Jahre alt. Vielleicht hatten sie von dem lebhaften »Treiben in Nairobi« gehört? Nicht dass meine Mutter diese Leichtlebigkeit gebilligt hätte. Sie konnte Biddy mit ihrem Kurzhaarschnitt und den angemalten Lippen nicht gutheißen. Diese modernen Mädchen ... Ihr Leben lang benutzte meine Mutter Wendungen wie diese, ohne Anführungszeichen.

Es muss wehgetan haben, Teheran aufzugeben, um in einem wiederum neuen Land Farmersfrau zu werden. Sie hätte eigentlich nichts dagegen gehabt, in England zu bleiben – das heißt in London. Sie war immer noch, bis in die letzten Fasern ihres Herzens, eine Frau aus London. Wenn sie sich an England erinnerte, dachte sie an die Straßen, Busse, Straßenbahnen, Theater, an die Parks von London. Im Unterschied zu meinem Vater hatte sie nichts gegen das Konventionelle. Wäre er bereit gewesen, zurück an die Westminster Bank irgendwo in London zu gehen, so hätte sie die Vergnügungen Teherans mit Gleichmut aufgegeben und ihr Leben bis zum Ende in Einklang mit ihrer Natur gelebt, eine nützliche und tatkräftige Frau des Mittelstands, in, sagen wir, Wimbledon.

Stattdessen brach sie ins tiefste Afrika auf mit ihrem verkrüppelten Mann, der mit der Zeit immer reizbarer und einsiedlerischer wurde, praktisch ohne Geld, und mit ihren zwei Kindern, von denen eins dazu bestimmt war, ihr Kummer und Sorgen zu bereiten. Wusste sie irgendetwas über Afrika oder wie man eine Farm bewirtschaftet? Nicht das Geringste! Aber das schien ohne Bedeutung.

Ich glaube, sie sah Afrika als irgendein kleines Zwischenspiel an, eine Station auf ihrem Weg, die man bald passiert hätte. Nichts im Leben hatte meine Mutter auf das vorbereitet, was sie dort antreffen würde.

Es war ein langsames deutsches Schiff. Meine Mutter liebte die Stürme, die die anderen Passagiere unter Deck trieben und sie mit dem Kapitän allein auf der Kommandobrücke ließen. Dies und die Spiele auf Deck und die Kostümgesellschaften dienten als Ersatz für einen Ehemann, der nur dasitzen wollte und das

Meer betrachtete, und für ihre Tochter, die ständig aufsässig war und mit der Schere ihre Abendkleider zerschnitt, wenn man sie zwang, früh schlafen zu gehen, damit sie nicht der abendlichen Lustbarkeit im Wege stand. Das Schiff tuckerte ums Kap der Guten Hoffnung herum bis nach Beira, wo sie den Zug nach Salisbury bestiegen. Außerhalb von Salisbury gab es ein Anwesen, das Lilfordia hieß, wo Siedler in Kost genommen wurden, während sie den Kauf einer Farm tätigten. (Lilfordia war die Farm von »Boss« Lilford, der später Ian Smiths Ratgeber und Mentor wurde.) Meine Mutter ließ ihre Kinder in der Obhut der Hauslehrerin und fuhr mit ihrem Mann in einem zweirädrigen Scotchcart umher, um sich Farmgelände anzuschauen. Man bot den Siedlern Land für etwa zehn Pfund den Morgen (nach heutigem Wert), wobei die Land-Bank das Geld vorstreckte. Das Land war von den darauf lebenden Schwarzen geräumt worden: Man schickte sie in die Eingeborenenreservate oder befahl ihnen, in ein Gebiet zu ziehen, das den Weißen noch nicht zugewiesen worden war. Man nannte das die »Erschließung des Landes für die weiße Zivilisation«, eine Darstellung, die meiner Mutter nie irgendwelchen Anlass zur Kritik gab.

Die gekaufte Farm befand sich in Lomagundi, siebzig Meilen von Salisbury entfernt, bescheidene 1500 Morgen Land, aber uns stand es frei, unser Vieh auf dem meilenweiten Regierungsland, das während der ganzen Zeit unseres Aufenthaltes niemandem zugewiesen wurde, weiden zu lassen und dort Gras und Brennholz zu schneiden. Unser Farmgelände lag an der Grenze der »weißen Zivilisation«, mit nichts zwischen uns und Portugiesisch-Ostafrika, das einige Hundert Meilen entfernt war.

Das Land war dünn besiedelt, die Farmen riesig. Die uns nächsten Farmen waren drei, vier und fünf Meilen entfernt. Es war unberührtes Buschland: einige Bäume waren für die Öfen der Erzmine gefällt worden. Alle möglichen Tierarten lebten dort: Zobel, Elenantilopen, Kudus, Buschböcke, Waldducker, Ameisenbären, Raubkatzen, Wildschweine, Schlangen. Es gab Scharen von Perl- und Waldhühnern, Falken, Adler, die verschiedensten Taubenarten – Vögel, Vögel, Vögel. Die Morgendämmerung war ein einziger Ausbruch an Gesang, die Nacht erfüllt vom Lärm der Eulen, Ziegenmelker und der Vögel, deren Namen wir nie erfuhren; den ganzen Tag über schrie, girrte, hämmerte und krächzte es. Aber dem Paradies war bereits die Kündigung ausgesprochen. Die Leoparden und Paviane hatten sich in die Hügel verzogen, die Löwen waren abgewandert, die Elefanten hatten ihre Zuflucht im Sambesi-Tal genommen, das Land entvölkerte sich.

Aber noch war es eine Wildnis, mit der es meine Eltern aufnehmen mussten. Der Farm selbst näherte man sich auf der Piste zu einer stillgelegten Erzmine, einer staubigen Fahrspur. Die Eisenbahn war sieben Meilen entfernt. Nicht ein Morgen Land war zum Bepflanzen gerodet. Die Arbeiter waren Leute, die man in einem Krieg vor fünfunddreißig Jahren grausam besiegt hatte und die ihre Dörfer verließen und nur zum Arbeiten herkamen, weil sie die Kopfsteuer zahlen mussten, die man ihnen auferlegt hatte, eben, um sie zum Arbeiten zu zwingen.

Nachdem sie ihr Farmgelände gefunden hatten, kehrten meine Eltern zurück und holten die Kinder ab. Ihre Tochter war wie gewöhnlich äußerst ungezogen gewesen, viel schlimmer als je zuvor: Sie hatte gelogen, gestohlen, war davongelaufen, hatte getrotzt und geschrien. Meine Mutter wusste, schuld allein war dieses Herumziehen: Kinder brauchten eine geordnete Existenz. Sie setzte uns in einen gedeckten Frachtwagen, der von etwa zwanzig Ochsen gezogen wurde, während ihr Mann daneben ritt. Die Reise dauerte fünf Tage. Im Wagen befand sich unser ganzes Hab und Gut.

Während die Bäume auf dem Hügel, wo unser Haus gebaut werden sollte, abgeholzt wurden, hatten wir unser Quartier in der Goldmine jenseits des Hügelkamms.

Siedler bauten sich immer strohgedeckte Hütten aus Lehm mit angrenzender Veranda; die brauchten nur etwa ein Jahr zu halten, um dann nach der ersten guten Ernte durch Ziegelstein und Blech ersetzt zu werden. Unser Haus war eine einzelne, lang gestreckte Hütte, in vier Räume aufgeteilt. Die Wände waren aus Lehm, der über die Pfosten gestrichen und gekalkt worden war, das Dachmaterial war aus dem Rohr der sumpfigen Niederungen, der Fußboden gestampfte Erde und Dung.

Alle Böden waren mit schwarzem Linoleum belegt und die Möbel aus Benzin- und Heizölkanistern gemacht, schwarz lackiert und mit Mehlsäcken verhüllt, die von meiner Mutter gefärbt und bestickt worden waren. Im Vorderzimmer mit Fenstern ringsum, »wie eine Kommandobrücke«, behauptete meine Mutter, gab es Perserteppiche, Liberty-Vorhänge, ein Klavier und das schwere Schausilber aus der Zeit.

Während meine Mutter den Trupp der Schwarzen beaufsichtigte, die das Haus errichteten, bewachte mein Vater die Abteilungen der Arbeiter, die das Buschland für die Anpflanzung rodeten.

Dann war da die Sache mit Biddy O'Halloran, die sich als Reinfall herausstellte. Sie hatte ganz fest mit etwas Ähnlichem wie Nairobi gerechnet und fand sich nun an diesen einsamen primitiven Ort verschlagen, mit Freiern aus der falschen Gesellschaftsschicht. Jeder unbeweibte Mann im Umkreis von fünfzig Meilen tauchte auf, um ihr einen Heiratsantrag zu machen, und sie hatte nicht so viel Zeit für die Kinder, wie meine Mutter es für nötig hielt. Es gab Streit, und sie fuhr nach Hause zurück. Und dann, ein Jahr nach ihrer Ankunft in Afrika, wurde meine Mutter krank, legte sich ins Bett und blieb dort. Es war ihr Herz! Heute ist es ganz offensichtlich, dass sie unter starken Angstzuständen litt, einen Nervenzusammenbruch hatte. Weder ihr Arzt in Salisbury noch sie selbst – eine Krankenschwester – konnten das erkennen. Das Schlimmste für sie war natürlich die Isolation. Was mein Vater genoss – denn er hatte endlich das Leben gefunden, das ihm behagte –, machte sie fertig. Nachdem sie immer von Leuten umgeben gewesen war, hatte sie nun nur die Schwarzen, für die sie von Anfang an die für den Siedler typische Einstellung hatte: Sie waren primitiv, dreckig, dumm. Sie war niemals fähig, irgendetwas Interessantes an ihnen zu finden. Ihre Nachbarn gehörten dem unteren Mittelstand und der Arbeiterklasse an, vorwiegend Schotten, die vor dem Krieg gekommen und mit Mais reich geworden waren. Sie wollte nicht snobistisch erscheinen, aber was hatte sie mit denen gemein? Sie hatte nicht die Absicht, ihr Leben damit zu verbringen, über Gartenarbeit, Kochrezepte und Schnittmuster zu reden. Aber genau das war ihr Leben jetzt, kein bisschen anders.

Sie verließ das Bett, beklagte sich über tausend Schmerzen und Leiden, legte sich wieder hin. Sie jammerte ständig, und es war so gar nicht ihre Art, denn sie wollte sich wirklich nicht anstellen! Sie lag in einem Bett, das von einem Nachbarn, der ein Sägewerk besaß, speziell für sie angefertigt worden war, mit zusätzlichen Ablagen für Bücher und Zeitschriften, und rief den ganzen Tag hindurch ihre Kinder zu sich, um sich trösten zu lassen. »Die arme kranke Mami«, beteuerte sie beharrlich, und wir antworteten darauf mit heftigen Umarmungen, die aber – zumindest in meinem Fall – immer gereizter wurden.

Natürlich war dies nicht alles, was sich an ihrem Bett abspielte. In der frühen Kindheit lernen Kinder am besten, und nichts sollte unserer Unterweisung nach Montessori im Wege stehen. Ob im Bett oder außerhalb – sie las uns vor, erzählte uns Geschichten; sie war für jüngere Kinder eine wunderbare Lehrerin. Sie brachte uns Geografie bei mithilfe von Lehm- und Sandhaufen, die beim Hausbau übrig geblieben waren – indem sie daraus Kontinente, Länder und Gebirge formte, die in der Sonne hart wurden und die, um Meere und Flüsse darzustellen, mit Wasser gefüllt werden konnten. Sie lehrte uns das Rechnen mit Saatkörnern, Hühnereiern und kleinen Küken. Sie erklärte uns das Sonnensystem durch Spiele, in denen wir die Planeten, den Mond und die Sonne darstellten. Sie zeigte uns, wie man Sterne, Vögel und sonstige Tiere beobachtet. Eine Zeit lang lernten wir in einem Fernunterrichtskurs, aber die Lektionen waren nicht annähernd so gut wie ihre, und sie ließ uns Bücher aus England und zwei Zeitschriften kommen, deren unglaublich hohes Niveau seinesgleichen heute nicht mehr fände. *Children's Newspaper* bot das Neueste an über Entdeckungen, Erfindungen, archäologische Funde, Tier- und Vogelwelt, und *Merry-Go-Round* druckte Geschichten und Gedichte von Autoren wie Walter de la Mare und Eleanor Farjeon. Es war meine Mutter, die mich in die Welt der Literatur einführte, in der ich Zuflucht finden sollte vor ihr.

Und dann verließ meine Mutter das Bett und lebte weiter. Sie war ein Jahr lang krank gewesen. Ich frage mich, ob sie je begriffen hat, dass ihre Krankheit eine Form der Verweigerung dessen war, was sie, wie sie wusste, auf sich nehmen musste. Wie viel Mut brauchte man dazu! Ich weiß und bewundere es, aber ich kann mich nicht in ihre Lage versetzen. Sie hasste die Farm, das Buschland, die ihr eine Falle gestellt hatten. Vom Augenblick ihrer Ankunft an schmiedete sie Pläne, zerbrach sich den Kopf und träumte davon, dem Ganzen zu entkommen. Und die Farm, das Buschland, Afrika bedeuteten für mich, ganz einfach, das größte Glück, das mir je widerfahren ist.

Über meine Mutter zu schreiben fällt mir schwer. Ich stoße dauernd auf Barrieren, und sie sind heute nicht so anders als in der Vergangenheit. Sie hat mich als Kind durch den Zorn und das Mitleid, die ich empfand, gelähmt. Jetzt bleibt nur noch das Mitleid, aber auch das macht es mir noch schwer, über sie zu schreiben. Was für ein furchtbares Leben hatte sie, meine arme Mutter! Sicherlich nicht schlimmer als das meines Vaters; aber das Entscheidende ist: Er war von seiner Natur her für harte Zeiten gerüstet, sie nicht. Er mag ein verletzter Mann gewesen sein und ein zunehmend kranker; sie stark und voller Vitalität. Aber er tut mir nicht so leid wie sie. Sie hat nie verstanden, was ihr widerfahren ist.

*

In den zwanziger und mehr noch in den dreißiger Jahren flohen junge Mittelständler vor den schweren Zeiten in England, wo sie keine Arbeit finden konnten, in die Kolonien, um sich dort etwas aufzubauen. Oft hatten sie kein Startkapital, wussten aber, dass man ihnen Land und Darlehen geben würde. Sie mühten sich ab und erlitten doch sehr oft Schiffbruch. Wenn die Daheimgebliebenen ihnen das Geld für die Rückfahrt schickten, kehrten sie zu dem zurück, was sie verlassen hatten – verschiedene Abstufungen von »Armut in Würde« –, woraus sie, so könnte man mutmaßen, durch den Zweiten Weltkrieg gerettet werden sollten. Wie viele gab es von ihnen dort draußen? Eine ganze Menge wohl, denn es schien immer ein einziges Kommen und Gehen von Weißen, damals in Südrhodesien jedenfalls. Heute lässt sich das nicht mehr genau herausfinden. Was für eine Geschichte! Was für Geschichten! Erst vor Kurzem las ich zwei – einige Frauen hatten mir ihre Manuskripte zugesandt, Erinnerungsberichte über ihr Leben als weiße Siedler, die eine in Kenia, die andere in Südrhodesien. Diese Menschen fanden sich ohne jede psychologische oder praktische Schulung plötzlich im Busch wieder, für gewöhnlich war nicht mal ein Morgen Land zum Bepflanzen gerodet, eine Art Baracke als Wohnhaus, ständig im Kampf gegen Überschwemmungen, Dürren, Feuersbrünste, wilde Tiere und schwarze Arbeitskräfte, die zum Arbeiten gezwungen waren und die mürrisch, bockig und unbrauchbar waren. Es war eine der ironischen Ungereimtheiten, dass die Weißen sich selbst als erbärmlich arm betrachteten und die Schwarzen die Weißen als unerreichbar reich. Beide hatten recht. Wie stark spürt man aus diesen Berichten, dass England – hatten diese kein rechtes Auskommen besitzenden Familienmitglieder erst einmal die Heimat verlassen –, weit entfernt, verloren schien! Am häufigsten und deutlichsten klingt an, wie selbst geringfügige Summen – fünfzig Pfund, fünfundzwanzig Pfund – oftmals eine Situation hätten retten können, doch Geld kam und kam nicht. Dass der Mittelstand dazu neigt, gegenüber den Seinigen engherzig zu sein, ist wohlbekannt, aber noch nie ist mir dies so schmerzhaft klar wie hier vor Augen getreten. Vielleicht *konnten* ihre Familien finanziell nicht aushelfen? Für meine Eltern jedenfalls kam kein Geld, das ihnen hätte helfen können: Alle unsere Verwandten hatten gerade genug zum Leben.

Diese Erinnerungsberichte ließen mich über die Unterschiede zwischen meinen Eltern und jenen Siedlern nachdenken, die niemals ihre Heimat verlassen hätten, wenn sie nur hätten erreichen können, was mein Vater so heftig verabscheute und aufgab: eine gute, sichere, anständige Stellung. Es gab im Grunde zwei Typen von Einwanderern: jene, die es in England zu nichts brachten, und jene, die wohl in der Lage dazu waren, sich aber dem, was englische Wohlanständigkeit bedeutete, nicht anpassen wollten. Mein Vater war einer dieser Außenseiter, die die Landschaft meiner Reifezeit bevölkerten, jene unverwechselbaren Persönlichkeiten, deren exzentrisches Wesen, in England unterdrückt, in Afrika reichlich Spielraum hatte.

Vor allem meine Mutter trat durch die Erinnerungsberichte dieser Frauen in deutlichem Kontrast hervor: Erinnerungen an Misserfolge, Untüchtigkeit, Inkompetenz, Verwirrung. Sie wurden ganz einfach nicht mit den Überschwemmungen, Feuern und Schlangen fertig oder damit, dass sie Brot in Ameisenhügeln backen mussten, wenn die Küche abgebrannt war. Sie schafften es nicht, Möbel aus Heizölkanistern zu machen oder Gardinen und Kleider aus Mehlsäcken zu nähen. Sie konnten nur erdulden, was ihnen zustieß, und natürlich verachteten und fürchteten sie die Schwarzen. Unter welch wehleidigem und trübsinnigem Lamento mühten sie sich ab, dem Buschland »Anstand« beizubringen; ihr Hauptbestreben war es, zu bleiben, was sie waren: Angehörige des Mittelstandes; ihre Angst, verarmte Weiße zu werden, auf einer Stufe mit den Schwarzen; so wie es sie daheim davor graute, in die Arbeiterklasse absinken zu müssen. »Dies Afrika«, wie Denys Finch Hatton (in Karen Blixens *Jenseits von Afrika*) beim Anblick der kleinen Vororts-Einfamilienhäuser sagt, die sich über die großartige Wildnis der Ngongberge in Richtung Nairobi verstreuen, »neigt ungeheuer zum Sarkasmus.«

Doch die Angst war durchaus berechtigt. Sehr oft hörte ich meine Eltern mit der Kummerundsorgenstimme reden, die sie für jene hatten, deren Schicksal leicht auch unseres werden konnte: »Der und der ist pleitegegangen, er hat einen Job als Lagerverwalter in der Erzmine, sie wird Wirtschafterin« – oder Erzieherin oder Haushälterin. »Und Gott steh den Kleinen bei.«

Weit entfernt, ins Klagen und Verzagen zu verfallen, genoss es meine Mutter, wenn sie die Dinge mit etwas Improvisation deichseln konnte. Andere Frauen jammerten, »kein anständiges Obst hier, kein Gemüse, unsere Hühner sterben ...«. Ihr Gemüsegarten hätte ein Dorf ernähren können, und bei ihr gediehen Obstbäume, Hühner und Kaninchen. Sie stellte Käse her, und die Vorratshütte war immer mit Konserven gefüllt. Sie war unendlich anpassungsfähig und einfallsreich. Sie hatte einfach zu viel Energie und Kraft für ihre Situation. Ihre Bestimmung wäre es gewesen, eine große Organisation zu leiten. Ein Krankenhaus eben, oder gar ein Industrieunternehmen. Auf der Farm verschliss sie sich.

Fünf Jahre nach unserer Ankunft auf der Farm sah die Lage so aus: Neues Land war gerodet, verschiedene Getreidesorten zusätzlich angepflanzt worden, doch bei der Land-Bank blieben wir weiterhin hoch verschuldet. Das Haus, das für die Dauer von zwei Jahren vorgesehen war, musste noch eine ganze Zeit lang halten. Veranden und sonstige Anbauten waren hinzugekommen. Ihr achtjähriger Sohn wurde noch zu Hause unterrichtet, aber wie all die anderen Jungen aus der Umgebung verbrachte er die meiste Zeit im Busch. Ihre Tochter war nach einer Reihe schlecht gewählter Schulen – eine endlos lange Zeit, die sich dem Kind tief einprägte, aber nur ein kurzer Zeitraum und deswegen ohne Belang für die Erwachsenen – in einer Klosterschule in Salisbury untergekommen. Klosterschulen sind für eine junge Dame passender als sonstige Schulen. Hätte meine Mutter gewusst, was dort vor sich ging, sie hätte mich sofort weggeholt, aber einer stillschweigenden Gepflogenheit folgend, erzählen Kinder ihren Eltern nichts aus der Schule. Sie wusste nur, dass ich großes Heimweh hatte – ein Anzeichen dafür, so sieht man es heute, dass zu Hause etwas gar nicht stimmt, doch in jener arglos denkenden Zeit nahm sie es als Ausdruck von gebührender und wohltuender Zuneigung. Sie fand nichts Anstößiges dabei, ein siebenjähriges Kind in ein Internat zu stecken. In diesem Alter wurden Kinder von Indien nach Hause geschickt und in Pension gegeben; in England steckt man Jungen mit sieben ins Internat. Was hätte sie denn auch tun sollen? Alle Farmerskinder besuchten Schulen in der Stadt.

Ihr Mann, nicht ihre Kinder, war ihre Hauptsorge. Für den Tüchtigen – und für diejenigen, die mit aller Willenskraft hinter ihrem Tun und Handeln stehen – ist es schwer, Menschen zu verstehen, die einfach nichts zuwege bringen. Die Träume meines Vaters, in fünf Jahren reich zu werden, waren zu einem grimmigen Familienscherz geworden. Außerdem begannen die Preise ins Bodenlose zu fallen. Dahin die Zeiten, da Farmer mit Mais rasch ein Vermögen gemacht hatten; in ferner Zukunft noch lagen die Reichtümer, die sich mit Tabak verdienen ließen. Überall hielten sich die Farmer gerade über Wasser, saßen auf ihren Schulden, die sie bei der Regierung hatten, ließen die Rechnungen beim Lebensmittelhändler und Metzger anwachsen und hielten das Risiko mit Mischkulturen gering, wie zum Beispiel mit Sonnenblumen, Baumwolle, Erdnüssen und Sunnhanf. Damit waren in jedem Fall die Umstände gegen meinen Vater, verhängnisvoller aber war sein eigenes Naturell. Ihm war eigentlich alles gleichgültig, und ich glaube, meine Mutter hat das nie begriffen. Der Krieg hatte das, was in ihm steckte, nur verstärkt, und das war – von ihrem Standpunkt aus – übel genug gewesen. Vor Kurzem hat mir ein Vetter Material über einen Vetter zweiten Grades zugeschickt, einen Viktorianer, der ein melancholischer Gentleman-Farmer war und abgeklärte Verse in Wordsworth-Manier über Tod, Schicksal, Leben und Natur schrieb. Ein Exemplar befindet sich im Britischen Museum. Er und mein Vater sahen sich sogar ähnlich. So musste meine Mutter gegen weit Schlimmeres ankämpfen, als sie sich vorgestellt hatte, obwohl sie sich daran hätte erinnern können, dass sein Vater, mit einer ehrgeizigen und energischen Frau verheiratet, das glückliche Leben eines Bankangestellten geführt hatte, der jede freie Minute beim Orgelspiel in der Dorfkirche verbrachte. Sich selbst überlassen, verträumte mein Vater sein Leben, zufrieden damit, den afrikanischen Nachthimmel zu betrachten, die Sonnenuntergänge, Ameisen bei ihrer Arbeit in einem gefällten Baumstamm, Buschbrände, die sich in der Trockenzeit langsam über die Berge fraßen, die wechselnden Farben des *velds* und – in einigem Abstand hinter diesen Naturphänomenen – die faszinierenden Unwahrscheinlichkeiten im menschlichen Verhalten bei Weiß und Schwarz.

Meine Mutter drängelte und nörgelte und schmiedete Pläne. Ihre Ziele waren bescheiden. Genügend Geld verdienen, um die Schulden abzuzahlen, und dann die Farm verkaufen und zurück nach England, wo das wahre Leben sie erwartete. Dies Reden darüber, wie das Leben in England – natürlich in London – aussehen würde, begleitete mich meine ganze Kindheit, für meinen Bruder und mich war es das ewige »Weg von der Farm«-Gerede. Und das ganz ohne Spott; wir haben auch nie ausdrücklich darüber gesprochen, wie unsinnig das Ganze war. Es war einfach zu jenseitig, dieses Reden über gute Schulen und schöne Häuser, über Hausmädchen und Busse, Theater und Parks.

Mein Vater wollte aber nicht weg von der Farm. In England zurück, was folgte dann? Er hasste die Bank, bei der er jetzt vielleicht auch keinen Posten mehr bekäme. Und sie konnte mit zwei Kindern nicht ohne Weiteres wieder als Krankenschwester arbeiten. Wie sollten sie denn leben? Völlig egal! Für alles fände sich eine Lösung, wenn sie erst einmal von der Farm weg wären.

Der Druck meiner Mutter, es doch zu etwas Besserem zu bringen, ließ meinen Vater nicht etwa zu einem erfolgreichen Farmer werden, sondern brachte ihn dazu, dem alten Traum nachzuhängen, Gold zu finden.

Es klingt absurd, aber das war es nicht. Das Gelände heißt »Banket«, nach einem bestimmten goldführenden Erzgang-Typus im Schürfgebiet »Banket of Rand«, den irgendein früherer Goldschürfer hier entdeckt hatte. Das Land ringsum ist durchzogen von goldführenden Erzgängen und zutage liegenden Adern. Mein Bruder und ich stießen ständig auf alte Gräben, die Goldsucher ausgehoben hatten, oder auf Felsstücke, denen man ansah, dass der Schürfer eine Gesteinsprobe herausgebrochen hatte, um sie auf Gold hin zu sieben. Nicht weit von der Farm befanden sich zwei Goldminen. Tag und Nacht konnten wir das dröhnende Stampfen von der Mine direkt auf dem Kamm gegenüber hören. Ständig kamen Goldsucher durch die Gegend, mit Gewehr, Goldpfanne, Hammer, Sackzipfeln voll Maismehl und einer Wolldecke. Ihre Zahl wuchs, als die Depression sich verschlimmerte und sie keine Arbeit finden konnten. Viele Männer fristeten damals ihr Leben im Buschland, als Selbstversorger und ohne Geldausgaben, während ihre Frauen die schlechte Zeit bei irgendeiner Familie als Haushälterinnen überstanden, wo sie ihre Kinder auch in den Ferien bei sich haben konnten. Gold war allgegenwärtig, in der Erde, im Gespräch, in der Geschichte des »Rand«, der bereits von alten Schürfstellen übersät war, als die ersten Forschungsreisenden und Missionare ankamen. Unter uns hieß es, die alten Schürfstellen stammten von Arabern. Als mein Vater auf seinen Erkundigungen rund ums Farmgelände einen Hammer mitnahm und Gesteinsproben heimbrachte, sie dann im Mörser zerkleinerte und später siebte, tat er nichts anderes als die meisten Farmer auch, wenn sie glaubten, auf etwas Goldhaltiges gestoßen zu sein. Doch schon bald wurde es bei ihm zu einer Besessenheit. Die Beaufsichtigung der Arbeiten auf der Farm trat an zweite Stelle hinter die Goldsuche. Jeden Tag stapfte er stundenlang auf seinem Holzbein mit dem Hammer durch das Buschland, und der Wagen kam immer mit Felsbrocken beladen zurück. Ein Mann wurde von der Farmarbeit abgezogen, um Proben zu behämmern, dann Gräben rund um einen möglichen Erzgang auszuheben und eine vielversprechende Probe zur Bahnstation zu bringen, damit sie mit dem nächsten Zug zur Begutachtung nach Salisbury geschickt werden konnte. An den Tagen, wenn die Post kam und wir auf die Ergebnisse warteten, war die Spannung unerträglich. Bald waren es nicht nur Gräben, die ausgehoben wurden, sondern Schächte, und nicht ein Arbeiter, sondern zwei oder drei arbeiteten in einem durch. Natürlich protestierte meine Mutter: Würde dieselbe Mühe auf die Farmarbeit verwandt, dann … Aber nichts dergleichen hätte ausgereicht, um während der Depression irgendetwas zu ändern. Die Farmer machten Bankrott, ihr Land wurde von erfolgreicheren Farmern aufgekauft oder von Interessengemeinschaften. Dies war der Beginn einer Entwicklung, in deren Verlauf riesige zusammenhängende Ländereien entstanden. Hunderttausende von Morgen groß, auf denen in Kürze nicht Nahrung heranwachsen sollte, sondern Tabak, der den »Tabakbaronen« ein Vermögen einbrachte.

Es ging aber nicht bloß um das Goldschürfen, sondern um die Wünschelrute. Mein Vater hatte entdeckt, dass er beim Aufspüren von Wasser Erfolg hatte. Und wenn er Wasseradern aufspüren konnte, warum nicht auch Gold? Dann aber ging es nicht mehr bloß darum, Gold auf unserem Farmgelände zu finden – nur eine Frage der Zeit –, vielmehr würde er zu einer bedeutenden Persönlichkeit, um deren Dienste sich die großen Bergwerksgesellschaften aus aller Welt rissen. Und dann könnte er andere ausbilden und Lehrgänge für Rutengänger abhalten …

Während sich all dies abspielte, versuchte meine Mutter an dem festzuhalten, was sie für die Normalität hielt. Ich bin überzeugt, es ist ihr nie in den Sinn gekommen, dass ein reges Gesellschaftsleben etwas war, auf das man verzichten konnte. Ihre schönsten Erinnerungen an die Mädchenjahre, ihre Zeit als Krankenschwester und die frühe Ehe in Persien waren Besuche und Partys, musikalische Abende und vergnügte Stunden. Mit – das verstand sich von selbst – netten Leuten. Die Leute auf den übrigen Farmen ringsum stammten nicht aus unserer Klasse, kamen alle aus der Arbeiterklasse oder aus dem unteren Mittelstand, meist Schotten. Wir besuchten sie zwar, und sie uns, und meine Mutter erfüllte auch alle nachbarschaftlichen Aufgaben, tauschte Farmprodukte aus und half in Krisenzeiten, doch waren dies nicht die Leute, die ihr vorschwebten. Mein Bruder und ich verstanden nicht, auf was sie eigentlich aus war; und unser Vater war nicht genug daran interessiert, uns zu erklären, warum man sich derart anstrengen sollte, Freundschaften mit Menschen aufrechtzuerhalten, die so viele Meilen entfernt wohnten, warum ihr das so wichtig war. Gewöhnlich verbrachten wir einen »schönen Tag« (und es war ein ganzer Tag) mit irgendeiner Familie auf deren Farm, oder sie kamen zu uns; doch das fand nur statt, wenn es die Farmarbeit, die Jahreszeit und die Schulferien erlaubten. Einige wohnten jenseits von ein oder zwei Flüssen, die bei plötzlichen starken Regenfällen unpassierbar werden konnten. Wir fuhren gewöhnlich früh los, um sozusagen zum Morgentee anzukommen. Die Männer fachsimpelten natürlich über die Farmarbeit, und die Frauen redeten, redeten und redeten. Alle Männer aus der Gegend hatten ein schlechtes Gewissen, wenn ihnen wieder einmal bewusst wurde, wie sehr ihre Frauen nach der Gesellschaft anderer Frauen lechzten. Es gab Lunch. Danach Tee. Alle Leute in der Gegend hielten an dem Fünf-Mahlzeiten-pro-Tag-Rhythmus fest, eine Gewohnheit, die sie aus der Heimat mitgebracht hatten (die Schwarzen nannten die Weißen »Leute, die unaufhörlich essen«). Zwischen den Mahlzeiten kletterten wir Kinder auf den *kopjes*, den kleinen Hügeln, umher oder erforschten das Buschland, wobei wir nach Pavianhorden oder Wildschweinen Ausschau hielten. Nach dem Abendessen auf dem Heimweg durchs Buschland tauchten alle möglichen Tierarten im Scheinwerferlicht auf: verschiedene Arten von Buschböcken, von kleinen Waldduckern bis zu großen Elefanten, Antilopen und Kudus, Wildkatzen, Stachelschweinen, Affen. Mein Bruder und ich strengten uns an, wach zu bleiben.

Diese netten Leute hatten eines gemeinsam, das ich damals nicht bemerkte. Es waren Überlebende des Ersten Weltkriegs. Die Männer hatten künstliche Arme und Beine oder Augenklappen. Sie erörterten, wo sich die verschiedenen Granatsplitter wohl aufhielten, die unablässig in ihrem Körper verborgen herumwanderten, doch gelegentlich aus einem gesunden Gewebe austraten und klirrend in einen Rasiernapf oder auf einen Teller fielen. Eine Frau hatte vier Söhne und den Mann in den Schützengräben verloren und bewirtschaftete mit dem verbliebenen Sohn die Farm. Sie war würdevoll, stoisch, und ihr Farmhaus voll mit den Fotografien toter Männer in Uniform. Eine andere Familie hatte zwei Jungen, mit denen wir spielten, doch die Fotos des dritten beherrschten das Haus und das Gespräch der Eltern: Er war mit einem torpedierten Schiff untergegangen. Es gab einen Mann mit einer Stahlplatte, die sein Gehirn zusammenhielt, und von einem anderen ging das Gerücht, er habe eine Stahlplatte, damit sein Gedärm nicht herausquoll. Sie sprachen über den Krieg, Männer wie Frauen – Krieg, Krieg und nochmals Krieg –, und wir Kinder flüchteten uns ins Buschland, genau wie zu Hause, wo mein Bruder und ich partout nichts hören wollten von dem, was mein Vater mit der Zeit sarkastisch als »den großen Unaussprechlichen« bezeichnete: »Ich will euch nicht mit dem ›großen Unaussprechlichen‹ langweilen, Gott bewahre, dass ihr eure Zeit für so was Unwichtiges verschwendet.« Das Reden über den Krieg hatte viel Ähnlichkeit mit diesen Geschichten von den »netten Leuten«, mit denen uns unsere Mutter ständig drangsalierte. Die arme Frau handelte ganz ihrer Klasse und ihrer Zeit entsprechend, tat nur – so sah sie es – ihre Pflicht an ihren Kindern.

Und so sehe ich uns dort sitzen: wir vier am Frühstückstisch. Mein Vater war natürlich in Gedanken Tausende von Meilen weg, wahrscheinlich in den Gräben oder auf einer Tagung von Wissenschaftlern, die allesamt an seinen Lippen hingen. Wir, die Kinder, saßen jeweils an einer Tischseite und schauten wie gewöhnlich mit verlegener Ungeduld unsere Mutter an, ganz zappelig, endlich ins Buschland hinauszukommen. »Hört bitte zu«, sagte sie, »dies *eine Mal* hört wenigstens zu. Irgendwann einmal, wenn wir von der Farm weggehen, werdet ihr mit netten Leuten leben müssen wie die Übrigen auch, dann könnt ihr nicht mit allen möglichen Typen herumschlawinern wie hier. Michael – sprich du mit ihnen! Sag ihnen, dass sie mir zuhören sollen, nur dies eine Mal – Michael!«

»Was? Ah ja, also Kinder, hört eurer Mutter zu.« Doch er war dabei schon aufgestanden und hatte seine Wünschelrute gegriffen, und wir hasteten ihm, so schnell wir konnten, nach, um ja nicht den verletzten, traurig irritierten Ausdruck auf ihrem Gesicht wahrzunehmen.

Die Sache mit dem Gold bedeutete, dass die übliche Abfolge von Besuchen und Besuchtwerden ständig gefährdet war. Mein Vater murrte tagelang bei der Aussicht, zu dieser oder jener Familie fahren zu müssen: »Mein Gott, muss ich denn da hin? Na gut, aber dann am Sonntag, wenn die Boys freihaben.« Oder: »Tut mir leid, unmöglich, wir fangen mit dem Pflanzen an, jetzt, wo der Regen da ist.« Aber es machte ihm nichts aus, dreißig Meilen an einem gewöhnlichen Arbeitstag zu fahren, um sich eine kleine Mine anzuschauen und dort an einem Erzgang eine

Theorie zu überprüfen. Er wusste im Voraus genau, wie der Erzgang unter der Erde verlief, wo er endete, aus welchen Mineralien und Gesteinsschichten er bestand, wie viel Gold er führte. Und da war mein Vater nun den ganzen Tag in der mörderischen Sonne, eine schäbige, aber eindringliche Gestalt, die über dem vermuteten Erzgang vor- und zurückschritt, während meine Mutter dasaß, sich höflich mit einer Frau unterhielt, mit der sie, davon war sie überzeugt, nichts gemein hatte, und wir Kinder an der Mine herumlungerten, die etwas Fremdes für uns war, denn wir waren Farmkinder. Und dann fuhren wir im Sternenlicht zurück, die Nachtluft duftete nach all den Gräsern, war aber so abgekühlt, dass wir uns nach dem langen heißen Tag gut in Decken einpacken mussten. Meine Mutter, mit ihrem schicken Hut, die Handschuhe und die Tasche im Schoß, fragte dann stets: »Nun, Michael, hat es sich gelohnt?« – »Was, Liebes? Ja. Ich denk schon.« – »Wir sind dort den ganzen Tag gewesen«, fuhr sie insistierend fort, mit ihrer kleinen, unglücklichen Stimme, die sie hören ließ, wenn sie glaubte, es sei ihre Pflicht, hartnäckig zu bleiben, »und niemand da, der ein Auge auf die Farm hatte …«

»Aber man erfährt doch immer etwas dabei; wenn der Erzgang dort zwei Unzen pro Tonne führt und ich mit einem ähnlichen Ertrag rechnen darf, dann wüsste ich, wie viel ich im Ganzen zu erwarten habe, sollte ich auf unserem Gelände auf Gold stoßen, oder?«

Es war nicht der Stil meiner Eltern, sich zu streiten, zu schreien oder die Stimme zu erheben, anzuklagen oder eingeschnappt zu sein. Ich kann mich nicht erinnern, dass so etwas je vorgekommen wäre. Aber ich lag nachts wach, lauschte ihren Diskussionen. Ihre Stimmen drangen leicht durch die rissigen und abbröckelnden Lehmwände. Die Stimme meiner Mutter war geduldig, beharrlich: die Stimme der Vernunft. Er behauptete seinen Standpunkt, und der war sehr verschieden von dem ihren. Ihre Fakten und Zahlen waren lauter kleine nüchterne Möglichkeiten, das Unberechenbare der Ernten war bereits einkalkuliert. Sein Reden drehte sich um große Geldsummen und goldträchtige Erzgänge, wie glitzernde Flüsse.

1935, zehn Jahre nach Ankunft meiner Eltern in der Kolonie, war dies die Situation. Unser Haus stand noch immer, ein plumpes altes Wrack mit seinem immer wieder geflickten Strohdach und den klumpigen, übertünchten Lehmwänden. Das Dach leckte in der Regenzeit, und bei einem heftigen Sturm strömte es gleich an einem Dutzend Stellen in Eimer, Kübel und Becken. Nie werde ich das erlesene gehämmerte Kupferbecken aus Persien vergessen, das mitten im Raum auf einer abgewetzten, aber leuchtenden Perserbrücke stand, ein Anblick wie aus dem Märchen. Vom Dach troff das Wasser ins Becken und schwemmte Käfer und Ameisen mit sich, die sich an Strohhalme klammerten und sich mühselig über den Beckenrand kämpften, runter auf den Teppich, den Boden entlang zu den Wänden hin und wieder zurück aufs Dach.

An den Fenstern hingen noch die Liberty-Vorhänge, hübsch, aber fadenscheinig. In einem Schrankkoffer hinter dem Vorhang lagen ein Dutzend Abendkleider, gekauft für das erregende Gesellschaftsleben, das meine Mutter hier anzutreffen erwartet hatte, in Seidenpapier gefaltet und mit Mottenkugeln, wenn sie nicht gerade einmal fürs »Feinmachen« gebraucht wurden. Die festliche Kleidung meines Vaters war ebenfalls dort abgelegt, ohne vermisst zu werden. »Du lieber Himmel!«, sagte er, »man stelle sich vor, da sind Leute tatsächlich willens, sich in Schale zu werfen mit steifem Kragen und allem, um den Abend außerhalb zu verbringen und mit Fremden, die ihnen schnurzegal sind, lauter Unsinn zu reden. Kaum zu glauben, dass es so was noch immer gibt.« Die Situation auf der Farm war unverändert, weder prosperierend noch ruinös: Jedes Jahr wurde das Darlehen mit der Land-Bank neu ausgehandelt. Wenn nach den Erntezeiten das Geld einging, wurde ein Teil der Schulden beim Lebensmittelhändler bezahlt. Mochte die Wirkung der Depression anderswo nachlassen, hier schien das nicht der Fall zu sein, wenn es auch einigen Farmern, die sich im Ersten Weltkrieg durch Maisanbau für immer saniert hatten, gut ging. Heute gehören die Söhne dieser Farmer in Simbabwe zu den Reichsten im Land.

Mein Vater war dazu überredet worden, es ein paar Ernten

lang mit Tabak zu probieren, und es gab zwei Tabakscheunen, die von seiner Entschlossenheit zeugten. Scheunen zu bauen kostete viel Geld, diese aber standen leer. Nachts aufzustehen, um die Temperatur zu überprüfen, und die dampfige Luft bei der Fermentierung (Virginia-, nicht Orienttabak) war zu viel für ihn gewesen. Zudem hatte er inzwischen auch Diabetes. Hätte er diese Krankheit ein Jahr zuvor bekommen, wäre er wahrscheinlich daran gestorben, denn er hatte schwer Diabetes, und Insulin war gerade erst entdeckt worden. Eigentlich sollte er nur mageres Fleisch, Kopfsalat und Zwieback essen, denn das war in jenen frühen Zeiten, bevor die Ärzte einsichtig wurden, die Diät. Aber meine Mutter rebellierte und sagte, er würde verhungern, bevor er noch an Diabetes stürbe. Sie übernahm das Kommando und stellte mit ihm eine vielfältige Kost zusammen, die auf das Insulin abgestimmt war. Mit jedem Tag wurde sie wieder mehr zu einer Krankenschwester. Mein Vater war, wie so viele Diabetiker, zu einem Hypochonder geworden. Der Mann, der es einst verschmäht hatte, Rücksicht auf sein Holzbein zu nehmen, auf Bäume kletterte, Pferde ritt und in gefährlich schwankenden Eimern Minenschächte hinunterfuhr, redete nun von seinen Krankheitssymptomen mit einer Intensität, die er sonst nur für Gold und Rutengehen an den Tag legte. Statt wie früher dem Goldfieber zu grollen, darunter zu leiden, war meine Mutter jetzt geradezu dankbar, denn es sorgte dafür, dass sich mein Vater Tag für Tag mit seiner Wünschelrute im Freien aufhielt, und dabei dachte er nicht über seine rasch sich verschlimmernde Krankheit nach.

Inzwischen betrachtete er das Wünschelrutengehen als eine neue Wissenschaft, die er begründete. Er benutzte Eisengerten und Stahlgerten und Zweige von verschiedenem Gehölz aus dem Buschland. Er »neutralisierte« das Gold in den Erzgängen tief unter seinem Fuß mit Goldringen, die er mit den Enden der Wünschelrute in den Händen hielt. Er versuchte es mit Silberringen, Muttern und Schraubenbolzen vom Pflug, Vorhangringen aus Messing oder tauchte die Ruten in Wasser oder in verschiedene chemische oder mineralische Lösungen ein. Er arbeitete den Großteil des Tages daran, und nachts träumte er davon, weckte meine Mutter und sagte: »Hör zu, Mädchen, wenn Wasser Wasser neutralisiert, und Gold Gold, und also die Rute am Ende dieses Grabens hinuntergezogen wird, kann es weder Gold noch Wasser sein, da ist was anderes unten, ich frage mich, was wohl. Chromit? Asbest? Was glaubst du?« Chromit- und Asbestminen gab's in unserer Nähe, und Chromitgestein und unbearbeitete Asbestfasern gehörten mit zu seiner Ausstattung. Wir liebten es, mit dem Asbest zu spielen, einem verlockenden Zeug, das wie jene Süßigkeit aussah, die »Seidenkissen« heißt, oder wie Meerjungfernhaar, grün und glitzernd.

Ich habe verkappt über meinen Vater in der Erzählung »Eldorado« geschrieben, worin ich die schmerzliche Leidenschaft für Gold schilderte. Aber Gold, die Gier und das Verlangen danach, war schon längst zweitrangig geworden. Er war an diese seine »Wissenschaft« verloren. Er glaubte, dass er im Begriff war, eine neue Methode zu entdecken, um jedwedes Material aufzufinden – Gold war nur eins davon. Er fühlte sich allein auf der Welt, niemand Gleichgesinntes, mit dem er reden konnte, obwohl seine Kinder, wenn sie nicht zur Schule gingen, ihm ernsthaft zuhörten, die Ruten ausprobierten und mit ihm die Gräben entlangschritten auf der Suche nach sich entziehenden Erzgängen. Nur die gelegentlichen Wassergänger, die über die Farmgelände wanderten in der Hoffnung, eine Fünf-Pfund-Note zu ergattern, wenn sie einen Wasserlauf entdeckt hatten, lauschten ihm zuerst verständnisvoll, begannen aber höflich-distanziert dreinzublicken, wenn er von Gold und Mineralien sprach. Er fragte sich, wer sonst noch und wo, auf welchem Kontinent und in welchem Land, die anderen Leute waren, die denselben Gedankengang verfolgten. Vielleicht könnte er in allen Zeitungen der Welt inserieren und sich mit ihnen in Verbindung setzen? »Nein, das kannst du *nicht*«, sagte meine Mutter. »Wir können uns das nicht leisten.«

Warum waren alle so engstirnig? Eines Tages würde seine Familie ihn ernst nehmen: Aber schließlich werden Propheten von ihren Nächsten und Vertrautesten nie gewürdigt.

Er ließ sich Bücher und Zeitschriften über Metalle und Bergbau kommen, die vom streng Wissenschaftlichen bis zum Mystischen reichten, während meine Mutter protestierte, sie brauche das Geld für Kinderkleidung. Er bedauerte, dass er nicht den Weitblick gehabt habe, Metallurgie und Chemie in der Schule zu studieren: War es jetzt wohl zu spät, dies durch einen Fernunterrichtskurs nachzuholen? Er sann über den Einfluss des Monds auf die Metalle in der Erde nach und über den Einfluss der Metalle in der Erde auf Mond und Menschen und Tiere.

Wo er sich einst geweigert hatte, mit dem Scotchcart (zwei Tonnen auf einem Gestell, das von zwei Ochsen gezogen wurde) mehr als zweimal die Woche Wasser den Hügel hinauf zum Haus bringen zu lassen – das Baden musste darum schon rationiert werden –, machte der Karren jetzt jeden Tag die Fahrt, denn so viel Wasser war nötig, um die Gesteinsproben auf Gold hin auszuwaschen. Kostbares Wasser floss den steinigen Hügel hinunter und ließ zwischen den silbrig goldenen Gräsern der Trockenzeit saftige Plantagen frischen grünen Unkrauts wachsen. Jetzt wurden nicht nur ein oder zwei Proben nach Salisbury zum Begutachten eingesandt, sondern manchmal gleich Dutzende. Das alles kostete ein Vermögen.

Aber was konnte meine Mutter tun? Ihr gesunder Menschenverstand wurde dauernd gröblich beleidigt, sie litt und rebellierte, doch meist stillschweigend, denn auch sie war allein, niemand da, der ihr zuhörte. Sie selbst hatte alle möglichen Symptome, besonders schlimme Kopfschmerzen. Sie wusste, dass sie ein schwaches Herz hatte, aber niemand nahm das ernst, nicht einmal die Ärzte. Sie konnte nur vollgepumpt mit Beruhigungsmitteln schlafen.

Und dennoch ... Es konnte ja sein, dass auch heute noch Gold gefunden wurde. Man *hatte* Gold gefunden, keine drei Meilen entfernt, und sie war mit ihrem Michael dorthin gegangen – sie war immer an seiner Seite, egal, wie verkehrt sie sein Verhalten fand –, um eine neue Theorie zu überprüfen. Der Goldschürfer war ein Schotte mittleren Alters, der schon verschiedentlich Schiffbruch mit Farmen und Minen erlitten hatte, kein Einzelfall damals. Dies war ein letzter riskanter Versuch, mit einem einzigen in die Erde getriebenen Schacht und alten klapprigen Maschinen. Er lebte von Wild, das er sich im Busch erlegte, und von Maisbrei (wie ein Kaffer!), und er hatte die roten Augen und den mürrischen Blick des Gewohnheitstrinkers. Sie wusste, dass sie noch glücklich dran war, verglichen mit so einem. Eines Tages mochte sich herausstellen, dass an seinen lächerlichen Theorien doch etwas dran war, und dann könnte sie der Farm den Rücken kehren ... Doch was sollte sie mit so einem kranken Mann anfangen? Sie hatte sich damit abgefunden, dass er nie wieder gesund würde, dass sich sein Zustand womöglich verschlimmerte; und jetzt waren es ihre Kinder, um die sie sich am meisten sorgte.

Sie hatte ihren Sohn in der einzigen Schule im Lande untergebracht, die sich mit »wirklichen« Schulen in England vergleichen ließ, einer Prep-School, die nach englischen Richtlinien geführt wurde. Natürlich konnten wir sie uns nicht leisten. Sie hatte alle ihre organisatorischen Fähigkeiten demonstriert, alle Hebel in Bewegung gesetzt, um Stipendien zu bekommen. Aber was würde mit ihm später geschehen? Nichts in der Art einer englischen Public School war vorhanden, und es blieb die Frage seiner Karriere. Kein Geld da, um ihm zu einem guten Start zu verhelfen, keine Zukunft! Sie wollte, dass er in die Marine eintrat und sein Leben mit netten Leuten verbrachte. Doch wenn sie darüber sprach, schaute er nur vage drein und ging mit seinem Gewehr ins Buschland hinaus, allein oder zusammen mit einem schwarzen Jungen.

Neulich kam mein Bruder zu Besuch aus Afrika, und wir redeten über unsere Kindheit in dem alten, strohgedeckten Lehmhaus im Busch. Welch wundersames Glück! Wir hatten Land besessen, das nie zuvor kultiviert worden war, und das Buschland war noch nicht ruiniert von weißen oder schwarzen Dummköpfen. Wir waren von allen Arten wilder Tiere und Vögel umgeben, waren frei, über Tausende von Morgen Land herumzuwandern, wenn wir wollten, Einsamkeit, das kostbarste unserer Geschenke ... aber unsere Mutter lag nachts wach, krank vor Kummer, weil ihre Kinder benachteiligt waren, weil sie keine anständigen Mittelstandskinder in irgendeinem Londoner Vorort waren.

Wenn ihr schon die Zukunft ihres Sohnes Sorgen machte, was ließe sich erst über die ihrer Tochter sagen!

Ich war ständig krank in der Schule, und nicht nur vor Heimweh. Ich hatte tatsächlich ein paar richtige Krankheiten, Malaria und Ruhr, aber mit Duldung meiner Mutter legte ich mir unbestimmte Leiden zu, die mich stets ins Krankenzimmer der Klosterschule brachten, wo ich Anspruch darauf hatte, verhätschelt zu werden. Meine Mutter veranlasste ihren widerstrebenden Mann, sie auf schnellstem Weg die siebzig Meilen in die Stadt zu fahren, auch wenn das Wort »schnellstem« hier relativ zu nehmen ist – in unserem uralten Geländewagen dauerte die Reise Stunden. Dort unterrichtete sie die Schwestern und den Arzt, dass ich dieser oder jener Behandlung bedürfe: Sie wisse das am besten, sie sei im Royal Free Hospital in London ausgebildet worden. War ich einmal im Klassenzimmer, machte ich meine Sache recht gut, doch ich versuchte unentwegt, mich dem Verlangen meiner Mutter zu entziehen, dass ich klüger als all die anderen sein sollte. Ihre Pläne für meine Zukunft hatten den trügerischen, verderblichen Glanz von Goldminengerede, dem zuzuhören ich mich mittlerweile weigerte. Meine Musikstunden mussten in Konzertaufführungen enden, da sie selbst Konzertpianistin hätte werden können. Wenn ich eine Melodie summte, stand die große Oper für mich offen. Meine Versuche im Zeichnen wurden von Gesprächen über große Maler begleitet. All das geschah unter englischen Vorzeichen. Es war undenkbar, dass ich (oder sonst ein weißes Kind) Shona lernen oder mich bemühen sollte, das wirkliche Leben der Schwarzen zu verstehen. Heute kann man sich das nicht vorstellen, aber ein Mann, der herumreiste und afrikanische Musik aufzeichnete, wurde als »Kaffern-Geselle« und Verräter an den Weißen betrachtet. Ein Dichter, der im Buschland lebte und sich der Schwarzen annahm und ihre Zuneigung genoss, wurde von den Weißen gehasst, die auf jedwede Erwähnung seines Namens mit jenem lauten, nervösen und höhnischen Lachen reagierten, das besagt, dass man sich bedroht fühlt. Was nützt es da aufzuschreien: »Das ist doch irrsinnig!« So waren die Dinge eben.

Ich schrieb auch kleine Stücke. Aber ich versteckte diese Versuche vor ihr, weil ich das Gefühl hatte, sie stammten nicht von mir, sondern von ihr, denn sie ergriff Besitz von ihnen, indem sie mit aller Welt darüber redete.

Als ich vierzehn war, entschlüpfte ich unter einem Vorwand endgültig der Schule und lebte auf der Farm, wo ich lesend auf meinem Bett lag oder mit dem Gewehr im Buschland herumstromerte. Angeblich hatte ich eine »leichte Fieberkrankheit«. Vielleicht stimmte das auch. Zweifellos hatte ich ständig erhöhte Temperatur, war kraftlos und betäubt von einer großen Menge Chinin, die mich erstaunlicherweise nicht umbrachte. Doch die Rettung nahte. Ich wurde von einer wohltätigen Organisation auf einen zweimonatigen Urlaub in einen anderen Landesteil geschickt, einmal richtig weg von zu Hause. Dort erkannte ich gewisse Dinge äußerst klar. Eines vor allem, nämlich, dass ich völlig in Ordnung war. Mir wurde bewusst, ich musste jenem Zuhause entfliehen, wo beide Eltern krank waren, von Krankheit besessen. Als ich heimkam, erzählte ich meiner Mutter, dass es mir bestens gehe, und: »Es hat keinen Zweck, je wieder zu versuchen, mich krank zu machen.« Natürlich verstand sie nicht, was ich meinte; sie glaubte, ich sei wie immer grausam und ungerecht.

Inzwischen vermute ich, dass sie wegen der Menopause ein bisschen überspannt war. Heutzutage würde man ihr ein paar Pillen verschreiben, und sie bliebe sie selbst: unauffällig, humorvoll, bescheiden. Sie war besessen. Zum einen von den Unzulänglichkeiten ihres schwarzen Personals. Wie beinah alle weißen Hausfrauen damals (und jetzt noch immer in Südafrika) sprach sie zu ihnen mit nörgelnder Stimme voller Abneigung, sehr zum Kummer meines Vaters. »Was soll das denn, den Leuten, die geradewegs aus dem Dorf kommen, solche Szenen zu machen wegen Teelöffeln, Tassen und dazu passenden Untertassen?« Meist hörte sie bloß zu, diesmal schrie sie: »Offenbar verlangst du, dass ich meine Ansprüche herabschraube!« Und zum anderen war sie von mir besessen: Mein Bruder war in der Schule, aus dem Weg, in Sicherheit. Alles, was ich war und was ich tat, schockierte sie. Sie wollte, dass ich ein kleines Mädchen bliebe in einem Land, wo Mädchen früh erwachsen wurden. Und weil sie deswegen darauf bestand, dass ich Kinderkleidung trüge, widersetzte ich mich ihr und verdiente mir beim Metzger am Ort Geld, indem ich Perlhühner und Tauben schoss, um mir Stoff zu kaufen und meine eigenen Kleider zu nähen: Kleider für Erwachsene, die sie hasste. Ich las Bücher, die ich für mich selbst entdeckte, nicht länger die Klassiker und die »guten« Kinderbücher, die sie für mich bestellte. Ich war kritisch gegenüber dem, was ich um mich herum sah, die Armut der Schwarzen und die Einstellung der Weißen, aber auf eine verwirrte, unwissende Art, und darum blieb ich ihr ungeschützt ausgeliefert. Was sie jedoch wirklich vor Enttäuschung krank machte, war, dass sie ihre gesamte Energie und all ihre Begabung auf ihre Tochter übertragen musste, die für sie das Leben führen würde, das man ihr vorenthalten hatte. Aber das Mädchen glich einer Mauer mürrisch-wütender Zurückweisung, war normalerweise stumm, um dann in Heftigkeit und Spott auszubrechen.

»Warum hasst du mich so sehr?«, weinte sie, während ich mich bei meinem Vater beklagte: »Warum hasst sie mich? Sie hat mich immer gehasst.«

Heute verstehe ich ihre Verfassung sehr gut. Sie litt unter jener weitverbreiteten Krankheit des mittleren Lebensalters und hatte das Gefühl, alles gleite ihr durch die Finger; sie konnte nichts in den Griff bekommen oder festhalten. Wie wenn sie mit viel zu vielen Bällen in der Luft jonglierte und wusste, dass, ließe sie einen fallen, alle anderen heruntergepurzelt kämen.

Ich setzte diesem schrecklichen Zustand, mit ihr in einem Haus zu sein, ein Ende, indem ich nach Salisbury weglief und das wurde, was man heute Au-pair-Mädchen nennt. (Damals bedeutete »Au pair« gewöhnlich, dass reiche Familien aus verschiedenen Ländern Töchter austauschten, damit sie die jeweiligen Sprachen und Sitten erlernen konnten.) Achtzehn Monate lang arbeitete ich in zwei verschiedenen Familien. Es war langweilig, aber nicht allzu schlimm; die Leute waren angenehm, man kam miteinander aus. Aber es war Zeitverschwendung, und meine Mutter verzweifelte, weil ihre Tochter Kindermädchen war. Ihr Zorn und ihr Elend erreichten mich, wo immer ich mich aufhielt, in endlosen Briefen voller fantastischer Drohungen, etwa dass ich zwangsläufig im Bordellviertel von Beira landen müsse. Gegen sie als eine Mutter, die ich nicht anerkennen konnte, fand ich keine andere Gegenwehr als die, kalt und gleichgültig zu werden. Ich kehrte auf die Farm zurück, um einen Roman zu schreiben. Ich war das Idealbild einer schwierigen Heranwachsenden. Heute bin ich entsetzt über die Art und Weise, wie ich sie behandelt habe – allerdings hätte ich nicht anders gekonnt. Für meine Eltern muss es unerträglich gewesen sein. Für mich jedenfalls war es unerträglich. Ich beendete und zerriss zwei schlechte Romane, ging nach Salisbury und bekam einen Job in der Telefonzentrale. Meine Mutter empfand dies als endgültige Niederlage: ihre Tochter – eine ganz gewöhnliche Telefonistin. Das Leben, das sie führte – nicht, dass sie ihren Eltern irgendetwas erzählte, sie mussten notgedrungen nach Salisbury kommen und selbst Erkundigungen einziehen –, war »leichtlebig«, schäbig und widerlich.

Tatsächlich arbeitete ich dort den ganzen Tag, abends ging ich tanzen oder ins Kino, und jede freie Minute las ich. Wie all die anderen jungen Leute in der Stadt – die weißen, heißt das – befand ich mich in einem Zustand wachsender Erregtheit und Hochgespanntheit, denn der Krieg rückte jetzt näher und näher. Heute weiß ich, dass wir alle ziemlich verrückt waren.

Als ich dann doch nach Hause kam, fand ich meine Mutter dabei, einen schwer kranken Mann zu pflegen. Seine Wünschelruten hingen an der Wand, unbenutzt. Auf dem Farmgelände war Gold gefunden worden, aber nicht von ihm. Nichts von Bedeutung: ein Schürfer versuchte nun einen Erzgang auszubeuten, der pro Tonne nur wenige Gramm Gold enthielt, doch es war schon bitter, dass ein anderer ihn entdeckt hatte. Bitter für meine Mutter. Mein Vater kam gar nicht auf die Idee, neidisch zu werden, er freute sich über das Gold. Er war jedoch zerstreut und geistesabwesend, und man musste ihn jetzt immer häufiger mit Feingefühl von den Schreckenslandschaften des Ersten Weltkriegs weglotsen – worauf er fast unweigerlich auf den drohenden Zweiten Weltkrieg zu sprechen kam. Er und meine Mutter hatten schon seit Jahren gewusst, dass er unvermeidbar war. Ich frage mich oft, durch welche Verknüpfung von Umständen sie dessen so sicher waren und im großen Ganzen auch recht behielten mit ihrer Meinung zur englischen Politik. Etliche Jahre früher als die meisten wussten sie zum Beispiel, dass Churchill der einzige mögliche Retter für England sein würde. Doch während sie über die Innenpolitik so vernünftige Ansichten hatten, bei der internationalen Lage war das etwas anderes. Mein Vater war »britischer Israelit« geworden. Er glaubte an sehr viele erschreckende und widersprüchliche Dinge. Natürlich teilte meine Mutter die Auffassung nicht, dass Russland und Deutschland dem Antichrist anhingen und dazu prädestiniert seien, sich gegen England zu verbünden, das von Gott dazu erkoren sei, die Welt zu erretten. Sie mochte Gog und Magog nicht und das mit dem Verlorenen Stamm und den sieben Millionen Toten um Jerusalem. Sie betrachtete das Ganze als Symptom seiner Krankheit und setzte all ihre Energie dafür ein, Mittel und Wege zu finden, ihre Tochter zu retten – ein leichtfertiges Ding, das nur Männer im Kopf hatte – und ihren Sohn in die englische Navy zu bekommen.

Schon sehr bald kam das unmögliche Mädchen, das gesagt hatte, sie wolle erst in ferner Zeit heiraten, und von hundert – allesamt unpassenden – Karrieren gesprochen hatte, mit einem Mann daher, den sie demnächst heiraten werde. Sie war neunzehn, viel zu jung, er war zehn Jahre älter als sie – und sollte deshalb vernünftiger sein, wie Michael meinte. Aber dieser Schwiegersohn war – das hatten Erkundigungen ergeben – nicht so übel, wenn man überhaupt erst einmal die Möglichkeit einer Heirat mit einem aus der Kolonie in Betracht zog statt der mit einem netten Arzt oder Anwalt aus England. Wie es schien, winkte ihm eine Zukunft im Staatsdienst. (Tatsächlich wurde er Vorsitzender des Obersten Gerichtshofs und bekleidete einige weitere hohe öffentliche Ämter.) Unerträglich für meine Mutter war es hingegen, dass ich nie irgendwelche Fakten erwähnt hatte, die zu seinen Gunsten sprachen, und es mich anscheinend direkt überraschte, als ich davon hörte. Als wären diese Dinge unwichtig und zählten nicht!

Wieder einmal kam Mutters Sinn für das Feierliche nicht auf seine Kosten. Wie wenig hätte es bedurft, ihm Rechnung zu tragen – das wird mir erst heute bewusst. Ihre Natur, ihre Erziehung verlangten nach einer angemessen vorbereiteten und durchgeführten Geburtstags-, Jahrestags-, Hochzeits- oder Jubiläumsfeier. Aber das Schicksal hatte ihr eine Familie beschert, die dem von Natur aus gleichgültig gegenüberstand. Ihr Mann erinnerte sich nicht an Geburtstage, und wenn sie es tat, gab er ihr diesen langen, nachdenklich-interessierten Blick, der besagte, sie sei wieder einmal engstirnig. »Geburtstage«, so konnte man ihn laut denken hören, »warum sollte jemand drauf Wert legen? Bloß noch so eine dumme Konvention!« – »Oh, unser Hochzeitstag heute? Du lieber Himmel, tut mir leid; ja, wenn du meinst, wir sollten …« – Und jetzt sagte ihre Tochter einfach: »Das ist Frank Wisdom. Wir werden nächsten Monat heiraten.« Auf die Idee, sich zu verloben oder wenigstens einen Verlobungsring zu wünschen, war sie gar nicht gekommen. Fast im Handumdrehen fand eine überstürzte und stillose Hochzeit statt, die meine Mutter tief unglücklich machte.

Dann passierte zweierlei. Deutschland überfiel Polen, und der Krieg wurde erklärt; gleichzeitig verkündete das junge Paar, ein Enkelkind sei unterwegs, aber bitte deswegen kein Trara. Ein Krieg sei im Gange, und sowieso, er würde rauf nach Norden geschickt werden, ins Kampfgebiet.

Meine Mutter sehnte sich danach, Trara zu machen, zu stricken und zu nähen und über die Schwangerschaft zu reden; und als sie damit anfing, duldete man es allenfalls. Ihren natürlichen Gefühlen war wieder einmal ein Riegel vorgeschoben worden. Eine Kriegserklärung ist gewiss eine feierliche Angelegenheit, die aller Tradition nach gewisse Reaktionen verlangt, und sie verhielt sich dementsprechend. Die ganze Zeit auf der Farm, selbst wenn die Sorgen am größten gewesen waren, es ihr jämmerlich ergangen war, hatte sie sich immer verhalten, wie die Erziehung es ihr vorschrieb, sie hatte Geld für eine gute Sache gesammelt und versucht, Komitees zu gründen. Und jetzt bei Kriegsausbruch triezte sie ihre Nachbarn zu allerlei kriegsnützlichen Arbeiten. Das wurde ihr verübelt: »Wer glaubt sie denn, wer sie ist?«, fragte man, und durchaus nicht zum ersten Mal. Doch es war ihr geglückt, meinen Bruder Harry in der Navy in England unterzubringen. Das war keine einfache Sache gewesen, und alle Hebel waren in Bewegung gesetzt worden: überhaupt nur der Krieg hatte es ermöglicht. Sobald mein Bruder wirklich in Dartmouth war, fiel es ihm schwer, mitzuhalten. Seine Idee war es nicht gewesen, zur Navy zu gehen, er hatte immer Farmer werden wollen. Ihm fehlten einige für die Navy erforderlichen Fachkenntnisse, und so musste er härter büffeln als andere.

Aber er war dort. Endlich ereignete sich doch etwas Gutes, etwas Angemessenes, das einen Zusammenhang herstellte zu ihrer Erziehung und ihren alten Hoffnungen, und zum ersten Mal, seit sie in dieses Land gekommen war. Wo sie sich noch immer nicht zu Hause fühlte. Sie sprach jedoch nicht länger davon, in die Heimat zurückzugehen. In Kriegszeiten war das ausgeschlossen: Wer könnte sagen, wie lange der Krieg dauern würde? Und ihre Kinder würden hier sein, denn ihr Sohn hatte ihr geschrieben, er werde schnurstracks zurückkehren, sobald der Krieg es erlaube, sein Platz sei in Afrika, und ihre Tochter war hier verheiratet. Zufriedenstellend verheiratet: Auch wenn die Art und Weise, wie sie alles tat, falsch war und einzig dazu bestimmt (davon war meine Mutter überzeugt), sie zu verletzen, war, was sie tat, nichts anderes als die koloniale Entsprechung dessen, was sie selbst gewünscht und auch getan hätte.

Eine Zeit lang schien es so, als könnte diese Ehe erst nach dem Krieg richtig beginnen, doch dann stellte sich heraus, dass Frank nicht mit den anderen im Norden kämpfen konnte – untauglich aus Gesundheitsgründen. Ein Haus wurde gekauft. Sie wurde nicht gefragt, obwohl sie doch genau wusste, was sie brauchten: viel Platz für Kinder und für Abendveranstaltungen. Und genau so ein Haus kauften sie. Es stand an einer der alten baumgesäumten Prachtstraßen, ein Bungalow in bereits altmodischem Stil, mit weitläufigen Zimmern und Veranden und einer verglasten Veranda hinterm Haus.

Das erste Kind kam auf die Welt, und natürlich hatte das junge Paar keine Ahnung, wie man mit einem Baby umgeht. Es war ihre Pflicht, die Sache richtig anzupacken ...

Meine Mutter lernte Autofahren erst, als sie die Farm verließ. Mir kam das seltsam vor. Zwar war es damals eher selten, dass ältere Frauen fuhren, aber viele taten es. Doch sie, sie tat's nicht, wollte nicht. Tapfer, wie sie war, glaubte ich nicht, dass sie Angst davor hatte. Eine Frau, die nichts dabei fand, mit dem Revolver einer Kobra direkt auf den Kopf zu zielen, um ihr den Garaus zu machen? Es war ein Geheimnis ... Dass sie selbst nicht Auto fuhr, bedeutete, dass ihr Mann und ihre Kinder sie herumkutschieren mussten, und es war ein Mittel, Hilfe und Unterstützung von ihnen zu bekommen: Sie gaben ihr so wenig.

Je mehr sie über die schlimmen Zustände im Haus ihrer Tochter in der Stadt grübelte, desto häufiger kam sie zu dem Schluss, sie müsse dort nach dem Rechten sehen. Jetzt, da ihr Mann zu krank war, um sie den ganzen Weg zu fahren, musste sie sich um Mitfahrgelegenheiten kümmern. Den Vortag der Reise verbrachte sie damit, Hühner zu braten, Kuchen zu backen, Marmelade und Erdnussbutter zu machen, Zitronenaufstrich und Ingwerbier. Das Auto des Nachbarn wurde mit all dem vollgepackt bis oben hin. Gewöhnlich rief sie ihre Tochter vor dem Besuch nicht an, sie fürchtete sich vor etwas, das neu war an ihr: vor der kühlen, lächelnd-unzugänglichen Höflichkeit. Noch vor drei Jahren war das Mädchen grob, mürrisch, taktlos – unmöglich gewesen; jetzt war sie höflich – und unmöglich. Wüsste sie Bescheid, dass ihre Mutter am nächsten Tag käme, wäre sie mit Sicherheit höflich, würde aber sagen, dass sie fort sein werde oder beschäftigt oder sonst was.

Meine Mutter erschien immer mit allen möglichen Nahrungs-

mitteln. Sie fand die Speisekammer und den Eisschrank gefüllt
vor. Damals war unser Haus ein Haushalt wie jeder andere. Der
Küchenjunge saß in der Küche und putzte Gemüse. Der Hausboy, der um zehn Uhr morgens seine Arbeit erledigt hatte,
schwatzte wahrscheinlich mit Freunden hinterm Haus bei den
Mülleimern. Das »piccanin«, das kleine Negerkind, spielte mit
einem Spielzeug im Garten oder passte auf den Kinderwagen mit
dem Baby auf. Und wo war ihre Tochter? Vielleicht kochte sie
gerade: Sie hatte Gefallen daran, und Ehemänner kamen zum
Lunch nach Hause. Oder sie erhielt gerade Besuche von den
Frauen der Kollegen ihres Mannes. Dies erschien meiner Mutter
eine passende Beschäftigung, Beweis dafür, dass ich erwachsen
wurde. Endlich. Seitdem sie in der Kolonie war, hatte sie sich
nach Besuchen von Frauen gesehnt – Teegesellschaften am Vormittag, Teegesellschaften am Nachmittag, richtige Geselligkeit
mit netten Frauen. Doch ihre Tochter konnte leicht explodieren
– »Wenn ich noch so eine Scheiß-Teegesellschaft aussitzen muss
mit diesen Scheiß-Tratschweibern, die bloß über ihre Bediensteten jammern, dann schlitze ich mir die Kehle auf« – und schien
sich danach selbst zu ermahnen und fest an die Kandare der
Höflichkeit zu nehmen, setzte ein Lächeln auf und servierte Tee
und Kuchen.

Meine Mutter ging auch in die Küche, um die Regale und
Kochtöpfe zu inspizieren und ob Tee und Zucker gestohlen worden waren. Sie fuhr den Koch an, der eingeschnappt wegging. Sie
rief den Hausboy zu sich, ein Zimmer nochmals zu machen. Sie
monierte, es sei gefährlich, wenn das Negerkind das Baby berühren dürfe, wegen der Bazillen. Sie stellte verschiedene Möbel-
stücke nach ihrem Gusto um, und von alldem erschöpft, setzte
sie sich hin, zündete sich eine Zigarette an und wartete darauf,
dass ein richtiges Gespräch anfinge. Aber, wie sie sehen konnte,
ihre Tochter war schon wieder unvernünftig – verärgert, wo sie
eigentlich dankbar sein sollte. Nicht, dass sie ihre Verärgerung
zeigte: Sie saß nur lächelnd da, lächelnd ums Verrecken, und
sagte nichts. Einmal nach einer wirklich gründlichen Überprü-
fung des ganzen Hauses hörte sie ihre Tochter zum Koch sagen:

»Tut mir leid wegen meiner Mutter. Sie ist eine alte Frau. Beachten Sie sie nicht weiter.« Sie war außer sich. Zuerst einmal: Sie war *nicht* alt. Und sie *wusste*, dass die Diener die Herrschaft übervorteilten, machten, was sie wollten, und die jungen Leute hatten die unmöglichsten Ideen im Kopf, zahlten den faulen Schwarzen viel zu viel. Sie wollte alles einmal richtig besprechen, ernsthafte Diskussionen über alles führen, sodass sie endlich einmal zuhören würden und ihnen klar würde, wie verbohrt sie waren. Sie kannte sich aus mit Bediensteten in England, in Persien und jetzt hier!

Immer kam sie mit dieser Vorstellung von einem klärenden Gespräch in die Stadt geeilt: Es gab tausend Dinge, die besprochen werden mussten, ganz abgesehen von der Erziehung des Babys und von der Sache mit den Dienern. Alles an diesem Haushalt beunruhigte sie, und ihre Tochter war schuld: Und doch konnte niemand sagen, das Mädchen sei faul. Die Speisekammer war voll mit selbst gemachten Marmeladen und mit Eingemachtem. Es waren immer Gäste da, und sie legte großen Wert auf gutes Essen. Sie nähte ihre Kleider selbst (einschließlich der viel zu vielen Tanzkleider: mussten sie denn wirklich so oft zum Tanzen ausgehen?), nicht aber die Babykleidung und die Hemden und Pyjamas ihres Mannes. Warum bat sie nicht ihre Mutter, ihr zu helfen? Warum sagte sie immer Nein – höflich natürlich – zu jedem Hilfsangebot? Warum verstand sie nicht, dass das Leben ihrer Mutter schon immer ihr und ihrem Bruder aufgeopfert worden war; die Pflicht einer Mutter ist es, sich den Kindern zu opfern …

Frauen dieser Generation sprachen leicht vom Sich-Aufopfern, gegenüber Kindern, die geduldig, ironisch oder grob waren. Eine Revolution hatte noch nicht stattgefunden: die nämlich, die sie darüber aufgeklärt hätte, dass das schlimme Heimweh ihrer Tochter in der Schule nichts Gutes war; dass einige ihrer eigenen Symptome vielleicht keine körperlichen Ursachen hatten; dass man nicht von »Selbstaufopferung« sprach …

Aber es *war* ihre Pflicht, sich aufzuopfern, gleichgültig, wie sehr und wie unfair man sie missverstehen wollte; und sie bekam recht oft eine Mitfahrgelegenheit in die Stadt. Aber es wurde schwieriger wegen der Benzinrationierung. Sie erkannte, dass es an der Zeit war, in die Stadt zu ziehen, besonders da ein zweites Enkelkind unterwegs war, viel zu früh natürlich! Aber was für ein Abstieg, was für eine Niederlage! Das »Weg-von-der-Farm« – dieser Traum voll Goldstaub und Zauber, sollte er wirklich bloß auf den faden Verkauf der Farm (wegen des Krieges einigermaßen günstig) hinauslaufen und den Kauf eines Hauses in der Stadt? Ein Haus, ein bloßer Kasten, wurde gekauft. Es war nicht genug Geld da, um etwas wirklich Schönes zu kaufen, nachdem die Schulden bei der Land-Bank abbezahlt waren. Und das Haus stand nicht im Zentrum, sondern in einem Vorort, der seit einigen Jahren nicht mehr als schick galt. Mein Vater wurde einquartiert, und ihm war jede Minute in diesem Haus verhasst. Er wollte die Farm nicht verlassen, das *veld*, die Weite – um das zu finden, war er nach Afrika gekommen. Ständig wiederholte er, dass ihm jetzt nichts übrig bleibe, als zu sterben. Meine Mutter protestierte, so schlimm sei es doch nicht! – aber sie wusste, es war sehr schlimm. Sie fühlte, dass ihrer beider Leben sich dem Ende zuneigte, noch bevor es wirklich begonnen hatte: Denn die Zeit auf der Farm zählte nicht eigentlich, sie hatte immer darauf gewartet, dass das Leben anfinge, wenn sie von der Farm wegziehen konnte.

Mein Bruder Harry war auf der *Repulse*, die zusammen mit der *Prince of Wales* im Pazifik kreuzte, als beide Schiffe, die als unverkennbar galten, in Minutenschnelle von japanischen Bombern versenkt wurden. Mein Bruder kam nur um Haaresbreite mit dem Leben davon. Er wurde aus dem Meer gefischt, als er schon einige Stunden lang herumgetrieben war, und auf Erholungsurlaub nach Ceylon geschickt. Aber schon bald darauf war er wieder im Kampfgebiet, diesmal im Mittelmeer, auf der neuen *Ark Royal*.

Dies war schlimm für meine Mutter, die sich selbst die Schuld daran gab: Warum wurde sie für alles, was sie tat, bestraft? Es war ein solcher Triumph gewesen, ihren Sohn in die Navy zu bekommen.

Und nun schien mein Vater unfähig, an etwas anderes als an den Krieg zu denken; manchmal klang es so, als wäre er auf diesem Schiff im Mittelmeer. Gut nur, dass er in der Stadt war, nahe bei den Ärzten und dem Hospital, auch wenn er dieses neue Haus so sehr hasste. Das Haus sei doch in Ordnung, beharrte meine Mutter nun tapfer, die Zimmer hatten eine ganz passable Größe, mit hohen Decken; es gab Veranden, es war kühl. Aber das half nichts, er war ein verbitterter, zorniger, sorgenvoller Mann, nicht alt an Jahren, denn er war erst Anfang sechzig, doch er sah alt, erschöpft und gebrechlich aus. Nichts war mehr in Ordnung mit ihm, und meine Mutter konnte ihn nicht länger als einen halben Tag allein lassen.

Sie wusste, so würde es weitergehen bis zu seinem Tod. Ihr neues Leben wurde mit der Energie und dem Mut, die ihr eigen waren, organisiert. Geld war knapp, und bald schon pflanzte sie wieder Gemüse zum Verkauf an, hielt sich Hühner und Enten und verkaufte sie und die Eier. Trotz der Krankheit ihres Mannes war sie viel fröhlicher. Die lange Abgeschiedenheit auf der Farm, die ihre geselligen Neigungen so hatte verkümmern lassen, war vorbei. Sie hatte Freunde in Salisbury: Sie freundete sich immer leicht an. Und es gab Hunderttausende von Männern in den Royal-Air-Force-Camps rund um Salisbury, und sie hatten Heimweh und langweilten sich. Die Söhne von Freunden in England kamen bald zu Besuch und auch deren Freunde. Das Haus war voll mit Leuten, und sie kümmerte sich um sie, kochte Riesenmahlzeiten und schrieb Briefe an ihre Mütter. Sie nahm auch eine Kriegsarbeit an.

Ihre Hauptbeschäftigung aber war und blieb ihr Mann, der sich schon bald überhaupt nicht mehr anzog, sondern im Bademantel herumlief, und dann legte er sich ins Bett, um es nie wieder zu verlassen.

Er lag in einem Zimmer, das sie gewählt hatte, denn das Fenster bot Aussicht auf etwas, das für ihn nichts als eine quälende Erinnerung dessen bedeutete, was *veld*, Buschland, eigentlich sein sollte. Stadt-*veld* nannte er es, wo viel zu viele Leute durch ihre zahllosen Trampelpfade die langen Gräser gefährdeten und die Bäume, die sie ständig abholzten. Er lag aufgestützt da, ausgemergelt und weiß im Gesicht, und ein Glas Milch nach dem anderen entglitt seinen zittrigen Fingern, und wenn er aus der Batterie von Medizinflaschen auf dem Tisch nahe am Bett nach einer Pille tastete, fielen links und rechts Fläschchen und Schachteln herunter. Nun konnte er gar nicht mehr allein gelassen werden, und meine Mutter musste ihre Kriegsarbeit aufgeben und die Besuche und bei ihm bleiben.

Es hatte den Anschein gehabt, als könnte es kaum schlimmer kommen. Und da verkündete ihre Tochter plötzlich, dass sie Mann und Kinder verlassen werde. Das war natürlich *unmöglich*. So etwas tat man nicht. Aber es passierte. Sie komme mit Frank nicht zurecht, sagte dieses schreckliche, anstrengende, destruktive Mädchen – dabei war sie während der vier Jahre allem Anschein nach recht gut zurechtgekommen. Sie könne, sagte sie, dieses Leben nicht ertragen, alles daran sei ihr verhasst.

»Was hat denn das damit zu tun?«, wollte die arme Frau wissen. »Wir sind nicht in diese Welt gesetzt, zu tun und zu lassen, was uns gerade gefällt!«

Nicht nur war das Kind im Begriff, ihren Mann zu verlassen (aber man sollte wirklich damit aufhören, sie Kind zu nennen, mit dreiundzwanzig Jahren), sie trieb sich auch in der Stadt herum mit Kommunisten.

Meine Mutter hatte nicht gewusst, dass es hier mitten in Afrika Kommunisten gab. Da sie, wie gewöhnlich, nichts dem Mädchen selbst entlocken konnte, machte sie zahlreiche Besuche in der Stadt, um etwas zu erfahren, und fand heraus, dass diese Kommunisten allesamt Ausländer waren, Juden, Flüchtlinge und Mitglieder der Air Force, viele von ihnen aus der Unterschicht. Und wenn Rhodesier, dann offensichtlich Außenseiter. Auch war da ein gewisser Unteroffizier, der »Ihre Tochter ihrem Mann weggeschnappt hat«. Eine furchtbare Sache, wie all diese Ehen auseinanderbrachen, doch was kann man schon erwarten, wenn die eigenen Leute alle oben im Norden in der Wüste kämpften und hier überall diese Männer von der Air Force stationiert waren?

Mit dem Unteroffizier konfrontiert, lachte das Mädchen bloß und sagte, *natürlich* verlasse sie ihren Mann nicht wegen eines anderen, sondern um einer neuen Gesellschaft willen. Sie fuhr dann fort, eine, wie sie es nannte, »Situationsanalyse« in einer Sprache zu geben, die völlig unverständlich war. Oft genug hatte sie die Art und Weise, wie die Weißen lebten, angegriffen, zornig, grob – und natürlich ungerecht. Aber was sie gesagt hatte, war zumindest verständlich gewesen. Jetzt hatte sie sich mit ihren neuen Vorstellungen ein neues Vokabular zugelegt.

Was geschah, war entsetzlich. Die Art, wie es geschah – wieder einmal –, unmöglich. Denn wieder einmal benahm sich keiner, wie er eigentlich sollte. Als sie ihren Schwiegersohn aufsuchte, um sich wegen des Benehmens ihrer Tochter zu entschuldigen, entdeckte sie, dass das Paar »sich sah«, was auch immer das bedeuten mochte; und dass sie ihre Kinder »sah«. Meine Mutter schloss daraus, dass die Ehe noch zu retten war, und verhielt sich dementsprechend. Aber als sie ihre Tochter besuchte, saß diese in einem schäbigen möblierten Zimmer, hatte einen Job als Schreibkraft angenommen und verdiente so wenig, dass sie unmöglich auch nur anständig davon essen konnte. Sie sah krank aus und wurde es auch bald, lag im Bett und las kommunistische Bücher und wurde von ihren neuen kommunistischen Freunden besucht, die – erstaunlicherweise – ganz wie normale Leute wirkten.

Um ein Urteil gebeten – eine zufriedenstellende Formulierung –, sagte mein Vater gereizt, dass ihn das überhaupt nicht überrasche, sie sei vor allem viel zu jung für die Ehe gewesen.

Meine Mutter brauchte dringend so etwas wie die rituelle Austreibung des Bösen, erst Verdammung, dann Tränen der Reue, dann Klagen über schlechte Behandlung oder sonstiges Erduldenmüssen. Doch nichts dergleichen geschah, und nicht einmal aus dem misshandelten Ehemann konnte sie etwas Vernünftiges herausbekommen.

Wir reden heute ständig über den Generationsunterschied. Hat es aber je einen größeren Unterschied gegeben als den zwischen der Generation meiner Eltern und meiner eigenen? Sie glaubten, das Britische Weltreich sei die größte Macht des Guten auf der Welt und Gott denke genauso. Dass die Weißen allen nicht weißen Rassen und die britischen Weißen den übrigen Weißen überlegen seien. Dass die weiße Minderheit mit Gottes Billigung in den Kolonien herrsche, um die Eingeborenen zu zivilisieren und auf eine höhere Stufe zu heben. Sie glaubten an Pflicht und Patriotismus. Daran, eine Arbeit um ihrer selbst willen gut zu machen. An die Dauer einer Ehe. An Familienleben.

Was wir über das Britische Weltreich dachten – oder irgendein Weltreich –, über Rassismus, Sexismus, Ungleichheit und so weiter, ist zur neuen Orthodoxie geworden, und es ist unnötig, es hier auszubreiten. Aber zu jener Zeit damals während des Krieges, und vielleicht wegen seiner Schrecklichkeit, glaubten wir (wir besonderen jungen Leute, von denen es – kurz gesagt – eine Menge gab), dass die ganze Welt sehr bald nach dem Krieg freiwillig den Kommunismus erwählen werde aufgrund seiner offenkundigen und einleuchtenden Überlegenheit; dass es niemals mehr zum Krieg kommen werde; dass der Staat in jedem Land aus eigenem Antrieb »absterben« werde; dass (wahrscheinlich innerhalb von zehn Jahren) weltweit das Goldene Zeitalter anbrechen werde, ohne Armut, Ungerechtigkeit, Unglück, gleich welcher Art.

Hätten meine Eltern gewusst, was sich in meinem Kopf tat, sie hätten mich für verrückt gehalten; und heute stimme ich ihnen darin zu. Außer den eben erwähnten unausgegorenen Glaubenssätzen hatte ich höchstpersönlich noch einige ziemlich erstaunliche Überzeugungen, die entstanden waren durch jenen ewig währenden Albtraum, nämlich mitzuerleben, wie sich meine Eltern langsam aufrieben. Ich wusste, dass, wenn ich die Ehe aufgäbe, ich irgendeine dunkle, verhängnisvolle Linie durchbräche, die, unsichtbar, doch unüberwindlich, meinen Vater, einst gesund, stark und schön, zu einem zänkischen, am Krieg zerbrochenen Mann gemacht hatte, der mit sechzig auf den Tod wartete; die meine Mutter aus einer starken, klugen und tüchtigen Frau in eine kränkelnde, neurotische und unglückliche Person verwandelt hatte. Indem ich die Ehe hinter mir ließe, würde ich meine Kinder davor bewahren, diesem Weg zu folgen, als trüge ich eine Art Gen, nicht physisch, sondern psychisch; oder als wäre ich Träger einer Krankheit, die Jahrzehnte brauchte, bis sie sich zeigt. Diese Gedanken teilte ich keiner Menschenseele mit, auch wenn ich fest spürte, als ich bei meinem Vater saß und seine Hand hielt, dass er mich sofort verstehen würde, wenn ich tatsächlich in Worte fasste, was ich fühlte.

Sehr bald kam zu all dem Schlimmen, das meine Mutter schon erdulden musste, noch Schlimmeres, als nämlich die Pflichtvergessene mit derselben unbekümmerten Formlosigkeit wie schon beim ersten Mal wieder heiratete, diesmal einen der Flüchtlinge, mit denen sie herumzog. Und ein Deutscher war er! Einen Deutschen heiraten, wo man sich mitten im Krieg gegen Deutschland befand! Einen im Ausland lebenden Feind! Erkundigungen ergaben, dass dieser neue Schwiegersohn »aus guter Familie« stammte, auch wenn er Halbjude war. Wenn sie schon unbedingt einen Ausländer heiraten musste – sie hätte es noch schlimmer treffen können. Als man ihr vorwarf, sie versuche absichtlich durch die Heirat mit einem Feind die Eltern unglücklich zu machen, war alles, was sie darauf sagte, als Flüchtling sei er doch wohl offenkundig gegen Hitler? Der Mann selbst war zum Erschrecken, der Inbegriff des Fremdartigen, des Preußischen sogar, er war kalt, korrekt und förmlich. Man wusste nie genau, was er dachte. Er glich dem Schauspieler Conrad Veidt. Warum, warum nur diesen Mann? Ein größerer Gegensatz als zwischen den beiden war nicht vorstellbar: dieser bedächtige, kalte, förmliche Mann und die so lebhafte, flinke, tatkräftige, humorvolle junge Frau – das war jedenfalls die Beschreibung ihrer Tochter, die meine Mutter gehört hatte, auch wenn sie selbst sie gewiss nie so erlebt hatte. Dieses ungleiche Paar gab bald eine neue Schwangerschaft bekannt, und es war zwecklos zu fragen: »Was für einen Sinn hat es, Frank und die Kinder zu verlassen, wenn du fast auf der Stelle wieder schwanger wirst?«

»Das verstehst du nicht, Mutter!«

Nein, wahrhaftig nicht; und ihr Mann auch nicht. Er schien in diesem neuerlichen Tort nur einen weiteren Ausdruck der herrschenden destruktiven Tendenzen zu sehen, Teil des Krieges, Teil dessen, was man in Kriegszeiten zu erwarten hatte. Und nein, »sprechen« würde er nicht mit dem Mädchen; wann hatte das je genutzt?

Das Baby kam auf die Welt, gesund und prächtig wie die anderen Kinder, und wurde sofort der Liebling seines Großvaters, der ohne Lebenskraft im Bett lag, das Baby neben sich, und unaufhaltsam dahinstarb, und er wusste es und hasste diese Hinfälligkeit.

Meine Mutter sehnte sich nach Beistand in diesem langen Sterbeprozess. Vielleicht käme er von ihrem Sohn? Er war aus dem Krieg zurückgekehrt, schwerhörig von all dem Geschützdonner in den vielen Seegefechten. Er war langsam, lächelte ständig, höflich und geistesabwesend, und sprach nicht über die Schlachten. Wie die meisten Frontsoldaten nach dem Krieg befand auch er sich in einem Schockzustand. Er half ihr, doch nicht so, wie sie es sich so dringend wünschte, nämlich dass man ihr Verantwortung abnähme, Verständnis zeigte für das, was sie durchmachte. Und er dachte daran, sich zu verheiraten, und war selten daheim.

Der neue Schwiegersohn Gottfried war immer bereit, sie in Gelddingen zu beraten. Er kannte sich bestens darin aus. Sie hatte es aufgegeben, verstehen zu wollen, wie ein Kommunist so weltklug sein konnte. Aber sie hatte keine Tochter! Natürlich kam dieses neue Paar, Gottfried und Doris, sofort, wenn man es darum bat, am Bett des Sterbenden zu wachen, damit sie weggehen und sich ein bisschen Ruhe gönnen oder einkaufen konnte. Aber das Ganze spielte sich nie ungezwungen ab, war nie etwas, das sie als selbstverständlich hinnehmen konnte … sie wusste nicht, was sie ohne die beiden tun sollte, doch sie waren wie nette Nachbarn, die bereit sind, einen Freundschaftsdienst zu erweisen, und diese furchtbare Zerreißprobe, mit einem Sterbenden, der der Krankenpflege rund um die Uhr bedurfte, war allein ihr und nicht auch deren Problem.

Wieder stand sie vor etwas, das ihre Vorstellungskraft überstieg.

Die Gruppe von Leuten, mit der ich meine Zeit verbrachte, hatte viele gemeinsame, nie infrage gestellte Anschauungen, und nur einige davon waren politischer Natur. Im Nachhinein scheint bemerkenswert, was wir alles gemeinsam hatten, obwohl wir aus so verschiedenen Ländern, verschiedenen Gesellschaftsschichten kamen. Wir waren uns alle einig hinsichtlich der Familie, die noch nicht »Kernfamilie« hieß. Uns von den Eltern loszulösen war unsere dringlichste Aufgabe gewesen, und die meisten von uns hatten sich schon früh abgesetzt und ihren eigenen Lebensunterhalt verdient. Für einen jeden von uns wäre es unvorstellbar gewesen, zu Hause bei den Eltern zu wohnen. Man musste den Eltern in jeder Weise und zu allen Zeiten Widerstand leisten, nicht nur weil sie reaktionär waren – das verstand sich von selbst –, sondern weil sie unser Leben für uns leben wollten. Der tyrannische Vater des vergangenen Jahrhunderts war zwar besiegt, aber durch die Mütter ersetzt worden, die unsere Gefühle tyrannisierten. Alle jungen Frauen, mit denen ich zusammenkam, hatten Probleme mit ihren Müttern. Wir mussten sie bekämpfen, sie waren Blutsauger, saugten uns das Leben selbst aus. Wir hatten uns, außer einer, alle von ihnen losgesagt, und diese eine war ein bemitleidenswertes Opfer, eine, die immer kränkelte und deren verbleibende Kraft nicht ihrem Mann galt, sondern ihrer übermächtigen Mutter, die nie von ihrer Seite wich. Aber wir wussten alle – mit »alle« meine ich unsere Männer und auch die Frauen –, was das eigentliche Problem war und wie man es hätte lösen müssen. Diese zermürbenden und gefühlszudringlichen Mütter waren zu ihrer Zeit und auf ihre Art selbst ungewöhnlich gewesen, hatten die Suffragetten unterstützt, um eine Karriere gekämpft. Doch auch sie waren besiegt worden. So einfach war das! »Nach erfolgter Revolution« (eine Wendung, die aus irgendeinem Grund zunehmend ironisch gebraucht wurde) gäbe es die richtigen Kinderkrippen und Kindergärten und eine richtige Gesetzgebung, und dieses Phänomen von Frauen mittleren Alters, die aufs tote Gleis gestellt waren und nichts anderes zu tun hatten, als durch ihre Kinder zu leben, existierte dann nicht mehr.

Unterdessen hatten wir – die jungen Frauen – Angst. Was konnte uns davor retten, genauso wie unsere Mütter zu werden? Offensichtlich reichte bloße Willensstärke nicht aus.

Heute beunruhigt mich, dass ich in meinen Überlegungen nicht viel weiter bin als damals. Einerseits war da diese arme Frau, die – schuldlos und infolge einer Unglückskette, die mit dem Tod ihrer Mutter, als sie drei war, begann – Liebe, Unterstützung und Wertschätzung verdiente. Andererseits jedoch musste sie jede Minute bekriegt werden, da sie mich ansonsten verschlungen hätte. Die Gedanken drehen sich unermüdlich im Kreise.

Dennoch sehe ich gewisse ironische Aspekte, die mir damals entgangen sind. Etwa, dass die Schwarzen, für die wir angeblich kämpften, kein Wort von alldem verstanden hätten. Alte Leute wurden geachtet, Familien und Sippen halfen einander aus; und die Vorstellung, dass eine ältere Frau mit einem sterbenden Ehemann der seelischen Erpressung hätte angeklagt werden können, weil sie Hilfe verlangte, wäre ihnen lächerlich erschienen. Aber das war damals, bevor die Zivilisation der Weißen ihr Werk getan hatte. Der Krieg war zu Ende. Die Männer, die in den Norden gegangen waren – jene, die nicht umgekommen waren –, kehrten zurück. Sie standen unter Schock. Hunderttausende von Air-Force-Männern reisten nach England ab. Südrhodesien kam wieder zu sich, nur, dass viele ehemalige italienische Kriegsgefangene sich entschlossen dazubleiben. Griechen tauchten auf, die vor dem Bürgerkrieg in ihrer Heimat geflohen waren. Zahllose Kap-Weiße, Afrikaner, kamen ins Land und ließen sich hier nieder. War das wirklich noch eine britische Kolonie? Für Leute wie meine Mutter war sie es zweifellos; sie musste es sein.

Ihr Sohn heiratete.

Ihr Mann starb. Auf dem Totenschein hätte es heißen sollen: Todesursache: Erster Weltkrieg.

Sie war nun Witwe. Die beiden Kinder redeten ihr zu, sich

wieder zu verheiraten. Das sei grausam von ihnen, und nein, sie glaube nicht, dass sie es gut meinten: Sie hätten nur Angst, sie würde ihnen zur Last fallen. Wie konnte man sich denn wieder verheiraten, wenn man dies einmal so ganz und gar gewesen war? Gleichgültig, ob mit dem Mann, den man hätte eigentlich heiraten sollen (gemeint war natürlich der junge Arzt, der im Ersten Weltkrieg mit dem Schiff untergegangen war), oder mit jemand anderem – das spielte keine Rolle: Sie war etwa dreißig Jahre mit dem Vater ihrer Kinder verheiratet gewesen. Ja, sie erinnerte sich genau, wie sie früher auf der Farm eines Abends, als sie vor dem Haus saß und den Sonnenuntergang betrachtete oder die Sterne (Zeit und Ort für solche Gespräche) und als gerade von ihrer Stiefmutter die Rede war, die allein in einem Vorort von London lebte und doch gern (wie Maude und Michael nur zu gut wussten) nach Afrika auf die Farm gekommen wäre – wie sie da gesagt hatte: »Ich jedenfalls werde meinen Kindern nicht zur Last fallen, ich hoffe, ich sterbe vorher.«

Aber sie war Mitte sechzig, kräftig, voller Energie. Beide Kinder drängten sie, den ehrenvollen Aufforderungen, die sie bekam, für Organisationen wie das Rote Kreuz zu arbeiten, doch nachzukommen. Ja, sie wusste schon, dass sie bei so etwas gut war, das war nur natürlich, doch sie wollte nicht für irgendeine unpersönliche Sache arbeiten, sie wollte bei ihrer Familie bleiben: Es war die Pflicht einer jeden Frau, sich aufzuopfern …

Aber ihre Tochter, die schien sie überhaupt nicht zu benötigen. Die verbrachte ihre Zeit noch immer mit dieser Gruppe von Leuten, Kommunisten und Kafferngesellen, die offenbar nie ohneeinander sein konnten. Zu jeder Tages- und Nachtzeit und wo sie sich auch gerade aufhielten (Doris und Gottfried zogen anscheinend dauernd um), immer war ihr Domizil voller Menschen – Menschen, die redeten, redeten; ohne Unterlass! Gottfried arbeitete viel. Er hatte zwei Jobs, einen in einem Anwaltsbüro, den anderen bei Tabaksauktionen. Für beide wurde er miserabel bezahlt: ausgebeutet wohl, weil er Deutscher und Flüchtling war – aber so *mussten* diese Leute aus der Gruppe ja reden. Ihre Tochter hatte eine Teilzeitarbeit und verdiente ganz gut, und das neue Baby war in einer Krippe untergebracht und gedieh bei diesem Kommuneleben. Hilfsangebote wurden selten wahrgenommen.

Auch ihr Sohn schien sie nicht nötig zu haben: Seine junge Frau war so tüchtig und arbeitete so hart wie sie selbst.

Dann erfuhr sie, dass diese zweite Ehe durch Scheidung beendet werden sollte. Gott sei Dank war der arme Michael tot, sein Herz konnte nicht mehr brechen angesichts der neuen Tragödie. Die jedoch gar nicht als solche betrachtet wurde. Nicht nur stand das scheidungswillige Paar auf bestem Fuß miteinander, sondern es lebte sogar, während die Scheidung lief, im selben Haus. Und was sollte man von einer Szene halten, wo auf einem Picknick alle – Frank, der erste Ehemann, die beiden Kinder mit der neuen Stiefmutter und der zweite Mann mit dem Neugeborenen und ihre Tochter – sich verhielten, als wäre nichts Besonderes. Nichts wurde gesagt, nichts erklärt, niemand weihte sie je in etwas ein: Oder wenn es geschah, mochte sie ihren Ohren nicht trauen.

Ihre Tochter zog mit dem Baby nach England, lehnte Hilfsangebote ab, sei es Geld (nicht, dass es da viel gab) oder Unterstützung von dortigen Verwandten. Gottfried würde, so schien es, bald nachfolgen.

Na schön, sie würde auch nach England gehen. So in die Heimat zurückkehren: als alte Frau mit sehr wenig Geld, keinem Unterkommen und keiner richtigen Aufgabe, die sie dort erwartete, hinter einer Tochter herzuziehen, die immer nur eine Leidensquelle gewesen war, während sie doch all die Jahre auf der Farm davon geträumt hatte, wie sie heimkehren und dort weitermachen würde, wo sie einst aufgehört hatte ... nun, das Leben war, wie Michael zu sagen pflegte, ein Schwindel.

Sie verkaufte ihr Hab und Gut in Salisbury, erstand eine Schreibmaschine und brachte sich das Tippen bei. Sie würde die Sekretärin ihrer Tochter werden.

Es gab Gründe, weshalb sie gern fortgehen würde. Der erste Roman, *Afrikanische Tragödie*, war erschienen. Sie war peinlich berührt. In England würden sie dergleichen natürlich bewundern, doch es war verkehrt und ungerecht den Weißen gegenüber. Die Leute waren taktvoll, doch sie konnte sich vorstellen, was hinter ihrem Rücken geredet wurde. Südrhodesien verlassen bedeutete auch die Erinnerungen an die endlosen Krankheiten ihres Mannes, an den Misserfolg der Farm und die ewigen Reibereien mit ihrer Tochter zurücklassen. Und jetzt erschienen auch Erzählungen, die Stück für Stück genauso schlimm wie der Roman waren. Egal, sie würde mit ihrer Tochter leben oder in ihrer Nähe und ihr Leben aufopfern …

Zwei Jahre später kehrte sie nach Südrhodesien zurück, geflohen vor der Eisigkeit des Klimas – sie hatte vergessen, wie furchtbar das sein konnte – und ihrer Tochter, die einfach keine Hilfe annahm, sie nicht wollte – und ihrer dennoch bedurfte, jeder konnte das sehen.

Sie zog in die Nähe ihres Sohnes. Schon bald starb sie an einem Herzanfall. Es war wie so oft, wenn alte Leute sterben: Jeder weiß, sie hätten überhaupt noch nicht zu sterben brauchen, wäre da etwas Handfestes für sie zu tun gewesen; hätten sie das Gefühl gehabt, von jemandem gebraucht und benötigt zu werden.

GEFÄNGNISSE, IN DENEN WIR
FREIWILLIG LEBEN

*Die Massey-Vorträge entstanden zu Ehren von Vincent Massey,
dem ehemaligen Generalgouverneur Kanadas. Sie wurden 1961 von
der CBC (Canadian Broadcasting Corporation) eingeführt, um
Persönlichkeiten von hohem Rang die Möglichkeit zu geben, ihre
Studien- oder Untersuchungsergebnisse über Themen allgemeinen
Interesses darzustellen. Doris Lessings fünfteilige Vortragsreihe
wurde 1985 von der CBC im Rahmen einer Radioserie gesendet und
1986 unter dem Titel* Prisons We Choose to Live Inside *als Buch in
Toronto veröffentlicht.*

WENN MAN IN ZUKUNFT AUF UNS ZURÜCKBLICKT

Es war einmal ein sehr angesehener und reicher Farmer, der eine
der besten Rinderherden im ganzen Land besaß und zu dem die
anderen Farmer aus der ganzen Südhälfte des Kontinents kamen
und um Rat fragten. Er lebte im ehemaligen Südrhodesien, heute
Simbabwe, wo ich auch aufwuchs. Das war kurz nach dem Zweiten Weltkrieg.
    Ich kannte diesen Farmer und seine Familie gut. Der Farmer,
der schottischer Herkunft war, beschloss, einen ganz besonderen Bullen aus Schottland zu importieren. Das war, noch bevor
die Wissenschaft entdeckte, wie man potenzielle Kälber in kleinen Päckchen per Luftpost von einem Kontinent zum anderen
schickt. Zu gegebener Zeit kam das Tier an, per Flugzeug natürlich, und wurde von einem Empfangskomitee aus Farmern,
Freunden und Experten erwartet. Er kostete 10 000 Pfund. Ich
weiß nicht, wie viel das heute sein würde, aber für den Farmer
war es eine beträchtliche Summe. Ein besonderer Stall wurde
für ihn gebaut. Er war ein riesiges, beeindruckendes Tier, sanft
wie ein Lamm, so wurde behauptet, und er mochte es, wenn
man ihn mit einem Stock am Hinterkopf kitzelte, der in si-

cherer Entfernung – hinter den Pfählen seines Pferchs – gehalten wurde. Er hatte einen Pfleger nur für sich, einen ungefähr zwölfjährigen schwarzen Jungen. Alles verlief bestens; es war klar, dass der Bulle bald Vater einer zufriedenstellenden Zahl von Kälbern sein würde. Er blieb eine Attraktion für Besucher, die sonntagnachmittags hinausfuhren, um neben dem Pferch zu stehen und über dieses sagenhafte Biest nachzugrübeln, das so mächtig aussah und so sanftmütig war. Und dann tötete er plötzlich und völlig unerklärlich seinen Pfleger, den schwarzen Jungen.

Eine Art Gericht wurde abgehalten. Die Verwandten des Jungen forderten und bekamen eine Entschädigung. Aber das war noch nicht genug. Der Farmer beschloss, den Bullen zu töten. Als sein Entschluss bekannt wurde, gingen sehr viele Leute zu ihm und baten um das Leben des prächtigen Tiers. Schließlich lag es in der Natur von Bullen, plötzlich wild zu werden, das wusste doch jeder. Man hatte den Jungen gewarnt, und bestimmt war er unvorsichtig gewesen. Selbstverständlich würde es nie wieder vorkommen ... also weshalb diese Stärke, dieses Potenzial, vom Geld ganz zu schweigen, verschwenden?

»Der Bulle hat getötet, der Bulle ist ein Mörder, und er muss bestraft werden. Auge um Auge und Zahn um Zahn«, sagte der unerbittliche Farmer, und der Bulle wurde von einem Exekutionskommando ordnungsgemäß hingerichtet und begraben.

Wie ich bereits erwähnte, war dieser Bauer weder ein Ignorant noch ein Tölpel. Davon abgesehen verbrachte er, wie alle seine Artgenossen – die regierende weiße Minderheit –, viel Zeit damit, die um ihn herum lebenden Schwarzen als primitiv, rückständig, heidnisch und so weiter zu verurteilen.

Aber was er getan hatte – ein Tier für sein Fehlverhalten zum Tode zu verurteilen –, reicht weit in die Vergangenheit der Menschheit zurück, so weit, dass wir nicht wissen, wann es begonnen hat. Mit ziemlicher Wahrscheinlichkeit war es zu einer Zeit, als man kaum wusste, dass es zwischen Menschen und Tieren einen Unterschied gab.

Jede taktvolle Andeutung in dieser Richtung von Freunden

oder anderen Farmern wurde einfach zurückgewiesen: »Vielen Dank, aber ich weiß, was richtig oder falsch ist.«

Ein anderer Vorfall: Ende des letzten Krieges wurde ein bestimmter Baum zum Tode verurteilt. Der Baum wurde mit General Pétain in Verbindung gebracht, der zunächst als Frankreichs Retter, später als der Verräter Frankreichs galt. Als Pétain in Ungnade gefallen war, wurde der Baum feierlich verurteilt und wegen Kollaboration mit dem Feind exekutiert.

Ich denke oft über diese Vorfälle nach: Sie scheinen zu jenen Ereignissen zu zählen, die mit der Zeit an Bedeutung gewinnen. Wenn es so aussieht, als ob die Dinge ganz glatt ablaufen – und ich spreche über menschliche Angelegenheiten im Allgemeinen –, dann ist es, als ob plötzlich ein schrecklicher Primitivismus aufwallt und die Menschen wieder in barbarisches Verhalten zurückfallen.

Darüber möchte ich in diesen fünf Vorträgen sprechen: Wie häufig und wie stark werden wir, als Individuen und als Gruppen, von unserer wilden Vergangenheit ergriffen und beherrscht? Obwohl es manchmal so aussieht, als wären wir hilflos, sammeln wir Wissen, und zwar sehr schnell – zu schnell, um es zu assimilieren –, Wissen über uns selbst, nicht nur als Individuen, sondern als Gruppen, Nationen und als Mitglieder der Gesellschaft.

Zurzeit ist es beängstigend, am Leben zu sein, ist es schwierig, Menschen als rationale Wesen zu sehen. Überall, wo wir hinblicken, sehen wir Brutalität und Dummheit, als gäbe es nichts anderes als dies – einen allgemeinen und unaufhaltsamen Abstieg in die Barbarei. Auch wenn es stimmt, dass sich die Lage im Allgemeinen verschlimmert, glaube ich, dass wir wie hypnotisiert sind, weil der Zustand uns so ängstigt. Daher merken wir nicht – oder wenn wir sie bemerken, unterschätzen wir sie – die ebenso starken Kräfte auf der anderen Seite, kurz gesagt, die Kräfte der Vernunft, des gesunden Menschenverstandes und der Zivilisation.

Und natürlich weiß ich, wenn ich dies so formuliere, dass es Menschen gibt, die murren: »Wo? Die Frau muss verrückt sein, irgendetwas Gutes in dem Schlamassel, in dem wir stecken, zu sehen.«

Ich denke, dieser gesunde Menschenverstand muss in dem Prozess des Urteilens über unser eigenes Verhalten gesucht werden – wie wir den Farmer untersuchen, der ein Tier hinrichtete, um es für ein Verbrechen büßen zu lassen, oder die Leute, die einen Baum verurteilten und exekutierten. Gegen diese enorm mächtigen primitiven Instinkte können wir dies setzen: die Fähigkeit, uns selbst aus anderen Blickwinkeln zu betrachten. Einige dieser Blickwinkel sind sehr alt – vielleicht viel älter, als wir begreifen. Die Forderung, die Vernunft solle die menschlichen Angelegenheiten regieren, ist nicht neu. Ich fand zum Beispiel im Verlauf einer anderen Studie zufällig ein indisches Buch, das mindestens zweitausend Jahre alt ist, ein Handbuch für das vernünftige Regieren eines Staates. Seine Empfehlungen sind in allen Einzelheiten so distanziert, vernünftig, rational, wie alles, auf das wir heute kommen könnten; auch die Vorstellung von Gerechtigkeit unterschreitet unsere nicht. Aber der Grund, warum ich dieses Buch – es heißt übrigens die *Arthásàsra* und wurde von einem gewissen Kautilya geschrieben und ist leider, wenn man von spezialisierten Bibliotheken absieht, nur schwer zu bekommen – überhaupt erwähne, ist, dass dieses Buch, das so unvorstellbar alt scheint, sich selbst als das letzte in einer langen Reihe ähnlicher Bücher bezeichnet.

Man könnte meinen, es sei eher ein Anlass zur Niedergeschlagenheit als zum Optimismus, wenn wir schon so viele Jahrtausende genau wissen, wie ein Land verwaltet werden sollte, doch so weit davon entfernt sind, das zu erreichen; aber – und das ist der Kern meiner These – was wir über uns selbst wissen, ist viel entwickelter und subtiler, geht viel tiefer als alles, was wir damals wussten, was seit Tausenden von Jahren bekannt ist.

Wenn wir unser Wissen in die Tat umsetzen würden ... genau das ist der Punkt.

Ich denke, wenn Menschen auf unsere Zeit zurückblicken, werden sie über eine Tatsache mehr staunen als über alles andere: Wir wissen heute mehr über uns als die Menschen in der

Vergangenheit. Aber nur ein geringer Teil dieses Wissens wird in die Praxis umgesetzt. Es hatte geradezu eine Explosion von Informationen über uns selbst gegeben. Diese Informationen sind das Ergebnis der noch jungen menschlichen Fähigkeit, sich selbst objektiv zu betrachten. Es betrifft unsere Verhaltensmuster. Die entsprechende Wissenschaft wird manchmal Verhaltensforschung genannt und beschäftigt sich damit, wie wir uns in Gruppen und als Individuen verhalten. Sie beschäftigt sich nicht mit unseren Wunschvorstellungen in Bezug auf das Verhalten und die Rolle, die wir spielen, die häufig sehr schmeichelhaft sind. Unser Verhalten wird genauso distanziert beobachtet wie das jeder anderen Spezies. Die sozialen oder verhaltensanalytischen Wissenschaften sind das Ergebnis unserer Fähigkeit, uns selbst distanziert und kritisch gegenüberzutreten. Es gibt eine Fülle an neuen Erkenntnissen von Universitäten, Forschungsinstituten und begabten Amateuren, aber unsere Regierungsformen haben sich nicht geändert.

Unsere linke Hand weiß nicht – will nicht wissen –, was die rechte tut.

Das ist, denke ich, das Außergewöhnlichste, was man heute über uns als Spezies feststellen kann. Und kommende Generationen werden darüber staunen, so wie wir über die Blindheit und Unbeweglichkeit unserer Vorfahren staunen.

Ich verbringe viel Zeit mit der Frage, wie wir den Menschen, die nach uns leben, vorkommen werden. Nicht aus eitlem Interesse, sondern in dem bewussten Versuch, die Macht jenes »anderen Auges« zu stärken, mithilfe dessen wir uns selbst beurteilen können. Jeder, der sich überhaupt mit Geschichte beschäftigt, weiß, dass die leidenschaftlichen und machtvollen Überzeugungen des einen Jahrhunderts normalerweise im nächsten völlig absurd und außergewöhnlich erscheinen. In der Geschichte gibt es keine Epoche, die uns so erscheint wie den Menschen, die in dieser Epoche gelebt haben. In jedem Zeitalter erleben wir Wirkungen von Massenemotionen und sozialen Bedingungen, denen wir uns nicht entziehen können. Oft scheinen die Massenemotionen die edelsten, besten und schönsten zu sein. Aber schon nach einem Jahr, fünf, zehn oder fünfzig Jahren werden die Leute fragen: »Wie *konnten* sie das glauben?«, denn inzwischen werden neue Ereignisse besagte Massenemotionen auf die Müllhalde der Geschichte verbannt haben; um mich mal so originell auszudrücken.

Die Menschen meines Alters haben mehrere dieser heftigen Umkehrungen durchlebt. Ich will nur eine erwähnen. Während des Zweiten Weltkrieges, von dem Moment an, als die Sowjetunion von Hitler überfallen und ein Verbündeter der Demokratien wurde, war dieses Land in der öffentlichen Meinung liebevoll geachtet. Stalin war Uncle Joe, Freund des einfachen Mannes, Russland das Land der tapferen, freiheitsliebenden Helden, und der Kommunismus ein interessantes vom Willen des Volkes getragenes Phänomen – das wir übernehmen sollten. Diese Haltung währte vier Jahre, und dann auf einmal, wie über Nacht, schlug sie um. Alle diese Einstellungen waren nun wirr, verräterisch, eine Bedrohung für jedermann. Leute, die früher von Uncle Joe geredet hatten, benutzten plötzlich, gerade als ob das alles nie geschehen wäre, die Schlagworte des Kalten Krieges. Das eine Extrem, sentimental und albern, aus den Notwendigkeiten der Kriegszeit geboren, wurde von einem anderen Extrem, unvernünftig und albern, ersetzt.

Einmal eine derartige Umkehrung erlebt zu haben genügt, um einen gegenüber allen gerade geläufigen öffentlichen Einstellungen skeptisch zu machen.

Ich denke, Schriftsteller sind von Natur aus eher in der Lage, diese Distanz gegenüber Massenemotionen und sozialen Bedingungen zu erreichen. Menschen, die andauernd untersuchen und beobachten, werden zu Kritikern dessen, was sie untersuchen und beobachten. Man denke an all die utopischen Romane, die im Laufe der Jahrhunderte geschrieben wurden. Mores *Utopia*, Campanellas *Sonnenstadt*; Morris' *Kunde von Nirgendwo*, Butlers *Erehwon* (das rückwärtsgelesen »nowhere« – nirgends – heißt), all die vielen unterschiedlichen Entwürfe einer möglichen Zukunft, die Science- und Space-Fiction-Schriftsteller hervorgebracht haben, die, meiner Meinung nach, der gleichen Tradition angehören. Es handelt sich natürlich immer um Kritiken der jeweiligen Gesellschaften, denn man kann eine Utopie nicht im Vakuum entwickeln.

Ich glaube, dass die Romanciers viele nützliche Aufgaben für ihre Mitbürger erfüllen, aber eine der wertvollsten ist, uns in die Lage zu versetzen, uns selbst so zu sehen, wie andere uns sehen. Selbstverständlich wird in totalitären Gesellschaften den Schriftstellern genau aus diesem Grund misstraut. In allen kommunistischen Ländern ist diese kritische Funktion nicht erlaubt.

Übrigens sehe ich generell die Schriftsteller aller Länder als Einheit, fast wie einen Organismus, der von der Gesellschaft als Mittel der Selbstuntersuchung entwickelt worden ist. Dieser »Organismus« ist in den unterschiedlichen Epochen verschieden und verändert sich stets. Seine neueste Evolution sind Space- und Science-Fiction, was vorauszusehen war, denn die Erforschung des Weltraums (*space*) ist »in«, und die Wissenschaft (*science*) ist, historisch betrachtet, eine relativ neue Begabung des Menschen. Der Organismus wird sich, davon kann man ausgehen, mit der Gesellschaft entwickeln und verändern. Er ist sich seiner selbst als Organismus, als ein Ganzes, nicht bewusst, obwohl das meiner Ansicht nach bald der Fall sein wird. Die Welt wird zu einem Ganzen, und das ermöglicht uns, unsere vielen verschiedenen Gesellschaften als Erscheinungsformen eines Ganzen zu sehen, die bestimmte Anteile gemeinsam haben. Wenn man die Schriftsteller als eine Schicht, eine Struktur, ein Element betrachtet, die bei allen Unterschieden in den jeweiligen Ländern zusammen ein Ganzes bilden, so wird tendenziell das übersteigerte Konkurrenzdenken abgeschafft, das durch Auszeichnungen und Preise gefördert wird. Ich denke, dass Schriftsteller überall zusammengehören, Erscheinungen desselben Ganzen sind, und auf unterschiedliche Art und Weise eine Funktion erfüllen, die von der Gesellschaft entwickelt wurde.

Schriftsteller, Bücher, Romane werden so *benutzt*, aber ich denke nicht, dass die Einstellung gegenüber Schriftstellern und Literatur dies widerspiegelt. Noch nicht.

Romane sollten mit anthropologischen Schriften im gleichen

Bücherregal stehen, sagt einer meiner Freunde, ein Anthropologe. Schriftsteller äußern sich über die menschlichen Bedingungen, erzählen ständig davon. Sie sind unser Thema. Literatur ist eine unserer besten Möglichkeiten, das »andere Auge« zu erlangen, jene distanzierte Art, uns selbst zu sehen; Geschichte ist eine andere Möglichkeit. Literatur und Geschichte werden jedoch von den jungen Leuten immer seltener als unentbehrliche Werkzeuge des Lebens begriffen … aber darauf komme ich später zurück.

Um auf den Farmer und seinen Bullen zurückzukommen. Man könnte behaupten, die plötzliche Regression des Farmers zum Primitivismus habe nur auf ihn und seine Familie Auswirkungen gehabt und sei ein winzig kleines Ereignis auf der Bühne der menschlichen Angelegenheiten gewesen. Aber genau das Gleiche ist bei großen Ereignissen feststellbar, die Hunderte oder sogar Millionen von Menschen betreffen. Als zum Beispiel britische und italienische Fußballfans kürzlich in Brüssel randalierten, wurden sie, wie Beobachter und Kommentatoren ständig wiederholten, zu Tieren. Die britischen Rüpel urinierten offenbar auf die Leichen der Leute, die sie ermordet hatten. Hier das Wort »Tier« zu gebrauchen, scheint nur wenig hilfreich. Das mag tierisches Verhalten sein, ich weiß es nicht, aber mit Sicherheit ist es menschliches Verhalten, wenn Menschen es sich erlauben, in die Barbarei zurückzufallen; und zwar schon seit Tausenden, vielleicht sogar Millionen von Jahren, je nachdem, wo man den Anfang unserer Geschichte als Menschen, nicht als Tiere, setzt.

Wer einen Krieg miterlebt oder mit Soldaten gesprochen hat, die sich an die Wahrheit erinnern und nicht an die Sentimentalitäten, mit denen wir uns vor den Grausamkeiten, deren wir fähig sind, schützen, der weiß, dass wir in Kriegszeiten als Gattung in die Vergangenheit zurückfallen. Im Krieg dürfen wir brutal und grausam sein.

Aus diesem Grund, selbstverständlich gibt es noch andere, genießen viele Menschen den Krieg. Aber über diese Seite des Krieges wird selten gesprochen.

Ich denke, es ist sentimental, das Thema Krieg oder Frieden zu diskutieren, ohne zuzugeben, dass viele Menschen den Krieg genießen – nicht nur die Idee, sondern das Kämpfen selbst. Stundenlang habe ich Leuten zugehört, die über Krieg redeten, die Verhinderung des Krieges, die Gräuel des Krieges, und nicht ein einziges Mal erwähnten, dass für zahlreiche Menschen die Idee des Krieges aufregend ist und sie nach dem Krieg vielleicht sagen, es sei die beste Zeit ihres Lebens gewesen. Das kann sogar auf Menschen zutreffen, deren Kriegserfahrungen schrecklich waren und deren Leben ruiniert wurde. Menschen, die einen Krieg miterlebt haben, wissen, dass sich eine zunächst geheime, uneingestandene Hochstimmung verbreitet, wenn der Krieg näher rückt, als ob eine beinah unhörbare Trommel schlüge … eine furchtbare, verbotene, leidenschaftliche Erregung liegt in der Luft. Bald wird die Begeisterung zu stark, um ignoriert oder übersehen zu werden: Dann ist jeder davon besessen.

Vor dem Ersten Weltkrieg trafen sich Repräsentanten der sozialistischen Bewegungen von ganz Europa und Amerika, und sie waren sich einig, dass der Kapitalismus den Krieg schüre und dass die Arbeiterklasse in allen diesen Ländern nichts damit zu tun haben wolle. Aber als der Krieg tatsächlich begann und die giftige, faszinierende Begeisterung um sich griff, waren all diese anständigen, rationalen und ehrenwerten Vorsätze, sich aus dem Krieg herauszuhalten, vergessen. Ich habe gehört, wie junge Leute verständnislos darüber diskutierten. Eben weil sie nicht begreifen, wie es passieren konnte. Weil sie es nicht erfahren haben und ihnen nichts über diese schreckliche öffentliche Hochstimmung erzählt worden ist, die so stark ist – so stark, weil sie aus einem Teil des menschlichen Gehirns, der menschlichen Erfahrung, stammt, der älter ist als der anständige, menschliche, rationale Teil, der Resolutionen zur Ächtung des Krieges beschließt. Angenommen, die Delegierten dieser sozialistischen Konferenz hätten dies gewusst und akzeptiert. Nehmen wir sogar an, sie hätten ihre eigene Betroffenheit diskutiert und sich ihre Primitivität eingestanden. Das ist zwar schwieriger, als andere Leute primitiv zu nennen, aber sicherlich hätten sie bedeutend mehr erreicht. Möglicherweise hätten sich die arbeitenden Massen in Europa dann tatsächlich geweigert, wie Lämmer zur Schlachtbank getrieben zu werden, so wie die Delegierten es erhofft hatten.

Als ich vor Kurzem in Simbabwe war, zwei Jahre nach der Unabhängigkeit und dem Ende dieses entsetzlichen Krieges, der sehr viel abstoßender und brutaler war, als uns jemals berichtet wurde, traf ich Soldaten von beiden Seiten, Weiße und Schwarze. Die erste offensichtliche Tatsache – offensichtlich für einen Außenseiter, wenn auch nicht für sie selbst – war, dass sie in einem Schockzustand waren. Die sieben Kriegsjahre hatten sie in einem fassungslosen, seltsam leeren Zustand zurückgelassen. Ich glaube, wenn Menschen durch reale Erfahrung gezwungen werden zu erkennen, wozu wir fähig sind, ist diese Erfahrung so schockierend, dass wir sie nicht leicht verarbeiten können. Oder sie überhaupt nicht anerkennen können, wir wollen sie vergessen. Aber es gab noch eine andere Tatsache, die für den Zweck dieser Diskussion vielleicht interessanter ist. Es war offenkundig, dass die Kombattanten auf beiden Seiten, Schwarze und Weiße, den Krieg gründlich genossen hatten. Es war ein Kampf, der großes Geschick, individuelle Tapferkeit, Initiative und Einfallsreichtum erforderte – die Geschicklichkeit eines Guerilla-Kämpfers; Talente, die während einer langen Friedenszeit vielleicht niemals zum Vorschein gekommen wären. Die Menschen vermuten vielleicht, dass sie diese Talente besitzen, und sehnen sich insgeheim nach einer Gelegenheit, sie zu zeigen. Ich glaube, das ist nicht der unwichtigste der Gründe, aus denen heraus Kriege stattfinden.

Diese Menschen, schwarz und weiß, Männer und Frauen, hatten in extremer Spannung, Aufmerksamkeit, Gefahr und unter vollem Einsatz ihrer Fähigkeiten gelebt. Menschen erzählten mir, dass nichts an diese Erfahrung heranreichen kann. Die Schrecken des Krieges waren ihnen zu nah, um zu sagen: »Es war die beste Zeit unseres Lebens«, aber ich bin sicher, dass sie begannen, das zu denken. Ich spreche natürlich von den Kombattanten, mit Sicherheit nicht von der Zivilbevölkerung, die eine elende Zeit durchmachte. Sowohl die weißen Regierungstruppen als auch die schwarze Guerilla benutzten sie für ihre Zwecke und behandelten sie brutal.

Heute, vier Jahre danach, ist dieser Krieg Vergangenheit und in bestimmte Formeln und Bilder des Heroismus gepresst worden. Die jungen Leute spüren wahrscheinlich eine kleine unbewusste Sehnsucht nach dem, was sie in den Stimmen ihrer Eltern hören, wenn sie über den Krieg sprechen – das heißt, wenn ihre Eltern Soldaten waren. Die Zivilisten, die den Krieg miterlebt haben, werden nicht viel darüber reden. Sie wissen, dass es unmöglich ist, den Schrecken zu vermitteln. Aber die schwarzen Soldaten, von denen die meisten bereits in ihrer Kindheit das Kriegshandwerk erlernten, und die weißen Soldaten werden mit Nostalgie vom Krieg erzählen. Der große Krieg der Befreiung, der ruhmreiche Krieg, der den Menschen des Landes so viele psychische Schäden zufügte, Schäden, die wir nach einem Krieg einfach nicht sehen wollen. Vielleicht können wir gerade *wegen* dieser Schäden nicht hinsehen. Dieser heroische und glorreiche Krieg war ziemlich überflüssig und hätte leicht verhindert werden können, wenn die Weißen nur ein Minimum an gesundem Menschenverstand gezeigt hätten. Aber sie wurden von allen möglichen Arten primitiver Emotionen erfasst. »Ich werde mein Gewehr nehmen und bis zum letzten Blutstropfen kämpfen.« Ich zitiere. Ich werde auch noch die erste Satzhälfte zitieren: »Wenn Sie denken, dass Rote wie Sie und die britische Regierung unser Land den Schwarzen ausliefern können, werde ich mein Gewehr nehmen und bis zum letzten Blutstropfen kämpfen.« Und das tat er.

Genau das Gleiche hörte ich vor Kurzem von einem weißen Südafrikaner.

Ja, es ist wirklich unwahrscheinlich, dass sich die leise Stimme der Vernunft gegen so primitive Leidenschaften wie diese durchsetzen kann. Sehen wir uns Südafrika an, das aus den Erfahrungen von Kenia und Weiß-Rhodesien nichts gelernt hat. Aber vielleicht, und wir sollten es zumindest hoffen, gibt es, unter den Fanatikern versteckt, doch vernünftige Männer und Frauen, die sich Kenia und Rhodesien lange und bedächtig angesehen und daraus etwas gelernt haben. Vielleicht. Jetzt sieht es noch nicht danach aus.

Dieses Wort »Blut«. Es wird immer von Führern benutzt, um unsere Temperatur in die Höhe zu treiben.

»Der Baum der Freiheit muss von Zeit zu Zeit mit dem Blut von Patrioten und Tyrannen erfrischt werden. Es ist sein natürlicher Dung.« Das sagte Thomas Jefferson.

»Das Blut, das von unseren Soldaten vergossen wurde, wird uns in der Zeit des Friedens inspirieren.«

»Nur durch Blut können wir wiedergeboren werden!«

»Der Weg zu einer glorreichen Zukunft führt durch Blut.«

»Das Blut unserer Märtyrer soll unsere Inspiration sein: Niemals werden wir das Blut vergessen, das für uns alle vergossen wurde.«

Es ist keine Übertreibung zu sagen: Wird das Wort Blut ausgesprochen, schwindet die Vernunft.

Diese ganze Blutgeschichte geht auf das rituelle Opfer zurück. Seit Jahrtausenden schlitzten Priester zuerst Menschen, dann Tieren den Hals auf, um irgendeiner wilden Gottheit zu gefallen. Es sitzt sehr tief in uns allen, Blutopfer, Menschenopfer, Sündenböcke. Wenn ein Führer Blut beschwört, um uns dazu zu bringen, ihn und seine Sache zu unterstützen, sollten wir auf der Hut sein und an die langen Jahrtausende denken, in denen das Leben unserer Vorfahren angeblich durch Blut und Opfer geschützt wurde. Aber unser Leben braucht kein Blut; wir regredieren nur zu dessen Gebrauch, wenn wir dazu gezwungen werden. Meistens sind gerade jene Führer am ehesten dazu bereit, das Blut anzurufen, die behaupten, für den Fortschritt, für die Aufklärung und Ähnliches zu sein. Die Ironie ist manchmal der einzige Trost, wenn man die Geschichte der Menschheit betrachtet ...

»Wir werden den Feind in einem Meer von Blut ertränken.«

Ach ja, der Feind ...

Vor Kurzem wurde in einer bestimmten amerikanischen Universität ein sehr interessantes Experiment durchgeführt. Es war eine kleine Universität in der Nähe einer Kleinstadt, zu der sie enge Verbindungen hatte.

Eines Tages luden Vertreter des psychologischen Fachbereichs die Leute aus der Stadt ein, auf den Universitätscampus zu kommen und an einem Experiment teilzunehmen. Es war ein schöner Tag, die Universität lag schön, und Städter und Universitätsangehörige waren gewohnt zusammenzuarbeiten. Mehrere Hundert Leute kamen zur verabredeten Zeit zum Campus der Universität. Und dann ... passierte überhaupt nichts. Gar nichts. Die Psychologen waren nirgends zu entdecken. Keine Erklärungen. Keine Ankündigungen. Die Besucher standen herum und warteten. Dann begannen sie, nach Bekannten und Freunden zu suchen, und es passierte immer noch nichts. Sie sprachen darüber, dass sie alle offenbar umsonst gekommen waren. Daraufhin fingen sie an zu diskutieren. Sehr bald entstanden zwei Lager mit gänzlich entgegengesetzten Ansichten. Als Nächstes traten Sprecher hervor. Debatten folgten. Dann Streitigkeiten. Viel mehr als die Frage ihrer Einladung und anschließenden Nichtbeachtung durch ihre Universität (die Städter betrachteten sie als ihre Universität) kam zur Sprache. Alle möglichen Probleme wurden, ohne Übereinstimmung zu erzielen, behandelt.

Vergangene Fälle von Meinungsverschiedenheiten tauchten auf und lebten wieder auf. Es wurde gesagt, dass dieser Anlass sich doch noch als sehr nützlich erwies, weil es eine Gelegenheit war, »die Dinge ein für alle Mal auszudiskutieren«, wie sich eine Frau ausdrückte. Die beiden Lager fingen an, heftig zu streiten. Kleine Handgemenge begannen zuerst unter den jungen Männern. Zu diesem Zeitpunkt, als offensichtlich war, dass ernsthaftere Auseinandersetzungen folgen würden, erschienen die Psychologen und erklärten, dass dies ein soziales Experiment gewesen sei. Die Forschung untersuche die Tendenz des menschlichen Denkens, Dinge in Paaren zu sehen – entweder/oder, schwarz/weiß, ich und du, wir und ihr, gut und böse. Die Kräfte des Guten, die Kräfte des Bösen.

»Ihr, die Masse«, fuhren die kühnen Forscher fort, »seid erst seit ein paar Stunden hier und schon in zwei Lager mit Anführern gespalten, und jede Seite sieht sich selbst als Hüter des Guten und die andere bestenfalls als verbohrt. Und ihr wolltet gerade wegen absolut nicht existierender Streitigkeiten kämpfen.«

Wir wissen zwar nicht, wie dieser besondere Nachmittag endete, aber ich hoffe, dass er in ein großes Fest mündete und sich die ganzen künstlich entfachten Leidenschaften in Harmonie und guten Willen auflösten.

Dieser Vorgang, uns selbst als im Recht zu sehen, die anderen im Unrecht; unsere Sache als richtig, ihre als falsch; unsere Ideen als korrekt, ihre als Unsinn, wenn nicht gar als ausgesprochen niederträchtig ... nun, in unseren nüchternen Momenten, unseren menschlichen Momenten, also dann, wenn wir denken, reflektieren und unserem rationalen Verstand gestatten, uns zu beherrschen, vermuten wir alle, dass dieses »Ich habe recht, du hast unrecht« ganz einfach Unsinn ist. Die ganze Geschichte, die Entwicklung des Menschen, wird durch Interaktion und wechselseitigen Einfluss bestimmt. Sogar die äußersten Extreme des Denkens und des Verhaltens werden im Alltag des menschlichen Lebens zu etwas Ganzem verwoben. Dieser Prozess lässt sich in der Geschichte immer wieder feststellen. Tatsächlich scheint die reale menschliche Entwicklung – der Hauptstrom sozialer Evolution – keine Extreme zu vertragen; sie versucht daher, Extreme und Extremisten auszustoßen oder sie durch Integration in den allgemeinen Strom zu absorbieren.

»Alles fließt ...«, sagte Heraklit, der griechische Philosoph.

»Ich habe recht. Meine Seite hat recht« sind keine dauerhaften Aussagen. Bereits in einer oder zwei Generationen wird meine gegenwärtige Denkart zwangsläufig entweder als leicht grotesk oder, aufgrund einer neuen Entwicklung, als ziemlich überholt erscheinen – bestenfalls als etwas, das sich verändert, alle Leidenschaft verausgabt hat und zu einem kleinen Teil eines großen Prozesses, einer Entwicklung geworden ist.

IHR SEID VERDAMMT, WIR SIND GERETTET

Ich wuchs in einem Land auf, in dem eine kleine weiße Minderheit die schwarze Mehrheit beherrschte. Im alten Südrhodesien war die Haltung der Weißen gegenüber den Schwarzen extrem: voreingenommen, abstoßend und ignorant. Wichtiger noch, diese Haltung wurde als unanfechtbar und unveränderlich angesehen, obwohl ein kurzer Blick auf die Geschichte den Weißen (und viele von ihnen waren gebildete Menschen) gezeigt hätte, dass ihre Herrschaft zwangsläufig vorübergehen würde, dass ihre Gewissheiten zeitlich begrenzt waren. Doch keinem Mitglied der weißen Minderheit war es erlaubt, anderer Meinung zu sein. Jeder, der das tat, sah sich direkter Ächtung ausgesetzt; sie mussten ihre Meinung ändern, den Mund halten oder das Land verlassen. Während der Herrschaft des weißen Regimes war jeder Dissident ein Ketzer und Verräter. Sie dauerte neunzig Jahre, was gemessen an historischen Maßstäben sehr kurz ist. Die Regeln dieses besonderen Spiels forderten außerdem, dass es nicht ausreichte zu sagen: »Der oder die sind anderer Meinung als wir, die wir doch offensichtlich die Wahrheit besitzen.« Es musste auch noch hinzugefügt werden: »Der oder die sind böse, korrupt, sexuell verkommen«, und so weiter.

Einige Monate nach dem Beginn des Bergarbeiterstreiks in Großbritannien im Jahre 1984, als der Streik in die zweite, gewalttätigere Phase überging, trat in einer Fernsehsendung die Frau eines Bergarbeiters auf, um ihre Geschichte zu erzählen. Ihr Ehemann streikte schon seit Monaten, und sie hatten kein Geld. Obwohl er die Gewerkschaft unterstützte und dem Streik zustimmte, meinte er, dass Arthur Scargill den Streik schlecht geführt habe. Jedenfalls war er mit einer Minderheit zur Arbeit zurückgekehrt. Ein Bergarbeitertrupp hatte die Fensterscheiben dieses Ehepaars eingeworfen, in ihrem Haus alles zertrümmert und den Mann verprügelt. Die Frau sagte, dass sie diese Männer kenne. Es sei eine sehr kleine Gemeinde, sagte sie. Sie habe sie erkannt. Es seien Freunde. Sie war fassungslos und verwirrt. Sie konnte einfach nicht glauben, dass die anständigen Bergleute so etwas tun konnten. Sie erzählte, einer dieser Männer, der in dem Trupp gewesen war, grüßte sie, wenn er allein sei, »genau so, wie er es immer getan hat«, sei er aber mit Freunden zusammen, dann sei sie Luft für ihn.

Sie könne es einfach nicht verstehen, sagte sie. Aber ich denke – und das ist die zentrale Aussage dieser Vorträge –, sie hätte es nicht nur verstehen sollen, sie hätte es erwarten müssen. Wir alle sollten diese Dinge verstehen und erwarten; und wir sollten, was uns die Geschichte und die Gesetze der Gesellschaft lehren, beim Aufbau unserer Institutionen berücksichtigen.

Man kann natürlich dagegenhalten, dies sei eine sehr düstere Sicht des Lebens. Es bedeutet, zum Beispiel, dass wir in einem Raum mit lieben Freunden stehen können und wissen, dass neun von zehn unsere Feinde werden, wenn es die Meute verlangt – und uns, wie bei dem Bergarbeiter-Paar, die Fensterscheiben einwerfen würden. Es bedeutet, als Mitglied einer fest zusammengewachsenen Gemeinde zu riskieren, als Nichtsnutz, als Krimineller oder als Übeltäter zu gelten, sobald man nicht die Ansichten dieser Gemeinde teilt. Das ist ein völlig automatischer Vorgang, fast jeder verhält sich in solchen Situationen wie ein Automat.

Aber es gibt auch immer eine Minderheit, die das nicht tut, und mir kommt es so vor, als ob unsere Zukunft, die Zukunft von jedermann, von dieser Minderheit abhängt. Und wir sollten uns Methoden überlegen, unsere Kinder so zu erziehen, dass diese Minderheit gestärkt wird, und nicht, worauf unsere Erziehung jetzt hinausläuft, mit den Wölfen heulen.

Düster? Ja, das stimmt. Aber wie wir alle wissen, ist das Erwachsenwerden schwierig und schmerzhaft; und wovon wir sprechen, ist unser Erwachsenwerden als gesellschaftliche Tiere. Erwachsene, die an allerlei behaglichen Illusionen und beruhigenden Vorstellungen festhalten, bleiben unreif. Das Gleiche gilt für uns als Gruppen oder als Mitglieder von Gruppen – »Herdentiere«.

In der heutigen Zeit weiß jeder, dass wir Menschen von den Tieren abstammen und dass ein großer Teil unseres Verhaltens im Tierverhalten wurzelt. Diese Denkweise setzte sich in einer stillen Revolution in den letzten dreißig oder vierzig Jahren durch. Es ist ein interessanter Widerspruch, dass die Revolution zwar erfolgreich vonstattengegangen ist, insgesamt aber ohne die Zustimmung der Akademiker aus den verschiedenen Fakultäten blieb. Diejenigen, die diese Erkenntnisse popularisierten, wurden abgelehnt, aber das ist nichts Neues. Die Professionellen, die Inhaber eines bestimmten Wissensgebiets, schätzen es nie, wenn Einzelgänger unter ihnen ihr Wissen unter die Leute bringen.

Widersprüchliches geht auch in jenen Gebieten vor sich, die als die »weichen Wissenschaften« bekannt sind – Psychologie, Soziologie, Sozialpsychologie, Sozialanthropologie und so weiter –, genau die Gebiete, in denen so viele faszinierende Entdeckungen über uns selbst gemacht werden. Es ist Mode, sie zu verunglimpfen, sie die »gescheiterten« Disziplinen zu nennen. Man hört ständig verächtliche oder wegwerfende Bemerkungen über diese »gescheiterten« Disziplinen. Diese Fachbereiche sind immer die ersten, die dem Rotstift zum Opfer fallen. Aber interessanterweise sind sie alle neue Felder wissenschaftlicher Untersuchung: Sie sind sehr jung, manche von ihnen weniger als ein halbes Jahrhundert alt.

Zusammen betrachtet, spiegeln sie eine völlig neue Haltung uns selbst und unseren Institutionen gegenüber wider – eine unabhängige, neugierige, geduldige, erforschende Haltung, die, meiner Einschätzung nach, unsere wertvollste Waffe im Kampf gegen unsere eigene Grausamkeit und unsere lange Geschichte als Herdentiere ist. Ein gewaltiges Arbeitspensum wird bewältigt, zahlreiche Experimente wurden und werden gemacht, von denen einige unsere Vorstellungen über uns selbst verändern, und es gibt ganze Bibliotheken voll neuartiger Bücher – völlig neue Ergebnisse einer neuen Forschungsart.

Wie ich bereits im letzten Vortrag sagte, glaube ich, dass sich die Leute, die nach uns leben, wundern werden, dass wir einerseits immer mehr Erkenntnisse über unser Verhalten zusammentragen, andererseits aber überhaupt keinen Versuch unternehmen, sie zur Verbesserung unseres Lebens einzusetzen.

Sehen wir uns zum Beispiel nur einmal an, was wir über unser Verhalten in Gruppen wissen. Wir wissen heute, dass Menschen in Gruppen sich wahrscheinlich auf ziemlich stereotype Arten verhalten, die vorhersehbar sind. Wenn sich jedoch Bürger zusammenschließen, um, wir wollen mal sagen, eine Gesellschaft zum Schutz des Einhorns zu gründen, sagen sie nicht, dieser Organismus, den wir bilden, wird sich wahrscheinlich in einer bestimmten Art und Weise entwickeln. Wir sollten das berücksichtigen und beobachten, wie wir uns verhalten, damit wir die Gesellschaft kontrollieren und nicht die Gesellschaft uns. Als ein anderes Beispiel könnte die Linke es vielleicht nützlich finden, Folgendes zu sagen: »Seit einiger Zeit konnte man genau beobachten, dass Gruppen wie unsere sich immer spalten. Die beiden neuen Gruppen werden zu Feinden, deren Führer sich wüst beschimpfen. Wenn wir uns über diesen anscheinend instinktähnlichen Trieb bewusst bleiben, der immer wieder Gruppen aufspaltet, reagieren wir vielleicht weniger mechanisch.« Allerdings scheint es so, als genügte es nicht, sich bewusst zu sein, wie die Dinge wahrscheinlich laufen werden. Es wird behauptet, dass die hochintelligenten Menschen, die im Jahre 1905, glaube ich, die Bolschewistische Partei in London gründeten, zueinander sagten: »Lasst uns von der Französischen Revolution lernen. Wir wollen uns nicht gewaltsam wegen Einzelheiten der Doktrin spalten und uns dann gegenseitig ermorden.« Aber genau das geschah. Sie waren hilflos gegenüber dem Einfluss von Kräften, die sie selbst freigesetzt hatten. Sie verstanden nicht, was mit ihnen geschah. Wir haben mehr und mehr Informationen, die uns, wenn wir sie nutzen, helfen können zu verstehen, was in unterschiedlichen Situationen mit uns passiert.

Trotzdem wird überall, vor allem unter einer bestimmten Art von Menschen, diese große neue Errungenschaft verächtlich gemacht. Warum? Ich glaube, in diesem Fall handelt es sich nicht nur um eine ältere Generation von Akademikern, die sich über neue Einstellungen ärgert. Ich denke, sie haben unbewusst nach Sicherheiten und Dogmen, bewährten Rezepten, die sich in jeder Situation anwenden lassen, gesucht, jedoch nichts gefunden.

Die Menschen lieben Gewissheiten. Besser gesagt, sie sehnen sich nach Sicherheit, suchen Gewissheit und große, unerschütterliche Wahrheiten. Sie möchten Teil einer Bewegung sein, die mit diesen Wahrheiten und Gewissheiten ausgerüstet ist; und wenn es Rebellen und Ketzer gibt, so ist das umso befriedigender, denn diese Struktur ist in uns allen tief verankert.

Ich lebe in Großbritannien, einem Land, das dabei ist, sich schnell in Extreme zu polarisieren. Es ist beängstigend, ein Teil davon zu sein. Der Bergarbeiterstreik beschleunigte oder verdeutlichte einen Prozess, der – meiner Meinung nach – mit dem Zusammenbruch und der Fragmentierung der Linken begann. Wir hatten in Großbritannien für lange Zeit ein Gleichgewicht von links und rechts, jede Seite fasste dabei selbst noch viele unterschiedliche Meinungen in sich zusammen. Dieses Gleichgewicht ist verschwunden. Die Linke ist eine Masse kleiner und großer Gruppen. Das ist ein klassisches Rezept für soziale Unruhen, oder sogar für eine Revolution.

Die Polarisierung kann man nicht nur in der Politik beobachten. Auch in Universitäten zum Beispiel. Eine Freundin von mir beschloss, Anthropologie zu studieren. Sie stellte fest, dass sie keine Alternative hatte, als Vorlesungen zu hören, die auf marxistischen Anschauungen basierten. Wenn man mir entgegenhält, dass der Marxismus nicht länger eine Einheit, sondern eine Ansammlung kleiner Kirchen ist, jede mit ihrem eigenen Dogma, stimme ich zu; aber es gibt bestimmte gemeinsame Anschauungen. Diese sind wiederum weitgehend unbewusst. Manche Dinge werden nicht diskutiert oder kaum erwähnt. Man kann stunden- oder tagelang einer Diskussion über den Krieg beiwohnen, ohne auch nur einmal als Kriegsgrund zu hören, dass die Leute den Krieg oder ihre Vorstellung davon genießen. Ebenso hört oder liest man immer wieder unendlich viel über die Probleme der Linken, aber niemals hört man, dass der Grund für die Schwierigkeiten der Linken darin liegt, dass die Menschen gesehen haben, wie der Sozialismus in einem Land nach dem anderen in die Tat umgesetzt wurde, und davon erschreckt sind. Die Sowjetunion: eine Tyrannei, in der sich jeder, der anderer

Meinung ist, im Irrenhaus wiederfindet, weil er definitionsgemäß verrückt sein muss; ein Land, in dem schätzungsweise zwanzig Millionen Menschen während der Exzesse unter Stalin starben. China, wo zwischen zwanzig und sechzig Millionen (die Zahlen schwanken je nach Quelle) während der Kulturrevolution abgeschlachtet wurden und wo die Entwicklung des Landes, nach eigenen Schätzungen, um eine Generation zurückgeworfen wurde. Kuba ... Äthiopien ... Somalia ... Südjemen ... ich könnte fortfahren, aber es muss nicht sein. Kein Bedarf, außer für Menschen, die tatsächlich zur Linken gehören. Wie bei allen großen Massenbewegungen herrschen dort bestimmte sentimentale Überzeugungen, die nicht bestritten und nicht diskutiert werden. Eine dieser Gewissheiten ist, dass Sozialisten besser sind als Nichtsozialisten – das heißt moralisch besser –, trotz der Tatsache, dass der Sozialismus die abscheulichsten Tyranneien geschaffen und Millionen von Menschen getötet hat. Und das immer noch tut. Eine andere Gewissheit ist, dass alle Kapitalisten schlecht sind, der Gemeinschaft übel mitspielen, brutal und korrupt sind. Eine weitere, dass Sozialisten von Natur aus friedliebend sind. Eine weitere, dass Frauen in ihrem Wesen friedlicher sind als Männer. Die Geschichte bestätigt das nicht unbedingt.

Ich möchte in diesen Vorträgen aber nicht nur über Sozialismus, Kapitalismus, Marxismus und so weiter sprechen, sondern über den Glauben – über Strukturen des Glaubens. Die Zeit, in der wir leben, wird als »Das Zeitalter des Glaubens« bezeichnet. Nein, es ist nicht das erste Mal, dass die Welt davon heimgesucht wurde ... Aber wir wollen zum Bergarbeiterstreik zurückkehren, der unglücklicherweise so reich an Ereignissen war, die meine These stützen.

Als er begann, waren die Dinge fließend, man sprach von Schlichtung und Verhandlung. Monate verstrichen, und die Ansichten verhärteten sich. Von Anfang an arbeiteten viele Bergleute weiter. Sie wurden von den Streikenden nicht so gehasst wie die Bergleute, die erst streikten und dann zur Arbeit zurückkehrten. Das ist ein klassisches psychologisches Muster. Gegner werden niemals so gehasst wie ehemalige Verbündete. Als die

Weihnachtszeit kam, waren wir es schon gewohnt, im Fernsehen Vertreter beider Seiten zu sehen, die ihren Standpunkt begründeten. Die eine Seite machte die Bergarbeiter für die Gewalt, die Aufstände und die Unruhen verantwortlich. Die Bergarbeiter beschuldigten die Polizei und die Streikbrecher. Keine Seite fand ein einziges gutes Wort für die andere, jede Seite log ... und log mit gutem Gewissen, denn das Ziel rechtfertigt die Mittel. Die meisten Zuschauer wussten, dass beide Seiten im Unrecht waren, dass beide für die Gewalt verantwortlich waren, dass beide logen, und zwar mit reinem Gewissen. Jeder weiß, dass mit dem Ausbruch von Streiks, Bürgerkriegen, Kriegen Tragödien aller Art entstehen, manchmal nur weil die Leute in jeder Gesellschaft, die Gewalt und Unrecht mögen, aus ihren Löchern kommen. Aber der Punkt ist, dass fast alle in solchen Zeiten durchschauen, was da vor sich geht – außer den Leuten, die direkt beteiligt sind. Sie kommen den Beobachtern so vor, als ob sie betrunken oder hypnotisiert wären oder ihren Verstand verloren hätten. Das stimmt sogar. Sie sind Teil eines gewaltigen Massenwahnsinns, und solange sie dazugehören, kann man von ihnen kein individuelles Urteil erwarten.

Was sie sagen, ist in Einstellungsmustern formalisiert, die absolut vorhersagbar sind.

Was die Bergarbeiter über ihre Kollegen erzählen, die zur Arbeit zurückkehren, ist nur ein Beispiel. Mit einer Anhäufung von Verunglimpfungen, die man nicht für möglich halten würde (in normalen Zeiten), wurden sie als Streikbrecher, Abschaum, Lumpengesindel, Dreck und Kriminelle beschrieben. Das war zu erwarten gewesen. Aber interessant ist, wie häufig religiöse Begriffe verwendet wurden. Die Bergarbeiter, die zur Arbeit zurückkehrten, hatten »die Herde verlassen«, sollten »in den Schoß der Gemeinde zurückkehren«, ihnen würde vergeben, wenn sie »in den Schoß der Gemeinde zurückkehrten«. Die streikenden Bergarbeiter hatten ein »göttliches Recht«, dies oder jenes zu tun. Ihr Kampf war natürlich durch Leiden und Opfer geheiligt worden.

Heutzutage ist es bereits ein Klischee, dass sich politische Bewegungen und religiöse Bewegungen ähnlich verhalten. Wir sprechen jetzt alle von den »Kirchen« des Sozialismus, von den »Dogmen« des Marxismus, ähnlich denen religiöser Eiferer. Aber ich frage mich, ob dieser Sprachgebrauch ein Mittel geworden ist, *nicht zu denken.* Wie die Dinge liegen, können wir politische Bigotterie, Extremismus, Massenbewegungen und ihr Verhalten endlos diskutieren, ohne ein einziges Mal unsere religiöse Geschichte zu erwähnen, außer vielleicht in einer ungenauen Aussage, wie zum Beispiel »religiöse und politische Bewegungen haben viel gemein«.

Wir vergessen – und die jungen Leute wissen es nicht, weil sie sich nicht mit Geschichte beschäftigen –, dass wir die Erben eines ungefähr zweitausend Jahre alten äußerst tyrannischen Regimes sind, neben dem Hitler und Stalin wie Kleinkinder erscheinen. Nicht dass die modernen Tyrannen nichts von den Kirchen gelernt hätten, einige haben es sogar bewusst getan. Ungefähr zur Zeit des Ersten Weltkrieges haben die Kirchen ihre Zähne verloren und aufgehört, den wichtigsten Einfluss auf unsere westlichen Gesellschaften auszuüben. Jetzt sind sie liebenswürdig, oft auf Arbeiten ausgerichtet, die nicht von sozialer und karitativer Arbeit zu unterscheiden sind, und unendlich gespalten; und wenn auch einige der Sekten totalitär sind, ist es der Kirche nicht mehr möglich – wie es, historisch gesprochen, bis gestern noch der Fall war –, als Alleinherrscher eine ganze Gesellschaft als Schiedsrichter von Verhalten und Denken zu dominieren. Aber zweitausend Jahre lang litt Europa unter einem Tyrannen – der christlichen Kirche –, der keine andere Denkart erlaubte, alle Einflüsse von außen abschnitt, nicht zögerte, im Namen Gottes zu töten, auszurotten, zu verfolgen, zu verbrennen und zu foltern. Die Erinnerung an diese Geschichte soll nicht dazu dienen, den Gedanken an alte Tyranneien lebendig zu halten, sondern gegenwärtige Tyrannei zu erkennen, denn diese Muster sind immer noch in uns. Es wäre seltsam, wenn es anders wäre.

Ich glaube, wir sollten diese Muster untersuchen, uns ihrer bewusst werden und sie erkennen, wenn sie in uns und in den Gesellschaften, in denen wir leben, auftauchen.

Zu sagen, dass der Sozialismus eine Religionsform ist, dass der Nazismus oder der Faschismus eine Religion war, dass moderne Kommunisten oft religiöse Ausdrucksweisen benutzen, wird uns nicht helfen, wenn wir nicht genau wissen, nach welchem Muster wir suchen müssen.

Das auffälligste Erbe des Christentums im sozialistischen Denken und Verhalten ist natürlich sein Sektierertum. Wie wir alle wissen, hassen sich sozialistische Sekten untereinander mehr als den Feind oder attackieren sich, als täten sie es. Wir wissen alle, je extremer das Dogma, desto extremer der Angriff. Genau wie sich die Christen jahrhundertelang wegen der korrekten Interpretation eines Wortes, eines Ausdrucks, eines Satzes aus der Bibel gegenseitig umbrachten, so verunglimpfen und verurteilen sich jetzt die sozialistischen Sekten untereinander. Das Aufspüren und die Vernichtung der Häresie ist ihre erste Pflicht.

Es ist das Erbe der Struktur des christlichen Denkens in uns, das wir untersuchen sollten.

Der Christ oder die Christin glaubt, dass er oder sie in einem Tal der Tränen lebt; eine Situation, aus der sie oder er gerettet oder »erlöst« werden muss. Diese »Erlösung« wird geschehen, weil ein höheres Wesen sich freiwillig opfert und alle Sünden der Welt auf sich nimmt. Es wird einen zukünftigen Zustand der Vollkommenheit geben, in dem Leiden und Kummer aufgehoben sind. Bevor dieser Zustand erreicht ist, wird es eine Zwischenzeit der Vorbereitung und des Leidens geben.

Kommunisten und Sozialisten glauben, dass unser System böse ist, dass Kapitalisten und Geschäftsleute niederträchtig, bestenfalls wohlmeinend sind, dass es keinen Ausweg gibt, es sei denn durch vollständige Veränderung, die beinahe sicher gewaltsam sein muss – eine Revolution, die Blut und Opfer fordern wird. Extremisten und Fanatiker der Rechten und Linken glauben, dass diese Veränderung von einem Führer zustande gebracht wird, dem extravagante Huldigungen erwiesen werden. Nach dem Übergang von dem einen System zum anderen wird es eine Phase der Anpassung und Vorbereitung und des Unbehagens geben – beim Hobeln fallen Späne –, aber die Menschen müssen von ihren Verfehlungen, die der Vergangenheit entstammen, gereinigt werden. Nach dieser Läuterungsphase wird eine Zeit des absoluten Glücks und der Erfüllung folgen, vollendeter Sozialismus, vollendeter Kommunismus, wenn die Sünde aufhört zu existieren. Das ist die Struktur christlichen Denkens und auch die Struktur des politischen Denkens der Linken und vieler politischer Gruppen, die nicht zur Linken gehören, die aber an gewaltsame und drastische Veränderung glauben, weil alle Ketzer und Bösen bis zum Tode verfolgt oder »um-erzogen« werden müssen.

So beschrieben, klingt es wie eine Art von Wahnsinn – was es ja auch ist. Ein Wahnsinn von ungeheurer Stärke. Ich machte meine kommunistische Phase als junge Frau durch. Es war eine Konversion, scheinbar plötzlich und total (wenn auch kurzlebig). Tatsächlich war der Kommunismus jedoch ein Keim oder Virus, der schon lange in mir gearbeitet hatte. In meinem Fall lag es an meiner Ablehnung der unterdrückenden und ungerechten Gesellschaft des alten, von Weißen beherrschten Afrika. Aber ich will hier eigentlich etwas anderes sagen: In ihren besten Zeiten hatte die Gruppe ungefähr vierzig Leute. Keiner von uns war ein Sonderling oder Exzentriker. Wir waren alle normale Mitglieder der Gesellschaft, oder waren es zumindest gewesen, denn damals war Krieg, und einige dieser Leute waren Flüchtlinge. Im Ganzen gesehen waren wir wahrscheinlich lebendiger, energischer und belesener als die meisten. Über einen Zeitraum von zwei Jahren jedoch, in denen die Gruppe noch eine Einheit war, bevor sie sich spaltete und auflöste, hielten wir bestimmte Glaubenssätze für Axiome, die wirklich nicht hinterfragt werden durften. Zum Beispiel, dass innerhalb eines sehr kurzen Zeitraums von wahrscheinlich ungefähr zehn Jahren, wenn der Krieg vorbei und die Welt wieder zur Normalität zurückgekehrt sein würde, jeder den Segen des Kommunismus erkennen und die Welt kommunistisch sein würde, ohne Verbrechen, ohne Rassen- und Geschlechtsvorurteile. (Ich muss an dieser Stelle erwähnen, dass die Frauenbewegung der sechziger Jahre die Kritik am Sexismus nicht erfunden hat.) Wir glaubten, jeder auf der Welt würde dann in Harmonie, Liebe, Überfluss und Frieden leben. Für immer.

Das war verrückt. Und doch glaubten wir es. Und doch entstehen solche Gruppen ständig und überall; erleben Zeiten, in denen dieser Glaube ihnen zur Nahrung wird, während sie jeden hassen, verfolgen und verunglimpfen, der ihnen nicht zustimmt. Dieser Vorgang geht immer weiter und muss, glaube ich, weitergehen, weil die Strukturen der Vergangenheit so stark in uns sind, dass Kritik an einer Gesellschaft und der Wunsch, sie zu ändern, so leicht in solche Strukturen fallen.

Ich glaube, wir sind in der Gewalt von etwas sehr Mächtigem und sehr Primitivem, und wir haben noch nicht begonnen, diese Kräfte unter Kontrolle zu bringen. Wir studieren es, ja, das passiert in hundert Universitäten. Aber anwenden – nein.

Vor Kurzem traf ich eine alte Freundin und fragte, wie wir es so tun: »Wie geht es dir denn?« – »Schrecklich«, sagte sie. »Ich weiß nicht, was ich tun soll. Meine jüngste Tochter – sie ist jetzt achtzehn – hat sich total verändert. Du weißt, wir waren immer eine sehr glückliche Familie, und ich habe das leider für selbstverständlich gehalten, aber jetzt ist alles anders.«

Ich dachte: »Ach, natürlich, die arme Anne hat eine Ladung revolutionärer Politik abbekommen, das muss es sein.« Aber meine Freundin fuhr fort: »Sie war immer ein bisschen religiös. Wie du weißt, interessierte sie sich für diese Kulte, aber jetzt ist sie eine wiedergeborene Christin geworden. Über Nacht hat sie sich verändert. Sie lebt bei uns zu Hause, aber sie spricht kaum mit uns. Mich hasst sie am meisten. Sie verbringt all ihre Zeit mit ihren neuen Freunden. Sie findet diese Leute wundervoll und hält sie für Heilige. Ich finde sie ziemlich gewöhnlich, nicht der Rede wert, und zwei von ihnen sind ganz offensichtlich sonderbar. Aber sie sind gerettet, verstehst du. Wir nicht. Wir müssen in die Hölle, aber sie kommen ins Paradies. Sie haben einen Anführer. Meiner Ansicht nach ist er nur machtbesessen, aber Anne kann es nicht so sehen, sie denkt, er ist eine Art Heiliger. Wenn ich sie frage, wie sie uns, ihre Familie, so behandeln kann, als ob wir der letzte Dreck seien, sagt sie, dass Jesus zu seiner Mutter sagte: ›Weib, was habe ich mit dir zu schaffen?‹«

Da haben wir's also wieder, genau das gleiche Muster.

Natürlich weiß meine Freundin, genauso wie meine Eltern hoffnungsvoll glaubten, als ich ihnen genau das gleiche Ihr-seid-verdammt-ich-und-meine-Freunde-sind-gerettet-Muster präsentierte, dass ihre Tochter da »auswachsen« wird. Die westliche Welt ist voller Menschen, die in ihrer Jugend Erfahrungen als Mitglieder einer Gruppe rasender Fanatiker und Wahnsinniger gesammelt haben und die sich wieder davon gelöst haben. Wahrscheinlich gehört die Hälfte aller Menschen, die ich in Großbritannien kenne, in diese Kategorie. Aber in unserem Fall war es politisch, nicht religiös. Wenn wir an die Zeit unseres totalen Engagements für gewisse Dogmen zurückdenken, die wir jetzt grotesk finden, lächeln wir gequält.

Inzwischen beobachten wir, wie die jüngeren Generationen das Gleiche durchmachen, und weil wir wissen, wozu wir fähig sind, haben wir Angst um sie. Vielleicht ist es nicht zu viel gesagt, dass in diesen gewalttätigen Zeiten der freundlichste und weiseste Wunsch für die jungen Leute so lauten müsste: »Wir hoffen, dass die Phase eures Untertauchens im Gruppenwahnsinn, in Gruppenselbstgerechtigkeit, nicht mit einer Phase in der Geschichte eures Landes zusammenfällt, in der ihr eure blutrünstigen und dummen Ideen in die Tat umsetzen könnt.

Wenn ihr Glück habt, werdet ihr durch eure Erfahrung bereichert und wisst dann, wozu ihr in Bezug auf Fanatismus und Intoleranz in der Lage seid. Ihr werdet genau verstehen, warum vernünftige Menschen in Zeiten öffentlichen Wahnsinns in der Lage sind zu töten, zu zerstören, zu lügen und zu schwören, dass schwarz weiß ist.«

UMSCHALTEN, UM *DALLAS* ZU SEHEN

Während des Koreakrieges stellte die Regierung der Vereinigten Staaten mit Erstaunen fest, dass amerikanische Soldaten alle möglichen Verbrechen gestanden, die sie nicht begangen hatten. Ursache waren die Gehirnwäsche-Techniken der Nordkoreaner. Folglich begannen die USA mit intensiven Forschungen über

Gehirnwäsche und Indoktrination. Diese Untersuchungen sind seitdem ständig fortgesetzt worden und haben eine Unmenge an Informationen über die Gesellschaft und ihr Funktionieren geliefert, die, meiner Ansicht nach, unser Leben und Selbstverständnis verändern könnten. Dieses kleine Stück Geschichte hat einige interessante Aspekte: So zum Beispiel, dass alle möglichen Regierungen und Priesterschaften Gehirnwäsche-Techniken jahrtausendelang angewendet haben, um ihre Untertanen zu kontrollieren. Man kann spekulieren, bis zu welchem Ausmaß die Techniken pragmatisch angewendet wurden, wieweit sie auf bewusster Sachkenntnis basierten. Aber mit Sicherheit bedeutete es für das gesellschaftliche Selbstbewusstsein einen Schritt nach vorne, als eine mächtige moderne Regierung ihre Experten beauftragte, ein Gebiet zu untersuchen, das bis dahin dunkel und geheimnisvoll gewesen war – und zwar so objektiv zu untersuchen, wie es von Anthropologen erwartet wird, die die Gewohnheiten eines primitiven Stammes erforschen.

Ich erinnere mich gut an den Koreakrieg. Es war ein sehr schrecklicher Krieg, der aber dermaßen vom Vietnamkrieg überschattet worden ist, dass nur selten über ihn nachgedacht wird; es sei denn, eine Fernsehgesellschaft entschließt sich, noch einmal *M.A.S.H.* zu senden. Er war auch deshalb so schrecklich, weil er so kurz nach dem Zweiten Weltkrieg stattfand, einem Krieg, der, wie einige Leute glaubten – törichterweise, wie sich zeigte –, hätte ausreichen müssen, um den Krieg für immer aus der Welt zu schaffen.

Es war der Höhepunkt des Kalten Krieges. Es herrschte eine finstere, hässliche, paranoide Atmosphäre. Plötzlich verkündeten die Kommunisten, dass die Amerikaner mit Krankheitserregern verseuchtes Material auf ihre Feinde abwarfen und andere Gräuel begingen, die alle im Krieg erlaubten Grausamkeiten überschritten. Einige Leute wollten das einfach nicht glauben; andere glaubten es sofort, ohne weitere Untersuchung. Manche weigerten sich düster und verzweifelt, überhaupt ein Urteil abzugeben, und wiederholten nur immer: »In Kriegszeiten ist das erste Opfer die Wahrheit.« Das Problem war, dass etwas fehlte.

Was fehlte, waren Informationen. Damals fehlten Informationen über Gehirnwäsche-Techniken.

Wenn ich jetzt zurückblicke, erstaunt mich etwas, das mir damals überhaupt nicht auffiel. Es ist Folgendes: Damals gab es eine Menge von jüngeren Beispielen, die die Anwendung von Gehirnwäsche zeigten; unter anderem die Schauprozesse im Russland der dreißiger Jahre und in der Tschechoslowakei, wo Leute völlig unwahrscheinliche Verbrechen gestanden. Und es wäre nützlich gewesen, über die lange Geschichte der Hexenverfolgung nachzudenken, während deren Frauen oft auch ohne Folter Verbrechen gestanden. Aber es war, als ob ein bestimmter Schnitt in unserem Verständnis nicht möglich war; wir waren nicht in der Lage, die Dinge in einen Zusammenhang zu bringen, der einen Sinn ergab. Auf der einen Seite gab es diese amerikanischen Soldaten, die alle denkbaren Gräueltaten zugaben, auf der anderen konnte man unmöglich glauben, dass die US-Regierung so etwas befohlen hatte, obwohl wahrscheinlich jeder den Regierungen in Kriegszeiten misstraut. Aber wir konnten diese Tatsachen nicht so zusammenfügen, dass sie einen Sinn ergaben: Uns fehlte der entscheidende Schritt nach vorn.

Meines Erachtens ist dieser Schritt nach vorn die stärkste Kraft in der sozialen Evolution: eine Tendenz zu größerer Objektivität, die sich zum Beispiel im staatlichen Bereich zeigte, als die US-Regierung ihren Beamten befahl, Gehirnwäsche-Techniken zu erforschen – Techniken, die sie manchmal selbst benutzte.

Oft unbewusst und pragmatisch benutzte.

Wir werden alle, mehr oder weniger, von der Gesellschaft, in der wir leben, einer Gehirnwäsche unterzogen. Wir können das beobachten, wenn wir in ein anderes Land reisen und unser Land mit fremden Augen sehen. Wir können nichts dagegen tun, außer im Gedächtnis zu behalten, dass es so ist. Jeder von uns ist Teil der großen beruhigenden Illusionen und Teilillusionen, die jede Gesellschaft benutzt, um das Vertrauen zu sich selbst zu erhalten. Diese Illusionen sind schwer zu durchschauen, und wir können nur hoffen, dass ein hilfreicher Freund aus einer anderen

Kultur uns befähigt, unsere Kultur mit objektiven Augen zu sehen.

Aber während diese großen halbbewussten oder unbewussten Prozesse schwer zu durchschauen sind, ist es leicht, Gehirnwäsche und Indoktrination in kleineren Zusammenhängen zu untersuchen, denn sie finden ständig statt. Zum Beispiel in den sich stark vermehrenden Kulten und Sekten.

Die Gehirnwäsche beruht auf drei Hauptstützen oder Prozessen, die man heute schon recht gut versteht. Die erste ist der Wechsel von Anspannung und Entspannung. Diese Methode wird zum Beispiel bei Verhören von Gefangenen angewendet. Der Vernehmungsbeamte ist abwechselnd hart und einfühlsam, einen Moment lang ein sadistischer Tyrann, im nächsten ein Freund. Die zweite Methode ist die Wiederholung – immer wieder wird das Gleiche gesagt oder gesungen. Die dritte Methode ist der Gebrauch von Slogans – komplexe Gedanken werden auf einfache Wortreihen reduziert. Diese drei Methoden werden ständig von Regierungen, Armeen, politischen Parteien, religiösen Gruppen angewandt und sind schon immer angewandt worden. Wenn ich vorher sagte, es sei interessant, zu spekulieren, inwieweit diese Methoden unbewusst angewandt werden, ist es in diesem Zusammenhang wichtiger zu bedenken, dass ein Unterschied besteht zwischen einem Hauptfeldwebel, der diese Methoden anwendet, um neue Rekruten einzuschleifen, weil es in seinem Beruf schon immer so gemacht wurde, und jemandem, der diese Methoden subtil einsetzt, weil er genau weiß, was er tut.

In einer Universität, keine tausend Meilen von hier, wie man im Märchen sagt, lebt ein Forscher, der entdeckt hat, wie er überzeugte Gläubige verwandeln kann: Nehmen wir einmal an, es handelt sich um einen »Christian Scientist«; aber die Religion spielt keine Rolle, genauso gut könnte die Person überzeugt sein, dass die Erde flach ist oder die Welt im nächsten Schaltjahr an einem Freitag, dem 13., untergeht. Diesen Gläubigen kann der Forscher unter Anwendung der klassischen Gehirnwäsche-Techniken verwandeln – zuerst in einen Adventisten, dann in einen

Stalinisten, danach in einen Liberalen, anschließend in einen Feministen und schließlich in einen hartgesottenen Atheisten. Die Verwandlungen sind in wenigen Tagen durchführbar, und in jeder Phase vertritt die verwandelte Person ihre Überzeugung absolut, definitiv und endgültig. Sie ist bereit, dafür zu sterben. Aber wenn alle diese Veränderungen durchgestanden sind, lässt man den armen Kerl in seinen früheren Glauben zurückkehren, überzeugt ihn, zum Beispiel, dass die Welt am Freitag, dem 13., in der Tat untergehen wird. Seine oder ihre kurzen Perioden als Atheist, Kapitalist und so weiter werden nun als Spleen des Forschers betrachtet, während der gegenwärtige Glaube, was immer er auch sein mag, der wahrhaftige ist: Jeder, der nicht glaubt, dass die Welt am Freitag, dem 13., untergeht, ist bestenfalls irregeführt, wahrscheinlich aber ein Lügner, böse, moralisch abstoßend und zu meiden.

Die natürliche Reaktion von fast jedem, der diesen besonderen Fall soziologischer Forschung hört, ist, leise oder laut, zu versichern: »Natürlich würde *ich* mich niemals dermaßen anpassen wie diese dumme Person, *ich* wäre immun.« Und, ob es laut oder leise oder überhaupt nicht gesagt wird, wir können auch implizit hören: »Weil meine Überzeugungen die richtigen sind.« Aber nein, leider, leider würden wir uns alle beugen; es sei denn, wir litten unter einer bestimmten Form von Schizophrenie. Je gesünder wir sind, desto eher lassen wir uns bekehren. Aber wir können uns damit trösten, dass eine Gehirnwäsche normalerweise nicht dauerhaft ist, sondern nachlässt. Wir können einer Gehirnwäsche unterzogen worden sein – von bewussten oder unbewussten Manipulatoren – oder uns selbst einer Gehirnwäsche unterziehen (was nicht ungewöhnlich ist), aber normalerweise lässt die Wirkung nach einiger Zeit nach.

Für einige Leute ist das Experiment, das ich gerade beschrieben habe, inzwischen wie ein Tagesanbruch nach einer langen Nacht. Das Ende des »Zeitalters des Glaubens« ist in Sicht – man könnte denken, die ganze Welt würde vor Erleichterung und Hoffnung aufschreien. Bald, bald haben wir das Zeitalter des Glaubens hinter uns und damit auch seine Kriege und Foltern und seinen Hass gegenüber Andersgläubigen. Bald werden wir alle frei sein und unser Leben, wie es alle Philosophen und Weisen empfohlen haben, frei von gewalttätigem und leidenschaftlichem Engagement führen. Wir werden in einem Zustand des intelligenten Zweifels über uns selbst und unsere Existenz leben, einem Zustand ruhiger, vorsichtiger und objektiver Neugier. Was, wir *alle*? Jeder? Auch diese rasenden Fanatiker mit ihren lächerlichen Ideen? Alle, alle bereit zu sagen: »Das Zeitalter des Glaubens ist zu Ende; wir werden alle die schmeichelhafte und tröstliche Idee aufgeben, dass wir, wir allein, ich allein recht habe?«

Nun ist natürlich der Wunsch, an ein Goldenes Zeitalter zu glauben, kaum zu vernichten ... und hier ist meine Version davon. Aber Spaß beiseite, mir scheint, dass etwas Neues in die Welt getreten ist, wenn auch nur wenige Menschen sich selbst so distanziert untersuchen können.

Wenn man Gehirnwäsche in kleinen Dosierungen untersuchen möchte, dann sollte man sich einer Sekte anschließen, die wahrscheinlich unbewusst diese Gehirnwäsche-Techniken anwendet. Natürlich geht man das Risiko ein, Opfer dieser Sekte zu werden. Statt zu sagen: »Was für eine wunderbare Gelegenheit, diesen faszinierenden sozialen Vorgang zu erforschen«, könnte man sich plötzlich schreien hören: »Endlich habe ich die Wahrheit entdeckt. Diese Gruppe von Menschen, die ich so kaltblütig zum Gegenstand meiner Untersuchung machen wollte, ist im Besitz der Wahrheit; sie sind meine wahre Familie. Sie wollen, dass ich ein Teil von ihnen werde, und ich will es auch, weil ich verstehe, dass alle Menschen außerhalb dieser Familie verlorene Seelen sind, sie sind nicht gut. Sie verstehen nicht. Sie sind Abschaum, Dreck; aber ich will ohnehin nicht mehr über sie nachdenken. Ich brauche meine eigene neue Familie, weil die Welt ein schrecklicher Ort ist, eine Arena ewigen Kampfes und Konflikts und ein Schlachtfeld zwischen Gutem und Bösem, Gott und dem Teufel (oder Kommunisten und Kapitalisten), und meine neuen Freunde und ich werden auf der Seite des Guten kämpfen. Ich muss mit meiner eigenen Familie und meinen früheren Freunden nicht liebevoll umgehen, denn meine erste Pflicht gilt meiner neuen Familie, meiner richtigen, und sie bemühen sich aufrichtig um mich, sie verstehen mich, aber meine frühere Familie liebte und verstand mich nicht wirklich. Außerdem brauche ich eine überzeugte und reine Einstellung, denn meine neue Gruppe, meine Verbündeten, haben so viele Feinde, die uns vernichten wollen, und ich muss bereit sein, für das, was ich glaube, zu kämpfen und, wenn nötig, zu töten. Wo gehobelt wird, fallen Späne. Eines Tages werden wir eine perfekte, gute, edle, freie Welt haben, aber nur wir – ich und meine neue Familie und die Leute, die an uns glauben – können sie erschaffen.«

Wenn man dieser Versuchung nicht erlegen ist – und viele Menschen haben sich dem Vorgang unfreiwillig unterworfen, mich eingeschlossen – und wenn man sich denkt, es sei ein bisschen riskant, na gut, dann ist es sehr einfach, diese Vorgänge in den Händen der Regierung und natürlich der Werbung zu beobachten. Zum Beispiel die Fernsehwerbung zu beobachten ...

Oder wie steht es mit dem Falkland-Krieg? Diskutieren wir ihn ohne Vorurteil, egal, ob ich dafür war oder nicht. Ich habe Freunde, die wettern, der schlimmste Aspekt dieses Krieges sei es gewesen, beobachten zu müssen, wie unser Land plötzlich in etwas, das sie als überholten Chauvinismus und schlichten Patriotismus bezeichnen, zurückfiel. Warum überholt? Jede Nation kann dazu gebracht werden, ins Trommelschlagen, in den Tanz um das Lagerfeuer mit geschwungenen Tomahawks – metaphorisch gesprochen – zurückzufallen, und zwar durch jeden Führer, der in der Lage ist, die geeigneten Phrasen und Kriegsschreie zu benutzen. Dabei kommt mir in den Sinn, mich zu fragen, wo die anderen Führer sind. Wenn es Führern so leichtfällt, das Primitive einer Nation zu wecken und dafür verehrt zu werden, wo sind dann die Führer, die stattdessen an die höheren Instinkte einer Nation appellieren? Wer sind sie?

Als Mrs. Thatcher zum zweiten Mal ins Amt gewählt wurde, beauftragte sie eine große Werbeagentur, Saatchi & Saatchi, mit der Wahlkampagne. Diese Leute nutzten jeden nur denkbaren Trick: von Satzwendungen, die dazu bestimmt waren, Emotionen zu erwecken, über die Farben ihrer Kleider und der Vorhänge, vor denen sie stand, bis zu den bewussten Auftritten und Abgängen und dem Medieneinsatz. Die hochmoralische sozialistische Opposition verachtete diese Tricks und die Medien. Wir alle konnten in einer sehr witzigen, klugen Fernsehsendung genau sehen, wie Mrs. Thatchers Kampagne inszeniert worden war. Wenn ich »wir« sage, meine ich die Minderheit der Nation, die zusah. Aber ich wäre dafür gewesen, diese Sendung zur Pflicht zu machen.

Wir haben jetzt den Stand erreicht, wo ein politischer Führer nicht nur geschickt die althergebrachten Tricks einsetzt, die schon früher den Pöbel mitrissen – man vergleiche Shakespeares *Julius Caesar* –, sondern Experten beauftragt, um das Ganze noch wirkungsvoller zu machen. Aber das Gegenmittel ist, dass wir in einer offenen Gesellschaft auch die Tricks, die bei uns angewandt werden, untersuchen können. Das heißt, wenn wir sie wirklich untersuchen wollen; wenn wir stattdessen nicht umschalten, um *Dallas* zu sehen oder etwas Ähnliches.

Ich will darauf hinaus, dass wir Erkenntnisse über uns selbst als Individuen, als Gruppen, als Massen, als Pöbel besitzen, die von Experten bewusst und mit Absicht benutzt werden. Heutzutage beauftragt fast jede Regierung in der Welt Experten, um ihre Staatsbürger zu manipulieren. Immer häufiger können wir Regierungen beobachten, die Ergebnisse aus der Forschung über Gehirnwäsche anwenden; aber nur, wenn wir beobachten wollen, nur wenn wir entschlossen sind, nicht ihr Opfer zu werden.

Andererseits ist es interessant, dass die Menschen, die sich selbst gern als die Armee des Guten sehen, die nur das Beste wollen, solche Mittel verachten. Ich sage nicht, dass sie diese Mittel anwenden sollen, aber sie weigern sich oft sogar, sie zu untersuchen, und sind dadurch leicht manipulierbar. Als Experiment versuchte ich, über dieses Thema mit einigen meiner Freunde zu sprechen; sie alle sind Mitglieder wohlmeinender Bewegungen unserer Zeit, wie Greenpeace, verschiedener Strömungen des Sozialismus, Bewegungen gegen den Atomkrieg, Verfechter der bürgerlichen Freiheiten, für die Rechte von Strafgefangenen, die Abschaffung der Folter und so weiter. Alle reagierten gleich: emotional mit Abneigung und Misstrauen, als ob es irgendwie reaktionär oder antifreiheitlich oder antidemokratisch wäre, sich das Verhalten der Menschen, *unser* Verhalten, objektiv anzusehen, als etwas, das vorherzusagen man lernen kann.

Unsere Gegner haben keine derartigen Hemmungen.

Natürlich, wenn man Mitglied einer Gruppe ist, die nach ihrer eigenen Definition richtig, gut und wahrhaftig ist, mit allen selbstgefälligen Einstellungen, die dazugehören – wie zum Beispiel, dass die Gegner böse sind –, dann ist es natürlich schwer, beiseitezutreten, schwer, den notwendigen Schritt in Richtung auf die Objektivität zu tun.

Aber manchmal kommt es mir so vor, als hätte die letzte Thatcher-Wahl alles präzise zusammengefasst: Da war jede ihrer Gesten – Abgang, Auftritt, Lächeln, Bemerkung – nach raffinierten und subtilen gesellschaftlichen Rezepten inszeniert; während Michael Foot einigen fragenden Reportern mürrisch und hochmoralisch ein Zugfenster vor der Nase zuknallte.

Wir beobachten, wie Indiens Rajiv Gandhi eine Wahl mit der Hilfe eines Freundes gewinnt, eines Filmstars, der das Idol von Millionen Menschen ist. In den Vereinigten Staaten ist ein Filmstar – wie ich gehört habe – der populärste Präsident des Jahrhunderts. Mit einem starken Unwirklichkeitsgefühl habe ich Leuten zugehört, wie sie diskutierten, warum Reagan so erfolgreich ist, ohne jemals zu erwähnen, dass die Leute ihn vielleicht wählen, weil er schon damals an der Kinokasse gewählt wurde.

Regieren durch Showbusiness … Jede autoritäre Regierung versteht das sehr gut. Man denke an Hitlers Massenparaden, als Millionen von Menschen aufgepeitscht und in einen hysterischen Zustand versetzt wurden, oder an die gewaltigen Militärparaden der Sowjetunion, an die schönen Kinder, Mädchen, an Tanz, Blumen, Lieder … Seite an Seite mit Furcht und Schrecken.

Unsere neuen beängstigenden Technologien gehen Hand in Hand mit neuen psychologischen Erkenntnissen.

Und manchmal führt die Technologie zu nicht vorhersehbaren Ergebnissen. Ich habe gerade in einem Bericht gelesen, wie Soldaten, die an die Front geschickt werden sollen, unempfindlich gemacht werden, indem man sie absichtlich in einer Weise Brutalitäten aussetzt, dass sie langsam ihre Fähigkeit verlieren, die Menschen, die sie angreifen oder verhören müssen, als Menschen zu sehen. Das ist ein kontrollierter und eingeübter Prozess, bei dem die Trainer genau wissen, was sie tun, und ihre Schützlinge langsam, Stufe um Stufe dahin bringen, dass sie ohne irgendeine Gefühlsregung foltern oder töten können.

Vor Kurzem gab es deshalb in verschiedenen Ländern Proteste, aber obwohl ich mir sicher bin, dass nicht weniger Soldaten so ausgebildet werden, verstummen die Proteste. Ich habe den starken Eindruck, dass die Technologie – Fernsehen, Kino, um genau zu sein – genau den gleichen Prozess vorantreibt. Sie setzt uns Brutalitäten jeder Art aus, damit wir unsere Sensibilität verlieren. Wir verlieren unsere Sensibilität auf eine willkürliche und unvorhersagbare Weise.

Bilder von der Hungersnot in Äthiopien rüttelten das Gewissen von Menschen in vielen Ländern auf. Aber Bilder von Opfern aus einem anderen Erdteil stoßen ins Leere. Vor noch gar nicht langer Zeit wurde uns berichtet, in Nigeria sei eine große Anzahl von Menschen öffentlich gehängt worden. Die Welt zeigte darauf praktisch keine Reaktion. Einige von uns erinnern sich an den Schock nach dem Zweiten Weltkrieg, das Unbehagen in der Welt, als sich die Sowjetunion entschloss, einige deutsche Kriegsverbrecher öffentlich zu hängen, um die Entrüstung der geplünderten, ausgeraubten und abgeschlachteten russischen Zivilbevölkerung zu beschwichtigen. Wir waren schockiert, obwohl wir fast fünf Schreckensjahre durchlebt hatten: Wir hatten genug davon, und wir waren übervoll von Grausamkeiten, aber nicht so übervoll, dass wir nicht mehr reagieren konnten. Ich frage mich, ob irgendjemand heute protestieren würde; wir sind abgestumpft. Wir sind unempfindlich gemacht worden. Abend um Abend, Tag um Tag, Jahr um Jahr haben wir die Schreckensmeldungen der ganzen Welt gesehen, und das hat uns unempfindlich gemacht; genauso wie diese Soldaten, die absichtlich brutalisiert wurden. Uns wollte niemand brutalisieren, gefühllos machen; aber genau das sind wir in zunehmendem Maße.

Dies ist nicht das Ergebnis eines zynischen Experten der Manipulation, der bewusst die Erkenntnisse der Psychologie nutzt, sondern eine nahezu zufällige Folge unserer Technologie.

Ich frage mich, ob vielleicht in Zukunft interessierte Menschen danach forschen werden, was das Gewissen der Welt im Zusammenhang mit Äthiopien aufrüttelte, wenn sich das gleiche Gewissen bei der Hungersnot und dem Leiden, das die Sowjetunion in Afghanistan zu verantworten hat, nicht regte? Es gibt über fünf Millionen Flüchtlinge in Pakistan und im Iran, das ist über ein Drittel der Bevölkerung des Landes. In Afghanistan wird die Ernte absichtlich durch Napalm vernichtet, Dörfer werden zerstört und Kinder durch Sprengkörper verkrüppelt, die in Spielzeug versteckt sind. Man hat es als vorsätzlichen Völkermord in bestimmten Gebieten bezeichnet. Eine Million Zivilisten wurden ermordet. Während ich hier schreibe, sterben die Menschen dort vor Hunger; trotzdem hat es keine großen öffentlichen Kampagnen gegeben. Das Herz der Welt hat sich den Opfern in Afghanistan, wo es eine sowjetische Marionettenregierung gibt, verschlossen; aber das Herz der Welt ist offen für Äthiopien, das von einer sowjetischen Marionettenregierung beherrscht wird. Seit mehr als einem Jahrzehnt sind Menschen in den Ländern entlang der Sahelzone verhungert, aber das hat nichts ausgelöst, und bis vor Kurzem reagierten die Menschen keineswegs mit Großzügigkeit und Mitgefühl. Aber warum nicht? Dies ist zumindest eine interessante Frage ...

Trotzdem wird es Menschen geben, die der Meinung sind, dass diese Frage gefühllos sei oder zumindest geschmacklos.

Ich glaube immer mehr, dass wir durch Wogen der Massenemotion bestimmt werden, und solange sie andauern, ist es nicht möglich, kühle, ernsthafte Fragen zu stellen. Man muss einfach den Mund halten und abwarten; alles geht vorbei ... Aber inzwischen könnten uns diese kühlen, ernsthaften Fragen und ihre kühlen, ernsthaften, objektiven Antworten retten.

Wenn ich auf mein Leben zurückblicke, das jetzt sechsundsechzig Jahre überspannt, sehe ich eine Folge großer Massenereignisse, Ausbrüche von Emotionen, von wilden parteiischen Leidenschaften, die vorübergehen, doch während sie andauern, ist es nicht möglich, mehr zu tun, als zu denken: »Diese Slogans oder diese Anschuldigungen, diese Behauptungen werden sehr bald allen lächerlich, wenn nicht sogar peinlich vorkommen.« Aber während sie herrschen, kann man das nicht sagen.

Ich wurde kurz nach dem Ersten Weltkrieg geboren, der meine Kindheit überschattete. Es war ein Krieg, in dem die nationalen Empfindungen primitiv, abscheulich und so dumm waren, dass jetzt junge Leute fragen können: »Aber *wie* konnten sie das glauben? Warum haben sie gekämpft?«

Der nahende Zweite Weltkrieg überschattete meine Jugend, und meine beiden Ehen waren eine Folge dieses Krieges, der von einem rasend gewordenen Verrückten verursacht wurde.

Der Kommunismus in Russland kochte über, mordete und zerstörte. Dennoch verbreiteten sich eine Zeit lang die gewalttätigen parteiischen Leidenschaften dieser Revolution überall und verhinderten jedes klare Denken. Für manche Leute an manchen Orten ist es immer noch unmöglich, klar zu denken.

China bebte während der Revolution und bebte erneut während der Kulturrevolution, die das Land um eine Generation zurückwarf. Und während diese großen sozialen Strudel oder Erdbeben oder Vulkanausbrüche stattfanden, konnten die beteiligten Menschen sich weder vernünftig mitteilen noch Fragen stellen oder protestieren.

Eine Massenbewegung folgt der anderen, jede eine Ansammlung von Massenüberzeugungen: für den Krieg, gegen den Krieg; gegen den Atomkrieg; für Technologie, gegen Technologie. Und jede erzeugt eine bestimmte Denkstruktur: gewalttätig, emotional, parteiisch; immer werden Tatsachen unterdrückt, die nicht dazu passen, immer wird gelogen, und immer ist es unmöglich, in einem kühlen, ruhigen, vernünftigen, zurückhaltenden Ton zu sprechen, der, meiner Meinung nach, der einzige ist, der die Wahrheit zum Vorschein bringt.

Und dennoch, während dieser Unruhen und Aufstände dauert gleichzeitig, parallel, die andere Revolution an: die stille Revolution, die auf der nüchternen und genauen Beobachtung unser selbst, unseres Verhaltens und unserer Fähigkeiten basiert. In tausend Universitäten, Labors oder in speziell dafür entwickelten Forschungseinrichtungen wird Wissen gesammelt, das die Welt, in der wir leben, verändern könnte, wenn wir nur beschlössen, dieses Wissen zu nutzen. Aber es bedeutet, diesen bewussten Schritt in die Objektivität zu tun, weg vom wilden Emotionalismus, es ist die bewusste Entscheidung, uns selbst zu sehen, wie uns vielleicht ein Besucher von einem anderen Planeten sehen würde.

Es bedeutet, und ich hoffe, es klingt nicht zu mild, sich für das Lachen zu entscheiden … Die Wissenschaftler, die Gehirnwäsche- und Indoktrinationstechniken erforschen, haben entdeckt, dass Menschen, die zu lachen verstehen, am nachhaltigsten Widerstand leisteten. Die Türken, zum Beispiel … jene Soldaten, die ihren Folterern lachend gegenübertraten, überlebten manchmal, während andere starben. Fanatiker lachen nicht über sich selbst, Lachen ist *per definitionem* ketzerisch, wenn es nicht einem Gegner oder Feind gegenüber als Grausamkeit benutzt wird. Bigotte Menschen können nicht lachen. Wahre Gläubige lachen nicht. Ihre Vorstellung vom Lachen entspricht einer satirischen Karikatur, die eine gegnerische Person oder Idee anprangert. Tyrannen und Unterdrücker lachen nicht über sich selbst und dulden kein Lachen über sich.

Lachen ist eine Macht, und nur die zivilisierte, die emanzipierte und freie Person kann über sich selbst lachen.

Als der Schah von Persien noch auf seinem Thron saß, passierte in einem persischen Dorf Folgendes: Ein ruhiger, gesetzestreuer und einfühlsamer Mann nannte seine wunderschöne Lieblingskatze Schah-in-Schah, wie sich die großen Könige von Persien gerne nannten – König der Könige. Ein Dorfpolizist hörte das und denunzierte den unglücklichen Mann bei der Geheimpolizei. Er wurde ins Gefängnis abgeführt und verschwand, wie Menschen damals öfter verschwanden und es heute unter Chomeini natürlich immer noch tun … Ich habe dieses Ereignis gegenüber Anhängern des alten Regimes erwähnt, und man hat nur gesagt, dass es lächerlich sei und der Schah selbst auch so gedacht hätte. Aber hier sind wir bei einem Gesetz der Gesellschaft angelangt, das die Gesetzgeber überhaupt nicht berücksichtigen, wenn sie unsere Gesetze festlegen und sich zurücklehnen, zufrieden, dass die Gesetze gerecht sind und die Gesellschaft gut ist. Die Menschen an der Spitze einer Regierung, einer Verwaltung, eines Ministeriums oder einer Institution der Regierung oder Verwaltung wissen nie, was auf den unteren Ebenen vor sich geht. Dies erklärt die Szene, die sich jeden Tag abspielt, überall auf der Welt, in jedem Land, wo irgendein unbedeutender Bürger, der tyrannisiert oder irregeführt oder ungerecht behandelt worden ist, ungläubig zuhört, wenn ein großer Mann oder eine große Frau – der Boss – verkündet, dass so etwas nie unter ihm oder ihr, unter seiner oder ihrer Herrschaft passieren könnte, denn so etwas verstoße gegen die Vorschriften und würde niemals von ihm oder ihr geduldet werden. Wir haben schon oft verwundert folgende Szene im Fernsehen gesehen oder im Radio gehört: »Nein, sicher nicht, natürlich schlagen *meine* Polizisten nicht hilflose Menschen in den Zellen zusammen, überführen nicht Unschuldige mit gefälschten Beweisen; natürlich tyrannisieren *meine* Beamten keine hilflosen Menschen oder nehmen Bestechungsgelder. Natürlich kann so eine schreckliche Ungerechtigkeit, die Sie beschrieben haben, nicht geschehen.« Aber sie geschieht, sie ist gerade geschehen. Der Grund dafür ist, wie ich bereits sagte, dass die Leute an der Spitze nicht wissen, was unter ihnen vorgeht. Man könnte auf die zynische Idee kommen, dass sie es nicht wissen wollen … Wie dem auch sei, sie sind offensichtlich hilflos gegenüber diesem Mechanismus, der sicherstellt, dass in jedem Land, in dem ich gelebt habe, das ich besucht habe, worüber ich gelesen habe, die Menschen auf der untersten Ebene schlecht behandelt werden. Ist es nicht möglich, etwas dagegen zu unternehmen? Nein, nichts kann getan werden, bis wir den Punkt erreicht haben, an dem wir in der

Lage sind zu sagen, dass es so *ist*, immer so sein wird, wenn wir keine Sicherungen einbauen.

In den alten Zeiten gab es in einigen Ländern einen Überprüfungsmechanismus, den die Könige, die damals die Autoritäten waren, eingerichtet hatten. Es gab Regierungsbeauftragte, deren Arbeit darin bestand, als normaler Bürger verkleidet, das Verhalten der Beamten zu überprüfen. Wenn sich herausstellte, dass ein Beamter dumm, beleidigend, tyrannisch oder ungerecht war, wurde er entfernt. Kein Beamter konnte jemals sicher sein, dass die scheinbar hilflose Person, die vor ihm stand, nicht ein verkleideter Regierungsinspektor war. Und dementsprechend verhielten sich die Beamten vorsichtiger, und der Standard öffentlicher Dienstleistungen war hoch.

Dieses Mittel zur Verbesserung der Verwaltung konnte nur angewendet werden, weil die infrage kommenden Verwaltungen in der Lage waren, sich selbst distanziert zu betrachten, ihren Zustand zu diagnostizieren und entsprechend zu reagieren.

Es gibt nichts, was uns davon abhalten könnte, das Gleiche zu tun.

GRUPPENDENKEN

Menschen, die im Westen leben, in Gesellschaften, die wir als die westliche oder als die freie Welt bezeichnen, mögen auf sehr unterschiedliche Art ausgebildet worden sein, aber sie werden alle eine Vorstellung von sich selber haben, die etwa so lautet: Ich bin Bürger einer freien Gesellschaft, und das bedeutet, ich bin ein Individuum, das individuelle Entscheidungen trifft. Meine Gedanken gehören mir, und meine Überzeugungen wähle ich selbst, ich bin frei, kann tun, was ich will. Schlimmstenfalls stehe ich unter einem ökonomischen Druck, was bedeutet, ich bin vielleicht zu arm, um das zu tun, was ich will.

Diese Ansammlung von Vorstellungen mag vielleicht wie eine Karikatur klingen, ist aber nicht weit von dem entfernt, wie wir uns sehen. Es ist ein Porträt, das vielleicht nicht bewusst erworben wurde, das aber Teil einer allgemeinen Stimmung ist oder einer Reihe von Annahmen, die unsere Ideen über uns selbst beeinflussen.

Daher ist es möglich, dass Menschen im Westen ihr Leben lang niemals daran denken, dieses sehr schmeichelhafte Bild zu hinterfragen, und sie sind folglich hilflos gegen jede Form von Druck, der auf sie ausgeübt wird, damit sie sich in verschiedenster Weise anpassen.

Tatsache ist, dass wir alle unser Leben in Gruppen leben – Familie, Arbeitsgruppen, soziale, religiöse und politische Gruppen. Sehr wenige Menschen sind als Einzelgänger wirklich glücklich, und sie werden oft von ihren Nachbarn als sonderbar, egoistisch oder Schlimmeres angesehen. Die meisten Menschen können nicht lange alleine sein. Sie suchen ständig nach Gruppenzugehörigkeit, und wenn sich eine Gruppe auflöst, suchen sie nach einer anderen. Wir sind immer noch Herdentiere, und daran gibt es nichts auszusetzen. Wie ich aber bereits im letzten Vortrag dieser Reihe angedeutet habe, ist es nicht gefährlich, einer Gruppe oder Gruppen anzugehören, es ist vielmehr gefährlich, die sozialen Normen, die diese Gruppe und uns regieren, nicht zu verstehen.

Wenn wir in einer Gruppe sind, neigen wir dazu, so zu denken, wie die Gruppe denkt: Vielleicht sind wir sogar der Gruppe beigetreten, um »Gleichgesinnte« zu treffen. Aber wir werden auch feststellen, dass unser Denken sich ändert, weil wir einer Gruppe angehören.

Es ist die schwierigste Sache der Welt, als Mitglied einer Gruppe eine individuelle, abweichende Meinung aufrechtzuerhalten.

Ich glaube, wir alle haben diese Erfahrung gemacht, halten sie für selbstverständlich, haben vielleicht niemals darüber nachgedacht. Aber Psychologen und Soziologen haben gerade über dieses Thema sehr viel geforscht. Wenn ich ein oder zwei Experimente beschreibe, wird jeder zuhörende Soziologe oder Psychologe stöhnen, oh Gott, nicht schon *wieder* – denn sie werden viel zu oft von diesen klassischen Experimenten gehört haben.

Ich vermute jedoch, dass alle anderen Menschen noch nie von diesen Experimenten gehört haben, dass ihnen diese Gedanken niemals vorgestellt worden sind. Wenn meine Vermutung stimmt, dann veranschaulicht sie treffend meine allgemeine These und den allgemeinen Gedanken, der diesen Vorträgen zugrunde liegt, nämlich, dass wir (die menschliche Rasse) heute im Besitz einer Fülle von Erkenntnissen über uns selbst sind, diese aber nicht gebrauchen, um unsere Institutionen und folglich unser Leben zu verbessern.

Ein typischer Test, oder Versuch, zu diesem Thema verläuft so: Eine Gruppe von Menschen wird von einem Forscher ins Vertrauen gezogen. Eine Minderheit von ein, zwei wird im Dunkeln gelassen. Es wird eine Situation gewählt, die Augenmaß oder Beurteilung erfordert. Zum Beispiel sollen die Längen von Holzstäben verglichen werden, oder auch Formen von ähnlicher Größe, die sich nur wenig unterscheiden, aber doch ausreichend, um wahrnehmbar zu sein. Die Mehrheit der Gruppe wird – entsprechend der Anweisung – stur behaupten, dass die zwei Formen oder Längen identisch sind, während das einzelne Individuum oder das Paar, das nicht eingewiesen worden ist, behauptet, dass die Holzstäbe oder was auch immer sich unterscheiden. Aber die Mehrheit wird weiter darauf insistieren – metaphorisch gesprochen –, dass Schwarz Weiß ist, und nach einer Phase der Verzweiflung, Irritation, sogar Wut, des Unverständnisses wird sich die Minderheit der Mehrheit anschließen. Nicht immer, aber fast immer. Es gibt tatsächlich glorreiche Individualisten, die stur auf der Wahrheit, die sie sehen, beharren; aber die meisten geben der mehrheitlichen Meinung nach, gehorchen der Atmosphäre.

Wenn es so kahl, so kompromisslos dargestellt wird, sind die Reaktionen meistens ungläubig: »Ich würde bestimmt nicht aufgeben, ich würde meine Meinung sagen ...« Aber würdest du das wirklich?

Menschen, die viele Gruppen erlebt haben, die vielleicht ihr eigenes Verhalten beobachtet haben, werden zustimmen, dass es die schwierigste Sache der Welt ist, sich gegen die eigene Gruppe, eine Gruppe von Gleichgesinnten, zu stellen. Für viele Menschen ist es eine der unangenehmsten Erinnerungen, dass sie »Schwarz ist Weiß« gesagt haben, weil andere Leute es sagten.

Mit anderen Worten, wir wissen, dass dies menschliches Verhalten ist, aber woher? Ein vages, unbequemes Eingeständnis (das wahrscheinlich die Hoffnung beinhaltet, dass man nie wieder in solch einer Testsituation sein wird) ist eine mögliche Reaktion, aber eine ganz andere wäre es, diesen kühlen Schritt in Richtung Objektivität zu gehen, wo man sagen kann: »Na gut, wenn die Menschen, mich eingeschlossen, so sind, dann sollten wir es zugeben, untersuchen und unsere Einstellungen dementsprechend organisieren!«

Dieser Mechanismus der Gehorsamkeit gegenüber der Gruppe bedeutet nicht nur Gehorsamkeit oder Unterwerfung gegenüber einer kleinen Gruppe, oder einer genau abgegrenzten Gruppe, wie in einer religiösen oder politischen Partei. Er bedeutet auch die Anpassung an jene großen, unbestimmten und schlecht definierten Ansammlungen von Menschen, die sich selbst gar nicht eingestehen, dass sie kollektiv denken, weil sie sich kleinerer Meinungsunterschiede bewusst sind – die jedoch Außenstehenden, Menschen aus einer anderen Kultur sehr unerheblich erscheinen. Die zugrunde liegenden Annahmen und Behauptungen, welche die Gruppe beherrschen, werden niemals diskutiert, niemals infrage gestellt, wahrscheinlich niemals zur Kenntnis genommen. Hauptsache, es gibt ein Gruppenverständnis, das sehr widerstandsfähig gegenüber Veränderungen ist und heilige Annahmen beinhaltet, über die es keine Diskussion geben darf.

Da mein Gebiet die Literatur ist, kann ich dort am einfachsten Beispiele finden. Ich lebe in London, und die literarische Gemeinde dort würde von sich niemals annehmen, einem Kollektivdenken zu folgen, aber genau das, meine ich, tut sie. Einige Mechanismen werden als dermaßen selbstverständlich angesehen, dass sie immer wieder genannt und erwartet werden. Zum Beispiel die sogenannte Zehn-Jahres-Regel, das heißt, wenn ein Schriftsteller stirbt, fallen seine Werke normalerweise zunächst in Ungnade; nach einiger Zeit wird er wieder zur Kenntnis genommen. Man kann ja ruhig darüber nachdenken, dass so etwas wahrscheinlich passieren wird, aber ist es sinnvoll? Muss es passieren?

Ein anderer sehr bemerkenswerter Mechanismus ist, dass ein Schriftsteller jahrelang unbeliebt sein kann – obwohl er lebt, kaum bemerkt wird – und dann plötzlich bemerkt und hochgelobt wird. Ein Beispiel dafür ist Jean Rhys, die viele Jahre in diesem Land lebte. Sie wurde nie erwähnt, sie hätte genauso gut tot sein können, was auch die meisten Leute glaubten. Sie war verzweifelt auf der Suche nach Freundschaft und Hilfe und fand sie lange Zeit nicht. Dann beendete sie, dank der Bemühungen eines weitsichtigen Verlegers, ihr Buch *Sargassomeer* und wurde auf einmal wieder sichtbar. Der für mich entscheidende Punkt ist jedoch: Alle ihre vorherigen Bücher, die unerwähnt und ungeehrt geblieben waren, wurden plötzlich anerkannt und gepriesen. Warum wurden sie während der langen Periode der Vernachlässigung überhaupt nicht gelobt? Weil das kollektive Bewusstsein so funktioniert – »Folgt dem Führer«, die Leute sagen alle das Gleiche zur gleichen Zeit.

Man kann natürlich sagen, dass dies eben »der Lauf der Welt« ist. Aber muss das sein? Wenn es sein muss, dann könnten wir es zumindest erwarten, verstehen und berücksichtigen. Wenn es ein Mechanismus ist, den man als solchen erkennt, würde es vielleicht den Kritikern leichter fallen, mutiger zu sein und sich in ihren Äußerungen weniger wie Schafe zu verhalten.

Müssen sie so viel Angst vor dem Gruppendruck haben? Sehen sie wirklich nicht, wie sie sich gegenseitig wiederholen?

Man kann beobachten, wie eine Idee oder eine Meinung, selbst ein Satz, plötzlich auftaucht und in hundert Rezensionen, Kritiken, Unterhaltungen wiederholt wird – und dann verschwindet. Aber inzwischen ist jedes Individuum, das diese Meinung oder diesen Satz tapfer wiederholt hat, das Opfer des Zwanges geworden, so zu sein wie alle anderen. Dieser Zwang ist niemals analysiert worden, zumindest nicht von seinen Opfern. Obwohl Außenseiter ihn leicht beobachten können.

Auf diesen Mechanismus verlassen sich natürlich Journalisten, wenn sie ein Land besuchen. Sie wissen, wenn sie eine kleine Gruppe oder Klasse von Menschen interviewen, dann repräsentieren diese zwei oder drei Bürger alle anderen, da zu jeder bestimmten Zeit alle Menschen einer Gruppe oder Klasse die gleichen Dinge in den gleichen Worten sagen werden.

Meine Erfahrung als Jane Somers veranschaulicht diesen und viele andere Punkte. Unglücklicherweise ist die Zeit zu knapp, um die Geschichte ausführlich zu erzählen. Ich habe zwei Bücher unter einem anderen Namen, Jane Somers, geschrieben, die wie die einer unbekannten Autorin bei den Verlegern eingereicht wurden. Ich machte das aus Neugier und um bestimmte Erscheinungen des Verlagswesens und die Mechanismen, die die Buchkritik beherrschen, zu beleuchten.

Das erste Buch, *Das Tagebuch der Jane Somers*, wurde von meinen beiden Hauptverlegern abgelehnt. Es wurde von einem dritten und außerdem von drei europäischen Verlegern angenommen. Das Buch wurde bewusst an alle Menschen geschickt, die sich selbst als Experten meiner Werke betrachteten, und sie erkannten mich nicht. Schließlich wurde es rezensiert, kurz und häufig von oben herab, wie die meisten neuen Romane, und wäre für immer verschwunden – hätte nur einige Fanbriefe hinterlassen. Denn Jane Somers bekam Briefe von Verehrern aus Großbritannien und den Vereinigten Staaten. Die wenigen Leute, die in das Geheimnis eingeweiht waren, staunten, dass es niemand erriet. Dann schrieb ich das zweite Buch, *Die Liebesgeschichte der Jane Somers*, und immer noch kam niemand darauf. Jetzt sagen die Menschen ständig zu mir: »Wie ist es möglich, dass niemand darauf gekommen ist? Ich hätte es sofort erraten.« Vielleicht. Aber vielleicht sind wir abhängiger von Markennamen und Verpackungen, als wir glauben wollen. Kurz bevor ich alles aufdeckte, wurde ich von einem Journalisten in den Staaten gefragt, was ich glaubte, was passieren würde. Ich sagte, das britische literarische Establishment würde verärgert sein und sagen, die Bücher seien nicht gut, aber alle anderen würden sich darüber amüsieren. Und genau das geschah. Ich bekam viele

Glückwunschbriefe von Schriftstellern und Lesern, die den Witz genossen hatten – und sehr gehässige und bissige Kritiken. In Frankreich, Skandinavien und in Deutschland kamen die Bücher folgendermaßen heraus: *Das Tagebuch der Jane Somers*, von Doris Lessing. Ich habe selten so gute Kritiken bekommen wie in Frankreich und Skandinavien für die Jane-Somers-Bücher. Natürlich könnte man daraus schließen, dass die Kritiker in Frankreich und Skandinavien, im Gegensatz zu den britischen Kritikern, keinen Geschmack haben.

Es war sehr unterhaltsam, hinterließ aber auch ein Gefühl der Beschämung über meinen Berufsstand. Muss denn alles immer so vorhersehbar sein? Müssen die Leute wirklich solche Schafe sein? Natürlich gibt es originelle Köpfe, Menschen, die ihren eigenen Weg gehen und nicht Opfer des Bedürfnisses werden, zu tun, was alle anderen tun. Aber es sind wenige. Sehr wenige. Von ihnen hängt die Gesundheit, die Vitalität aller unserer Institutionen ab, nicht nur die Literatur, aus der ich meine Beispiele bezogen habe.

Man hat festgestellt, dass zehn Prozent der Bevölkerung als »natürliche« Führer bezeichnet werden können, die, wenn sie eine Entscheidung oder eine Wahl treffen, ihrem eigenen Verstand folgen. Dieses Wissen hat sich allgemein so durchgesetzt, dass es in Anweisungen für Leute, die Gefängnisse, Konzentrationslager, Kriegsgefangenenlager leiten, aufgenommen wurde: Entfernt diese zehn Prozent, und eure Gefangenen werden feige und angepasst.

Da sind wir natürlich wieder beim Elitedenken, das so außer Mode und unerwünscht ist, dass dem Gedanken, einige Menschen seien von Natur aus besser ausgerüstet als andere, in großen Bereichen der Politik und sogar der Bildung Widerstand entgegengebracht wird. Aber ich werde auf das Thema Elitedenken später zurückkommen. Inzwischen können wir feststellen, dass wir alle von der Vorstellung des einsamen Individualisten, der die Konformität durchbricht, abhängig sind und sie respektieren. Es ist das immer wiederkehrende Thema der typisch amerikanischen Filme – zum Beispiel: *Mr. Smith geht nach Washington.*

Betrachten wir die Art und Weise, wie eine Einstellung gegenüber einem bestimmten Schriftsteller oder einem Buch aufrechterhalten wird. Lob oder Tadel – alle sagen das Gleiche, bis sich
die Meinung ändert. Dieser Wandel kann ein Teil einer größeren
gesellschaftlichen Veränderung sein. Nehmen wir die Frauenbewegung als Beispiel. In London gibt es einen lebendigen, mutigen Verlag, Virago genannt, der von Frauen geleitet wird. Viele
Schriftstellerinnen, die unbeachtet geblieben sind oder nicht
ernst genommen wurden, sind von ihm neu beurteilt worden.
Aber manchmal gibt es den Wandel, weil sich eine Person gegen
die vorherrschende Meinung stellt. Andere schließen sich ihm
oder ihr an, und die neue Haltung wird dann allgemein.

Dieser Mechanismus wird selbstverständlich ständig von Verlegern eingesetzt. Wenn ein neuer Autor, ein neuer Roman lan-
ciert werden soll, wird der Verleger nach einem etablierten
Schriftsteller suchen, der ihn lobt. Weil ein »Name« sagt, dass er
gut ist, achten die Literaturredakteure und Feuilletonschreiber
darauf, und das Buch ist eingeführt. Es ist leicht, diesen Teil der
Maschinerie bei sich selbst zu beobachten: Wenn jemand, den
man respektiert, dies und jenes gutheißt, während man selbst
anderer Ansicht ist, ist es schwer, anderer Meinung zu sein.
Wenn mehrere Leute behaupten, etwas sei gut, wird es entsprechend schwerer.

Zu einer Zeit, in der ein Beurteilungsmuster in ein anderes
übergeht, lässt sich das Auf-Nummer-sicher-Gehen leicht beobachten. Ein Kritiker wird einen fein ausbalancierten Artikel
schreiben, der beide Auffassungen berücksichtigt. Ein leichter,
wissender, urbaner Ton gehört dazu. Dieser besondere Ton wird
häufig im Radio oder im Fernsehen benutzt, wenn umstrittene
Themen diskutiert werden. Man hielt es zum Beispiel für unmöglich, Menschen auf den Mond zu bringen. Der Königliche
Astronom behauptete diese Unmöglichkeit, noch wenige Jahre
bevor es geleistet wurde. Dieser leichte, spöttische, abfällige Ton
trennt den Sprecher vom Thema: Er oder sie spricht zu den
Hörern oder Zuschauern, über die Köpfe der dummen Leute
hinweg, die glauben, dass man Menschen auf den Mond schi-

cken oder dass es Monster in Loch Ness oder Lake Champlain geben könnte oder dass ... aber setzen Sie Ihre eigenen Lieblingsmöglichkeiten ein.

Sobald wir einmal gelernt haben, wie dieser Mechanismus funktioniert, stellen wir fest, wie wenig im Leben frei davon ist. Der ganze äußere Druck, unter dem wir stehen, besteht fast ausschließlich aus Gruppenglauben, Gruppenbedürfnissen, nationalen Bedürfnissen, Patriotismus und Anforderungen an die örtliche Loyalität, wie zum Beispiel gegenüber einer Stadt oder allen möglichen lokalen Gruppen. Aber subtiler und anspruchsvoller – gefährlicher – ist der Druck von innen, der fordert, dass du dich anpassen sollst, und dieser ist am schwierigsten zu beobachten und zu kontrollieren, wenn überhaupt.

Vor vielen Jahren besuchte ich die Sowjetunion während einer besonders strengen Phase ihrer literarischen Zensur. Die Schriftstellergruppe, die wir kennenlernten, sagte, es gäbe keinen Grund, ihre Werke zu zensieren, denn sie hätten einen, wie sie es nannten, »inneren Zensor« entwickelt. Der Stolz, mit dem sie es erzählten, schockierte uns Westler. Schockierend war ihre Naivität, die Erkenntnis, wie abgeschnitten sie vom Wissen über psychologische und soziologische Entwicklungen waren. Der »innere Zensor« ist das, was die Psychologen »Verinnerlichung« nennen: Eine vorher abgewehrte und ungeliebte Haltung wird durch äußeren Druck, zum Beispiel durch die Eltern, zur eigenen Haltung.

Das geschieht andauernd und ist für die Opfer selbst oft nicht einfach zu durchschauen.

Es gibt andere Experimente von Psychologen und Soziologen, die den Erfahrungsbereich durchleuchten, den der Volksmund »menschliche Natur« nennt. Die Experimente sind jung, das heißt nicht älter als zwanzig oder dreißig Jahre. Einige Pionier- und Schlüsselexperimente zogen viele andere in gleicher Richtung nach – wie ich schon vorher sagte, sind sie den Fachleuten allzu bekannt, den meisten Leuten aber völlig unbekannt.

Eines ist unter dem Namen »Milgram-Experiment« berühmt geworden. Ich habe es deswegen ausgewählt, weil es umstritten war und ist, weil es intensiv diskutiert worden ist, weil alle Fachleute auf diesem Gebiet wahrscheinlich schon bei dessen bloßer Erwähnung aufseufzen. Trotzdem haben die meisten gewöhnlichen Menschen nie davon gehört. Wenn sie davon wüssten, mit den Ideen dahinter vertraut wären, dann würden wir tatsächlich weiterkommen. Das »Milgram-Experiment« wurde durch die Frage ausgelöst, warum normalerweise anständige, nette Menschen wie du und ich scheußliche Dinge tun, wenn diese ihnen befohlen werden – wie die unzähligen Beamten unter den Nazis, die zur Entschuldigung vorbrachten, sie hätten »nur Befehlen gehorcht«.

Die Forscher brachten willkürlich ausgewählte Leute in einen Raum. Ihnen wurde erzählt, sie nähmen an einem Experiment teil. Eine Wand teilte den Raum, sodass sie zwar etwas aus dem anderen Teil hören, aber nichts sehen konnten. In diesem zweiten Teil des Raumes saßen Freiwillige, die scheinbar an eine Maschine angeschlossen waren. Die Maschine erzeugte Elektroschocks von zunehmender Stärke bis zum tödlichen Stromschlag – wie der elektrische Stuhl. Eine Vorrichtung zeigte den Freiwilligen an, wie sie auf die Schocks reagieren mussten: erst mit Seufzern, dann Stöhnen, dann Schreien, dann Flehen, das Experiment zu beenden. Die Personen in der ersten Hälfte des Raumes glaubten, die Person in der anderen Hälfte sei tatsächlich mit der Maschine verbunden. Ihnen wurde gesagt, ihre Aufgabe sei es, den Anweisungen des Leiters gemäß zunehmend starke Schocks zu verabreichen und die Schmerzensschreie und Bitten auf der anderen Seite der Wand zu ignorieren. 62 Prozent der Testpersonen verabreichten Schocks bis zur 450-Volt-Stufe. Bereits bei 285 Volt hatte die Versuchsperson gequält aufgeschrien und war dann ganz verstummt. Die Leute, die glaubten, die Stromstöße, die sie verabreichten, seien schlimmstenfalls extrem schmerzhaft, standen unter starkem Stress, aber sie machten weiter. Hinterher konnten die meisten nicht glauben, dass sie zu derartigem Verhalten fähig gewesen waren. Einige sagten: »Ich habe doch nur Anweisungen ausgeführt.«

Dieser Versuch und viele andere in ähnlicher Richtung vermitteln uns die Erkenntnis, dass eine Mehrheit der Menschen – unabhängig davon, ob sie schwarz oder weiß, Mann oder Frau, alt oder jung, reich oder arm sind – Befehle ausführen wird, egal wie grausam oder brutal diese Befehle sind. Dieser Gehorsam gegenüber einer Autorität ist, kurz gesagt, keine Eigenschaft der Deutschen unter den Nazis, sondern Teil des allgemeinmenschlichen Verhaltens. Menschen, die in Zeiten extremer Spannungen in politischen Bewegungen gewesen sind, Menschen, die sich erinnern, wie es ihnen in der Schule erging, werden es ohnehin wissen … aber es ist eine Sache, die Last des Wissens herumzutragen, sich dessen halb bewusst zu sein, sich deswegen vielleicht sogar zu schämen und zu hoffen, dass es verschwindet, wenn man nicht so genau hinsieht; und es ist eine andere Sache, offen und ruhig und vernünftig zu sagen: »Stimmt. Genau das müssen wir unter diesen und jenen Bedingungen erwarten.«

Können wir uns vorstellen, dass dies in Schulen unterrichtet wird, uns vorstellen, dass Kindern beigebracht wird: »Wenn du in dieser oder jener Situation bist, wirst du dich, falls du nicht aufpasst, wie ein wilder und ein brutaler Mensch verhalten, wenn es dir befohlen wird. Achte auf diese Situationen. Sei auf der Hut vor deinen eigenen primitivsten Reaktionen und Instinkten«?

In einer anderen Versuchsreihe wurde untersucht, wie Kinder in der Schule am besten lernen. Einige Ergebnisse widersprechen liebevoll gehegten Annahmen unserer Zeit, wie zum Beispiel, dass Kinder nicht am besten lernen, wenn sie »interessiert« oder »stimuliert« sind, sondern wenn sie sich langweilen. Aber lassen wir das mal beiseite – man weiß, dass Kinder am besten von Lehrern lernen, die erwarten, dass sie gut lernen. Und die meisten lernen schlecht, wenn nicht viel von ihnen erwartet wird. Wir wissen heute, dass die meisten Lehrer in gemischten Klassen – völlig unbewusst – den Jungen mehr Zeit als den Mädchen widmen, viel mehr vom Auffassungsvermögen der Jungen erwarten und die Mädchen durchweg unterschätzen. In gemischten Klassen werden weiße Lehrer – wieder völlig unbewusst – die nicht weißen Kinder verunglimpfen, weniger von ihnen erwarten und ihnen weniger Zeit widmen. Diese Tatsachen, sage ich, sind bekannt – aber wo werden sie berücksichtigt, wo werden sie in Schulen angewandt: In welcher Stadt wird den Lehrern Folgendes gesagt: »Als Lehrer müsst ihr euch bewusst werden, dass Aufmerksamkeit eine eurer stärksten Lernhilfen ist. Aufmerksamkeit – das Wort steht für eine bestimmte Qualität von Respekt, ein aufgewecktes und achtungsvolles Interesse an einer Person – ist das, was euren Schülern am meisten nützen wird«? (Worauf man natürlich gleich die Antwort hören kann: »Aber was würden Sie tun, wenn Sie dreißig Kinder in Ihrer Klasse hätten; wie viel Aufmerksamkeit würden Sie jedem geben?«) Ja, ich weiß, aber wenn dies die Fakten sind, wenn Aufmerksamkeit so wichtig ist, dann müssen sich die Leute, die das Geld für Schulen und Erziehungsprogramme zuteilen, ganz einfach einen Punkt klarmachen: Kinder sind erfolgreich, wenn ihnen Aufmerksamkeit geschenkt wird – und wenn ihre Lehrer erwarten, dass sie erfolgreich sind. Aus diesem Grund müssen wir genug Geld für Erziehung und Ausbildung bezahlen, damit für genug Aufmerksamkeit gesorgt werden kann.

Eine andere Versuchsreihe wurde extensiv in den Vereinigten Staaten durchgeführt und, soweit ich weiß, auch in Kanada. Zum Beispiel veranlasst eine Gruppe von Ärzten ihre eigene Einweisung als Patienten in eine psychiatrische Klinik, ohne dass das Klinikpersonal davon weiß. Sie beginnen sofort, die Symptome zu zeigen, die man bei geisteskranken Menschen erwartet, und sich nach Verhaltensmustern zu benehmen, die man als typisch für Geisteskranke bezeichnet. Die Ärzte der Klinik sagen alle, ohne Ausnahme, dass sie krank sind, und ordnen sie aufgrund der von ihnen beschriebenen Symptome entsprechend ein. Nicht die Ärzte oder die Krankenschwestern stellen fest, dass diese sogenannten kranken Menschen ganz normal sind, sondern die anderen Patienten bemerken es. Sie lassen sich nicht täuschen, sie sind es, die die Wahrheit erkennen. Nur mit großen Schwierigkeiten können diese gesunden Ärzte das Klinikpersonal davon überzeugen, dass sie gesund sind, und ihre Entlassung aus dem Krankenhaus erreichen.

Und noch ein Beispiel: Eine Gruppe gewöhnlicher Bürger, Wissenschaftler, bewirkt ihre Einlieferung ins Gefängnis, einige als gewöhnliche Gefangene, andere als Gefängniswärter. Sofort verhalten sich beide Gruppen entsprechend: Die vermeintlichen Gefängniswärter verhalten sich wie richtige Aufseher, mit Autorität und schlechter Behandlung der Gefangenen, die ihrerseits ein für das Gefängnis typisches Verhalten zeigen – sie werden paranoid, misstrauisch und so weiter. Diejenigen, die Gefängniswärter spielten, gestanden später, dass sie nicht verhindern konnten, die Machtposition zu genießen, wie auch das Gefühl, die Schwachen zu kontrollieren. Die sogenannten Gefangenen konnten, als sie wieder draußen waren, nicht glauben, dass sie sich tatsächlich so verhalten hatten.

Aber angenommen, diese Dinge würden in den Schulen gelehrt?

Nur einmal angenommen, einen Moment lang ... Sofort offenbart sich der springende Punkt.

Angenommen, wir sagen den Kindern: »In den letzten fünfzig Jahren ist sich die menschliche Gattung vieler Tatsachen über ihre typischen Verhaltensweisen bewusst geworden; wie sie sich verhält, wie sie sich unter bestimmten Umständen verhalten muss. Wenn das von Nutzen sein soll, müsst ihr lernen, über diese Regeln ruhig, distanziert, unvoreingenommen und ohne Emotionen nachzudenken. Es sind Erkenntnisse, die die Menschen von blinder Pflichterfüllung, Gehorsamkeit gegenüber Schlagworten, Rhetorik, Führern und Gruppengefühlen befreien werden.« Da liegt es.

Welche Regierung, wo auch immer auf der Welt, würde gern mit ansehen, wie ihre Staatsbürger lernen, sich von Regierungs- und Staatsrhetorik und Zwängen zu befreien? Jeder Staat ist auf Loyalität und Unterwerfung gegenüber der Gruppe angewiesen. Einige natürlich mehr als andere. Chomeinis Iran und die extremen islamischen Sekten sowie die kommunistischen Länder sind an dem einen Ende der Skala. Länder wie Norwegen, dessen Nationaltag von Kindergruppen in Kostümen, mit Blumen, singend und tanzend gefeiert wird, ohne dass ein Panzer oder ein

Gewehr in Sicht ist, sind am anderen Ende. Es ist interessant, zu spekulieren, welches Land, welche Nation, wann und wo, ein Programm durchführen würde, um Kinder zu lehren, wie sie Menschen werden, die der Rhetorik Widerstand leisten und den Mechanismus, der sie regiert, untersuchen? Ich kann mir nur eines vorstellen – Amerika zu seiner Geburtsstunde, in der begeisterten Phase nach der Unabhängigkeit. Und diese Zeit konnte den Bürgerkrieg nicht überleben, denn wenn Krieg beginnt, können sich die Länder eine unvoreingenommene Untersuchung ihres Verhaltens nicht leisten. Wenn ein Krieg ausbricht, werden Nationen verrückt – und müssen verrückt werden, um zu überleben. Wenn ich auf den Zweiten Weltkrieg zurückblicke, erkenne ich etwas, das ich damals höchstens vage vermutete: Alle waren verrückt geworden. Sogar Menschen, die nicht im direkten Kampfgebiet waren. Ich spreche nicht von der Neigung zum Töten und zur Zerstörung, welche Soldaten als Teil ihrer Ausbildung erlernen, sondern von der Atmosphäre, dem unsichtbaren Gift, das sich überall ausbreitet. Und dann benehmen sich die Leute überall auf einmal so, wie sie es in Friedenszeiten nie fertigbrächten. Nachher sehen wir verwundert zurück. Habe ich das wirklich getan? Das geglaubt? Bin ich dieser Propaganda auf den Leim gegangen? Habe ich gedacht, dass alle unsere Feinde böse sind? Dass alle Taten unserer Nation gut waren? Wie konnte ich diesen Geisteszustand ertragen, Tag um Tag, Monat um Monat – ständig stimuliert, ständig zu Emotionen aufgepeitscht, gegen die mein Verstand inzwischen leise und verzweifelt protestierte?

Nein, ich kann mir keine Nation vorstellen – oder nicht lange –, die ihre Bürger lehrt, Individuen zu werden, die sich Gruppenzwängen widersetzen können.

Und auch keine politische Partei. Ich kenne viele Menschen, die Sozialisten unterschiedlichster Art sind, und ich probiere dieses Thema an ihnen aus, indem ich sage: Heutzutage verpflichtet jede Regierung Sozialpsychologen, Experten für Massenverhalten und Pöbelverhalten, um von ihnen beraten zu werden. Wahlen werden inszeniert, und politische Streitfragen werden nach den Regeln der Massenpsychologie dargestellt. Das Militär benutzt diese Erkenntnisse, Vernehmungsbeamte, Geheimdienste und die Polizei wenden sie an. Aber dieses Thema wird, soweit ich weiß, von jenen Parteien und Gruppen, die behaupten, das Volk zu repräsentieren, niemals auch nur diskutiert.

Auf der einen Seite gibt es Regierungen, die manipulieren und das Wissen und die Fähigkeiten von Experten benutzen, auf der anderen Seite Menschen, die über Demokratie, Freiheit und alles, was dazugehört, sprechen, als ob diese Werte geschaffen und erhalten werden, indem man einfach über sie spricht und sie oft genug wiederholt. Wie kommt es, dass gerade sogenannte demokratische Bewegungen ihre Mitglieder nicht in den Gesetzen der Massen- und Gruppenpsychologie unterweisen?

Wenn ich das frage, ist die Reaktion immer Widerwillen, peinliches Berührtsein, als ob das ganze Thema wirklich von sehr schlechtem Geschmack zeuge, unangenehm und irrelevant sei. Als ob das alles einfach vorbeigehen würde, wenn man es ignoriert.

Es ist paradox: Wenn wir uns in der Welt umsehen, können wir feststellen, wie diese neuen Erkenntnisse eifrig von Regierungen und Machthabern studiert, erforscht und angewendet werden. Aber die Menschen, die behaupten, jede Tyrannei abzulehnen, wollen buchstäblich nichts davon wissen.

LABORATORIEN DER SOZIALEN VERÄNDERUNG

In einem früheren Vortrag dieser Reihe sagte ich, es sei schwierig, etwas Gutes und Hoffnungsvolles in einer Welt zu entdecken, die zunehmend schrecklicher zu werden scheint. Es genügt, die Nachrichten zu hören, um den Eindruck zu bekommen, man lebe in einem Irrenhaus.

Aber halt ... wir alle wissen, dass uns die Nachrichten mit der Absicht präsentiert werden, die größte Wirkung zu erzielen, und schlechte Nachrichten scheinen uns stärker zu erregen als gute Nachrichten – was an sich schon wieder ein interessanter Aspekt der menschlichen Beschaffenheit ist. Wir werden regelmäßig, Tag für Tag, mit schlechten, den schlimmsten Nachrichten konfrontiert, und ich denke, unser Bewusstsein stellt sich zunehmend auf ungute Vorahnungen und Depressionen ein. Besteht aber nicht auch die Möglichkeit, dass die schlimmsten Ereignisse – ich muss sie nicht aufzählen, denn wir kennen sie – eine Reaktion sind, eine Unterströmung, erzeugt von der Vorwärtsbewegung in der sozialen Evolution des Menschen? Eine Vorwärtsbewegung, die für uns doch nicht klar zu erkennen ist? Aber in hundert oder zweihundert Jahren blicken vielleicht die Menschen auf unsere Zeit zurück und sagen: »Das war eine Zeit, in der Extreme um die Vormachtstellung kämpften. Der menschliche Verstand entwickelte sich sehr schnell in Richtung auf Selbsterkenntnis und Selbstbeherrschung, und wie es stets geschieht, stets geschehen *muss*, rief dieser Sprung nach vorn zugleich sein Gegenteil hervor: die Kräfte der Dummheit, Brutalität, der Mentalität des Pöbels.« Ich halte es für möglich. Ich glaube, genau das passiert jetzt.

Sehen wir uns etwas an, das außerordentlich ermutigend ist: In den letzten zwanzig Jahren haben sich zahlreiche Länder, die Tyranneien, Diktaturen waren, entschieden, Demokratien zu werden. Zu ihnen gehören Griechenland, Portugal, Spanien, Brasilien und Argentinien. In einigen dieser Länder ist die Situation gefährdet – die Demokratie ist immer in einem gefährdeten Zustand und muss immer aufs Neue erkämpft werden. Jedoch haben diese Länder, die im Griff von eindimensionalen, einfältigen und lähmenden Gedankensystemen beherrscht waren, sich entschieden, das kompliziertere, vielfältige Gleichgewicht der Demokratie zu versuchen.

Zum Ausgleich müssen wir dieser hoffnungsvollen Tatsache eine traurige gegenüberstellen: Viele junge Leute nehmen, wenn sie das Alter politischer Aktivität erreicht haben, eine Einstellung oder eine Haltung an, die für unsere Zeit sehr typisch ist: Die Demokratie sei nur Betrug und Heuchelei, eine Maske der Ausbeutung, und deswegen wollten sie auch nichts damit zu tun haben. Wir sind jetzt fast so weit, dass jemand, der die

Demokratie schätzt, als Reaktionär denunziert wird. Ich glaube, dass dies eine Haltung ist, von der die Historiker der Zukunft besonders fasziniert sein werden. Die jungen Leute, die diese Haltung gegenüber der Demokratie kultivieren, sind normalerweise diejenigen, die niemals das Gegenteil erlebt haben: Menschen, die unter einer Tyrannei gelebt haben, schätzen die Demokratie.

Nicht, dass ich es nicht verstehe – ich verstehe es nur zu gut, da ich den Prozess selbst durchlebt habe. Demokratie, Freiheit, Gerechtigkeit und so weiter – diese Wörter sind einem eingeimpft worden, und plötzlich sieht man um sich herum die schrecklichsten Ungerechtigkeiten und schreit: »Heuchler!« In meinem Fall war es Südrhodesien, wo die Demokratie nur für die weiße Minderheit galt und die schwarze Mehrheit überhaupt keine Rechte hatte. Aber wenn Menschen in dieser Geistesverfassung sind, vergessen sie, dass eine Demokratie, wie unvollkommen sie auch sein mag, Möglichkeiten der Reform, der Veränderung bietet. Sie bietet die Freiheit der Wahl. Diese Freiheit zu wählen ist, historisch betrachtet, eine neue Idee. Ich denke, wir vergessen leicht, wie neu die Vorstellung ist, dass ein Individuum Rechte hat, dass ein Bürger die Möglichkeit haben sollte, die Regierung zu kritisieren.

Wie neu ist diese Idee? Wann wurde diese Vorstellung zum ersten Mal in die menschliche Gemeinschaft eingebracht? Diejenigen, die jetzt anfangen, etwas über das alte Griechenland zu murmeln, vergessen, dass Griechenland ein Sklavenstaat war, der nur einer männlichen Minderheit eine bestimmte minimale Freiheit einräumte. Ich glaube, man kann mit einiger Sicherheit sagen, dass unsere Vorstellungen von Freiheit und den Rechten des Individuums in der englischen Revolution, in der Französischen Revolution und in der amerikanischen Revolution wurzeln. Noch sehr junge Vorstellungen. Sehr zerbrechlich. Sehr gefährdet.

Dass jedes Individuum Anspruch auf die Menschenrechte hat – nun, vor drei oder vier Jahrhunderten hätte niemand gewusst, was damit gemeint ist. Jetzt ist dieser Gedanke so mächtig, dass auch starke und rücksichtslose Regierungen damit zu Fall gebracht werden.

Anscheinend hat der Gedanke Wurzeln geschlagen, dass es so etwas wie eine zivilisierte Regierung gibt und dass es sogar einen allgemeinen Konsens darüber gibt, was eine zivilisierte Regierung sei. Wie sonst hätten die Bürger von Argentinien übereinstimmend beschließen können, ihre abgesetzte Regierung wegen ihrer Verstöße gegen die Menschenrechte zu verklagen? Wegen Verletzungen des Rechts? Dass so etwas überhaupt stattfinden konnte, scheint mir ein ganz außerordentlicher und ermutigender Fortschritt zu sein – und das beweist uns allen, dass es im Bewusstsein der Welt eine Vorstellung davon *gibt*, wie eine Regierung sein sollte. Hat es jemals vorher ein Beispiel gegeben, dass Bürger eine Regierung wegen Rechtsverletzungen anklagen wollten? Ich bin keine Historikerin, aber ich glaube, dass dies etwas Neues auf der Welt ist.

Ich denke allerdings, dass wir zur gleichen Zeit beobachten können, dass Länder, die es als selbstverständlich hinnehmen, Demokratien zu sein, die Demokratie aus den Augen verlieren, denn wir leben in einer Zeit, in der die großen Vereinfacher sehr mächtig sind – Kommunismus, fundamentalistischer Islam. Wirtschaftliche Schwäche ist eine Brutstätte der Tyrannei.

Aber gute Gedanken gehen nicht verloren, auch wenn sie eine Zeit lang untertauchen können.

Ein Beispiel: Ich habe über die sogenannten »weichen Wissenschaften« gesprochen, Sozialpsychologie, Sozialanthropologie und die anderen, und über ihren Beitrag zum Verständnis unser selbst als gesellschaftliche Tiere und wie diese jungen Wissenschaften verunglimpft, von oben herab behandelt und abgetan werden. Wie jeder weiß, ist das Geld in Großbritannien sehr knapp: Universitätsfakultäten müssen schließen, und alle möglichen Forschungsvorhaben werden gestrichen. Diese Art von Wissenschaft war stark davon betroffen und oft die erste, in deren Bereich gekürzt wurde – aber ich habe gerade gelesen, dass an verschiedenen Universitäten Fachbereiche wie Sozialpsychologie, Sozialwissenschaften und so weiter verschont worden sind, weil sie sich für die Industrie als nützlich erwiesen haben. Mit anderen Worten, sie beweisen ihren Nutzen, wo es zählt.

Ein anderes Beispiel, das zwar nicht bekannt ist, aber bestimmt in Zukunft wichtig wird: Weil der Kommunismus eine so schlechte Entwicklung nahm, sich nicht nur als eine der blutigsten Tyranneien erwies, sondern auch so ineffizient ist, dass jede andere Art von Regime, wie schlecht es auch sein mag, dem Kommunismus vorgezogen wird, vergessen wir, dass der Kommunismus aus dem alten Traum von der Gerechtigkeit für alle entstand.

Es ist ein sehr mächtiger Traum, ein starker Motor für die gesellschaftliche Veränderung. Nur weil Kommunismus zurzeit mit Barbarei, Ineffizienz und Tyrannei gleichgesetzt wird, heißt das nicht, dass die Idee von wirklicher Gerechtigkeit nicht wiedergeboren wird.

Inzwischen gibt es kein Land auf der Welt, dessen Struktur nicht durch eine privilegierte Klasse und eine arme Klasse gekennzeichnet ist. Es gibt immer eine Machtelite über der Masse des Volkes, das von Reichtum und politischer Macht ausgeschlossen ist.

In meinen pessimistischeren Momenten brüte ich über der Tatsache, dass die kommunistische Sowjetunion nur ein paar Generationen brauchte, um eine Machtelite zu entwickeln, die genauso reich und privilegiert ist wie jede andere auf der Welt. Man berichtet vom kommunistischen China, dass es ähnliche Wege geht, wie auch einige der jungen afrikanischen Staaten. Wenn es aber, für diese Zeit zumindest, ein unausweichlicher Prozess ist, dass alle Gesellschaftssysteme privilegierte Eliten produzieren, dann sollten wir das zumindest zur Kenntnis nehmen und innerhalb dieser Struktur für so viel Flexibilität wie möglich sorgen.

Jede Gruppe oder Partei, die sich gegen diese Zustände stellt, sieht sich selbst als eine Elite, ob es die Diktatur des Proletariats ist, angeführt von der Kommunistischen Partei, oder terroristische Gruppen oder die politischen Parteien der Demokratien, die ihrer Eigendefinition nach wissen, was für jeden am besten ist.

Eliten, privilegierte Klassen, Gruppen mit höherer Bildung als andere … das scheint der jetzige Stand der Welt zu sein, oder zumindest scheint nirgendwo etwas anderes sichtbar zu werden.

Es gibt alle möglichen Arten von Eliten, manche sind rückschrittlich und nutzlos, sodass sie nur den gesellschaftlichen Wandel bremsen, während andere, wie ich glaube, produktiv sind. Wenn ich sage, dass Eliten, privilegierte Gruppen, für meine Begriffe oft nützlich sind, dann macht mich das natürlich zu einer Reaktionärin, aber es hängt davon ab, wer die Elite ist: Wie ich schon vorher sagte, wenn man sie die Vorhut des Proletariats nennt, dann ändert das die Sache, nicht wahr? Oder wenn ich sage, dass Bürgerinitiativen, Pressure-Groups von unschätzbarem Wert sind, weil sie verhindern, dass eine Gesellschaft müde und unkritisch wird, dann ist das selbstverständlich auch in Ordnung – nein, es ist das Wort *Elite*, das suspekt erscheint. Nun gut, dann streichen wir es: Wir leben in einer Zeit, in der Menschen wegen eines Wortes oder eines Satzes morden würden …

Es gibt einen bestimmten gesellschaftlichen Prozess, der bekannt und sehr deutlich zu sehen ist, aber vielleicht nicht die Aufmerksamkeit erfährt, die ihm gebührt: Eine neue Idee (oder eine alte in neuer Form) wird von einer Minderheit akzeptiert, während die Mehrheit Verrat, Quatsch, Blödsinn, Kommunist, Kapitalist oder ein anderes in dieser Gesellschaft bewährtes Schimpfwort schreit. Die Minderheit entwickelt diese Idee, zuerst wahrscheinlich geheim oder halbgeheim und dann immer offener, mit immer mehr Unterstützung, bis … was wohl? Diese aufwieglerische, unmögliche, verbohrte Idee wird zur »herrschenden Meinung« und wird von der Mehrheit geliebt und geschätzt. Inzwischen ist natürlich irgendwo anders eine neue Idee entstanden, ebenso aufwieglerisch et cetera, und wird von einer Minderheit kultiviert und bis ins Detail ausgearbeitet. Ich schlage vor, wir definieren das Wort Elite für unseren derzeitigen Zweck neu, sodass es jede Gruppe von Menschen meint, die aus irgendwelchen Gründen im Besitz von Ideen ist, die ihr einen Vorsprung vor der Mehrheit verschaffen.

Wenn man in mein Alter kommt – das musste ja irgendwann kommen, werden Sie sagen –, wenn man in mein Alter kommt, dann ist es eine der unterhaltsameren Arten des Zeitvertreibs, diesen Prozess zu beobachten, der kontinuierlich in der Gesellschaft abläuft. Diese Unterhaltung ist der Jugend im Allgemeinen verwehrt, mit Ausnahme weniger, sehr nachdenklicher Jugendlicher, denn in diesem Alter ist man noch fähig, an Beständigkeit zu glauben. Was? Die Ideen, denen *sie* anhängen, sollen auf dem Müllhaufen landen? Natürlich nicht!

Aber nehmen wir an, wir erreichen den Punkt, an dem wenigstens genug von uns übereinstimmen könnten, dass dies ein Prozess *ist*, der ständig abläuft – sogar in Gesellschaften, die neue Ideen ächten, wie die kommunistischen – und der dazu führt, dass der Verrat von heute unweigerlich zur Orthodoxie von morgen wird. Würde uns das nicht effizienter machen, als wir jetzt sind, weniger hart und engstirnig und eher bereit, gesellschaftlichen Wandel zuzulassen? Ich glaube schon, ich glaube außerdem, dass eine Zeit kommen muss, in der dieser Mechanismus, wie andere in der Gesellschaft, genutzt, anstatt blockiert oder ignoriert wird. Diese Mechanismen können nur von Menschen ignoriert werden, die sich nicht mit der Geschichte beschäftigen.

Was mich auf ein anderes bemerkenswertes Phänomen unserer Zeit bringt: Die jungen Leute interessieren sich nicht für Geschichte. Nach einer neuen Umfrage in Großbritannien ordneten junge Leute, die gefragt wurden, welche Studiengänge sie für nützlich hielten, Geschichte sehr weit unten ein, nur sieben Prozent sahen überhaupt einen Wert im Fach Geschichte. Ich denke, einer der Gründe ist psychologischer Natur, leicht zu erkennen und zu verstehen, besonders wenn man, wiederum, diese Phase selbst durchlebt hat. Wenn man bewusst »jung« und damit natürlich zugleich progressiv oder revolutionär oder irgendetwas anderes ist, sich aber auf jeden Fall im Recht sieht (jung sein heißt, gegen die Alten zu sein, die dumm und reaktionär sind), dann wird man sich zuallerletzt mit Geschichte auseinandersetzen wollen, weil man dann nämlich lernen müsste, dass diese Haltung bei jungen Leuten immer wiederkehrt und Teil eines ständigen gesellschaftlichen Prozesses ist. Man will nichts lesen, das die Selbsteinschätzung trüben könnte. Man sieht sich als vollkommen gelungenes, neues und erstaunliches Wesen, dessen Ideen taufrisch sind, gerade erst ersonnen wurden, und zwar wahrscheinlich von einem selbst oder zumindest von Freunden oder dem verehrten Führer, einem völlig neuen unbefleckten Geschöpf, das die Welt verändern wird. Wenn das spöttisch klingt, dann nur, weil ich über mein eigenes Verhalten in meiner Jugend lache – aber das ist der Punkt.

Ich glaube, diese Haltung, dass das Studium der Geschichte wertlos sei, wird denen, die nach uns kommen, einigermaßen erstaunlich vorkommen.

Schließlich läuft das, was wir seit der Französischen Revolution (einige würden sagen, seit den utopischen und sozialistischen Gruppen zu Cromwells Zeiten) erlebt haben, auf eine Versuchsreihe hinaus, in der verschiedene Arten von Sozialismus, verschiedene Gesellschaftsformen erprobt wurden: vom dreizehnjährigen Kriegsregime Hitlers, das sich Nationalsozialismus nannte, zu den Labour-Regierungen in Großbritannien, von den kommunistischen Staaten in Russland und China bis Kuba, Äthiopien, Somalia und so weiter, und so weiter. Man sollte annehmen, dass Menschen, die sich mit *neuen* Gesellschaftsformen beschäftigen, sich über die Beispiele dessen, was wirklich passiert ist, hermachen würden, um sie zu untersuchen und von ihnen zu lernen.

Ich wiederhole: Die letzten zweieinhalb Jahrhunderte können als Laboratorien des sozialen Wandels gesehen werden. Damit man aus ihnen lernt, ist ein bestimmter Abstand, eine Distanz nötig, und es ist gerade dieser Abstand, der, wie ich glaube, im gesellschaftlichen Bewusstsein einen Schritt nach vorne ermöglicht. Im Zustand der brodelnden Unruhe oder des parteiischen Enthusiasmus lernt man nichts, absolut nichts.

Ich glaube, Kinder sollten Geschichte nicht so lernen, wie es heute normalerweise der Fall ist, nämlich als eine lange Liste vergangener Ereignisse, die man aus irgendeinem Grund kennen sollte. Sondern Kinder sollten lernen, dass man aus dieser Geschichte nicht nur erfahren kann, was passiert ist, sondern was wieder geschehen kann und wahrscheinlich wieder geschehen wird.

Literatur und Geschichte, diese beiden großen Zweige menschlichen Lernens, die die Geschichte des menschlichen Verhaltens, des menschlichen Denkens aufgezeichnet haben, werden von der Jugend und auch von ihren Erziehern immer weniger geschätzt. Obwohl man aus ihnen lernen kann, was ein Bürger und ein Mensch ist. Wir können lernen, uns selbst und die Gesellschaft, in der wir leben, in jener ruhigen, kühlen, kritischen und skeptischen Art und Weise zu betrachten, die die einzig mögliche Haltung für einen zivilisierten Menschen ist; das zumindest sagen alle Philosophen und Weisen.

Aber der Trend geht in die andere Richtung, nämlich nur das zu lernen, was direkt nützlich ist, also funktioniert. Ständig wächst die Nachfrage nach Leuten, die ausgebildet werden, um in einer sicher vorübergehenden Phase der Technologie zu funktionieren. Ausgebildet auf kurze Sicht.

Wir müssen uns das Wort *nützlich* noch einmal betrachten. Auf lange Sicht ist das nützlich, was überlebt, wiederauflebt, in verschiedenen Zusammenhängen lebendig wird. Es mag heute so aussehen, als ob Menschen, die ausgebildet sind, unsere neuesten Technologien effizient einzusetzen, die Elite der Welt sind, aber auf lange Sicht glaube ich, dass Menschen einflussreicher sein werden, die zugleich zu einem Denken erzogen wurden, das man früher humanistisch genannt hat – ein langfristiges, allumfassendes, kontemplatives Denken. Ganz einfach, weil sie besser verstehen, was in der Welt abläuft. Nicht, dass ich die neuen Techniker unterschätze. Im Gegenteil. Aber das, was sie wissen, ist definitionsgemäß von befristeter Notwendigkeit.

Meinem Verständnis nach ist die ganze Anstrengung und Stoßkraft und Entwicklung der Welt auf das Komplexere gerichtet, auf das Flexible, das Aufgeschlossene und auf die Fähigkeit, sich mit vielen Ideen, manchmal widersprüchlichen, gleichzeitig zu beschäftigen.

Wir sehen heute ein Beispiel für den Preis, den eine Gesellschaft zahlen muss, die an orthodoxem, eindimensionalem, schlagwortartigem Denken festhält: Die Sowjetunion ist eine knarrende, anachronistische, ineffiziente, barbarische Gesellschaft, weil ihre Form von Kommunismus die Flexibilität des Denkens ächtet. »Das Leben selbst« – um einen beliebten Ausdruck der Kommunisten zu gebrauchen –, »das Leben selbst« zeigt uns gerade, was Gesellschaften passiert, die sich erlauben, in toten Denkschablonen zu erstarren. (Der neue Herrscher, Gorbatschow, versucht, das zu beheben.) Wir können beobachten, wie die Chinesen, schon immer ein kluges und pragmatisches Volk, sich selbst den Wandel erlauben. Wir werden vielleicht sehen, wie der fundamentalistische Islam Gesellschaften erzeugt, die wegen ihrer Inflexibilität sichtlich erstarren, während andere Gesellschaften, die flexibler und offener sind, sich rasch entwickeln.

Auf lange Sicht, glaube ich, werden die Demokratien und die flexiblen Gesellschaften das Rennen machen. Ich weiß, das mag als eine allzu optimistische Sicht erscheinen, wenn man sich zurzeit in der Welt umsieht, noch dazu, wenn wir sehen, dass die neuen Erkenntnisse der Verhaltensforschung so geschickt und zynisch von Regierungen, Polizeieinheiten, Armeen, Geheimdiensten genutzt werden – all jenen Verwaltungseinrichtungen, die eingesetzt werden können, Individuen einzuschränken und zu kontrollieren.

Aber ich glaube, dass langfristig immer das Individuum den Ton angibt und über die tatsächliche Entwicklung einer Gesellschaft entscheidet.

Es ist nicht immer einfach, dem Individuum weiterhin einen so hohen Rang zu geben, da doch Individuen überall unterdrückt, verunglimpft werden und von Massendenken, Massenbewegungen und, im kleinen Maßstab, von der Gruppe überschwemmt werden.

Es ist besonders schwierig für junge Leute, angesichts der scheinbar unüberwindbaren Hindernisse, an ihre Fähigkeit zu glauben, die Dinge zu verändern und ihre persönlichen und individuellen Standpunkte aufrechtzuerhalten. Ich erinnere mich sehr deutlich, wie ich damals, als ich ungefähr zwanzig Jahre alt war, nur Denk- und Glaubenssysteme sah, die unumstößlich, und Regierungen, die unerschütterlich zu sein schienen. Aber was geschah mit den Regierungen, wie zum Beispiel der weißen Regierung in Südrhodesien? Mit jenen mächtigen Systemen wie dem der Nazis, dem der italienischen Faschisten oder der Stalinisten? Mit dem Britischen Empire ... den europäischen Kolonialreichen, die vor Kurzem noch so mächtig waren? Sie sind alle verschwunden, und das in so kurzer Zeit.

Wenn ich jetzt zurückblicke, sehe ich nicht mehr die gewaltigen Blöcke, Nationen, Bewegungen, Systeme, Glaubensrichtungen, Religionen, sondern nur Individuen, Menschen, die ich vielleicht geschätzt habe, als ich noch jung war, aber ohne großen Glauben an deren Möglichkeiten, irgendetwas zu ändern. Zurückblickend erkenne ich, wie groß der Einfluss eines Individuums sein kann, sogar einer scheinbar unbedeutenden Person, die ein bescheidenes, ruhiges Leben führt. Es sind Individuen, die Gesellschaften verändern, Ideen hervorbringen, die sich gegen Meinungstrends stellen und sie ändern. Dies gilt sowohl für offene Gesellschaften als auch für repressive, aber natürlich ist die Zahl der Opfer in den repressiven Gesellschaften höher. Alles, was mir jemals passiert ist, hat mich gelehrt, das Individuum zu schätzen, die Person, die ihre Eigenart des Denkens kultiviert oder erhält, die sich gegen Gruppendenken und Gruppenzwang stellt. Oder die sich nicht mehr als nötig den Gruppenzwängen anpasst, aber im Stillen individuelles Denken und individuelle Entwicklung beibehält.

Ich spreche nicht von Exzentrikern, um die in England so viel Aufhebens gemacht wird. Ich denke, nur eine sehr rigide und konforme Gesellschaft kann überhaupt die Idee des Exzentrikers hervorgebracht haben. Exzentriker neigen dazu, in das Bild des Exzentrischen verliebt zu sein, und wenn sie erst einmal auf diesem Weg sind, werden sie zunehmend pittoresk und entwickeln Exzentrik um ihrer selbst willen. Nein, ich spreche von Menschen, die darüber nachdenken, was in der Welt geschieht. Menschen, die versuchen, sich das Wissen über unsere Geschichte, unsere Verhaltens- und Funktionsweisen zu eigen zu machen – Menschen, die die Menschheit als Ganzes voranbringen.

Ich glaube, eine intelligente und vorausschauende Gesellschaft müsste ihr Möglichstes tun, solche Individuen hervorzubringen, anstatt sie, wie es oft geschieht, zu unterdrücken. Aber wenn Regierungen, wenn Kulturen deren Entfaltung nicht unterstützen, dann können und sollten es Individuen und Gruppen tun.

Wir sind auf das Konzept der Elite zurückgekommen, und ich halte das in diesem Zusammenhang für richtig. Wir können nicht erwarten, dass eine Regierung Kindern sagt: »Ihr werdet in einer Welt voller religiöser und politischer Massenbewegungen, Massenideen und Massenkulturen leben müssen. Jede Stunde, jeden Tag werdet ihr mit Ideen und Meinungen überschwemmt werden, die Massenproduktionen sind und ständig wiedergekäut werden und deren unbestreitbare Durchsetzungskraft einzig und allein von der Macht des Pöbels, der Schlagworte und des schablonenhaften Denkens herrührt. Ihr werdet euer ganzes Leben lang genötigt werden, euch Massenbewegungen anzuschließen, und wenn ihr dem widersteht, werdet ihr immer noch jeden Tag unter dem Druck stehen, euch den verschiedenen Gruppen, oft euren engsten Freunden, anzupassen.

Oft wird es euch in eurem Leben so vorkommen, als könntet ihr diesem Druck nicht standhalten, als fehlte euch die Kraft dazu.

Aber ihr werdet lernen, wie diese Massenvorstellungen, diese scheinbar unwiderstehlichen Zwänge zustande kommen; ihr werdet lernen, eigenständig zu denken und zu entscheiden.

Ihr werdet lernen, die Geschichte zu lesen, damit ihr begreift, wie kurzlebig Ideen sind, wie die scheinbar unwiderstehlichsten und überzeugendsten Ideen über Nacht verschwinden können und es auch tun. Ihr werdet lernen, Literatur zu lesen, sie ist der Spiegel, den sich die Menschheit selbst vorhält, um die Entwicklung von Menschen und Völkern zu verstehen. Literatur ist ein Zweig der Anthropologie, ein Zweig der Geschichte. Wir werden dafür sorgen, dass ihr wisst, wie ein Gedanke vom Standpunkt des menschlichen Langzeitgedächtnisses zu beurteilen ist. Denn

Literatur und Geschichte sind Zweige des menschlichen Gedächtnisses, aufgezeichnete Erinnerung.

Diesen Studienbereichen werden die neuen Forschungszweige angefügt, die jungen Wissenschaften, Psychologie, Sozialpsychologie, Soziologie und so weiter, damit ihr euer eigenes Verhalten verstehen könnt und das Verhalten der Gruppe, die euch euer Leben lang sowohl Trost als auch Feind sein wird, sowohl Unterstützung als auch größte Versuchung, da es immer schmerzlich sein wird – Herdentiere, die ihr nun einmal seid –, mit euren Freunden nicht übereinzustimmen.

Ihr werdet lernen, euer eigenes Wesen innerlich am Leben zu halten, euer eigenes Urteil, euer eigenes Denken … egal wie sehr ihr euch nach außen anpassen müsst, weil die Welt, in der ihr leben werdet, Unangepasstheit oft mit dem Tod bestraft.«

Aber nein, wir können wirklich nicht erwarten, dass irgendwelche Regierungen oder Staaten, die gegenwärtig auf der Welt existieren, dergleichen auf ihren Lehrplan setzen. Aber Eltern können so sprechen und lehren, und auch bestimmte Schulen. Und Gruppen von jungen Erwachsenen, die den Spießrutenlauf staatlicher und privater Erziehung kennengelernt und mit genügend gesunder Kritikfähigkeit überlebt haben, um mehr zu wollen, als ihnen gegeben wurde. Sie können sich selbst und einander lehren, was sie wollen.

Solche Menschen, solche Individuen, werden ein sehr produktives Ferment sein, und glücklich die Gesellschaft, die viele von ihnen besitzt.

Wir leben in einer offenen Gesellschaft. Wir sind stolz darauf, und das zu Recht. Eine offene Gesellschaft zeichnet sich dadurch aus, dass die Regierung ihren Bürgern keine Informationen vorenthalten darf und die Verbreitung von Gedanken erlauben muss. Aber was wir besitzen, sehen wir als Selbstverständlichkeit an. Woran wir gewöhnt sind, schätzen wir nicht mehr. Generationen unserer Vorfahren kämpften für die Freiheit der Gedanken, damit wir sie genießen können. Man muss nur Menschen von der anderen Seite des Eisernen Vorhangs kennenlernen, besonders aus der Sowjetunion, wo Gedanken sich nicht ausbreiten dürfen, wo Informationen unterdrückt werden, wo eine enge, klaustrophobische, niederdrückende Atmosphäre herrscht, um sich zu erinnern, wie sehr wir vom Glück begünstigt sind, bei allen Fehlern unserer Gesellschaften.

Wir sind begünstigt, denn wir können lernen, was wir wollen, auch außerhalb der Schulen, wenn sie uns unzulänglich erscheinen; wir können überall Ideen aufgreifen, die uns wertvoll erscheinen.

Ich finde, wir sollten diese Freiheiten intensiver nutzen, als wir es bisher tun.

Auf der Suche nach einer Illustration für meine Überzeugung, dass unabhängig denkende und bilderstürmerische Individuen die Ereignisse beeinflussen können, stieß ich zufällig auf Echnaton, den ägyptischen Herrscher, der 1400 Jahre vor Christi Geburt den Thron bestieg. Die Staatsreligion war düster und vom Tod beherrscht, und es gab unzählige Götter, halb Tier, halb Mensch. Echnaton missfiel diese Religion, also entließ er die düsteren, tyrannischen Priester, die düsteren Halbtier-Götter und nahm eine heitere Religion an, die auf Liebe basierte und nur einen Gott kannte. Seine Herrschaft dauerte nur wenige Jahre, bis er gestürzt wurde: Die alte Religion und die alte Priesterschaft kamen zurück. Wenn man Echnaton überhaupt erwähnte, wurde er als Ketzer oder als der Große Verbrecher bezeichnet, er wurde zur Unperson erklärt, wie wir heute sagen würden. Er verschwand aus der Geschichte, und erst im neunzehnten Jahrhundert wurde seine Existenz wiederentdeckt. Seitdem hat er eine ganz außergewöhnliche Wirkung auf die unterschiedlichsten Menschen gehabt. Freud glaubte, Moses habe seine Idee vom Monotheismus aus dem unterdrückten Aton-Kult übernommen, der Religion Echnatons. Später schrieb Thomas Mann über diesen Echnaton in seinem großen Roman *Joseph und seine Brüder.* Vor Kurzem hat Philip Glass eine Oper über ihn geschrieben. Wie war er wirklich, dieser König, der vor 3500 Jahren regierte, der die bemerkenswerte Fähigkeit hat, unsere Fantasie zu entzünden? Wir wissen sehr wenig über ihn, außer dass er ein Ideensystem über den Haufen warf und, wenn auch nur für kurze Zeit, ein neues Ideensystem durchsetzte. Ein einzelnes, tapferes Individuum, das die gewaltige Maschinerie von Priesterschaft und Staat herausforderte. Eine Person, die eine Religion der Liebe und des Lichtes gegen eine Religion des Todes setzte ...

Wahrscheinlich hat sich Echnaton als kleiner Junge gefragt, was eine Person gegen dieses schreckliche, drückende, mächtige tyrannische Regime mit seinen Priestern und furchterregenden Göttern schon tun könne – war nicht jeder Versuch sinnlos?

Wenn ich davon spreche, dass wir unsere Freiheiten nutzen sollten, meine ich nicht nur, auf Demonstrationen zu gehen, sich politischen Parteien anzuschließen und Ähnliches, das ist nur ein Teil des demokratischen Prozesses, sondern Ideen zu untersuchen, aus welcher Quelle sie auch kommen, und zu sehen, was sie Nützliches zu unserem Leben und den Gesellschaften, in denen wir leben, beitragen können.

IHR LANGES HAAR WAR AUFGELÖST

Der Essay entstammt Doris Lessings vierteiligem Reisebericht
The Wind Blows Away Our Words and Other Documents
Relating to the Afghan Resistance, *der 1987 in London und im
gleichen Jahr auch in deutscher Übersetzung erschien.*

Die Sage erzählt, dass Apollon, der sich langweilte, seine Aufmerksamkeit den kleinen Wesen auf der Erde zuwandte, die alle
emsig ihren Geschäften nachgingen, wie das bei uns so üblich ist.
Als er Kassandra, eine hübsche junge Frau, bemerkte, sagte er:
»Wie wär's mit einem Quickie? Es wird dein Schaden nicht sein,
ich verleihe dir die Gabe der Prophezeiung.« – »Ich habe nichts
dagegen«, sagte sie, hielt aber ihr Versprechen nicht ein, als ihr
bewusst wurde, dass sie in die Zukunft blicken konnte. Apollon
wurde wütend. Außerdem war er rachsüchtig, damals eine bewunderte Eigenschaft. »Gib mir wenigstens einen Kuss«, sagte er,
und sie war einverstanden. Während er sie umarmte, nahm er
die Hälfte seines Geschenks wieder zurück: Sie konnte zwar noch
prophezeien, verlor aber ihre Glaubwürdigkeit. Einige Überlieferungen sagen, dass Apollon ihr in den Mund atmete; andere,
ähnlich eklig, dass er »ihren Atem einsaugte«. Doch in Wirklichkeit spie er ihr wie eine Schlange in den Mund. Schlangen spielen
in der Geschichte Kassandras von Anfang an eine Rolle. Sie und
ihr Zwillingsbruder wurden von den Eltern, die sich bei einem
Gelage betrunken hatten, in einem Tempel vergessen. Als das
Paar reumütig zurückkehrte, um die Kinder abzuholen, »leckten
die heiligen Schlangen des Tempels an ihren Ohren«. So kam
Kassandra nach dieser Version der Sage zu ihrer Sehergabe.

Kassandra, die Tochter von Priamos, dem König von Troja,
warnte mit »aufgelöstem Haar« vor dem bevorstehenden, ver-
heerenden Krieg, aber niemand achtete auf sie. Verschiedene un-
überlegte Handlungen Trojas führten zum Ausbruch dieses Krie-

ges; die schöne Helena trug nicht allein die Schuld. Tatsächlich verhielten sich beide Seiten so – als könnten sie gar nicht anders –, dass dieser Krieg unvermeidlich wurde. Folglich brach er aus. Dann ging er weiter.

Es gab damals viel von dem, was wir heute Kollaboration nennen. Selbst Kassandra, die Tochter des Königs von Troja, bekam von Agamemnon, dem König der angreifenden Truppen, zwei Kinder. Helena ... nun ja, Helena ist ein interessanter Fall. In kürzeren Versionen der Geschichte oder in denen für Kinder ist sie passiv und wird von Hand zu Hand gereicht; man würfelt um sie, streitet sich um sie, begehrt sie, und sie ist immer unschuldig – wie eine Puppe oder eine lächelnde Statue, von Helligkeit durchdrungen. Als Tochter von Zeus ist sie göttlichen Ursprungs. War sie schön, weil sie göttlich war, oder göttlich, weil sie schön war? Ganz Troja liebte sie, was an die Jungfrau Maria in gewissen Ländern erinnert. Aber es ist reizvoller, sie für unwiderstehlich schön zu halten.

Und sie war mit Sicherheit nicht passiv.

Sie und Kassandra stellen oft verschiedene Aspekte einer Eigenschaft dar; eines der schmückenden Beiworte für Kassandra war: »Die, die Männer betört.«

Kassandra wurde als Agamemnons Besitz mit der Kriegsbeute nach Mykene verschifft, und Klytaimnestra, die eifersüchtig war, ließ sie ermorden. Kassandra wusste, dass man sie und Agamemnon töten wollte: Sie »roch Blut«. Doch auch ohne Blutgeruch wäre es nicht allzu schwierig gewesen vorherzusehen, dass sie der Frau ihres Geliebten im Wege stand. Kassandra weigerte sich, den Raum zu betreten, wo man ihren Liebhaber Agamemnon, ihren Feind, den Vater ihrer beiden Kinder, abschlachtete. Aber wenn sie danach nicht selbst umgebracht worden wäre, hätte sie natürlich weiterhin weise Voraussagen gemacht, erregt und mit aufgelöstem Haar. Und niemand hätte davon auch nur im Geringsten Notiz genommen.

Nun ja. Wir haben uns verändert, und damit auch das Bild, das wir uns von den Göttern machten. (Unsere Auffassung von den Gottheiten könnte man fast zu allen Zeiten als eine Art

Lackmuspapier oder Geigerzähler betrachten – als Maßstab unserer Entwicklung oder der Stufe in der Evolution.) Sie sind nicht mehr rachsüchtig oder launisch, spielen nicht mehr mutwillig mit dem Schicksal der Menschen, paaren sich nicht mehr aus Jux und Tollerei mit der einen oder anderen hübschen Sterblichen und haben derben Späßen und grobem Unfug abgeschworen. Vielmehr grübeln sie traurig über die menschlichen Schwächen und fragen sich, ob ihre Schutzbefohlenen irgendwann zur Vernunft kommen werden. »Wenn sie nur eine Spur von Unserem νοῦς – Unserem Verstand – hätten! Es wird wirklich langsam Zeit, dass sie sich etwas von Unserer Weitsicht aneignen, von Unserer Voraussicht und Unserer Fähigkeit zu erkennen, was aus ihren Taten oder Gedanken folgt. Wir tun, was Wir können, um die eine oder die andere Dummheit zu verhindern – auch wenn sie selten Unsere Einmischung in ihre Angelegenheiten wahrnehmen, weil sie so eitel und eingebildet sind. Wir pflanzen Ideen in ihre Köpfe, die die Toren für ihre eigenen halten ... ja. Wir tun so viel, wie sie Uns erlauben. Und dann gibt es dort unten auch noch diese wenigen wertvollen Menschen, die Uns nähertreten, wie Wir werden und Unsere Weisheit in sich aufnehmen wollen – durch sie können Wir das menschliche Geschick ein wenig beeinflussen. Aber sie müssen zuallererst lernen, wann man sprechen und wann man schweigen soll. Das Problem ist, dass so viele, die einen Hauch von Uns verspürt haben, den Kopf verlieren und glauben, es gehe nur darum, die Haare aufzulösen und einfach so weiterzumachen ... sie wollen sich nicht dem langen, mühsamen Prozess unterziehen, sich zu rüsten, um für die Gespräche mit Uns gerüstet zu sein – ganz im Gegenteil, sie rennen herum, plappern aufgeblasen von Einsichten und Erkenntnissen und reden unpassendes und zusammenhangloses Zeug daher, zur rechten und zur unrechten Zeit: Heilige, Propheten, Prophetinnen, Märtyrer ...«

Was ich zu gern erfahren würde, ist, wer in Priamos' Palast sonst noch über den drohenden Krieg gesprochen hat. Nur Kassandra? – Natürlich nicht. Nein, es gab wahrscheinlich eine beachtliche Minderheit, für die der Name »Kassandra« stehen kann. Sie war eine Prinzessin, erregt, mit wirren Haaren, die »Wehe, weh uns!« rief, aber in der Küche flüsterten die alten Frauen mit düsterem Blick, die das alles schon vorhergesehen hatten, und ein Bettler, der in einem früheren Krieg als Soldat zum Krüppel geworden war, trieb sich auf den Zinnen der Stadtmauer herum und packte jeden Vorübergehenden am Arm. »Dieser Krieg wird ein Unheil für uns alle sein«, brüllte er (denn er war ein wenig taub, weil ihn ein Speer verwundet hatte), »ein Unheil für die Griechen wie für uns!« Aber er war nicht mehr ganz richtig im Kopf, der arme Alte, und alle wussten, dass Kassandra entschieden zu aufgeregt war.

Vor langer Zeit gab es auf dieser Welt die besonderen, zum Weissagen begabten Individuen. Später dann einige Leute in jedem Palast, jeder Siedlung, jedem Gehöft. Doch heute ist es das ganze Volk. In unseren Tagen ist Kassandra nicht eine göttlich inspirierte Seherin oder eine alte Frau, die unbeachtet in der Ecke weint, oder ein alter Soldat, der alles im Krieg verloren hat. Kassandra ist der Warnruf, der von allen Seiten ertönt, besonders von Wissenschaftlern, deren Aufgabe es ist zu wissen, was aller Wahrscheinlichkeit nach passieren wird; von Menschen überall auf der Erde, die sich mit gesellschaftlichen und politischen Fragen beschäftigen; von jedem, der denkt. Man könnte auch sagen, dass die ganze Welt aus Kassandras besteht, da es praktisch niemanden mehr gibt, der keine Katastrophen vorhersieht. Sie alle wären abwendbar, abzuwenden, wenn wir wirklich Herr unseres Geschicks wären, wie wir glauben – oder wie man es für möglich halten könnte, wenn man uns so reden hört.

Wir wissen alle oder tun zumindest so, als ob wir es wüssten, dass wir die Regenwälder dieser Welt nicht zerstören dürfen, die Bäume auf den Berghängen nicht abholzen, weil das Wasser sonst die kostbare Muttererde ins Meer schwemmt und sich damit die Ausdehnung der Wüsten beschleunigt (sie haben sich seit Jahrhunderten, Jahrtausenden ausgedehnt). Wir sollten kein Gift in die Ozeane kippen oder Radioaktivität freisetzen, die ganze Landstriche unserer Erde unbewohnbar macht. Wir sollten keine Nuklearwaffen produzieren, weil wir eine sorglose und unzuverlässige Rasse sind. Wir sollten keine Kriege führen; schließlich gibt es vernünftigere Methoden, Meinungsverschiedenheiten zu regeln. Wir sollten nicht ... sollten nicht ... sollten nicht ... Und wir sollten, sollten, sollten ...

Ich saß auf einer Landspitze über Sydney und sah zu, wie sich der Himmel über dem Hinterland verdunkelte, als ob Wolken von Heuschrecken aufgezogen wären. Jedenfalls glaubte ich, Heuschrecken zu sehen, weil ich in meiner Jugend oft beobachtet hatte, wie der niedrige dunkle Streifen am Horizont immer größer und breiter wurde, bis der halbe und dann der ganze Himmel bedeckt war – doch es war Staub, es war die Erde von Tausenden von Farmen, die der Wind über Sydney ins Meer wehte, Millionen Tonnen Ackerboden, für immer verloren, weil die Wälder abgeholzt werden. Australien hat ein Drittel seiner Bäume gefällt, obwohl es wusste, und das weiß inzwischen jeder, dass dadurch Wüsten entstehen.

In diesem Jahr haben wir das Unglück von Tschernobyl erlebt und die Vergiftung des Rheins durch die Schweiz: Beides Katastrophen von der Art, die Kassandra, anders als die Experten, mit Sicherheit vorausgesehen hätte. Und sie werden wieder geschehen. Und wieder.

Vor Kurzem hat Paul Ehrlich (einer von denen, die vor dem nuklearen Winter warnen) gesagt, dass wir (die Menschheit) uns die wichtige Frage stellen müssten, »warum wir weiterhin Dinge tun, die uns, wie wir alle wissen, schaden, vielleicht sogar unverantwortlich sind. *Was ist nur los mit uns?*« Natürlich haben sich auch andere diese Frage gestellt, unter anderem Arthur Koestler.

Es ist eine amüsante Vorstellung (weil sie so unwahrscheinlich ist), dass sich die Nationen zu einer Geheimkonferenz versammelt und beschlossen hätten, für die Dauer der Beratung alle Parolen und Schlachtrufe und das Ringen um bessere Positionen zu vergessen, um darüber zu diskutieren: »Was ist los mit uns, wieso sind wir so verbohrt, dass wir nicht auf Kassandra hören können? Es ist, als ob die Welt, als ob wir, von einem Sog der Dummheit mitgerissen würden, der zu stark ist, um ihm zu widerstehen, und all die schrillen, verzweifelten Warnrufe sind wie Möwen, die glitzernd über dem Schauplatz kreisen, herabstoßen und wieder wegfliegen, während sie schreien: Sicher muss es etwas geben, das wir alle, gemeinsam, tun können: Vielleicht können wir lernen zuzuhören ...«

Wahrscheinlich hat man Kassandra vor dem großen Palast Agamemnons nicht nur deshalb ermordet, weil sie die Geliebte des Königs war, sondern auch weil alle wussten, dass sie immer wieder Unheil und Unglück prophezeien würde, das niemand hören wollte. Sie wussten, dass sie nicht anders konnten.

Aber warum können wir nicht anders?

Wir wissen es nicht.

Velikowsky hat gesagt, als man ihn fragte, warum man sich an all die entsetzlichen Katastrophen, die er als Grundzug unserer Geschichte beschrieben hat, überhaupt nicht erinnere oder, wenn doch, nur als Legenden oder Mythen: »Wir vergessen Katastrophen. Wir können die Erinnerung an die schlimmsten Ereignisse nicht ertragen – wenn Planeten oder Meteore mit uns zusammenstoßen, sich das Klima plötzlich verändert, der Meeresspiegel steigt und ganze Städte und Zivilisationen unter sich begräbt ...«

»Nun mach aber halblang«, dachte ich, als ich Velikowsky las. »Wir – und vergessen! Während unsere Geschichtsbücher voll von Katastrophen sind – Kriegen, Hungersnöten, Epidemien. Wir erinnern uns nicht nur an das, was geschehen ist, sondern oft mit einer Art von erquicklicher Befriedigung, mit Wohlbehagen, einem feierlichen Orgelton. Du sagst, wir vergessen? Wie willst du das beweisen?«

Nun, machen wir uns doch einmal Folgendes klar. Im Ersten Weltkrieg gab es vier Millionen Tote. Das war noch bescheiden, verglichen mit den Gräueln, die folgen sollten, und zwar sehr bald. Den sieben bis neun Millionen Opfern aus Stalins Zwangskollektivierung der russischen Bauern. Den zwanzig Millionen (oder so) Ermordeten in Stalins Gulags. Den zwanzig Millionen (oder so) des Großen Sprungs nach vorn. Den sechzig Millionen (oder so) der Kulturrevolution. Aber das waren bewusste Morde, politisch geplant und ausgeführt. Die vier Millionen des Ersten Weltkriegs waren nicht geplant, nicht gewollt; sie passierten einfach. Zu jener Zeit war das schrecklich, unfassbar, fürchterlich – ganz Europa war von den Todesfällen betroffen und spürte vielleicht, dass sie den Beginn unseres Niedergangs andeuteten. Man erkannte die Möglichkeit, dass Katastrophen von Menschen gemacht wurden, mit Unbehagen und bösen Vorahnungen. Doch als der Krieg zu Ende ging, mit seinen vier Millionen Toten, brach ein noch größeres Unheil über die Erde herein, die Grippeepidemie, die die ganze Welt verwüstete und neunundzwanzig Millionen Menschen umbrachte. Die Jahre 1918, 1919, 1920, mit dieser großen Epidemie, den vielen Flüchtlingen, Krüppeln, der Verwüstung, der vom Krieg verursachten Armut, waren entsetzlich. Die Menschen starben. Sie starben wie die Fliegen, weit über die vier Millionen hinaus, an die wir uns seitdem erinnern. Niemand konnte erklären, warum diese schwere Grippeepidemie ausbrach. Gleichzeitig verbreitete sich auch eine Schlafkrankheit, ebenso rätselhaft, wenn auch weniger Menschen daran starben. (An diese Seuche erinnerte lange Zeit danach, als sie schon von allen vergessen war, Dr. Oliver Sacks' Buch *Awakenings – Zeit des Erwachens*, das von den Menschen erzählt, die die Krankheit mehrere Jahrzehnte überlebten.) Der Erste Weltkrieg bleibt uns immer im Gedächtnis, wird diskutiert und analysiert. Geschichtsbücher werden über ihn geschrieben, einmal im Jahr stehen wir still und trauern. Aber die große Grippeepidemie, die siebenmal mehr Menschen getötet hat, wird nur selten erwähnt.

In *The Chronology of the Modern World* (Penguin) lautet der Eintrag für 1918 »Grippeepidemie (Mai, Juni und Oktober)«. Und der Eintrag für 1919: »Schwere Grippeepidemie (März)«. Jemand, der dieses Nachschlagewerk durchblättert, um etwas über das Fortschreiten der menschlichen Geschichte zu erfahren, muss über diese beiden Einträge nicht groß nachdenken. Wir haben jedes Jahr eine Grippeepidemie. Wir erleben sogar »schwere« Seuchen. Unser Blick fällt vielleicht auf die Schlagzeile »Schwere Grippeepidemie in den Midlands, 79 Menschen gestorben«. Aber neunundzwanzig Millionen Menschen? Das würde man nie vermuten, weder nach diesem noch einem anderen Buch.

Kürzlich drehte ein begabter junger Mann einen Film über das Jahr 1919 und bat mich, ihn mir anzusehen. Ich fragte sofort: »Ach, über die große Grippeepidemie?« – »Was für eine Grippeepidemie?«, erwiderte er. Er hatte nie davon gehört. Hochgebildete Menschen wissen nichts über jene dreijährige Plage, von der sogar die uralten Überlebenden mit dem verblüfften Ausdruck sprechen, der gewisse Katastrophen begleitet, die scheinbar keine Ursache haben, nicht verhindert werden konnten und nicht vorherzusehen waren – die im allgemeinen Bewusstsein verblassten und schnell vergessen wurden.

Vielleicht sollten wir uns fragen: »*Warum* haben wir dieses schreckliche Unglück vergessen?«, »Was für Katastrophen haben wir sonst noch verdrängt?«, »Warum lähmen bestimmte Arten von Unglücksfällen den menschlichen Geist?«

Man liest Bücher über den Rückzug Napoleons aus Moskau und findet kein Wort darüber, dass die meisten Soldaten an Typhus, Ruhr und Cholera gestorben sind. Der General Schnee und Eis hingegen wird häufig erwähnt. In vielen Kriegen waren die entscheidenden Kräfte Typhus, Ruhr und Cholera, sogar der Schwarze Tod. Doch in den Geschichtsbüchern spielen sie kaum eine Rolle.

Liegt das daran, dass es Katastrophen gibt, denen wir uns geistig gewachsen fühlen, anderen jedoch nicht? Können wir uns an das erinnern, wofür wir uns verantwortlich fühlen, wie den Krieg? Und bedeutet das nun, dass wir uns, wenn wir es lernen, Ursache und Wirkung miteinander zu verknüpfen, an immer mehr erinnern werden?

Kassandra hätte vor dieser Grippeepidemie nicht warnen können oder könnte heute nicht warnen, indem sie sagte: »Wenn ihr dumm genug seid, Kriege zu führen, werden Epidemien ausbrechen.« Grippe und Schlafkrankheit folgten dem Ersten Weltkrieg, doch nach dem Zweiten Weltkrieg, Korea, Vietnam, Kambodscha oder irgendeinem der kleineren Kriege gab es keine weltweiten Seuchen.

Ich habe alte Leute sagen hören, die sich an die Spanische Grippe erinnerten: »Gott hat uns für das Verbrechen des Kriegs bestraft.« Doch Gott bestraft manchmal und manchmal auch nicht.

Epidemien können wir nicht voraussagen – doch einige Katastrophen stehen uns mit Sicherheit bevor.

Seit nicht allzu langer Zeit haben wir uns daran gewöhnt, über das Ansteigen und Sinken der Meeresspiegel zu reden, was in der Vergangenheit, jedes Mal, wenn es geschah, alle überrascht hat. Und wir werden wieder davon überrascht werden, da wir anscheinend nichts dazugelernt haben.

Versuchen wir doch einmal zu sagen: »Uns erwartet eine neue Eiszeit: Wissenschaftler meinen, dass sie nächste Woche oder in tausend Jahren beginnen kann. Eigentlich (so sagen sie) ist eine Eiszeit längst fällig. Die ganze Geschichte, die Geschichten, die wir einander erzählen, von Ägypten bis Babylonien, von China bis zu den großen Zivilisationen auf den Inseln vor den Küsten Nordeuropas – all das ist in der kleinen, kurzen, warmen Spanne zwischen zwei gewaltsamen Vorstößen des Eises geschehen, das den größten Teil Europas bedeckte, das Klima der restlichen Erdteile beeinflusste, die ganze Welt veränderte. Wenn das wieder passiert, werden wir machtlos sein. Wie sollten wir denn in wärmere Teile der Erde flüchten, die bereits von Menschen überfüllt sind, die dann mit den Schwierigkeiten kämpfen müssen, sich an die neuen klimatischen Verhältnisse anzupassen? Nein, es wird unser sicherer Untergang sein. Das Eis wird unsere Städte bedecken, unsere Errungenschaften, unsere Zivilisationen, unsere Gärten und unsere Wälder, unsere Felder und Obstplantagen; es wird auch uns bedecken … Wer weiß, in welcher Form die Zivilisationen überleben werden, wenn sie überleben, und wie das Leben zurückkehren wird, wenn sich das Eis wieder zurückzieht und die Tundren und Dauerfrostböden Europas freilegt …«

Nun – was geschieht, wenn wir einfach sagen: »Uns steht eine neue Eiszeit bevor«? Es ist, als ob die Menschen nichts davon hören wollen. Wenn es die Wissenschaftler aussprechen, reagieren wir fast verlegen wie auf eine Geschmacklosigkeit oder lästige Störung.

In der Geschichte Kassandras gibt es Stellen, wo man den Eindruck hat, die Menschen wollen die Wahrheit nicht wissen: Als ob (wie es manchmal formuliert wird) »die Götter sie blind für die Wahrheit machten«.

Da gibt es diese komische Szene in der großen Halle von Priamos' Palast. Dort steht das hölzerne Pferd, das nach langer Diskussion durch das Stadttor gezogen wurde – das vergrößert werden musste, damit das Ungetüm hindurchpasste. Nun ist es geschafft. Von innen kann man das Geräusch der klirrenden Rüstungen hören. Kassandra ruft wie zu erwarten: »Wehe! Dort drinnen befinden sich bewaffnete Männer.« Aber die Optimisten setzen sich durch. »Das sind keine Geräusche bewaffneter Männer«, können wir sie vernünftig und lächelnd argumentieren hören. »Und wenn, dann wollen sie uns bestimmt nichts Böses. Es ist ein Fehler, die Dinge immer nur schwarzzusehen.« Unterdessen ging noch etwas anderes vonstatten. Kassandra war nicht allein bei dem Pferd. Helena war bei ihr. Helena war keine Prophetin oder Seherin, aber sie wusste, dass die Griechen in diesem Pferd waren, weil sie sie hören konnte. Sie schlenderte um das Pferd herum, klopfte zum Spaß an seine Flanken und rief die Männer in seinem Bauch mit der Stimme ihrer Gemahlinnen beim Namen. Was hat dieser flüchtige Eindruck von Helena mit der Schönheit aus der Legende zu tun, die so viel Leid ertragen musste? Sie wurde von ihrem Gatten Deiphobus begleitet, einem schattenhaften Charakter, von dem man sich höchstens vorstellen kann, dass er mit Helena verehelicht wurde, um aus ihr eine ehrenhafte Frau zu machen. Erinnern wir uns, dass sie Achilles, Theseus, Menelaos, Paris geheiratet hatte (was immer das Wort »verheiratet« damals bedeutete). Ganz Troja war in sie verliebt, und die Graubärte zitterten, wenn sie sie verschleiert auf den Zinnen wandeln sahen.

Sie berieten sich und bestimmten einen aus ihren Reihen, zu ihr zu gehen und zu sagen: »Nun, sieh es doch einmal von unserer Warte aus. Es ist eine Frage der öffentlichen Ordnung. Du brauchst einfach einen Ehering am Finger.« Er sprach mit der rauen, ärgerlichen, depressiven Stimme, die Männer bekommen, wenn sie von einer Frau angezogen werden, aber sich dagegen wehren, und Helena lachte und sagte: »Ganz wie ihr wollt.«

Kurz nach der Episode mit dem Holzpferd stellte sie ein Licht ins Fenster, um jenen Griechen ein Zeichen zu geben, die sich noch nicht in der großen Halle befanden und darauf warteten, herauszuspringen und ihre Freunde, Liebhaber, Gastgeber umzubringen, mit denen sie seit Jahren friedlich zusammenlebte. Odysseus und Menelaos töteten Deiphobus, ihren liebevollen Gatten; danach ging sie mit Menelaos nach Ägypten.

Die Götter machten die Menschen während der Episode mit dem hölzernen Pferd blind für die Wahrheit. Aus irgendwelchen unerfindlichen Gründen, die nur ihnen bekannt gewesen sein dürften.

Oder sollen wir annehmen, dass eine beträchtliche Zahl von Menschen das Leben in Troja so wenig schätzten oder von der Anspannung des Wartens so erschöpft waren (ein Krieg bedeutet immer, auf die Katastrophe zu warten, zu warten und noch einmal zu warten), dass sie einfach ein Ende wollten? Ein Ende um jeden Preis.

Vielleicht kam auch vielen die ganze Sache einfach lächerlich vor. Worum ging es denn in diesem Krieg? Wenn Griechenland so schrecklich war, wieso bekam Kassandra dann zwei Kinder vom griechischen König, Kinder, von denen man erwarten konnte, dass sie Teil einer herrschenden Klasse werden, die beide Staaten regieren und den Kampf schließlich beenden würde?

Und Helenas Kinder? Hatte sie überhaupt welche? Sicher doch. Sie war einfach der Typ dafür. Sie mochte vielleicht göttlich sein, aber in ihrer irdischen Existenz war sie eine berühmte Heilerin. Ich stelle mir eine praktische, vernünftige und starke Frau vor, die von Kindern und Tieren umgeben in ihrem Gemüsegarten oder in der Küche werkelt und die Mägde anweist, Tränke und Elixiere zu brauen. Sie lachen und erzählen einander Witze, die nicht für die Ohren der Männer bestimmt sind.

Oder sie ist mit Kassandra auf den windigen Zinnen, während

das hölzerne Pferd immer noch in der großen Halle steht. Die Männer in seinem Innern werden bald herausspringen. Helena hat Kassandra aus dem Saal auf das Dach des Schlosses geführt, weil sie denkt, dass der armen, aufgewühlten Kreatur etwas frische Luft guttun wird.

Kassandra ist hysterisch und lässt sich nicht beruhigen.

Da steht sie nun auf den Zinnen, zitternd, weinend, ein erbarmungswürdiger Anblick. Kassandra und Helena sind physisch sehr verschieden. Die trojanische Frau ist dieser dünne, blasse, zierliche Typ mit großen schwarzen Augen und Massen von feinem schwarzem Haar, das im Schatten trüb und farblos wirken kann, aber jetzt, in der Sonne und dem Wind, wie dunkles Öl glänzt und schillert.

»Oh Helena«, jammert sie, »wenn ich Apollon nur nicht betrogen hätte, wenn ich nur nicht durchgedreht wäre, wenn ich nur von den Göttern gelernt hätte, wann man sinnvollerweise sprechen sollte und wann nicht – wenn ich nur, wenn ich nur … aber ich wollte unbedingt eine Seherin werden, eine Prophetin, und das ist nun daraus geworden. Ich bin verdammt dazu, mir mein langes, wirres Haar zu raufen und Warnungen zu rufen, die niemand beachtet – sieh doch nur, was jetzt passiert: Das hölzerne Pferd ist voller Griechen, sagt mir mein sechster Sinn, und wer wird mir glauben? Niemand! Es ist alles meine Schuld … wenn ich nur mein Versprechen gehalten hätte, dann hätte es vielleicht keinen Krieg gegeben, kein schwarzes griechisches Schiff vor der Landzunge mit bewaffneten Männern an Bord, die jeden in diesem Palast töten und alles dem Erdboden gleichmachen werden …«

So wütet sie und rauft sich mit beiden Händen die Haare.

Helena lehnt sich mit einem Ellbogen auf die Zinnen und sieht die Freundin an. Sie lächelt. Sie lächelt gedankenverloren, weil sie überlegt, ob es nicht besser wäre, wenn sie ihr goldenes Haar, üppig und glänzend, offen auf die Schultern herabfallen ließe. Sie trägt es hochgesteckt, zu komplizierten oder einfachen Gebilden geformt; und sie und die Mägde, die sie frisieren, wissen, während sie ein Lächeln tauschen, dass jeder Mann, der sie an diesem Tag erblickt, davon träumen wird, diese goldene Masse langsam zu lösen, Locke für Locke … Nein, sagt sich Helena, es war richtig, es immer ordentlich frisiert zu tragen: Ihr Haar war schwer und dick und würde nie wild herumfliegen wie Kassandras leichtes, feines Zeugs.

Helena hört Kassandra mit halbem Ohr zu. Sie wendet sich von ihr ab und schaut zu den schwarzen Schiffen hinaus, die langsam näher kommen und bald an der Küste liegen und noch in dieser Nacht, sobald es dunkel ist, ihre Ladung bewaffneter Männer ausspucken werden. Sie ist eine attraktive, starke Frau, üppig und gesund, von einer Anziehungskraft, die man nicht nur mit ihrer äußeren Erscheinung erklären kann: groß, kräftig, gut gebaut, mit goldenem Haar und braunen Augen (und so weiter). Selbst jetzt noch, wo sich die meisten Bewohner des Palasts in ihren Schlafzimmern eingeschlossen haben und weinen – weil nicht alle blind und taub sind und offenbar unfähig, die Geräusche im Innern des Pferds mit dem kommenden Gemetzel, den Vergewaltigungen und Verwüstungen zu verbinden –, achtet Helena darauf, ihr Gesicht zu verschleiern und ihren schönen Arm mit den Falten ihres weißen Gewandes zu bedecken – sie weiß, dass ihre Schönheit durch Verhüllung betont wird und noch betörender wirkt, wenn man sie nur leise ahnt. Schließlich könnte sich jemand hinter einem Stützpfeiler oder Ähnlichem verbergen und sie beobachten.

Es geht ihr langsam auf den Geist, wie Kassandra wütet und tobt, auch wenn sie diese Frau mag. Was für eine Egoistin! Was für eine Ichbezogenheit! Sie regt sich buchstäblich über jede Kleinigkeit auf. Nehmen wir zum Beispiel diese Schlangen: Sie, Helena, schleicht sich oft zu einem der vielen Tempel in der Nähe von Troja, um ihre Götter zu besuchen (ihr Fleisch und Blut), wo sie natürlich die heiligen Schlangen begrüßen, sich um ihren Hals und ihre Arme winden, ihr die Augenlider und Lippen lecken und die neuesten Nachrichten aus jener anderen Welt zuzischen, die unsichtbar über uns allen liegt – aber man muss ja nicht ständig darauf herumhacken, wie es Kassandra tut …

Kassandra ruft immer noch: »Blut, Blut, ich sehe Blut …«

Natürlich, denkt Helena und fragt sich, ob Menelaos sie dort oben auf den windigen Türmen sehen kann.

Sie lächelt und fängt leise zu singen an: ein altes Lied, das ihr gefällt. Helena weiß nicht, wann es entstanden ist, genauso wenig wie die Einwohner Trojas oder Griechenlands, die dieses Lied lieben und es auch oft summen.

Es gibt eine Geschichte, die erzählt, dass Troja schon früher einmal erobert und geplündert wurde, und Helena nimmt an, dass das Lied aus dieser Zeit stammt.

Schließt die Tore, Männer von Troja (oder Griechenland, Sparta oder wo auch immer).

Die schwarzen Schiffe des Feindes sind nah.

Wie Wölfe laufen sie auf uns zu,

schwarze Wölfe mit schimmernden Zähnen …

Tatsächlich war Troja schon sechsmal erbaut, belagert und dem Erdboden gleichgemacht worden. (Homers Stadt war das siebte Troja.) Helena weiß nicht, dass sich diese wiederholten Katastrophen zu einer einzigen verdichtet haben. In diesen Ländern gibt es keine schriftliche Überlieferung; die Menschen erinnern sich durch Geschichten, Lieder und das, was eine Generation an die nächste weitergibt: »Hört zu, Kinder, ich singe euch von der Vergangenheit, der Vergangenheit unserer glorreichen Stadt Troja, dem windumtosten Juwel an diesen Küsten, in der jeder Mann tapfer und jede Frau eine Schönheit ist. Hört zu – wir waren glücklich und reich und lebten in Frieden, doch dann bogen die bewaffneten schwarzen Schiffe um die Landspitze, und unsere Feinde fielen wie Wölfe …« Und plünderten die Stadt. Einmal. Nicht sechsmal, nicht zu verschiedenen Zeiten. Wirklich schwierig, sich daran zu erinnern, dass dieses Ereignis zum x-ten Mal geschah. Wie wenn unsere ruhmreichen Vorfahren keinen Funken Verstand gehabt hätten, oder jedenfalls nicht genug, um dafür zu sorgen, dass es nicht noch einmal geschah. Und noch einmal. Man sollte doch meinen, dass einmal genug gewesen wäre, oder?

Nein, Troja wurde nur ein einziges Mal erobert, erzählen uns all unsere Geschichten und Legenden. Es wurde geplündert, oh weh, ojemine, und die schwarzen Schiffe …

Wie hätte Helena reagiert, wenn man ihr gesagt hätte: »Troja, die Stadt, wo du seit zehn Jahren gefangen gehalten wirst, ist schon sechsmal geplündert und geschleift worden. Was sagst du dazu?« Sie begreift es nicht sofort. Die Zeit, die vor ihr war, öffnet sich; die Vergangenheit wird undeutlich sichtbar und dehnt sich aus – sie kann das Ende nicht erkennen. Bis zu diesem Augenblick hat sie fast geglaubt, dass die Vergangenheit nur so weit wie ihr eigenes Leben reichte. Sechsmal, denkt sie und fühlt die Zinnen unter sich erbeben. Sechsmal hat sich diese Stadt aus dem Staub früherer Städte erhoben ... *als es mich noch gar nicht gab.* Sie bekämpft ihre Panik, zwingt sich zu einem Lächeln und nickt: Ja, so ist das Leben. Ist denn in meinem Leben je etwas geschehen, das von Dauer war, das nicht vom Krieg verursacht und dann verändert wurde? – Nein, eigentlich ist sie nicht überrascht.

Und dann stelle man sich vor, wie man weiter sagt: »Helena, nach dieser, der siebten Zerstörung Trojas wird es sich wieder erheben und noch dreimal belagert und dem Erdboden gleichgemacht werden: Und nach dem zehnten Mal wird es nichts weiter als ein Schutthaufen sein, den der Wind mit Staub bedeckt.« Das trifft sie ungleich härter. Sie hat wirklich das Gefühl, dass ihr kräftiger und schöner Körper unsterblich ist, auch wenn ihr der Verstand das Gegenteil sagt. *Noch drei weitere Male, und ich werde nicht mehr da sein, nicht mehr daran beteiligt sein ...* Sie schaudert, fröstelt in dem heißen Sonnenlicht, das ein wenig abkühlt, als die Nacht heranrückt, in der das siebte Troja in Flammen stehen wird. Aber es fällt ihr zu schwer, sich mit der plötzlichen Erkenntnis ihrer Sterblichkeit abzufinden. Sie lässt sie fahren und denkt, während ihr gesunder Pulsschlag wieder langsam und ruhig wird: Trojas Tod mag nahe sein, meiner noch lange nicht.

Ein langes, langes Leben liegt noch vor ihr, dessen ist sie sich sicher. Schon bald beginnt eine neue Phase. Heute Nacht. In ein paar Stunden.

»Die schwarzen Schiffe liegen in der Meeresstraße vor Troja«, rast Kassandra, und ihr schwarzes Haar flattert im Wind. »Oh, die Toten, die Toten, die sich hier auf diesen Zinnen häufen werden, oh, das Blut, das in Strömen aus den Portalen meines Vaters Palastes fließen wird ... herrje, herrjemine ...«

Helena seufzt und wendet ihr schönes Haupt. Sie sieht Kassandra lange an und lächelt. Ein langsames, dunkles Lächeln, voller Erinnerung. Sie denkt an die Nacht, als man sie aus dem Palast ihres Vaters raubte und hierherbrachte – die Aufregung, das prickelnde Gefühl. Sie denkt, dass sie die Lampe in ihrem Schlafzimmerfenster anzünden wird, sobald es richtig dunkel ist. In Kürze werden in diesem Palast, in dem jetzt alles totenstill ist, vor Entsetzen erstarrt, die Rufe der Männer ertönen, die aus dem hölzernen Pferd in der Halle purzeln, das Klirren ihrer Rüstungen, das Geschrei und der Lärm der anderen Griechen, die aus den schwarzen Schiffen vom Ufer zum Tor hinaufstürmen, das bereits von den Händen ihrer heimlichen Verbündeten aufgezogen wird. Der Aufruhr! Die Schreie, die *Schreie*, die das Blut gerinnen lassen! – und dann der bittere Geruch des Rauches und das Knistern der Flammen. Sie wird gelassen aus ihrer Kammer treten, über die Leiche ihres Gatten steigen und Menelaos und Odysseus anlächeln – die Männer, die ihn getötet haben. Der Blutgeruch wird ihr Herz schneller schlagen lassen und ihre Pupillen weiten. Wenn sie mit den beiden Griechen über eine Geheimtreppe aus dem Palast an den Strand und zu den Schiffen läuft, wird sie Odysseus kurz die Hand geben und Menelaos' Mund leicht mit den Lippen berühren: Er wird stöhnen, Odysseus wird lachen ...

Helena wird sich lächelnd mit der Zunge über die Lippen fahren.

Dieses Lächeln ... Kassandra sieht es. Sie weiß, was es bedeutet, und betrachtet Helena aufmerksam, wie sie dort steht und lächelt. Kassandra hört auf zu jammern. Sie starrt diese Frau lange und schweigend an, Helena, ihre Freundin, ihre Feindin. Sie schaudert. Sie verbirgt ihr Gesicht.

FÜR EINE BROSCHÜRE DES
BOOK TRUST

Der Artikel erschien erstmals 1988 in einer Veröffentlichung des britischen Book Trust, *die junge Menschen zum Lesen anregen sollte.*

In eine große Buchhandlung kamen kürzlich zwei etwa fünfzehnjährige Mädchen, die beide so aufgeregt waren, als ginge es zu einer Party. Doch angesichts der vielen Bücher in den zahllosen Regalen wirkten sie auf einmal ängstlich, blieben dicht beieinander stehen und sahen sich um. Sie wollten gerade die Flucht ergreifen, als ich zu ihnen hinging und fragte, ob sie Hilfe brauchten. Sie sagten, sie suchten ein Buch. Was für ein Buch? Tja ... das wussten sie nicht. Ihr Lehrer hatte ihnen erklärt, sie sollten Bücher lesen und nicht so viel fernsehen. Aber dass es so viele Bücher gab, war ihnen nicht klar gewesen. Nein, bei ihnen beiden zu Hause gab es keine Bücher, ihre Eltern lasen nicht. Ich blieb bei ihnen stehen und blickte mit ihren Augen in einen Raum von der Größe einer Lagerhalle, mit vielen Tausend Büchern darin, von denen jedes einzelne Neuland, eine Herausforderung, ein Geheimnis darstellte. Also führte ich sie herum und erklärte, wie die Buchhandlung angelegt war, dass es Abteilungen mit Romanen gab, mit Biografien (Geschichten über andere Leute), Autobiografien (Geschichten von Leuten über sich selbst), mit Büchern über Tiere, Reisen, Naturwissenschaft und so weiter. Schließlich nahmen sie ein halbes Dutzend Bücher mit, und ich hoffe, dass sie später wieder in eine Buchhandlung gegangen sind.

Ich glaube, wenn man beruflich mit Büchern zu tun hat oder in einem Haushalt aufgewachsen ist, wo Bücher selbstverständlich waren, macht man sich keine Vorstellung davon, wie sehr es einen jungen Menschen verwirrt, erschreckt und frustriert, wenn er hört, dass er lesen soll, ohne dass ihn die Eltern oder ältere Freunde beraten.

Als ich diese Buchhandlung verließ, wünschte ich mir, es möge ein Buch mit einfachen – vielleicht sogar grob vereinfachten – Lesevorschlägen geben, als Anleitung für junge Leute. Oder auch für ältere, die plötzlich merken, dass ihre Erfahrung sie dieses großen Vergnügens beraubt hat, des Lesens, des Abenteuers der Literatur, des Strebens nach Wissen, das, wenn man Glück hat, schon in frühester Jugend beginnt und dann ein Leben lang anhält, in dem man immer wieder schöne Entdeckungen macht, weil man zum Beispiel ein Buch – vielleicht zufällig – aus dem Regal nimmt und feststellt, dass man auf eine neue Welt gestoßen ist, von deren Existenz man nicht einmal etwas ahnte. Dieses Buch, das ich mir wünschte, haben wir nun. Wer einen Vorschlag gemacht hat, hat das aus persönlichem Enthusiasmus, aus Bewunderung für ein Buch oder aus Liebe zu ihm getan, die das Allerwichtigste ist: Liebe zur Literatur, zu Büchern, zu Ideen vermittelt sich durch den Enthusiasmus von Lehrern. Wenn man einen jungen oder alten Menschen trifft, der sagt: Ich hatte großes Glück, denn es gab diesen Lehrer, der mich beeinflusst hat – dann war dieser Lehrer auf jeden Fall verliebt in die Literatur, in die Naturwissenschaft, in eine Idee, und sein glücklicher Schüler hat diese Liebe durch Osmose in sich aufgenommen. Die kalte Art des Lehrens, der Analyse und Exegese schafft keine Leser, die sich mit anhaltender Leidenschaft der Lektüre oder dem Nachvollziehen von Ideen widmen.

Dieses Buch entspricht einem enthusiastischen Lehrer, dessen glückliche Schüler ihn ein Leben lang preisen werden. Es ist so offenkundig wichtig und wird so dringend gebraucht, dass man sich zwangsläufig fragt, warum es nicht längst existiert.

Nun eine persönliche Bemerkung. Ich für meinen Teil verließ die Schule mit vierzehn und bildete mich anschließend selbst durch Lesen. Es dauerte lange – viele Jahre –, bis mir aufging, dass ich nur eine in einer langen Reihe von Frauen war, die aus welchem Grund auch immer (früher zum Beispiel, weil Mädchen nicht zur Schule gingen und Bildung nur ihren Brüdern zustand) selbst für ihre Ausbildung sorgten, in der Bibliothek ihrer Eltern oder mit Büchern, die sie erbettelten, ausliehen oder stahlen. Virginia Woolf gehörte auch dazu. In dem Haus, wo ich aufwuchs, gab es allerdings Bücher, ich hatte Eltern, die dafür sorgten, dass ich das Beste zu lesen bekam, was geschrieben wurde – und nicht nur aus der englischen Tradition. Es herrschte eine Atmosphäre, in der es selbstverständlich war, dass Bücher zwingend zu einem guten Leben gehören. Ich hatte Glück. Man hat mich beraten. Aber ich weiß, dass es überall junge Leute gibt, die von Bildung träumen und keine erhalten, die sich nach Büchern sehnen und keine bekommen und die niemanden haben, der sie berät, vor allem in der sogenannten Dritten Welt, aber auch im glücklichen reicheren Teil. Ich kann mich nur zu gut in jemanden hineinversetzen – es muss gar kein Kind sein –, der in Sachen Bildung zu kurz gekommen ist und davon träumt, Bücher zu haben, um dem Mangel abzuhelfen und schließlich doch noch ein gebildeter Mensch zu werden. Ich hoffe sehr, dass dieses überaus nützliche Buch seinen Weg in die Hände jener Menschen finden wird. Und in die Hände von Eltern, denn es gibt durchaus eine Elterngeneration, die den Kindern helfen will und – selbst ungebildet – nicht weiß, wie man das anstellt.

Doch es gibt auch junge Leute, die Literatur als Prüfungsfach in der Schule gewählt und Lust auf mehr bekommen haben, nach ihrer aus vier Büchern bestehenden Pflichtlektüre – mancherorts reicht das inzwischen aus, wenn man sich als literarisch gebildet bezeichnen will.

Abschließend noch eine kleine Geschichte. In Afrika, in einer weit von der Stadt entfernten Gegend, besuchten die Kinder ihre Buschschule für gewöhnlich höchstens fünf, sechs Jahre, und dort wurde ein Zehnjähriger mit einem gestohlenen Buch unter dem Bett erwischt. Es handelte sich um einen Wälzer über Physik für Fortgeschrittene, von dem er mit Sicherheit kein Wort verstand. »Warum hast du das Buch gestohlen?« – »Ich will ein Buch haben. Ich habe keine Bücher. Ich wollte mein eigenes Buch«, sagte er. – »Aber warum hast du denn so ein schwieriges Buch gestohlen?« – »Ich will Doktor werden«, sagte er, weinte bitterlich und umklammerte sein Buch.

ZUSCHAUEN, WIE DIE WÜTENDEN, DESTRUKTIVEN HORDEN VORBEIMARSCHIEREN

Im Gespräch mit Claire Tomalin

Claire Tomalins Interview mit Doris Lessing fand im Frühjahr 1988 in London statt.

TOMALIN: Haben Sie sich von der kolonialen Gesellschaft in Rhodesien eingeengt gefühlt?

LESSING: Das koloniale Kleinstadtleben und das Leben der weißen Siedler war absolut unerträglich. Manchmal habe ich mich gefragt: Was wäre, wenn ich das Land nicht verlassen hätte? Nun, ich kann Ihnen sagen, wie es dann um mich stehen würde: Innerhalb von ungefähr fünf Jahren wäre ich zur Alkoholikerin geworden, und viel mehr hätte ich wohl nicht gemacht, denn man konnte genau sehen, was da geschah. Ich war von Frauen umgeben, die diese Vorgänge infrage stellten und die nicht viel davon hielten. Aber ich hätte das nicht ertragen können; ich hätte es nicht überlebt.

TOMALIN: Vermutlich nehmen die Leser gerne an, dass Ihre erzählende Prosa in Wirklichkeit Autobiografie ist. Ist oder war das ein Problem für Sie? Welche Beziehung sehen Sie in einem Roman wie *Martha Quest* zwischen den autobiografischen und den frei erfundenen Elementen?

LESSING: Ich glaube nicht, dass Sie jemals einen Schriftsteller finden werden, der bei dieser Frage nicht seufzt, denn für uns ist sie vollkommen belanglos. In gewissem Sinn *muss* natürlich alles autobiografisch sein; andererseits aber kann man auch sagen, dass die Werke gar nicht autobiografisch sind, denn sobald man anfängt, etwas aufzuschreiben, verwandelt es sich in etwas anderes.

TOMALIN: Seit Sie *Das goldene Notizbuch* geschrieben haben, welches das Bild von Frauen zeichnet, die unabhängig leben, außerhalb des üblichen Musters – die ihren Unterhalt selbst verdienen, ihre Kinder allein großziehen, ohne Ehemänner leben –, ist mir aufgefallen, dass eine wachsende Zahl von jungen Frauen so lebt. In Ihrem Buch vertuschen Sie die Schwierigkeiten und das Schmerzhafte nicht. Ich frage mich, wie Sie heute zu der allgemeinen Bewegung junger Frauen, so eine Lebensweise anzustreben, stehen.

LESSING: Ich freue mich natürlich sehr. Heutzutage gibt es in diesem Land tatsächlich viele verschiedene Arten, Kinder großzuziehen. Ich weiß nicht, wie lange man das noch zulassen wird, denn ich glaube, überall sind Zeichen dafür zu erkennen, dass das Orthodoxe, das konventionelle Denken sich wieder durchsetzt. Es war sehr interessant, diese Zeit mitzuerleben, nicht wahr?

TOMALIN: Was befürchten Sie?

LESSING: Die Rechte ist ziemlich festgelegt, und die Linken sind auch nicht gerade unabhängige Geister. Ich bin sehr enttäuscht von der Linken, wie Sie sich vielleicht schon gedacht haben: Ich glaube, dass sie große Möglichkeiten verschenkt hat. Die Linke besteht im Moment aus Leuten, die Bücher in Bibliotheken verbieten – ich will die ganzen Argumente, die dafürsprechen, gar nicht hören, denn ich halte das, was da gerade passiert, für sehr gefährlich –, und ich glaube, zu einer Bücherverbrennung würde nur noch ganz wenig fehlen. Es ist alles schon da: Die inoffiziellen Komitees sind alle da und warten, und das macht mir Angst.

TOMALIN: Ihre Sorgen um die Zukunft werden in *Die Memoiren einer Überlebenden* deutlich.

LESSING: Als ich *Die Memoiren einer Überlebenden* schrieb, habe ich gesagt, das wäre ein Versuch, meine Autobiografie zu schreiben. Leider hat niemand auch nur das geringste Interesse daran gezeigt. Ich habe versucht, eine Autobiografie in dieser Form zu schreiben, weil ich zu einem bestimmten Zeitpunkt in meinem Leben dachte, es wäre interessant, eine Autobiografie in Träumen zu schreiben, in Traumform. Das ist so schwierig, dass ich es aufgegeben habe – es würde wirklich den gesamten Rest meines

Lebens in Anspruch nehmen. Zum Teil habe ich eine Autobiografie in Metaphern geschrieben – übrigens ist die sich auflösende Wand das älteste Symbol, das man nur finden kann. Ich benutze immer diese alten, ehrwürdigen Symbole, weil sie das Unbewusste anrühren.

Hinter der Wand gehen drei verschiedene Prozesse vor sich: Die persönlichen Erinnerungen und die Träume, die großenteils meine eigenen waren, werden durchgespielt, und der dritte Prozess ist das Unpersönliche.

TOMALIN: Es sieht so aus, als würden Sie eine Zukunft voller Anarchie und Barbarei vorhersagen.

LESSING: Vergessen Sie nicht, dass Sie viel jünger sind als ich. Bestimmte Szenen wiederholen sich immer und immer wieder. Zu den Erlebnissen, die man öfter hat, wenn man älter wird, gehört auch, dass Phänomene, die früher einmal ewig, stark und unverrückbar erschienen, einfach über Nacht verschwinden. Ich habe während meines Lebens gesehen, wie das weiße Regime in Rhodesien abgelöst wurde, und ich kann Ihnen versichern, dass das einst unmöglich erschien; Stalin ist verschwunden; Hitler ist verschwunden. Wenn Sie den Krieg miterlebt haben, werden Sie wissen, dass das damals keineswegs wahrscheinlich erschien. Alle möglichen scheinbar unvergänglichen Phänomene sind einfach verschwunden. Aber allmählich sehen wir, wie diese Massenbewegungen entstehen und wie sie durch unser Gesichtsfeld ziehen, und das sollten diese Banden (in den *Memoiren einer Überlebenden*) darstellen – man schaut zu, wie die wütenden, destruktiven Horden vorbeimarschieren.

TOMALIN: Was für ein Echo haben Sie auf *Die Terroristin* bekommen?

LESSING: Von allen Büchern, die ich je geschrieben habe, hat dieser Roman mir die faszinierendsten Leserbriefe eingetragen. Ich bekam Briefe von vielen Menschen, die in verschiedenen Ländern derartigen Gruppen angehört hatten, aber das Interessanteste habe ich wohl in Rom erlebt. Da lernte ich eine Frau kennen, deren Mann im Jahr zuvor von der jüngsten Terrorismuswelle getötet worden war. Um ihren Kummer zu bewältigen, hatte diese Frau begonnen, die Terroristen der ersten Welle in den Gefängnissen zu besuchen. Was sie mir erzählte, war so faszinierend, dass ich bis zum heutigen Tag darüber nachdenke. Sie sagte, es seien alles gebildete Leute, genauso wie Sie oder ich, meistens ganz nette, sympathische Menschen. Sie hatten unsägliche Verbrechen begangen – alle. Was mich sehr interessierte, war, dass sie diese Phase jetzt alle überwunden hatten und Reue empfanden und Dinge sagten wie: »Es war, als hätte etwas die Herrschaft über uns übernommen; es war, als befände man sich auf einem Segelschiff und würde mit voller Geschwindigkeit vorwärtsgetrieben« – diese Art von Metapher tauchte immer wieder auf. Diese früheren Terroristen waren alle mehr oder weniger von dem, was sie jetzt als Wahnsinn betrachteten, genesen und schrieben eifrig ihre Memoiren und lernten Sprachen und so weiter, im Gefängnis. Das lässt so viele Fragen aufkommen, über die wir nie auch nur nachdenken: Wir fragen nie, was eigentlich geschieht, wenn Menschen in dieser Weise überwältigt werden. Was passiert wirklich? Was geht da vor sich?

Ein weiterer Punkt, den diese Witwe ansprach und der mich sehr interessierte, war, dass die Terroristen, die die schlimmsten Verbrechen begangen hatten und voller Schuldgefühle waren, psychisch in hundertmal besserem Zustand waren als diejenigen, die sagten: »Das ist nicht gerecht. Ich habe doch bloß daneben gestanden und wollte eigentlich gar nicht schießen.« Das bringt einen auf den ironischen Gedanken: Ist es besser, ein *echter* Verbrecher zu sein als bloß ein Handlanger? Die Fragen, die sich aus alldem ergeben, nehmen wirklich kein Ende.

TOMALIN: Darf ich Sie fragen, woher *Das fünfte Kind* kam?

LESSING: Ich habe dieses Buch über lange Zeit zusammengebastelt, und eine Menge verschiedener Ideen sind eingeflossen. Es ist immer leicht, über die Ideen zu sprechen, die in ein Buch einfließen, aber was der Motor des Schreibens ist, ist eine andere Sache.

Die erste Idee hatte mit meiner Faszination für das kleine Volk zu tun, denn jedes Land der Welt kennt Sagen über die kleinen Leute, und ich habe so die Vermutung, dass sie wahrscheinlich wirklich existiert haben. In Amerika gibt es sogar einige winzige Skelette, die bisher noch niemand erklären konnte. Die Buschmänner und die Pygmäen sind viel kleiner als zum Beispiel die Massai, die um zwei Meter groß sind.

Dann habe ich etwas von diesem außergewöhnlichen amerikanischen Autor Loren Eiseley, der Essayist und Archäologe ist, gelesen. In einem seiner Bücher beschreibt er, wie er, in Maine war das, glaube ich, in der Abenddämmerung vom Meeresufer heraufkam und auf eine Landstraße zuging, auf der er ein Mädchen sah, das den Kopf wandte, um ihn anzuschauen. Nun war er in Gedanken ganz mit der letzten Eiszeit und den Menschen, die damals dort gelebt hatten, beschäftigt, und er dachte: Mein Gott, das ist doch eine Neandertalerin. Er ging auf das Mädchen zu, und sie hatte diese dicken Augenbrauenwülste und den merkwürdigen Hinterkopf. Er schrieb, dieses Mädchen hätte sein ganzes Leben dort verbringen können, ohne dass ihr jemals jemand eine Frage gestellt hätte. Sie unterhielten sich, und das Mädchen ging in die Dämmerung hinein auf ihr Haus zu, und Eiseley dachte: Was ich jetzt gerade erlebe, hätte in den letzten 50 000 Jahren jederzeit geschehen können. Da sagte ich mir, also gut, eine Neandertalerin. Warum dann nicht auch ein Kobold, um auf die kleinen Leute zurückzukommen?

Und dann spielte ein Brief eine Rolle, den ich in der Zeitung las und an den ich immer noch denke, ein ganz furchtbarer Brief. Eine Frau schrieb, sie habe mehrere vollkommen zufriedenstellende, wunderbare Kinder bekommen, und dann habe sie dieses kleine Mädchen geboren – sie verwendete eine theologische Ausdrucksweise: »Diesen kleinen Teufel, diesen schrecklichen kleinen Kobold, der die Familie zerstört hat; das Mädchen war von Geburt an böse; es war von Geburt an schlecht, bösartig und entsetzlich; und die ganze Familie litt.« Und sie schloss: »Abends bin ich immer in ihr Zimmer gegangen und habe dieses unschuldige Gesichtchen auf dem Kissen angeschaut, und ich habe mich danach gesehnt, sie einfach in die Arme zu nehmen, weil ich das nie kann, wenn sie wach ist. Aber ich weiß, dass dann dieser schreckliche kleine Teufel in meinen Armen gelegen hätte.« Und das fügte sich plötzlich alles zusammen, so wie Bücher das tun.

TOMALIN: Auf den Leser wirkt das Eindringen eines bösen Kindes, eines Kuckucksseies, eines Kindes, das schon vor der Geburt böse war, wie ein großer Schlag. Hat *Das fünfte Kind* etwas von einer Parabel?

LESSING: Wissen Sie, das Kind ist überhaupt nicht böse: Es ist einfach nicht am richtigen Ort. Es ist das Resultat eines Gens, das über viele Jahrhunderte hinweg vererbt wurde, es ist nichts anderes als ein Wesen, das zu einer anderen Rasse gehört und in unserer recht komplizierten Gesellschaft gelandet ist. Aber was mich beim Schreiben des Buches faszinierte, war: Wie würden wir damit umgehen, wenn das passieren würde? Und das faszinierte mich immer mehr, meine erste Fassung war nämlich viel harmloser, aber ich dachte: Mein Gott, ich vertusche hier, wie es in Wirklichkeit wäre. Wir nehmen Dinge, die wir nicht bewältigen können, nicht wahr: Wir beschließen, sie nicht zu sehen, oder wir glätten sie.

TOMALIN: Im Buch scheint es keine gute Methode zu geben, mit Ben fertigzuwerden.

LESSING: Nein, das stimmt.

TOMALIN: Harriet, seine Mutter, möchte die Situation bewältigen, sie möchte das tun, was die Mutter, von der Sie gesprochen haben, sich in ihrem Brief an die Zeitung auch wünscht, nämlich den Jungen umarmen und lieb haben. Aber es scheint keinen Ausweg zu geben, und darum hält man Ben, auch wenn Sie das nicht beabsichtigt haben, für böse. Die *Wirkung*, die er auf seine Umgebung ausübt, ist böse, oder nicht?

LESSING: Nun, er macht alles kaputt. Aber schließlich muss er das auch. Wissen Sie, was mich interessierte, als ich das Buch schrieb, war, dass ich nicht sehe, wie Harriet sich anders hätte verhalten können, und doch zerstörte sie ihre Familie. Es ist nicht nur Harriets Entscheidung: Wir sind ständig damit konfrontiert. Wenn man ein zivilisiertes Volk ist – lassen Sie uns diesen Ausdruck mit einer gewissen Ironie benutzen –, verpflichtet man sich zu bestimmten Dingen. Doch häufig hat das, wozu man sich verpflichtet hat, unglückselige Auswirkungen, die wir nicht unbedingt vorhersehen.

TOMALIN: Ich fand die Botschaft, die Sie anscheinend vermitteln wollen, dass es nämlich keine Möglichkeit gibt, mit einem fremdartigen Wesen umzugehen, sehr, sehr trostlos und deprimierend. Und doch wirken Sie in den Essays, die Sie unter dem Titel »Gefängnisse, in denen wir freiwillig leben« verfasst haben, viel optimistischer: Da deuten Sie an, dass Bildung, die Sozialwissenschaften, die Literatur und die Geschichte allesamt eingesetzt werden können, um das Leben wirklich zu verbessern, um etwas zu verändern.

LESSING: Nun, ich bin ziemlich optimistisch. Ich glaube, uns stehen alle möglichen Methoden der Selbstbetrachtung, die uns noch retten könnten, zur Verfügung. Doch, das glaube ich wirklich. Eine davon ist die Fähigkeit, dass wir uns von unserem Verhalten distanzieren und es prüfen, die neu ist, und das gibt Hoffnung. Ich glaube nicht, dass Nationen sich vor hundert Jahren gegenseitig wegen ihres brutalen Verhaltens kritisiert haben. Man kann zynisch sein und sagen, dass sie das auch heute nur tun, um darauf hinzuweisen, was zum Teil natürlich stimmt. Aber der Gedanke, dass wir uns für brutales Verhalten gegenseitig kritisieren können, ist neu und sehr vielversprechend. Und es gibt eine Menge solcher Dinge. Auch die Tatsache, dass Länder sich, wenn sie die Möglichkeit haben, für die Demokratie entscheiden, was gerade überall auf der Welt passiert, weckt Hoffnung. Aber ich glaube, Sie erwarten von mir, dass ich zu vernünftig bin. Vernünftig zu sein hat nichts mit der Schriftstellerei zu tun.

RUFUS

Der Beitrag entstammt der Sammlung von Katzenporträts
Particularly Cats and More Cats, *die 1989 in London erschien.*

Die Ereignisse warfen ihre Schatten voraus – schon Monate vorher. Während des Frühlings und Sommers tauchte, wenn ich auf dem Gehweg vorüberging, unter einem Wagen oder aus einem Vorgarten ein räudiger roter Kater auf; er stand einfach da, war unübersehbar, hob den Kopf und sah mich unverwandt an. Er wollte etwas, aber was? Katzen auf dem Gehweg, Katzen auf Gartenmauern oder Katzen, die einem aus Hauseingängen entgegenkommen, strecken sich, bewegen den Schwanz, grüßen, gehen ein paar Schritte mit. Sie wollen Gesellschaft, oder sie bitten, wenn sie den ganzen Tag oder die Nacht von strengen Besitzern ausgesperrt werden, was häufig vorkommt, um Hilfe mit einem lauten, hartnäckigen Miau, das bedeutet, dass sie hungrig oder durstig sind oder frieren. Eine Katze, die sich an der Straßenecke an deine Beine schmiegt, mag vielleicht überlegen, ob sie ein schlechtes Zuhause gegen ein besseres eintauschen kann. Aber dieser Kater miaute nicht. Er sah mich nur nachdenklich und durchdringend mit gelbgrauen Augen an. Dann begann er langsam, mir auf dem Gehweg zu folgen, ohne den Blick abzuwenden. Er stellte sich ein, wenn ich nach Hause kam und wenn ich das Haus verließ, und er ging mir nicht mehr aus dem Kopf. War er hungrig? Ich brachte ihm Futter hinaus und legte es unter ein Auto; er fraß etwas, ließ den Rest aber liegen. Und doch war er in Not, verzweifelt, das wusste ich. Hatte er in unserer Straße ein Zuhause, war es schlecht? Am häufigsten schien er sich ein paar Häuser entfernt aufzuhalten, und als einmal eine alte Frau in dieses Haus ging, folgte er ihr. Also war er nicht heimatlos. Doch er gewöhnte sich an, mir bis zu unserem Tor zu folgen, und als einmal eine Kinderflut über den Gehweg tobte, zog er sich erschrocken in unseren kleinen Vorgarten zurück und beobachtete mich an der Haustür.

Er hatte Durst, nicht Hunger – oder er war so durstig, dass der Hunger weniger wichtig war. Das war im Sommer 1984 mit den Zeiten anhaltender Hitze. Katzen, die den ganzen Tag ohne Wasser ausgesperrt waren, litten. Ich stellte eines Abends eine Schale mit Wasser vor den Hauseingang, und am nächsten Morgen war sie leer. Als die Hitze anhielt, stellte ich eine zweite Schale auf den rückwärtigen Balkon, der über einen Fliederbaum oder mit einem mächtigen Sprung von einem kleinen Dach aus zu erreichen war. Und auch diese Schale war jeden Morgen leer. Eines heißen staubigen Tages kauerte der rote Kater vor der Wasserschale auf dem Balkon und trank und trank … Er trank das ganze Wasser und wollte mehr. Ich füllte die Schale, und wieder kauerte er sich davor und trank alles. Das bedeutete, dass mit seinen Nieren etwas nicht stimmte. Jetzt konnte ich ihn in aller Ruhe betrachten. Es war ein zerzauster Kater, unter dessen schmutzigem, struppigem Fell die Knochen hervortraten. Aber er hatte eine wunderschöne Farbe, wie Feuer, wie ein Fuchs. Es war, wie man sagt, ein »richtiger« Kater mit seinen zwei pelzigen Bällchen unter dem Schwanz. Seine Ohren waren eingerissen und narbig von Kämpfen. Nun war er nicht mehr auf der Straße, wenn ich aus dem Haus ging und zurückkam, er war von der Vorderseite der Häuser und dem gefahrvollen Leben mit den schnellen Autos und den lärmenden, tobenden Kindern zur Rückseite umgezogen in die Szenerie der langen, ungepflegten Gärten, der Bäume und Sträucher, der vielen Vögel und Katzen. Er kam auf unsern kleinen Balkon mit den Topfpflanzen, der von einer niedrigen Mauer begrenzt wird. Die Zweige des Fliederbaums, immer voller Vögel, hängen darüber. Er lag im schmalen Schatten der Mauer, die Wasserschüssel war ständig leer, und wenn er mich sah, erhob er sich und wartete neben der Schüssel auf mehr.

Inzwischen hatten die Hausbewohner begriffen, dass wir eine Entscheidung treffen mussten. Wollten wir noch eine Katze haben? Wir hatten bereits zwei schöne, große und träge, kastrierte

Kater, denen es immer so gut ging, dass sie glaubten, das Leben sei ihnen Futter, Bequemlichkeit, Wärme und Sicherheit schuldig. Sie mussten niemals um etwas kämpfen. Nein, wir wollten nicht noch eine Katze und ganz sicher keine kranke. Aber inzwischen trugen wir außer Wasser auch Futter zu dem alten Streuner hinaus und stellten es auf den Balkon, damit er wusste, es war eine Gefälligkeit, kein Recht; er gehörte nicht zu uns und durfte nicht ins Haus. Wir nannten ihn im Spaß unseren »Freilandkater«.

Das warme Wetter dauerte an.

Man hätte ihn zum Tierarzt bringen müssen. Aber das hätte bedeutet, dass er unsere Katze war, dass wir nun drei Katzen hätten, und unsere beiden Kater waren beleidigt, misstrauisch und gekränkt wegen des Neuankömmlings, der Rechte auf uns zu haben schien, wenn auch begrenzte. Außerdem, was war mit der alten Frau, die er manchmal besuchte? Wir beobachteten ihn, wie er steifbeinig den Gartenweg entlangging, rechts abbog und unter dem Zaun hindurchkroch, einen Garten durchquerte, dann noch einen, wobei sein Rot sich leuchtend von dem stumpfen Spätsommergras abhob, und dann verschwand – vermutlich an der Hintertür eines Hauses, wo er willkommen war.

Das warme Wetter war vorüber, und es begann zu regnen. Der rote Kater stand im Regen auf dem Balkon, das Fell war vom tropfenden Wasser gestreift, und er sah mich an. Ich öffnete die Küchentür, und er kam herein. Ich sagte ihm, er könne einen Stuhl haben, aber nur diesen einen; das sei sein Stuhl, und mehr dürfe er nicht verlangen. Er kletterte auf den Stuhl, legte sich hin und sah mich unverwandt an. Er benahm sich wie jemand, der weiß, dass er das Beste aus dem machen muss, was das Schicksal bietet, bevor es ihm wieder genommen wird.

Wenn es nicht regnete, blieb die Tür zum Balkon, zu den Bäumen und dem Garten immer offen. Wir schließen ungern alles mit Glas und Gardinen aus. Und er konnte noch den Fliederbaum benutzen, um in den Garten hinunterzukommen und sein Geschäft zu verrichten. Den ganzen Tag lag er auf dem Stuhl in der Küche, den er nur manchmal schwerfällig verließ, um noch eine Schale Wasser zu trinken. Er fraß jetzt viel. Er konnte nicht an einer Wasserschüssel oder einem Teller mit Futter vorbeigehen, ohne etwas zu trinken oder zu fressen, denn er wusste, er durfte sich nie auf etwas verlassen.

Er war ein Kater, der ein Heim gehabt, es aber verloren hatte. Er wusste, was es bedeutete, eine Hauskatze, ein Haustier zu sein. Er wollte gestreichelt werden. Seine Geschichte war vertraut. Er hatte ein Zuhause gehabt, menschliche Freunde, die ihn liebten oder glaubten, ihn zu lieben; aber es war kein gutes Zuhause, denn die Menschen gingen oft weg, und er musste sich selbst Schutz und Futter suchen. Oder sie kümmerten sich um ihn, solange es ihnen passte, zogen dann aus der Gegend fort und ließen ihn zurück. Einige Zeit war er im Haus der alten Frau gefüttert worden, offenbar jedoch nicht ausreichend, oder er hatte kein Wasser bekommen. Inzwischen sah er besser aus. Aber er putzte sich nicht. Natürlich war er steif, aber er war enttäuscht worden, ohne Hoffnung. Vielleicht hatte er geglaubt, er werde nie mehr ein Zuhause finden. Nach ein paar Tagen, als er wusste, wir würden ihn nicht wegjagen, begann er jedes Mal zu schnurren, wenn wir in die Küche kamen. Nie habe ich oder hat jemand, der zu uns kam, eine Katze so laut schnurren gehört wie ihn. Er lag auf dem Stuhl, seine Flanken hoben und senkten sich, und sein Schnurren dröhnte durch das Haus. Wir sollten wissen, er war dankbar. Es war ein berechnendes Schnurren.

Wir bürsteten ihn. Wir säuberten sein Fell für ihn. Wir gaben ihm einen Namen. Wir brachten ihn zum Tierarzt und bekannten uns dazu, dass wir eine dritte Katze hatten. Seine Nieren waren angegriffen. Er hatte ein Geschwür in einem Ohr. Ein paar Zähne fehlten. Er litt an Arthritis oder Rheumatismus. Sein Herz hätte gesünder sein können. Nein, eine alte Katze war er nicht, vermutlich acht oder neun Jahre alt, in den besten Jahren, wenn er gut versorgt worden wäre. Aber er hatte allein gelebt, so gut er konnte, und das vielleicht seit längerer Zeit. Großstadtkatzen, die sich ihr Futter selbst suchen, die betteln und bei schlechtem Wetter im Freien schlafen müssen, leben nicht lange. Er wäre bald gestorben, wenn wir ihn nicht gerettet hätten. Er nahm seine Antibiotika und die Vitamine und begann bald nach dem ersten Tierarztbesuch mit der beschwerlichen Prozedur des Putzens. Aber er war zu steif, um alle Stellen zu erreichen, und musste sich mühen und anstrengen, eine gepflegte Katze zu sein.

All das spielte sich in der Küche ab, und meist auf dem Stuhl, den zu verlassen er sich fürchtete – sein Platz. Sein kleiner Platz. Sein Halt im Leben. Und wenn er auf den Balkon hinausging, ließ er uns nicht aus den Augen, falls wir ihm die Tür vor der Nase zumachen sollten, denn mehr als alles andere fürchtete er, ausgesperrt zu werden. Und bei jeder Bewegung, die aussah, als wollten wir die Tür schließen, kam er steifbeinig herein und kletterte auf seinen Stuhl.

Er saß gern auf meinem Schoß; wenn er das geschafft hatte, ging es los, er schnurrte und blickte mit seinen klugen graugelben Augen zu mir auf: Siehst du, ich bin dankbar, und ich sage es dir.

Eines Tages, als die Richter über sein Schicksal in der Küche Tee tranken, sprang er von seinem Stuhl und ging bedächtig zur Tür, durch die man den Rest des Hauses erreicht. Dort blieb er stehen, drehte sich um und sah uns eindringlich an. Er hätte nicht deutlicher fragen können: Darf ich weitergehen – ins Haus? Darf ich eine richtige Hauskatze sein? Inzwischen hätten wir ihn gern dazu eingeladen, aber unsere beiden anderen Katzen schienen ihn nur tolerieren zu können, wenn er blieb, was er war – eine Küchenkatze. Wir deuteten auf seinen Stuhl, und er kletterte geduldig wieder hinauf. Eine Weile lag er reglos und enttäuscht da und setzte dann schnurrend die Flanken in Bewegung.

Selbstverständlich kamen wir uns schrecklich grausam vor.

Ein paar Tage später sprang er vorsichtig vom Stuhl, ging wieder zur Tür, blieb stehen und blickte sich fragend nach uns um. Diesmal sagten wir nicht, dass er zurückkommen muss, und so drang er ins Haus vor, wenn auch nicht weit. Er fand einen geschützten Platz unter einer Badewanne, und dort blieb er. Die anderen Katzen kamen, um nachzusehen, wo er war, und erkundigten sich bei uns, wie wir darüber dachten, aber wir fanden, die beiden jungen Prinzen könnten ihr gutes Leben mit ihm teilen. Draußen war es Herbst und dann Winter, und wir mussten die Küchentür schließen. Aber was war mit den Toiletten-Problemen der neuen Katze? Nun wartete der Kater an der Küchentür, wenn er hinausmusste, aber draußen wollte er nicht auf das kleine Dach springen oder den Fliederbaum hinunterklettern, denn er war zu steif. Er benutzte die Töpfe, in denen die Pflanzen zu wachsen versuchten, deshalb stellte ich ihm eine Kiste mit Torf hin, und er verstand und benutzte sie. Es war lästig, die Torfkiste zu leeren. Unten im Haus gibt es eine Katzentüre, die direkt in den Garten führt, und unsere beiden jungen Kater hatten nie, nicht ein einziges Mal das Haus beschmutzt. Ob es regnet, schneit oder stürmt, sie gehen nach draußen.

Das also war die Situation, als der Winter begann. Abends waren die Menschen und die beiden rechtmäßig ins Haus gehörenden Katzen im Wohnzimmer, und Rufus saß unter der Badewanne. Eines Abends stand Rufus in der Tür des Wohnzimmers; es war ein dramatischer Auftritt, denn damit machte die Verkörperung der Entrechteten, der Gekränkten, der Verletzten ihre Anwesenheit bei den Geborgenen, den Gefütterten, den Privilegierten bemerkbar. Er warf den beiden Katzen, seinen Rivalen, einen kurzen Blick zu, hielt aber die intelligenten Augen auf uns gerichtet. Was würden wir sagen? Wir sagten: Gut, er kann den alten mit Styroporkügelchen gefüllten Ledersack an der Heizung haben. Die Wärme wird für seine schmerzenden Knochen gut sein. Wir machten eine Mulde in den Sack, und er kletterte hinein, rollte sich vorsichtig zusammen und schnurrte. Er schnurrte und schnurrte, er schnurrte so laut und so lange, dass wir ihn bitten mussten, damit aufzuhören, denn wir konnten unser eigenes Wort nicht verstehen – im wahrsten Sinne des Wortes. Wir mussten den Fernseher lauter stellen. Aber er wusste, er hatte Glück, und wir sollten wissen, dass er den Wert dessen erkannte, was er bekam. War ich oben im Haus, zwei Stockwerke höher, konnte ich das rhythmische Dröhnen hören, das bedeutete, Rufus war wach und erzählte uns von seiner

Dankbarkeit. Vielleicht schlief er auch und schnurrte im Schlaf, denn wenn er einmal angefangen hatte, hörte er nicht wieder auf, sondern lag zusammengerollt mit geschlossenen Augen da, und seine Flanken bewegten sich auf und ab. Rufus' Schnurren hatte etwas Maßloses und Anstößiges, denn es war so berechnend. Und während wir diesen Veteranen, der nur deshalb noch nicht tot war, weil er seine Intelligenz gebraucht hatte, beobachteten und ihm zuhörten, wurden wir an die Gefahren, an die Abenteuer und die Härten erinnert, die hinter ihm lagen.

Aber unseren beiden anderen Katzen gefiel dies nicht. Die eine heißt Charles, ursprünglich Prince Charlie – nicht nach dem derzeitigen Träger dieses Namens, sondern nach früheren romantischen Prinzen –, denn er ist ein forscher und hübscher Tigerkater, der es versteht, sich in Szene zu setzen. Je weniger man über seinen Charakter sagt, desto besser – aber hier geht es nicht um Charles. Die andere Katze, der ältere Bruder mit dem Charakter eines älteren Bruders, hat einen langen offiziellen Namen, den er erhielt, nachdem er kein Kätzchen mehr war und seine Eigenschaften erkennbar wurden. Wir nannten ihn General Pinknose den Dritten. Damit bezeugten wir ihm unsere Hochachtung und erinnerten uns vielleicht daran, dass einen auch die umsorgteste Katze eines Tages verlassen wird. Wir hatten dieses zarte Eiscremerosa schon bei früheren, weniger beeindruckenden Katzen gesehen, allerdings an der Spitze von nicht ganz so edel geformten Nasen. Wie manche Menschen erhält auch er andere Namen, wenn die Zeit etwas Neues ans Licht bringt, und vor Kurzem wurde er wegen seiner moralischen Kraft und seiner Fähigkeit, ein stummes Urteil über ein Ereignis abzugeben, eine Zeit lang zum Bischof und hieß Bischof Butchkin. Diese beiden Katzen lagen mit dem Kinn auf den Vorderpfoten an ihren Plätzen und beobachteten Rufus, ohne sich zu äußern. Charles sitzt immer unter einer Heizung, aber Butchkin liebt den Platz auf einem hohen Korb, wo er alles im Auge behalten kann. Er ist eine prachtvolle Katze. Die Nähe hatte meinen Blick getrübt: Ich wusste, dass er hübsch ist, aber ich kam von einer Reise zurück und stand tief beeindruckt vor dieser großen Katze mit dem auffallend glänzend schwarz und makellos weiß gezeichneten Fell, den gelben Augen und weißen Schnurrhaaren, und ich dachte daran, dass diese Schönheit durch Pflege und gutes Futter aus gewöhnlichem Wald-und-Wiesen-Erbgut hervorgegangen war. Ein unkastrierter Kater, der bei jedem Wetter unterwegs sein und um eine Katze kämpfen muss, würde nicht so aussehen, wäre kleiner oder zumindest mager, flink und von Kämpfen gezeichnet. Nein, ich bin über das Kastrieren von Katzen nicht glücklich, ganz im Gegenteil.

Aber diese Geschichte handelt nicht von El Magnifico – das ist der Name, der am besten zu ihm passt.

Wenn Charles glaubte, dass wir nichts merkten, versuchte er, Rufus in eine Ecke zu drängen und ihn einzuschüchtern. Aber Charles hat nie kämpfen müssen, Rufus jedoch sein Leben lang. Rufus war so gebrechlich, dass ihn der Hieb einer entschlossenen Pfote umgeworfen hätte. Doch er setzte sich auf die Hinterbeine und verteidigte sich mit harten, erfahrenen Blicken, mit seiner vorsichtigen Geduld und Standhaftigkeit. Es gab keinen Zweifel, was geschehen würde, falls Charles in Hiebweite kam. Was El Magnifico betraf, so war er über Kämpfe auf dieser Ebene erhaben.

Während all der Wochen, in denen Rufus wieder zu Kräften kam, verließ er das Haus nur, um die Torfkiste auf dem Balkon aufzusuchen. Dort verrichtete er sein Geschäft, hielt dabei den Blick auf uns gerichtet, und wenn es aussah, als könnte ihn die Tür aussperren, miaute er leise und erschrocken und stakste wieder ins Haus. Er fürchtete selbst jetzt noch, er könnte seine Zuflucht verlieren, die er nach langer Heimatlosigkeit, nach solch qualvollem Durst gefunden hatte. Er hatte Angst, eine Pfote nach draußen zu setzen.

Der Winter ging langsam vorüber. Rufus lag auf seinem Ledersack, schnurrte jedes Mal, wenn er daran dachte, beobachtete uns und beobachtete die beiden anderen Katzen, die ihn beobachteten. Dann unternahm er den nächsten Schritt. Inzwischen wussten wir, er tat nichts ohne einen sehr guten Grund; er überlegte sich alles, und dann handelte er. Butchkin, die schwarzweiße Katze, ist der Boss. Er stammt aus einem Wurf von sechs Kätzchen und wurde in diesem Haus geboren. Er erzog seine Geschwister genauso, wie seine Mutter es tat: Sie war weniger eine schlechte als eine erschöpfte Mutter. Es stand immer außer Frage, wer in diesem Wurf dominierte. Nun entschloss sich Rufus zu dem Versuch, die Nummer eins zu werden. Nicht durch Stärke, denn die fehlte ihm, sondern indem er seine Stellung als kranker Kater ausnutzte, der viel Aufmerksamkeit erhielt. Der General, El Magnifico Butchkin, legte sich jeden Abend eine Weile neben mich auf das Sofa, um sein Recht auf diesen Platz zu unterstreichen, ehe er auf seinen Lieblingskorb sprang. Der Platz neben mir war der beste Platz, weil Butchkin ihn dafür hielt: Charles war zum Beispiel dort nicht zugelassen. Aber nun verließ Rufus bewusst den Ledersack, so wie er bewusst zur Küchentür gegangen war und sich dort umgedreht hatte, um zu sehen, ob wir ihn ins Haus lassen würden, so wie er in der Wohnzimmertür gestanden hatte, um herauszufinden, ob wir erlaubten, dass er sich der Familie anschloss – so kam Rufus nun langsam zu mir, kletterte zuerst mit den Vorderpfoten, dann mühsam mit den Hinterpfoten hoch und setzte sich neben mich. Er sah Butchkin an. Dann die Menschen. Schließlich warf er einen beiläufigen Blick auf Charles. Ich jagte ihn nicht vom Sofa. Ich konnte es nicht. Butchkin sah ihn nur an und gähnte nachdrücklich (und erhaben). Ich war der Ansicht, er sollte Rufus zwingen, zu seinem Ledersack zurückzugehen. Aber er unternahm nichts, er beobachtete nur. Wartete er darauf, dass ich handelte? Rufus legte sich wegen seiner schmerzenden Gelenke vorsichtig nieder. Und schnurrte. Alle Menschen, die mit Tieren zusammenleben, kennen Augenblicke, wenn sie sich nach einer gemeinsamen Sprache sehnen. Das war ein solcher Augenblick. Was war mit Rufus geschehen, wie hatte er gelernt, zu taktieren und zu planen, wie war er zu einer Katze geworden, die wirklich dachte? Sicher, er war von Natur aus intelligent, aber Butchkin und Charles waren das auch. (Es gibt sehr dumme Katzen.) Gut, er war mit diesen oder jenen Eigenschaften geboren worden. Aber ich habe noch nie eine Katze erlebt, die in der Lage war, so zu überlegen, ihren nächsten Schritt so zu planen, wie Rufus es tat.

Er lag neben mir; nachdem er, noch vor wenigen Wochen ein Ausgestoßener, es auf den besten Platz im Wohnzimmer geschafft hatte, schnurrte er. »Pssst, Rufus, wir können unsere eigenen Gedanken nicht mehr hören.« Aber wir hatten keine gemeinsame Sprache, konnten ihm nicht erklären, dass wir ihn nicht hinauswerfen würden, wenn er aufhörte zu schnurren und Danke schön zu sagen.

Wenn wir ihn zwangen, seine Medikamente zu schlucken, gab er kleine Protestlaute von sich: Vermutlich sah er darin den Preis, den er für einen Zufluchtsort zahlen musste. Wenn wir ihm die Ohren säuberten und es wehtat, fluchte er, aber nicht über uns: Es war das ganz allgemeine Fluchen von einem, der oft genug Anlass dazu gehabt hatte. Dann leckte er uns die Hände, um zu zeigen, dass er nicht uns meinte, und begann wieder zu schnurren. Wir streichelten ihn, und er ließ sein raues, anerkennendes Brummen ertönen.

Butchkin der Prächtige sah zu und machte sich seine Gedanken. Sein Charakter hatte viel mit Rufus' Schicksal zu tun. Er ist zu stolz, um mit jemandem zu konkurrieren. Wenn er sich ganz oben im Haus vertraulich mit mir unterhält, und Charles kommt ins Zimmer, springt er einfach vom Bett oder vom Sessel und geht nach unten. Er toleriert nicht nur keine Konkurrenz, die er seiner für unwürdig erachtet, er duldet auch keine Gedanken, die nicht um ihn kreisen. Wenn ich ihn halte und streichle, müssen sich meine Gedanken auf ihn richten. Butchkin streicheln, während ich lese, das gibt es nicht. Sobald meine Gedanken abschweifen, weiß er es, springt herunter und verschwindet. Aber er ist nicht nachtragend. Wenn Charles sich schlecht benimmt und ihn plagt, versetzt er ihm vielleicht einen Hieb, aber dann, noblesse oblige, schenkt er ihm ein verzeihendes Lecken.

Eine solche Persönlichkeit erniedrigt sich nicht, indem sie mit irgendeiner Katze um den ersten Platz kämpft.

Eines Tages stand ich mitten im Zimmer und sprach mit Butchkin, der zusammengerollt auf seinem Korb lag, als Rufus

vom Sofa sprang, sich vor meine Beine stellte und Butchkin ansah, als wollte er sagen: Mich hat sie lieber. Das geschah langsam
und mit Absicht; er war nicht emotional oder unbesonnen oder
impulsiv – alles Eigenschaften, die Charles im Übermaß besaß.
Rufus hatte alles geplant, er war ruhig und bedächtig. Er hatte
sich zu einem letzten Versuch entschlossen, die Nummer eins zu
werden, mein Liebling, und Butchkin auf den zweiten Platz zu
verweisen. Aber das duldete ich nicht. Ich deutete auf das Sofa,
und er blickte in einer Weise zu mir auf, die, wäre er ein Mensch
gewesen, bedeutet hätte: Es war immerhin einen Versuch wert.
Er ging zurück zum Sofa.

Butchkin hatte meine Entschlossenheit zu seinen Gunsten bemerkt. Er kommentierte sie nur damit, dass er seinen Platz verließ, sich um meine Beine wand und wieder hinaufsprang.

Rufus hatte den Versuch gemacht, die Nummer eins zu werden, und war gescheitert.

Er hatte seit Monaten keine Pfote mehr vor das Haus gesetzt,
aber jetzt sah ich, wie er schwerfällig einen Sprung auf das Dach
versuchte. Von dort blickte er zurück, immer noch in der Angst,
ich würde ihn vielleicht nicht mehr hereinlassen, betrachtete
dann den Fliederbaum und überlegte, wie er hinunterkam. Es
war Frühling geworden. Der Baum stand im frischen Grün, und
die noch geschlossenen Blüten hingen als grünlich weiße Wedel
herab. Rufus entschied sich gegen den Baum und sprang mühsam zurück auf den Balkon. Ich nahm ihn hoch, trug ihn ins
Erdgeschoss und zeigte ihm das Katzentürchen. Er war entsetzt
und hielt es für eine Falle. Ich schob ihn sanft hindurch, während
er schimpfte und sich wehrte. Ich ging nach ihm hinaus, hob ihn
hoch und schob ihn zurück. Er sprang sofort die Stufen hinauf,
weil er dachte, ich wollte ihn für immer aus dem Haus jagen. Der
Vorgang wiederholte sich an den folgenden Tagen, und Rufus
mochte das gar nicht. Ich streichelte und lobte ihn, damit er
wusste, dass ich nicht versuchte, ihn loszuwerden.

Er dachte darüber nach. Ich beobachtete, wie er seinen Platz
auf dem Sofa verließ und langsam die Treppe hinunter zum Kat-

zentürchen ging. Unentschlossen stand er davor und untersuchte es mit zuckendem Schwanz. Er fürchtete sich: Die Angst trieb ihn zurück. Er zwang sich, stehen zu bleiben, wieder hinauszugehen ... mehrere Male. Schließlich kam er bis an die Klappe und wollte sich zwingen hindurchzuschlüpfen, aber sein Instinkt meldete sich und trieb ihn davon. Das wiederholte sich wieder und wieder. Und dann tat er es. Wie ein Mensch, der in die ungewisse Tiefe springt, schob er zuerst den Kopf hindurch, dann den Körper und stand im Garten, der erfüllt war von den Düften und Geräuschen des Frühlings: Vögel jubilierten, weil sie einen Winter überstanden hatten, und Kinder nahmen ihre Spielplätze wieder in Besitz. Der alte Vagabund hob die Pfote und schnupperte die Luft, die ihn mit neuem Leben zu erfüllen schien, und bewegte den Kopf hin und her, um die Duftbotschaften aufzufangen (jemand im Haus nennt sie Duftogramme), die ihm frühere Freunde – Menschen und Katzen – ins Gedächtnis zurückriefen, die ihm Erinnerungen brachten. Man konnte ihn sich als jungen Kater, hübsch und voller Lebenskraft, vorstellen. Und so ging er in seiner bedächtigen Art und mit leichtem Hinken zum Ende des Gartens. Unter den alten Obstbäumen blickte er nach rechts und nach links. Erinnerungen zogen ihn nach beiden Seiten. Er entschied sich für rechts und kroch unter dem Zaun hindurch, zum Haus der alten Frau – so vermuteten wir. Dort blieb er ungefähr eine Stunde, und dann sah ich, wie er zurückkam, sich unter unserem Gartenzaun hindurchzwängte. Er kam den Gartenweg entlang, stand neben der Klappe an der Hintertür und blickte zu mir hoch: Bitte mach auf, das war genug für einen Tag. Ich gab nach und öffnete ihm die Tür. Am nächsten Tag schlüpfte er durch die Klappe nach draußen und kam durch die Klappe zurück, und danach bestand keine Notwendigkeit mehr für eine Katzenkiste, nicht einmal dann, wenn es regnete oder schneite oder der Garten voller Lärm und Wind war. Das heißt, es bestand keine Notwendigkeit mehr, solange er nicht krank und zu schwach war.

Meist machte er seine Besuche rechts, manchmal verschwand er aber auch nach links. Das war ein längerer Ausflug; ich beobachtete ihn durch das Fernglas, bis ich ihn im Gebüsch aus den Augen verlor. Nach seiner Rückkehr kam er jedes Mal sofort zu mir, um sich streicheln zu lassen, und setzte seine Schnurrmaschine in Gang ... damals wurde mir bewusst, dass sein Schnurren nicht mehr das überlaute, nachdrückliche und lang anhaltende Geräusch der ersten Zeit war. Jetzt schnurrte er angemessen und maßvoll, wie es sich für eine Katze gehörte, die sichergehen wollte, dass wir wussten, sie schätzte uns und ihren Platz bei uns, selbst wenn sie nicht die dominierende Katze war und wir ihr nie den ersten Platz einräumen würden. Lange Zeit hatte Rufus gefürchtet, wir würden uns als unzuverlässig erweisen und ihn wegjagen oder aussperren, aber nun fühlte er sich sicherer. Während dieser Zeit machte er jedoch niemals seine Besuche, ohne hinterher sofort zu einem von uns zu kommen und zu schnurren; er setzte sich neben unsere Beine oder drückte die Stirn an uns, was bedeutete, wir sollten ihn an den Ohren kraulen, besonders an dem wunden, das nicht heilen wollte.

Der Frühling und der Sommer waren eine gute Zeit für Rufus. Er war so weit gesund. Er fühlte sich geborgen, obwohl ich einmal unvorsichtigerweise nach einem alten Besenstiel griff, der hinten auf dem Balkon lag, und erlebte, wie er in wilder Panik auf das Dach hinuntersprang, sich überschlug, am Fliederstamm hinunterkletterte und zum Ende des Gartens raste. In der Vergangenheit hatte jemand mit Stöcken nach ihm geworfen, hatte ihn geschlagen. Ich lief hinunter in den Garten und fand ihn unter einem Busch, wo er sich vor Schreck versteckt hatte. Ich nahm ihn hoch, trug ihn zurück, zeigte ihm den harmlosen Besenstiel, entschuldigte mich und streichelte ihn. Er begriff, dass alles ein Missverständnis gewesen war.

Rufus brachte mich dazu, über die verschiedenen Arten von Katzenintelligenz nachzudenken. Ich hatte schon gelernt, dass Katzen unterschiedliche Temperamente haben. Rufus besitzt die Intelligenz des Überlebenskünstlers. Charles hat eine wissenschaftliche Intelligenz, ihn macht alles neugierig: Was Menschen tun, Leute, die ins Haus kommen, und besonders unsere technischen Gegenstände. Tonbandgeräte, der sich drehende Plattenteller, der Fernsehapparat, das Radio faszinieren ihn. Man kann sehen, wie er überlegt, weshalb aus einem Kasten eine körperlose Stimme dringt. Als kleines Kätzchen und bevor er aufgab, hielt er öfter mit der Pfote eine Schallplatte an ... ließ sie los ... hielt sie wieder an ... blickte zu uns und miaute fragend. Er ging zur Rückseite des Radiogeräts, um herauszufinden, ob er sehen konnte, was er hörte; er ging hinter den Fernsehapparat, drehte das Bandgerät mit der Pfote um, schnupperte daran, miau: Was ist das? Er ist eine gesprächige Katze. Er redet, während man die Treppe hinunter und aus dem Haus geht, er redet mit einem, wenn man hereinkommt und hinaufgeht, er hat für alles, was geschieht, einen Kommentar parat. Wenn er aus dem Garten kommt, hört man ihn bis hinauf ins oberste Stockwerk. »Hier bin ich endlich!«, ruft er, »ich, der wunderbare Charles. Wie müsst ihr mich vermisst haben! Stellt euch nur vor, was mir passiert ist, ihr werdet es nicht glauben ...« Er kommt in das Zimmer, in dem man sitzt, bleibt mit leicht zur Seite geneigtem Kopf in der Türöffnung stehen und wartet darauf, bewundert zu werden. »Bin ich nicht die schönste Katze im Haus?«, fragt er und bebt vor Erregung am ganzen Körper. Charmant – das ist das richtige Wort für Charles.

Der General besitzt eine intuitive Intelligenz, er weiß, was man denkt und was man als Nächstes tun wird. Technische Dinge und wie sie funktionieren, interessieren ihn nicht; er macht sich nicht die Mühe, einen mit seinem Aussehen zu beeindrucken. Er redet, wenn er etwas zu sagen hat, und nur dann, wenn er mit einem allein ist. »Ah«, sagt er, wenn er feststellt, dass die anderen Katzen nicht da sind, »endlich sind wir allein.« Und er gestattet ein Duett gegenseitiger Bewunderung. Wenn ich von irgendwoher zurückkomme, rennt er vom Ende des Gartens herbei und ruft: »Da bist du ja. Ich habe dich vermisst! Wie konntest du weggehen und mich so lange allein lassen?« Er springt in meine Arme, leckt mir das Gesicht, kann sich vor Freude nicht halten und rast wie ein junges Kätzchen durchs ganze Haus. Danach wird er wieder ernst und würdevoll.

Als es Herbst wurde, hatte Rufus sich einige Monate lang wie eine starke, gesunde Katze verhalten; er hatte Freunde besucht und war manchmal ein oder zwei Tage weggeblieben. Aber nun ging er nicht mehr aus dem Haus. Er war eine kranke Katze und lag an einem warmen Platz, er war eine bedauernswerte Katze mit offenen Stellen an den Pfoten, schüttelte wegen des Geschwürs im Ohr den Kopf und trank und trank … Zurück zum Tierarzt. Diagnose: nicht gut, sogar sehr schlecht, solche offenen Stellen sind ein schlechtes Zeichen. Mehr Antibiotika, mehr Vitamine. Rufus sollte nicht hinaus in die Kälte und Nässe. Monatelang unternahm Rufus keinen Versuch, das Haus zu verlassen. Er lag an der Heizung, und das Fell fiel ihm in großen und dicken rostfarbenen Büscheln aus. Wo er lag, und sei es auch nur für wenige Minuten, blieb ein Nest aus roten Haaren, und man konnte durch das dünne Fell die Haut sehen. Allmählich erholte er sich.

Das Unglück wollte es, dass eine andere Katze, die uns nicht gehörte, gleichzeitig Pflege brauchte. Sie war überfahren worden, hatte eine schwere Operation hinter sich und wurde bei uns gesund gepflegt, bevor sie in ihr neues Zuhause kam. Es gab zwei Katzen im Haus, um die viel Aufhebens gemacht wurde, und unseren eigenen Katzen gefiel das nicht, sie kehrten dem ärgerlichen Anblick den Rücken zu und verzogen sich in den Garten. Dann schien auch Butchkin krank zu sein. Wenn ich in den Garten oder ins Wohnzimmer kam, reckte er den Hals vor und hustete auf eine vornehme und schwermütige Weise: das Bild edel ertragenen Leids. Ich brachte ihn zum Tierarzt, doch es fehlte ihm nichts. Ein Rätsel. Er hustete auch weiterhin. Im Garten konnte ich keine Hacke in die Hand nehmen, kein Unkraut rupfen, ohne das hohle, heisere Husten zu hören. Wirklich sehr merkwürdig. Als ich eines Tages den armen Butchkin gestreichelt und mich nach seinem Befinden erkundigt hatte, ging ich zurück ins Haus, und mir kam ein unangenehmer Verdacht. Ich lief nach oben und beobachtete ihn durch das Fernglas. Keine Spur von Husten; er lag lang ausgestreckt auf der Erde und genoss die erste Frühlingssonne. Ich ging hinunter in den Garten, und als er mich erblickte, kauerte er sich zusammen, reckte den Hals, hustete und litt. Ich ging mit dem Glas zurück auf den Balkon: Da lag er, gähnte gelangweilt, und sein schönes schwarz-weißes Fell glänzte in der Sonne. Glücklicherweise erholte sich die zweite Katze, übersiedelte in ihr neues Heim, und wir waren wieder eine Familie mit drei Katzen. Butchkins Husten verschwand mysteriöserweise, und er erhielt einen neuen Namen: Einige Zeit war er Sir Laurence Olivier Butchkin.

Nun genossen alle drei Katzen den Garten auf ihre eigene Weise, gingen aber getrennte Wege: Wenn sich ihre Pfade kreuzten, ignorierten sie sich höflich.

An einem sonnigen Morgen sah ich auf dem hellgrünen Rasen des Nachbarhauses zwei rote Katzen. Die eine war Rufus. Sein Fell war nachgewachsen, wenn auch schütterer als zuvor. Er hockte entschlossen auf den Hinterbeinen einem sehr jungen Kater gegenüber, der ihn herausforderte. Sein Fell war hellorange wie eine Aprikose im Sonnenlicht; er war eine plüschige, fedrige Katze und teilte zuerst mit der einen, dann mit der anderen Pfote zierliche Hiebe aus. Dabei berührte er Rufus nicht, sondern – oder so wirkte es – zielte auf eine imaginäre Katze direkt vor Rufus. Der hübsche junge Kater schien im Sitzen zu tanzen, er schwankte und wiegte sich, schlug und boxte in die Luft; der leuchtende Glanz seines Fells ließ Rufus schäbig erscheinen. Sie ähnelten sich: Ich war sicher, es war ein Sohn von Rufus, und ich sah in ihm den einstigen Rufus, bevor ihm die Lieblosigkeit der Menschen zum Verderben geworden war. Die Szene dauerte Minuten, eine halbe Stunde. Wie es bei Katern oft vorkommt, schienen die beiden ein rein formelles Turnier oder Duell zu veranstalten, ohne die Absicht, sich gegenseitig zu verletzen. Der Junge miaute ein- oder zweimal, aber Rufus blieb stumm und unerschütterlich sitzen. Der junge Kater führte mit seinen flauschigen roten Vorderpfoten weiter Scheinangriffe aus, hörte aber dann auf und leckte sich eifrig die Seiten, als verlöre er das Interesse an der Sache. Die unerschütterliche Präsenz von Rufus erinnerte ihn an seine Pflicht zu kämpfen. Er richtete sich wieder auf, war ganz Eleganz und Pose wie eine heraldische Katze, eine Katze auf einem Wappenschild, und dann begann er seinen Schautanz von Neuem. Rufus blieb still sitzen: Er kämpfte nicht, weigerte sich aber auch nicht zu kämpfen. Dem jungen Kater wurde es langweilig, und er bummelte durch den Garten: Er sprang nach Schatten, rollte sich im Gras, rekelte sich und jagte Insekten. Rufus wartete, bis er verschwunden war, und machte sich dann in seiner ruhigen Art auf den Weg – in diesem Frühjahr nicht nach rechts zu der alten Dame, sondern nach links, wo er stundenlang oder sogar über Nacht blieb. Denn es ging ihm wieder gut, und es war Frühling, die Paarungszeit. Er kam durstig und hungrig nach Hause, und das hieß, er freundete sich nicht mit Menschen an. Später im Frühling blieb er länger aus, vielleicht zwei oder drei Tage. Ich war ziemlich sicher, er hatte eine Freundin.

Einmal hatte ich eine Katze namens Die Graue, eine launische und griesgrämige, wenn auch hübsche Katze, die immer zu anderen Katzen unfreundlich war. Vor ihrer Sterilisation war sie lieblos gegen Kater gewesen, und sie blieb selbst Katzen gegenüber feindselig, die lange Zeit im selben Haus lebten. Sie hatte keine Katzenfreunde, nur Menschenfreunde. Als sie sich zum ersten Mal mit einer Katze anfreundete, war sie alt – etwa dreizehn Jahre. Damals lebte ich in einer kleinen Wohnung im obersten Stock eines Hauses, das kein Katzentürchen hatte; es gab nur die Treppe zur Haustür. Von dort ging sie zum Garten hinter dem Haus. Sie konnte die Tür aufdrücken, um hereinzukommen, musste jedoch hinausgelassen werden. Sie begann, die Besuche eines alten grauen Katers zu dulden, der dicht hinter ihr die Treppe heraufkam, an der Wohnungstür darauf wartete, dass unsere Katze ihm erlaubte weiterzugehen, dann die Stufen hinaufstieg und oben darauf wartete, dass er aufgefordert wurde, in mein Zimmer zu kommen: Er wartete auf die Einladung der grauen Katze, nicht auf meine. Die Graue mochte ihn. Zum ersten Mal mochte sie eine Katze, die nicht ihr Junges gewesen war. Der Kater kam ruhig in mein Zimmer – in seinen Augen ihr Zimmer – und ging zu ihr. Anfangs saß sie ihm mit einem großen alten Sessel als Schutz im Rücken gegenüber: Sie traute niemandem, sie nicht! In einiger Entfernung blieb der Kater stehen und miaute leise. Wenn sie mit einem knappen, zögernden Miau darauf antwortete – denn sie war wie eine alte Frau geworden, die, ohne es zu wissen, mürrisch und übellaunig ist –, kauerte er sich etwa dreißig Zentimeter entfernt vor ihr zusammen und sah sie unverwandt an. Auch die Graue kauerte sich zusammen. So blieben sie vielleicht eine oder zwei Stunden sitzen. Später wurde die graue Katze weniger streng, und sie saßen nebeneinander, allerdings ohne sich zu berühren. Sie unterhielten sich nicht, abgesehen von den kleinen leisen Begrüßungslauten. Sie mochten sich, sie wollten beisammensitzen. Wer war der Kater? Wo lebte er? Ich fand es nie heraus. Er war alt, ein Kater, der kein leichtes Leben gehabt hatte, denn wenn man ihn hochnahm, war er wie ein Schatten, und sein Fell war stumpf. Aber er war nicht kastriert, er war ein vornehmer alter Kater, grau mit weißen Schnurrhaaren, höflich und wie ein feiner Herr. Er erwartete keine Sonderbehandlung, erwartete überhaupt nicht viel vom Leben. Er fraß ein wenig von ihrem Futter, trank etwas Milch, wenn sie ihm angeboten wurde, wirkte aber nicht hungrig. Wenn ich nach Hause kam, wartete er oft an der Haustür, miaute ganz zart und blickte zu mir auf. Dann kam er hinter mir ins Haus, folgte mir die Treppe herauf zur Wohnungstür, miaute noch einmal und kam dann die letzten Stufen hinauf in die Wohnung. Dort ging er geradewegs zu der Grauen, die bei seinem Anblick ihr verdrießliches kleines Miau hervorstieß, dann jedoch zuließ, dass er sie mit einem Schnurren begrüßte. Er verbrachte lange Abende mit ihr. Sie war verändert, weniger empfindlich und weniger schnell beleidigt. Ich beobachtete die beiden oft, wenn sie beisammensaßen wie zwei alte Menschen, die sich nicht unterhalten müssen. In meinem ganzen Leben habe ich nie sehnlicher gewünscht, mit einem Tier eine gemeinsame Sprache zu haben. »Weshalb dieser Kater?«, wollte ich sie fragen. »Weshalb diese Katze und keine andere? Was hat dieser alte höfliche Kater an sich, dass du ihn magst? Denn ich nehme an, du magst ihn, das wirst du doch zugeben? All diese netten Katzen im Haus, dein ganzes Leben lang, und du hast nie eine von ihnen gemocht. Und jetzt …«

Eines Abends kam er nicht. Am nächsten auch nicht. Die Graue wartete auf ihn. Sie behielt den ganzen Abend die Tür im Auge. Dann wartete sie unten an der Haustür. Sie suchte im Garten. Aber er kam nicht, er kam nie mehr. Und sie freundete sich nie wieder mit einer Katze an. Eine andere Katze, ein Kater, der die Katze unten im Haus besuchte, flüchtete sich ein paar Wochen vor seinem Ende zu uns, als er sehr krank wurde, und er lebte bis zu seinem Tod in meinem Zimmer – ihrem Zimmer. Aber sie nahm ihn nicht zur Kenntnis. Sie verhielt sich, als wären nur ich und sie da.

Ich glaubte, dass Rufus eine solche Freundin hatte und dass er sie besuchte.

Eines Abends im Spätsommer blieb er bei mir auf dem Sofa, und am nächsten Morgen lag er in genau derselben Position noch dort. Als er endlich heruntersprang, hatte er beim Gehen ein schlaff herabhängendes Hinterbein. Der Tierarzt sagte, er sei überfahren worden: Man konnte das an den Krallen erkennen, denn Katzen strecken instinktiv haltsuchend die Krallen aus, wenn das Rad sie erfasst. Seine Krallen waren abgebrochen und gesplittert. Er hatte einen schlimmen Bruch am Hinterbein.

Der Gipsverband reichte vom Fußknöchel bis zum Schenkelansatz, und Rufus wurde mit Futter, Wasser und einer Katzenkiste in ein ruhiges Zimmer gebracht. Dort blieb er zufrieden über Nacht, wollte dann aber hinaus. Wir öffneten die Tür und sahen zu, wie er unbeholfen Absatz um Absatz die Treppe ins Erdgeschoss hinunterstieg. Er fluchte und schimpfte, als er das unbewegliche, nach hinten ragende Bein durch das Katzentürchen manövrierte und über den Gartenweg hinkte und hüpfte. Er schimpfte noch mehr, als er auf dem Weg zu seiner Freundin sich und das Bein unter dem Zaun hindurchschob. Er blieb ungefähr eine halbe Stunde: Er musste jemandem, einer Katze oder einem Menschen, von seinem Unfall berichten. Bei der Rückkehr ließ er sich gerne wieder in sein Refugium bringen. Er wankte, stand unter Schock, und seine Augen verrieten, dass er Schmerzen hatte. Sein Fell, das während des Sommers und durch gutes Futter dicht geworden war, sah struppig aus, und er war wieder die arme alte Katze, die sich nur mit Mühe putzen konnte. Armer alter Kater. Armer Unglücksrabe! Er erhielt wie Butchkin neue Namen, allerdings waren sie traurig. Aber er ließ sich nicht unterkriegen. Er machte sich mit Erfolg daran, den Gipsverband zu entfernen, und wurde wieder zum Tierarzt gebracht. Dort bekam er einen neuen Gipsverband, den er nicht abreißen konnte, obwohl er es versuchte. Und er unternahm jeden Tag den Ausflug die Treppe hinunter zum Katzentürchen. Dort zögerte er, zwängte sich dann schimpfend hindurch, denn er stieß sich dabei immer das Bein an, das er nachzog, und wir sahen, wie er durch das herbstliche Laub und die Pfützen den Gartenweg entlanghinkte. Er musste sich beinahe flach auf die Erde legen, um unter dem Zaun hindurchzukommen. Jeden Tag erstattete er seine Meldung, kam erschöpft zurück und schlief. Wenn er wach war, bemühte er sich, den Verband zu lösen. Dort, wo Rufus saß, war alles weiß von Gipskrümeln.

Nach einem Monat wurde der Verband abgenommen. Das Bein war steif, aber benutzbar, und Rufus wurde wieder der Alte: ein galanter Kater auf Abenteuern, der uns als Stützpunkt benutzte. Dann wurde er wieder krank. Dieser Kreislauf wiederholte sich ein paar Jahre. Er wurde gesund, war unterwegs, wurde krank und kam nach Hause. Aber seine Krankheiten wurden schlimmer. Das Geschwür im Ohr heilte nicht. Er kam von irgendwoher zurück und bat um Hilfe. Er fuhr mit der Pfote vorsichtig an das eiternde Ohr, würgte vorsichtig beim Geruch der Pfote und blickte seine Pfleger hilflos an. Er stieß kleine, brummende Protestlaute aus, während wir das Ohr auswuschen, obwohl er das wollte; er nahm seine Medikamente, lag herum und ließ zu, dass es ihm unter unserer Obhut wieder besser ging: ein zäher, muskulöser Körper, trotz seiner Leiden war er ein starker alter Kater. Erst am Ende seines Lebens, seines viel zu kurzen Lebens, als er sehr krank war und kaum noch laufen konnte, blieb er zu Hause und versuchte nicht mehr hinauszugehen. Er lag auf dem Sofa, und wenn er nicht schlief, schien er zu denken oder zu träumen. Einmal streichelte ich ihn wach, um ihm seine Medizin zu geben, und er erwachte mit diesem zu-

268

traulichen, liebevollen Gurren, mit dem Katzen die Menschen und Katzen begrüßen, die sie lieben. Als er sah, dass ich es war, wurde er der normale, höfliche und dankbare Rufus, und ich begriff, dass ich nur dieses eine Mal diesen besonderen Laut von ihm gehört hatte – und das in einem Haus, in dem Rufus den ganzen Tag zu hören war. So begrüßen Katzenmütter ihre Jungen, und die Jungen ihre Mütter. Hatte er von seiner Zeit als Kätzchen geträumt? Oder vielleicht von dem Menschen, dem er als kleine oder als junge Katze gehört hatte, der aber wegging und ihn alleinließ? Dieses sanfte Gurren schmerzte mich und versetzte mir einen Stich, denn Rufus hatte es selbst dann nicht hervorgebracht, wenn er wie eine Maschine schnurrte, um seine Dankbarkeit zu zeigen. In all der Zeit, die er uns kannte, beinahe vier Jahre lang, während wir ihn mehrmals gesund oder beinahe gesund pflegten, hatte er nie wirklich glauben können, dass er dieses Zuhause nicht verlieren würde, und er befürchtete, dass er sich dann wieder allein durchschlagen müsste; er hatte nicht glauben können, dass er nicht wieder eine Katze werden würde, die der Durst beinahe verrückt werden ließ und die unter der Kälte litt. Sein Vertrauen in einen Menschen, in seine Liebe war so schrecklich enttäuscht worden, dass er sich nie mehr erlauben konnte, noch einmal zu lieben.

Die Bekanntschaft mit Katzen, ein Leben mit Katzen hinterlässt ein Leid, das sich sehr von dem Leid unterscheidet, welches man wegen eines Menschen empfindet – eine Mischung aus Schmerz über ihre Hilflosigkeit und über unser aller Schuld.

EIN SCHRIFTSTELLER IST
KEIN PROFESSOR
Im Gespräch mit Jean-Maurice de Montremy

*Jean-Maurice de Montremys Interview erschien 1990 in der
Aprilausgabe der französischen Literaturzeitschrift* Lire.

MONTREMY: In Ihrem Roman *Das goldene Notizbuch*, den Sie
vor fast dreißig Jahren geschrieben haben, stellen Sie Erwachsene dar, denen es darum geht, »frei« und »ungebunden« zu
sein. Sie analysieren sich, trinken, zanken, versöhnen sich, greifen fast alle damaligen philosophischen und theoretischen Probleme auf und führen Streitgespräche – die Männer gegen die
Frauen –, wobei sie von ihrem recht verwirrten Nachwuchs beobachtet werden. In Ihrem Buch *Das fünfte Kind* schildern Sie
genau das Gegenteil: Bens Eltern wirken ausgeglichen und sind
voll guten Willens, während ihr Kind sich wie eine psychologische Bombe verhält und so ihren Traum von einer glücklichen
Familie zerstört. Macht es Ihnen Freude, gegen den Strom zu
schwimmen? Die Rebellion abzulehnen, wenn Rebellion gerade
Saison hat? Die Konformität abzulehnen, wenn sie wieder in
Mode kommt?
LESSING: Ich bin Schriftstellerin: Ich möchte sagen, *nur* Schriftstellerin, ein Mensch der Gegenwart, nicht die Priesterin eines
großen Projektes. Als ich *Das goldene Notizbuch* schrieb, war ich
vierzig. Ich habe keine Abhandlung über Frauentypen der sechziger Jahre verfasst. Bis ganz zum Schluss wollte ich eine Geschichte erzählen, die sich weder aus politischer Sicht noch
durch soziologische Analysen erschöpfend interpretieren lässt.
Das ist bei allen meinen Büchern der Fall, auch bei *Das fünfte
Kind*: In einer bestimmten Zeitspanne bewältige ich nach besten
Kräften Probleme, die während dieser Zeit beinahe jeden betreffen. Außerdem glaube ich nicht, dass die Rolle des Schriftstellers darin bestehen sollte, vorherzusagen, zu verurteilen, zu

verkünden und so weiter. Oder jedenfalls nicht unbedingt. Ein Schriftsteller ist kein Professor.

Trotzdem ist es zweifellos falsch, wenn ich in dieser Weise über Schriftsteller spreche, so, als gäbe es eine allgemeingültige Regel. Ich meinerseits hatte nie den Wunsch, ein Programm von geistigen Leitlinien oder Verhaltensrichtlinien vorzulegen. Wenn ich eins gehabt hätte, hätte ich bestimmt niemals geschrieben. Ich hätte verkündet, dass Frauen so und so sind, dass Beziehungen mit Männern – die schließlich ein hartnäckiges Problem für Frauen darstellen – fortan so oder so sein sollten, dass unsere Kinder diese und jene Erziehung bekommen sollten, dass die Regierung jenes bestimmte Gesetz verabschieden sollte, dass die Ereignisse in Berlin dies und nicht jenes bedeuten, dass die Zukunft der Äußeren Mongolei und Nicaraguas, die Entwicklung von Michail Gorbatschow oder Mrs. Thatcher diese oder jene Richtung nehmen sollte. Woher soll ich das wissen?

Zuerst einmal denke ich über diese Themen eigentlich gar nicht viel nach. Ich weiß von den Problemen der Stunde, die die ganze Welt kennt. Dass ich Romane geschrieben habe, macht mich nicht hellsichtiger als den durchschnittlichen Fernsehzuschauer.

MONTREMY: Trotzdem, Sie waren Mitglied der Kommunistischen Partei.

LESSING: Ganz richtig! Zwei oder drei Jahre lang in den fünfziger Jahren. Und dabei handelte es sich um die britische Kommunistische Partei. Das ist eine sehr, sehr britische Partei. Wir haben geredet; wir haben Tee getrunken. Wenn ich an einer Versammlung der französischen Kommunistischen Partei teilgenommen hätte, hätte ich ihre unerbittliche Logik und ihre eindrucksvolle theoretische Schlüssigkeit miterlebt. Das hat wenig Ähnlichkeit mit der englischen KP. Die französische KP verkörperte den Radikalismus der Jakobiner.

Die englische KP dagegen bildete eine Art nonkonformistischen Club. Sie brachte, und zwar mit einer gewissen Effektivität, unseren Protest vor, gegen das schreckliche Klassensystem und gegen das Kategorisieren von Menschen, das typisch britisch ist.

Es ist ein System – lassen Sie mich das nebenbei sagen –, das heute immer noch fest verankert ist und von dem *Das fünfte Kind* tief geprägt ist. Aber ich war bereits Kommunistin, jedenfalls habe ich mich so bezeichnet, lange bevor ich in London meinen Wohnsitz nahm. In Rhodesien – wo es keine Partei gab – vertrat ich den Kommunismus noch unerschütterlicher als später in England.

Aber dann wurde mir bewusst, dass wir bloß so taten, als wären wir Kommunisten. Alle Parteien waren nur »kommunistisch«. Wir warteten auf den Kommunismus, etwas, was eigentlich gar nichts mit irgendeiner bestimmten Partei zu tun hatte.

MONTREMY: Sie wurden außerdem als Autorin bezeichnet, die »für Frauen eintritt«. In gewisser Weise galten Sie als beispielhafte Analytikerin des »hartnäckigen Problems« – wie Sie es bezeichnen – der Beziehungen zwischen den beiden Geschlechtern.

LESSING: Insofern, als damit meine Arbeit gemeint ist, möchte ich das nicht bestätigen. Ist es möglich, Bücher zu schreiben, um die Probleme zwischen Männern und Frauen zu analysieren? Ich bin da nicht so sicher. Stattdessen habe ich gesagt, dass es zwischen Männern und Frauen Probleme gibt und dass meine Romane folglich diese Probleme widerspiegeln. Meine Bücher handeln von Kräften, von sich verwirrenden und entwirrenden Beziehungen, in denen die beiden Geschlechter nicht den gleichen Standpunkt einnehmen. Sie erwachsen aus konkreten Situationen, so auch *Das fünfte Kind*, in dem Mann und Frau sich nicht einig sind, wie sie mit ihrem Kind Ben umgehen sollen. Aber ich glaube nicht, dass meine Bücher eine echte Beweisführung zu diesem Thema darstellen, das ich angeblich zu meiner »Spezialität« gemacht habe.

Ich beginne normalerweise mit einer Beobachtung, mit einem Gefühl, das mir seit Längerem keine Ruhe lässt, ohne dass ich aber weiß, wie ich zu einer eindeutigen Antwort darauf kommen soll. Warum riskieren Frauen stets, für immer ihre Identität zu verlieren, wenn sie einen Mann lieben? Wenn es schlecht läuft, erholen sie sich kaum davon. Männer dagegen sind in der Lage, auch nach spektakulären Schiffbrüchen schnell wieder ihren

Platz zu finden. Ja, warum können Frauen im tiefsten Inneren nicht ohne Männer auskommen? Männer dagegen kommen, wenn sie das sexuelle Problem einmal geregelt haben, letztendlich ganz gut zurecht: Die Arbeit, ihre Ziele, Metaphysik, Sport oder Autos erlauben es ihnen, in ihren Beziehungen zu einer Frau (oder zu mehreren Frauen) unnahbar zu bleiben.

Zudem sehe ich allmählich in dieser Fixierung der Frauen auf die Männer eine der Quellen des Feminismus. Letztlich könnte man diese Abhängigkeit absurderweise als Feminismus bezeichnen.

MONTREMY: Und das heißt?

LESSING: Das heißt, es gibt einen absolut unentbehrlichen Feminismus: den, der uns gesicherte Arbeitsbedingungen, gleichen Lohn und Selbstständigkeit für Frauen gebracht hat und weiterhin bringt. Andererseits kann ein Feminismus, der daraus besteht, dass Frauen sich versammeln, um endlos über die Fehler von nicht anwesenden Männern zu palavern und um immer wieder untereinander allen möglichen Kummer breitzutreten, nur jene Abhängigkeit fördern, von der ich gerade gesprochen habe: Er ist die moderne Version der Plaudereien braver Ehefrauen. Ich glaube, dass exzessiver Feminismus zum Selbstzweck wird, obwohl er lediglich ein Werkzeug sein sollte – ich glaube, dass solch ein Feminismus eine überwältigende Faszination für die Männer widerspiegelt. Ich bin zum Beispiel nicht ganz sicher, ob Simone de Beauvoir wirklich Frauen mochte oder zur lesbischen Liebe ermutigen wollte. In vieler Hinsicht bekommt man den Eindruck, dass das Ideal aller Frauen in ihren Augen Jean-Paul Sartre hieß.

Was ich gerade gesagt habe, hat allerdings nicht viel mit dem Schreiben zu tun. Ich glaube, viele andere haben auf ihre Weise die gleiche Erfahrung gemacht. Das Leben hat mich in diesem Punkt sicherlich besser unterrichtet als meine Bücher. (...) Ich verstehe inzwischen, dass ich zweifellos dafür geschaffen wurde, unverheiratet zu sein. Und so weiter, und so weiter. Aber jetzt haben wir uns von den Büchern weit entfernt.

MONTREMY: Ist es nicht trotzdem möglich, die Mehrzahl Ihrer

Bücher, insbesondere den Zyklus »Kinder der Gewalt«, sehr eng mit Ihrer Jugend verbunden zu sehen, als würden die Wurzeln der Romane bis in die Jugendzeit zurückreichen? Man begegnet in diesen Büchern dem kolonialen Afrika, den großen Gütern, der Revolution ...

LESSING: Lassen Sie uns, um genau zu sein, sagen, dass meine Bücher mir vielleicht erlaubt haben, die Welt und die Gefühle, die sie auslöst, aufs Korn zu nehmen. Ich bin kein Mensch, der durchdreht oder zusammenbricht. Andererseits hätte ich oft in einer bestimmten Denkweise erstarren können, weil ich mich der Illusion hingab, dass ich Theorien hätte, so wie ich gegenwärtig viel zu kritisieren habe. Nehmen Sie zum Beispiel *Das goldene Notizbuch*; es ist veraltet. Ich habe es in dem Glauben begonnen, ich sei Marxistin, eine Progressive. Dann entdeckte ich, dass ich mit dieser Einstellung dem Buch das ganze Gewebe von Gedanken, Bemerkungen und Themen entzog. Man kann zu vielen Themen mehr oder weniger interessante Gedanken haben. Man kann Leidenschaften und politische Vorlieben haben. Aber Geschichten zu erzählen, sie zu lesen und sie zu schaffen, ist ein Prozess, der auf einer ganz anderen Ebene abläuft. Fast hätte ich gesagt: auf physischer Ebene. Jedenfalls nicht auf einer intellektuellen oder ideologischen Ebene.

MONTREMY: Man hat Ihnen manchmal vorgeworfen, dass Sie bestimmten literarischen Problemen, wie der Technik des Romanschreibens, der Entwicklung einer Erzählung und so weiter, vollkommen gleichgültig gegenüberstünden.

LESSING: In dieser Hinsicht bin ich Autodidaktin. Bis zu meinem dreißigsten Lebensjahr habe ich, von ganz kurzen Phasen abgesehen, im kolonialen Rhodesien gelebt. Man kann sich keine Umgebung vorstellen, die von literarischen Theorien und Schulen weiter entfernt wäre. Es gab dort Landschaft, Tiere und Pflanzen. Und die engstirnigste aller Gesellschaften, in die ich mich nie einfügen konnte. Die Schwarzen existierten laut Gesetz nicht: Ihre Welt blieb uns hermetisch verschlossen.

Ganz auf mich gestellt begann ich zu schreiben. Ich fand auf meine Weise meinen Weg: die russischen Dichter, Proust, Stendhal, Thomas Mann. Und die großen englischen Dichter wie Dickens, Thomas Hardy (der die Natur so gut beschrieben hat), Virginia Woolf, Richardson, Defoe. Ich habe das Schreiben nie gelernt, und zudem bin ich immer noch überzeugt, dass man Literatur nicht lernen kann. Man begegnet in diesem Bereich einfach Menschen oder Büchern, die plötzlich zu einem sprechen, die einem zeigen, was man hören oder sehen musste. Und man macht weiter, pragmatisch, man probiert aus. Im Gegensatz zu dem, was gegenwärtig manchmal gesagt wird, glaube ich, dass es für den Roman nie günstigere Zeiten gegeben hat, als wir sie jetzt erleben. Denn er ist eine absolute Mischform, voller Einflüsse (Film, Mythos, Musik, Bilder) und außerordentlich anpassungsfähig. Ich weiß sehr wohl, dass die Kritiker und die Professoren ihre eigenen Theorien dazu haben, aber die halte ich für hinfällig. Der Roman ist das, was der jeweilige Autor daraus macht. Es gibt keine »Tricks«. Der Roman existiert einfach – er versucht, in dem, was jeweils geschrieben wird, zu existieren. Er kann die Form einer umfangreichen, architektonisch komplexen Komposition oder einer einfachen, linear erzählten Geschichte annehmen, je nachdem, was zum Zeitpunkt des Schreibens gerade passiert.

MONTREMY: Sie mögen also Theorien nicht.

LESSING: Als ich vor Jahren in der Kommunistischen Partei war, fühlte ich mich gedrängt, mich dem zuzuwenden, was als »das große Problem der Stunde« bezeichnet wurde. Aber ich spürte, dass es in meinen Büchern auch noch um etwas anderes ging, um ein Phänomen, das tiefgründiger und geheimnisvoller war.

MONTREMY: Lassen Sie uns *Das fünfte Kind* nehmen. Man kann darin eine Kritik an der naiven Rückkehr zu traditionellen Werten sehen. Es ist die Geschichte vorbildlicher Eltern, die von einem Kind fertiggemacht werden. Man kann in dem Buch auch eine Reflexion über das Anormale sehen. Es ist die Geschichte eines atypischen Kindes in einer ach so vorbildlichen Familie. Oder man kann darin eine Analyse des Prozesses, wie Mittelschichtskinder in die Kriminalität abrutschen, sehen. Der Roman ist die Geschichte eines knallharten Burschen, der Anführer einer Schlägerbande wird.

LESSING: Oh, es ist sogar noch einfacher. Alles, was Sie eben beschrieben haben, musste selbstverständlich auftauchen, weil ich das Buch mitten in den achtziger Jahren geschrieben und dabei die verwickelte Situation jener Zeit eingefangen habe. Zuerst einmal begnügte ich mich – wie immer – damit, mir eine Geschichte auszudenken, mit mir selbst zu sprechen. Ich erhielt einen grotesken Brief von einer Leserin. Sie beklagte sich über ein viertes Kind, das dem Teufel oder einem Außerirdischen ähnlich sei, gefährlich. Das ließ mir keine Ruhe. Es schien mir ein Thema aus den alten Sagen zu sein, das häufig in Geschichten vorkommt, das Motiv des »Wechselbalgs« – des monströsen Kindes, das die Feen mit dem richtigen Kind vertauscht haben, um damit Unheil zu stiften. Mit diesem Thema habe ich angefangen. Aber ich fürchte, dass ich Sie nicht überzeugen werde: Alle glauben, dass ich eine Stellungnahme zur Erziehung oder zur Tyrannei der englischen Mittelschicht abgeben wollte.

MONTREMY: Was meinen Sie damit?

LESSING: Dass es in der englischen Mittelschicht ein System gibt, ein sehr spezifisches, sehr mächtiges, das insbesondere von den Frauen aufrechterhalten wird, die fürchterlich kompetent und fürchterlich aktiv sind, fürchterlich tüchtig und perfektionistisch. Dieses System hat das eine große Ziel, Territorien abzustecken, Zonen zu begrenzen, Unterschiede, Hierarchien und so weiter deutlich zu machen. Seit meiner Kindheit und dem Tag, an dem ich von der Schule abgegangen bin (ich war vierzehn und fand die Pflanzen, die Tiere und die Landschaft in Rhodesien interessanter als den Unterricht), fällt mir diese Tatsache immer wieder auf: Wir denken nie darüber nach, welche Gemeinsamkeiten wir haben. Wir sehen nur Gegensätze, die Jas, die Neins, die Weißen, die Schwarzen. Also betrachten wir uns als gut ausgestattet, indem wir uns selbst, wie gesagt, die Markierungslinien unseres Territoriums bestätigen. Dabei haben wir alle im Grunde die gleiche Lebensweise; wir stoßen mehr oder weniger auf die gleichen Fragen und die gleichen Schwierigkeiten. Und ich glaube, für mich als Schriftstellerin ist es wichtig, dass ich versuche, herauszufinden, was uns eigentlich trennt.

Als ich um 1960 herum am *Goldenen Notizbuch* arbeitete, habe ich in keiner Weise behauptet, eine Dissertation über die Lage der Frau, über das Paar oder über den Aufbau des Romans zu schreiben. Ich habe einfach versucht zu verstehen, was mit uns geschah, mit uns allen, die sich weigerten, nach den Normen der »herkömmlichen Moral« zu leben, und die dabei ausnahmslos auf viele Schwierigkeiten stießen, wobei sie in dem Bedürfnis, ihre Freiheit zu erklären, fügsam waren bis zur Absurdität. Genauso wie andere, zaghafte Konformisten oder traditionelle Männer, die nicht viel besser lebten als wir, waren auch sie Opfer ihrer Widersprüchlichkeit, ihrer lästigen festen Prinzipien und ihres Bedürfnisses, sich hervorzutun.

MONTREMY: Sie glauben, dass die großen Bewegungen, die Ihren Weg gekreuzt haben, im Allgemeinen nur eine Farce waren? In den fünfziger Jahren der Kommunismus. Dann der Feminismus. Dann, Ende der siebziger Jahre, die mystische Suche im Osten, die in Ihren Büchern aus den späten siebziger Jahren erscheint: in *Die Memoiren einer Überlebenden* oder in dem Science-Fiction-Roman *Shikasta*. Diese Bewegungen laufen alle auf das Gleiche hinaus?

LESSING: Nein, ich bin weder zynisch noch opportunistisch. Ich nehme die Konflikte einfach so, wie ich sie vorfinde. Erst waren es die Konflikte, die im »Marxismus« der fünfziger Jahre sichtbar wurden, dann in den sechziger Jahren die Konflikte, die den »Feminismus« motivierten, in den achtziger Jahren die, die den »Orientalismus« auslösten, und heute vielleicht die Konflikte, die die »Umweltbewegung« hervorgerufen haben. Ich verwende durchgängig Anführungszeichen, um zu zeigen, dass jede dieser Bewegungen etwas hat, das gut ist und allgemein von allen Seiten akzeptiert wird. Mich fasziniert einfach dieses Bedürfnis, für etwas Partei zu ergreifen, obwohl wir alle die gleichen Schwierigkeiten haben. Es ist die wohlbekannte Geschichte von Frauen in Machtpositionen, populären führenden weiblichen Persönlichkeiten und leidenschaftlichen Antifeministinnen im Gegensatz zu freien Frauen, Agitatorinnen und jenen, die die Männer nach ihrer Pfeife tanzen lassen. Alle Bücher, die ich geschrieben habe, zeigen, manchmal ganz ungewollt, dass es in uns eine nicht fassbare Dimension gibt, die stärker ist als die Theorien, mit deren Hilfe wir vielleicht versuchen, das zu lenken. In gewisser Weise sind wir absolute Dummköpfe und handeln, als hätte das kein Gewicht.

MONTREMY: Dann sollte das Schreiben also eine Form der Psychoanalyse sein?

LESSING: Die Psychoanalyse ermöglicht es uns, Begriffe in Anführungszeichen zu setzen, nehme ich an. Ich glaube nicht, dass wir die Gestalt des Ben in *Das fünfte Kind* mithilfe einer analytischen Theorie oder der klassischen Psychiatrie erklären können. Als ich um die dreißig war, befand ich mich in einem Zustand extremer Angespanntheit. Ich begegnete einer Frau, ein wenig gewöhnlich – der Mother Sugar im *Goldenen Notizbuch* –, die eine Art Therapie mit mir machte. Mit den verschiedenen psychotherapeutischen Richtungen hatte meine Therapie nichts zu tun, selbst aus heutiger Sicht betrachtet nicht: Mother Sugar war eine Jüdin, die zum Katholizismus konvertiert war, weil sie Anhängerin der Theorien von C. G. Jung war! Aber innerhalb dieser ideologisch-intellektuellen Struktur (dem gegenüber steht, ich kann ihn erkennen, der Stalinismus der Freudianer) lebte eine echte Persönlichkeit. Es war der Kontakt, der mir auf nicht vermittelbare, nicht zu beschreibende Weise aus meinen Schwierigkeiten heraushalf. Ich war einem Menschen begegnet; jemandem, der sich nicht auf Handbücher, Theorien und Abhandlungen reduzieren ließ.

MONTREMY: Ist das der Grund, warum Sie sich etwa im Jahre 1964 für einen Sufi-Meister entschieden haben?

LESSING: Ja, insofern als er, wie Mother Sugar, kein Guru war. Nur ein spiritueller Lehrer. Jemand, der einem kein Dogma aufzwang und der keinen geheimnisvollen Nimbus hatte. Er ließ mich selbst herausfinden, wer Gott ist, ohne mich in eine Religion einzusperren. Ich bin absolut und kindisch allergisch gegen Religionen – obwohl ich die größte Achtung vor unserer Natur habe, die zutiefst religiös ist.

NICHT HINTERFRAGTE GEISTES-
HALTUNGEN, DIE DER KOMMUNISMUS
HINTERLASSEN HAT
Im Gespräch mit Edith Kurzweil

*Doris Lessings dem Gespräch vorangehende Ausführungen bilden
einen Teil ihres Beitrages zu der Tagung »Intellectuals and
Social Change in Central und Eastern Europe« (Die Intellektuellen
und die gesellschaftliche Veränderung in Mittel- und Osteuropa),
die im April 1992 an der Rutgers University, New Jersey, stattfand.
Der Beitrag erschien im Herbst 1992 in der amerikanischen
Vierteljahresschrift* The Partisan Review.

LESSING: Ich glaube, Zuhörer aus Ost- und aus Mitteleuropa
werden erkennen, dass ich mit dem, was ich sagen werde, als
Westeuropäerin sprechen werde. Ich werde ein halbes Dutzend
Thesen vorbringen, alle natürlich in vereinfachter Form. Alle
veranschaulichen die Tatsache, dass Denkweisen, die unter dem
Kommunismus entstanden oder durch den Kommunismus ge-
festigt wurden, immer noch unser Leben beherrschen, obwohl
wir scheinbar das Verschwinden des Kommunismus miterlebt
haben.

Der erste Punkt ist die Sprache. Der Gedanke, dass der Kommunismus die Sprache und mit der Sprache das Denken abge-
wertet hat, ist nicht neu. Es gibt einen kommunistischen Jargon,
den man schon nach einem einzigen Satz erkennt. Nur wenige
Leute haben sich in ihrer Jugend nicht über »konkrete Schritte«,
»Widersprüche«, die »Durchdringung von Gegensätzen« und
das alles lustig gemacht. Dass geisttötende Parolen die Kraft besitzen, sich aufzuschwingen und weit von ihrem Ursprung fort-
zufliegen, habe ich zum ersten Mal in den fünfziger Jahren gesehen, als ich in der *Times* einen Brief las, in dem sie benutzt
wurden: »Die Demo am letzten Samstag war der unwiderlegbare
Beweis dafür, dass die konkrete Situation ...« Wörter, die früher

so ausschließlich von der Linken benutzt wurden, als wären sie eingepferchte Tiere, waren nun in den allgemeinen Gebrauch übergegangen, und mit ihnen die Gedanken. Man konnte in der konservativen und in der liberalen Presse ganze Artikel lesen, die marxistisch waren, aber die Verfasser wussten das nicht.

Es gibt einen Aspekt dieses Erbes, der viel schwerer zu erkennen ist. Selbst vor fünf oder sechs Jahren noch wurden die *Iswestija*, die *Prawda* und hundert andere kommunistische Zeitungen in einer Sprache verfasst, die dazu bestimmt zu sein schien, so viel Platz wie möglich auszufüllen, ohne eigentlich etwas zu sagen – weil es natürlich gefährlich war, Positionen einzunehmen, die man vielleicht verteidigen musste. Inzwischen haben diese Zeitungen alle den Gebrauch der Sprache wiederentdeckt. Aber das Erbe toter und nichtssagender Sprache ist in einigen Bereichen der akademischen Welt und insbesondere auf manchen Gebieten der Soziologie, der Psychologie und der Literaturkritik auch heute noch zu finden.

Kürzlich sparte ein junger Freund aus dem Nordjemen unter vielen Opfern alles Geld, das er zusammenkratzen konnte, um eine Reise zum Quell der hervorragenden Leistungen, nach Großbritannien nämlich, zu unternehmen und jenen Zweig der Soziologie zu studieren, der lehrt, wie man westliches Know-how und westliche Sachkenntnis an unwissende Nationen weitergibt. Die ganze Sache kostete ihn 8000 Pfund, und das war vor fünf Jahren. Ich bat ihn, sein Studienmaterial sehen zu dürfen, und er zeigte mir einen dicken Wälzer, der so schlecht und in einem so widerlichen, hohlen Jargon verfasst war, dass es schwer war, den Sinn zu verfolgen. Es waren mehrere Hundert Seiten, aber die darin enthaltenen Gedanken hätte man mühelos auf zehn Seiten zusammenfassen können. Solche Bücher werden von Leuten geschrieben, die früher Marxisten waren oder von Marxisten unterrichtet wurden. Die Studenten, die sie benutzen, stammen aus »rückständigen« Ländern mit wenig Kontakt zur Außenwelt und bekommen dann beigebracht, wie man in dieser verdorbenen Sprache schreibt. Ich habe Menschen kennengelernt, diesmal in Simbabwe, die über diesen pedantischen, hohlen Jargon ins Englische eingeführt wurden. Diese Schüler werden glauben, dass das die englische Sprache ist und dass sie nach diesem Vorbild schreiben und sprechen müssen.

Ja, ich weiß wohl, dass die Benebelung der akademischen Welt nicht mit dem Kommunismus begann, wie zum Beispiel Swift uns erklärt, sondern dass die Pedanterie und die Langatmigkeit der kommunistischen Ausdrucksweise ihre Wurzeln an den deutschen Universitäten hatte. Und jetzt sind diese Worthülsen zu einer Art Mehltau geworden, der die ganze Welt verschandelt. Man kann einen ganzen Vormittag in einem Buchladen verbringen, der Lehrbücher für Studenten verkauft, und findet vielleicht nur mit Mühe Bücher, die frisch und lebendig sind. Wie kann man dieses Perpetuum mobile zur Abstumpfung des Denkens anhalten? Manchmal sehe ich darin nämlich wirklich einen dieser Mechanismen, die so eingestellt sind, dass sie sich im Vakuum eines versiegelten Glaskastens immer weiterdrehen. Wie zerschlägt man das Glas und lässt Luft hinein? Vielleicht stellt sich heraus, dass die Gedanken selbst in der toten Sprache unter Verschluss gehalten werden, weil sie nützlich sein und vielleicht die Erkenntnisse der Forschungsabteilungen an den Universitäten wiedergeben könnten – wo, wie ich bereits gezeigt habe, Arbeit geleistet wird, die unsere Gesellschaft verändern würde, wenn wir das zuließen. Diese Gedanken könnten Erkenntnisse darüber enthalten, wie die Spezies Mensch sich wirklich verhält, anders nämlich vielleicht, als wir glauben. Solche Gedanken werden beim ersten Mal oft in unlesbarer Sprache vorgebracht. Das ist eines der Paradoxe unserer Zeit.

Der zweite Punkt ist mit dem ersten verknüpft. Machtvolle Gedanken, die unser Verhalten beeinflussen, können in kurzen Sätzen oder sogar in einzelnen Ausdrücken zu erkennen sein. Jedem Schriftsteller wird bei Interviews die Frage gestellt: »Glauben Sie, ein Schriftsteller sollte ...?« Die Frage hat immer mit einer politischen Einstellung zu tun. Beachten Sie, dass hinter diesen Worten die Annahme steht, dass alle Schriftsteller das Gleiche tun sollten, was auch immer das sein mag. Das hat eine lange Geschichte. Wir wollen es nur bis ins Russland des neunzehnten Jahrhunderts zurückverfolgen, wo es großartige Kritiker gab: Belinskij, Dobrolubow, Tschernyschewskij und andere. Ihrer Meinung nach sollten Schriftsteller sich mit sozialen Problemen befassen. Alle großen Dichter, die wir jetzt als die goldene Tradition der russischen Literatur bezeichnen, hatten Kritik zu ertragen, die von diesem Standpunkt aus geübt wurde, zum Teil auf sehr hohem Niveau. Gestern hat Donald Fanger ausgeführt, dass der russische Roman selbst alle Bereiche der Soziologie und der Gesellschaftskritik enthält. Aber ich glaube, das ist so, weil das eben in der Eigenart der Autoren lag, und nicht, weil die Kritiker es so verlangten. Im gesamten Werk dieser großen Dichter gibt es nämlich keinen Augenblick, in dem man den dumpfen Aufschlag spürt, der entsteht, wenn Autoren etwas geschrieben haben, weil sie das Gefühl hatten, sie müssten es schreiben. Alle diese Schriftsteller schrieben aus einer viel älteren Tradition heraus als ihre Kritiker. Wenn ein Autor aufrichtig aus seiner persönlichen Erfahrung heraus schreibt, spricht das Geschriebene unvermeidlich auch anderen aus der Seele. Tausende von Jahren haben Geschichtenerzähler es als selbstverständlich vorausgesetzt, dass ihre Erfahrungen allgemeine Gültigkeit hatten. Sie kamen nicht auf den Gedanken, dass man sich vom Leben loslösen oder »im Elfenbeinturm leben« könnte. Man sieht, dass diese Sichtweise vom Geschichtenerzählen der hartnäckigen Debatte über das Verhältnis von Form und Inhalt, die in einigen provinziellen Universitäten immer noch das Literaturstudium zur Hölle macht, ein Ende setzt. Wenn diese russischen Schriftsteller nicht ihr Recht auf ein individuelles Gewissen statt eines kollektiven geltend gemacht hätten, würden wir uns jetzt an Gogol, Tolstoi, Dostojewski, Tschechow, Turgenjew und all die anderen dieser illustren Schar nicht mehr erinnern und sie schon gar nicht lesen.

Wir haben gesehen, was geschah, als die Formel, dass Schriftsteller über soziale Ungerechtigkeit schreiben müssen, 1917 die Macht ergriff. Daraus wurde der sozialistische Realismus. Jeder, der das Pech hatte, viel von diesem Zeug zu lesen, so wie ich es Anfang der fünfziger Jahre in London für einen kommunistischen Verleger tat, weiß, dass die Romane, die der sozialistische Realismus hervorbringt, in einer Sprache verfasst sind, die so tot ist wie die Bücher, die bereits als Produkt des Universitätsbetriebes erwähnt wurden. Warum? Schriftsteller wissen instinktiv, dass ein Rezept zur Produktion von leblosen Büchern darin besteht, zu schreiben, weil man schreiben muss. Der Grund ist, dass man unter solchen Umständen von einer anderen Bewusstseinsebene aus schreibt. Nie werde ich einen Wortwechsel zwischen einem Schriftsteller und einem Interviewer vergessen, den ich im Fernsehen gesehen habe. Der Interviewer fragte: »Würden Sie sagen, dass unter den Einflüssen, die Ihr Werk formten, Heidegger der bedeutendste war?«

Der Schriftsteller antwortete: »Sie verstehen mich nicht. Wenn man eine Szene beschreibt, sagen wir mal, am Frühstückstisch, muss man wissen, was der Held isst. Speck und Eier? Pfannkuchen? Ist es ein kalter Morgen? Scheint die Sonne herein? Riecht es nach brennendem Laub? Hat er gestern Abend mit seiner Frau geschlafen? Liebt sie ihn? Welche Farbe hat das Hemd, das er anhat? Ist der Hund da und wartet auf Leckerbissen? Das alles muss man wissen, auch wenn man es nicht beschreibt, weil diese Einzelheiten die Szene lebendig machen.«

»Oh, ich verstehe, Sie bezeichnen sich also als Realisten?«

Die beiden werden nie zueinanderfinden. Und sie können nicht zueinanderfinden, weil da zwei verschiedene Teile des Bewusstseins sprechen. Der eine ist der kritische Teil; der andere ist der ganzheitliche Teil, der wahrscheinlich irgendwo im Solarplexus sitzt. Zwei Parallelen: Der Schriftsteller spricht über »The fine delight that fathers thought« in Hopkins' wunderbarer Formulierung, »das köstliche Entzücken, das den Gedanken zeugt«. Der Kritiker jedoch spricht aus dem gleichen Geist heraus, der den sozialistischen Realismus und davor die russischen Kritiker des neunzehnten Jahrhunderts durchdrang und – denn ich bin sicher, dass die Denkstrukturen des Kommunismus durch Religion geprägt waren – auch das Christentum und die Dialektik des Judaismus. Eine Biografie von Cervantes erzählt, dass ihm sein Leben lang die Inquisition im Nacken saß. Die Fragen:

»Sollte ein Schriftsteller …?« oder »Müssten Schriftsteller nicht …?« haben eine lange Geschichte, die den Leuten, die sie so beiläufig stellen, unbekannt zu sein scheint. Eine weitere Frage ist die nach dem »Engagement« – das vor gar nicht langer Zeit noch so in Mode war. Ist Soundso ein engagierter Autor? Sind Sie eine engagierte Autorin? »Engagiert wofür?«, könnte man die Gegenfrage stellen.

»Ach, wenn Sie das nicht wissen, kann ich es Ihnen nicht sagen«, kommt mit moralischer Überheblichkeit die Rüge. Ein Nachfolger vom »Engagement« ist die »Bewusstseinsentwicklung«. Das ist eine zweischneidige Sache. Die Menschen, deren Bewusstsein entwickelt wird, mögen vielleicht Informationen bekommen, die ihnen fehlen und die sie dringend brauchen, vielleicht auch moralische Unterstützung, die sie nötig haben. Doch fast immer bedeutet dieser Prozess, dass der Schüler nur die Propaganda bekommt, die der Lehrer gutheißt. Schlagwörter wie Bewusstseinsentwicklung, wie Engagement oder politische Korrektheit sind die Nachfolger eines altbekannten Tyrannen, der Parteilinie nämlich. Eine sehr häufige Denkweise in der Literaturkritik wird zwar nicht als Folge des Kommunismus betrachtet, ist es aber. Jeder Schriftsteller erlebt, dass man ihm sagt, sein Roman oder seine Geschichte sei »über« dieses oder jenes. Ich habe einen Roman geschrieben, *Das fünfte Kind*, der sofort in verschiedene Schubladen einsortiert wurde: Er war »über« das Palästinenserproblem, »über« Genforschung, Feminismus und Antisemitismus und so weiter. Eine Journalistin aus Frankreich spazierte in mein Wohnzimmer, und bevor sie sich auch nur hingesetzt hatte, sagte sie: »*Das fünfte Kind* ist natürlich über Aids.« Damit wird jedes Gespräch abgewürgt, das versichere ich Ihnen. Aber interessant daran ist die Denkgewohnheit, der zufolge ein literarisches Werk in dieser Weise analysiert werden muss. Wenn man sagt: »Wenn ich über Aids oder über das Palästinenserproblem hätte schreiben wollen, hätte ich eine Broschüre verfasst«, erntet man meistens verdutzte Blicke, so fremd ist dieser Gedanke inzwischen geworden. Dass ein Werk der Fantasie sich »eigentlich« mit einem Problem beschäftigen muss, ist wiederum eine Erbschaft des sozialistischen Realismus, des berüchtigten Chefideologen Shdanow. Eine Geschichte einfach um des Erzählens willen zu schreiben reicht nicht; das wäre leichtfertig, um nicht zu sagen reaktionär. Ganze Abteilungen für Literatur an zahllosen Universitäten sind von dieser Denkweise erfasst worden, und doch zeigt uns die Geschichte des Erzählens, die Geschichte der Literatur, dass es keine einzige Erzählung gibt, die nicht auf die eine oder andere Weise menschliche Erfahrung veranschaulicht. Die Forderung, dass Geschichten »über« etwas sein müssen, dass sie »von etwas handeln« müssen, ist kommunistisches Denken, und ihre tiefsten Wurzeln reichen zurück in das religiöse Denken, in dem der Wunsch lebte, man könne Bücher so einfältig verbessern wie fromme Sprüche auf Sticktüchern. »Vöglein im Nest vertragen sich.« – »Brave Kinder müssen, brave Kinder sollen tun, was man sie lehrt, auch wenn sie nicht wollen.« Den Spruch habe ich in einem Hotel in Wales an der Wand gefunden.

Falls zum Beispiel eine Schriftstellerin schüchtern bemerken sollte: »Mein Buch, *Ewiger Frühling*, handelt gar nicht von der Wasserknappheit im Mittleren Osten«, lautet die Antwort, Autoren hätten nicht die geringste Ahnung, worüber sie »eigentlich« schreiben. Es wurde und wird viel über politische Korrektheit gesprochen, aber ich glaube, es ist nützlich, festzuhalten, dass es sich hier wieder einmal um selbst ernannte, ideologisch inspirierte Überwachungskomitees handelt. Natürlich will ich damit nicht sagen, dass die Fackel des Kommunismus an die Vertreter der politischen Korrektheit weitergereicht wurde. Ich weise aber darauf hin, dass hier bestimmte Denkgewohnheiten verinnerlicht wurden, oft, ohne dass die Betroffenen es wissen. Offensichtlich hat es etwas sehr Verlockendes, anderen Leuten zu sagen, was sie tun sollen. Ich drücke das lieber auf diesem Kindergartenniveau aus als in abstrakterer Sprache, denn ich glaube, dass es wirklich Kindergartenverhalten ist, sehr primitives Verhalten. Tief im menschlichen Bewusstsein gibt es das Bedürfnis, zu befehlen, zu beherrschen und Grenzen zu setzen. Kunst, die Kunst im Allgemeinen, ist immer unberechenbar, steht außerhalb der Gesellschaft, und im besten Fall ist sie unbequem. Insbesondere die Literatur hat die Hauskomitees, die Shdanows und die Bürgerwehren bestenfalls zu Anfällen von moralischer Entrüstung und schlimmstenfalls zu Verfolgungen angeregt. Es beunruhigt mich, dass die Vertreter der politischen Korrektheit anscheinend nicht wissen, wer ihre Vorbilder und Vorgänger sind; und noch viel mehr beunruhigt mich, dass sie es möglicherweise wissen und dass es ihnen gleichgültig ist.

Hat politische Korrektheit auch eine gute Seite? Doch, das hat sie, denn sie sorgt dafür, dass wir Einstellungen hinterfragen, und das ist immer sinnvoll. Das Problem ist, wie bei allen populären Bewegungen, dass die radikalen Randgruppen ganz schnell keine Randgruppen mehr sind; und dann ergreifen die Dümmsten das Ruder. Auf jede Frau oder jeden Mann, die den Gedanken der politischen Korrektheit ruhig und vernünftig einsetzen, um sorgfältig unsere übernommenen Vorstellungen zu prüfen, kommen zwanzig Demagogen, deren wahres Motiv ihr Verlangen nach Macht über andere ist. Die Tatsache, dass sie sich selbst als Antirassisten, Feministinnen oder was auch immer betrachten, ändert nichts daran, dass sie Demagogen sind.

Nicht die politische Korrektheit hat die Intoleranz an den Universitäten eingeführt, denn Letztere ist eindeutig ein Kind des Kommunismus. Während Intoleranz, um nicht zu sagen Despotismus, in kommunistischen Ländern die Universitäten regierte, hat eben diese Geisteshaltung auch Bereiche im Westen infiziert, und in Universitäten ist sie häufig tonangebend. Wir alle haben das schon erlebt. Zum Beispiel berichtete ein Professor, mit dem ich befreundet bin, dass er Studenten, die immer wieder Seminare über Genetik verließen und Vorlesungen, deren Standpunkte nicht mit ihrer eigenen Ideologie übereinstimmten, boykottierten, in sein Arbeitszimmer einlud, um mit ihnen zu diskutieren und ihnen ein Video zu zeigen, das diese Ideologie faktisch widerlegte. Ein halbes Dutzend Jugendliche in ihrer aus Jeans und T-Shirts bestehenden Uniform kamen im Gänsemarsch in sein Büro, setzten sich, schwiegen, während er vernünftig mit ihnen redete, hielten die Augen gesenkt, während das Video gezeigt wurde, und marschierten dann wie auf Kommando wieder hinaus. Die Studenten wären wahrscheinlich schockiert gewesen, wenn man ihnen gesagt hätte, dass sie mit ihrem Verhalten eine visuelle Darstellung der verbohrten Geisteshaltung junger kommunistischer Aktivisten geboten hatten.

In Großbritannien erleben Stadträte oder Schulräte immer wieder, wie Direktorinnen oder Direktoren oder andere Lehrer von Gruppen und intrigierenden Cliquen, die die schmutzigsten und oft grausamsten Taktiken einsetzen, gehetzt werden. Diese Hexenjäger behaupten, ihre Opfer seien Rassisten oder in anderer Weise Reaktionäre. Wieder und wieder beweisen Berufungsverfahren bei übergeordneten Dienststellen, dass die Kampagnetaktiken unfair waren. Auch einer jungen Freundin in Kapstadt ist das passiert. Fanatische Moslems und kommunistische Hardliner hatten sich zusammengetan, um sie hinauszuwerfen. Das Gleiche hatten sie mit ihrer Vorgängerin gemacht, und zweifellos bearbeiten sie jetzt ihre Nachfolgerin. Die Opfer sind weiß. Waren sie Rassisten? Nein. Für ihren Posten ungeeignet? Keineswegs. Ich bin sicher, dass Millionen von Menschen, seit der Teppich des Kommunismus unter ihnen weggezogen wurde, fieberhaft nach einem anderen Dogma suchen, vielleicht sogar, ohne es zu wissen. Einige haben bereits bei den fanatischen Moslems eine Heimat gefunden.

Der nächste Punkt scheint auf den ersten Blick wenig mit den anderen zu tun zu haben, aber ich finde, er unterstreicht sie alle. Es geht um Spannung, Vergnügen an heftigen Empfindungen, die Suche nach immer stärkeren Reizen. Was könnte, wenn man zwischen zwanzig und dreißig ist – in dem Alter also, in dem Millionen junger Menschen im Namen des Vorwärtsmarsches der Menschheit andere gefoltert oder ermordet haben –, vergnüglicher sein als der Nervenkitzel, im alleinigen Besitz der Wahrheit zu sein? Revolutionäre Politik, die Hauskomitees und die Bürgerwehr-Parolen sind berauschende Drogen. In Spanien lernte ich vor nicht langer Zeit einen Jugendlichen kennen, der aus dem gleichem Holz geschnitzt war wie Byron und sagte, am meisten bedauere er in seinem Leben, dass er 1968 noch zu jung war, um in Paris dabei zu sein. Ich fragte, warum ihn das traurig mache – diese Revolution sei doch ein Misserfolg gewesen. Der junge Mann war erstaunt, dass ich so fragen konnte. Es muss so spannend gewesen sein, erwiderte er. »Glückseligkeit, in diesem Morgendämmern einer neuen Zeit zu leben«, um mit Wordsworth zu reden. Wobei es auf die Glückseligkeit ankommt, man will angetörnt werden, high werden, sucht nach dem Kick, dem Nervenkitzel, dem Abenteuer. Diese Geistesverfassung wurde von einem unserer politischen Kommentatoren folgendermaßen zusammengefasst: Er sprach über Demonstrationen, die wenig Sinn zu haben scheinen, wenn man sie unter dem Gesichtspunkt betrachtet, ob sie tatsächlich etwas erreichen. Er sagte also: Ein großer Teil der linken Politik hat heutzutage nichts mit Zielen zu tun. Um die Zwecke geht es nicht. Es geht um die Mittel.

Es muss Hunderttausende von Menschen geben, die jetzt mittleren Alters sind und einflussreiche Positionen innehaben, deren aufregendstes Erlebnis die Ereignisse von 68 waren. Wie für Soldaten ein Krieg, so war für sie 68 ein Höhepunkt in ihrem Leben. Nein, der Kommunismus hat Demonstrationen, Aufstände, Märsche, Petitionen, ja selbst Revolutionen nicht erfunden. Das neunzehnte Jahrhundert war voll davon, wobei 1848 nur ein Teil war, und davor fand die Französische Revolution statt, die große Mutter so vieler unserer Gedankenstrukturen. Wir können Jean-Jacques eigentlich keinen Vorwurf machen. Er hat Empfindung und Spannung und Glückseligkeit nicht erfunden; er hat auch die Verehrung von Empfindsamkeit und Begeisterung nicht erfunden. Er hat sie bloß in Büchern dargestellt, die immer noch lehrreich sind. Seit jeher sind aufregende Ideen über Länder, Nationen und über die Welt hinweggefegt. Es hat immer Menschen gegeben, die von Ideen berauscht waren. Früher waren es religiöse Empfindungen, eine Tatsache, die wir zweckmäßigerweise im Sinn behalten sollten. (In manchen Gebieten sind diese Empfindungen immer noch religiös motiviert, und sie breiten sich schnell aus.) Aber in der Denkweise eines jeden von uns gibt es Muster, die unser Verhalten lenken und die wir nicht untersuchen.

Man hielt es, zumindest bis vor ganz kurzer Zeit, noch für völlig selbstverständlich, dass die Revolution etwas Edleres ist als die Wahlurne. Es wurde und wird oft noch als selbstverständlich betrachtet, dass der richtige Platz eines ernsthaften jungen Menschen bei den Revolutionären in Kuba oder Nicaragua ist, bei Dissidenten oder bei denen, die gegen das Leiden der Unterprivilegierten protestieren, oder bei Streikposten irgendwo auf der Welt. Wir haben beobachtet, wie junge Menschen aus dem Westen in Wellen an die Schauplätze neuer Revolutionen reisten, nach Danzig oder in die Tschechoslowakei oder beim Fall der Mauer nach Berlin – überall dorthin, wo es starke Emotionen im Volk gab. Während die Hälfte einer bestimmten Schicht von Jugendlichen losgezogen ist, um ihre Kicks auf dem Weg nach Kathmandu zu suchen, hat die andere Hälfte sich da oder dort mit einer Revolution angetörnt. Das Letzte, was ihnen je in den Sinn käme, wäre, zu Hause zu bleiben und für das Wohl ihres eigenen Landes zu arbeiten – selbst wenn man sagt, dass sie das langweilt, ruft man schon Gähnen hervor. Zuerst einmal halten diese Jugendlichen ihre eigenen Länder für unter aller Kritik und ihrer Aufmerksamkeit nicht wert. So entstand die paradoxe Situation, dass Länder wie die Staaten Westeuropas, die von Menschen, die unter dem Kommunismus leiden, als unerreichbare Paradiese der Freiheit und des Überflusses angesehen werden, von jungen Leuten aus dem Westen, die anderswo nach dem Guten und Wahren suchen, ständig als unerträglich dargestellt wurden. Wegen dieses unerkannten Bedürfnisses, Leiden, Verfolgung oder Unterdrückung zu erleben, haben mehrere politische Bewegungen nacheinander eine Unterdrückung in westlichen Ländern erfunden oder eine vorhandene Unterdrückung übertrieben.

Dieses Phänomen ist bereits analysiert worden, aber ich frage mich, welches die psychischen Mechanismen sind, die dem Bedürfnis, das eigene Land schlechtzumachen und das Paradies ewig anderswo zu suchen, zugrunde liegen. Ich glaube, ein Grund ist, dass nur wenige Menschen in der Linken – und weit jenseits der Linken – sich nicht mit Verfolgungsgeschichten aus anderen Ländern vollgesogen haben. Viele haben glückliche Jahre damit verbracht, sich vorzustellen, sie säßen im Gefängnis und ertrügen alles mit innerer Stärke und Heldenmut, sie würden von Vernehmungsbeamten gefoltert und überlisteten diese – weil sie so schlau seien, sofort die guten und die schlechten Vernehmungsbeamten zu erkennen. Doch das sind Leute, die nie aus politischen Gründen im Gefängnis sein werden, es sei denn, sie bemühen sich wirklich sehr darum. Die heimlichen Leben dieser kleinen Träumer der Revolution spielen sich in Szenerien voller Katastrophen, Tyrannei, Folter, Gefängnis, Autobomben, Semtex und heldenhaftem Leiden ab. Ich persönlich glaube, dass diese erträumten Szenerien zum Fortleben von Folter und Unterdrückung beigetragen haben und weiterhin beitragen; dass sie der Grund sind, warum normale gesellschaftliche oder politische Bemühungen in friedlichen und demokratischen Ländern sich für so viele junge Leute als so wenig einladend erwiesen haben. Diese Menschen verlangen nach der verrückteren Musik und dem stärkeren Wein der Revolution.

Mein nächster Punkt ist eine Weiterentwicklung des vorigen. Es geht darum, dass viele Menschen eine Vorliebe für Gewalt und Töten haben. Natürlich hat es solche Menschen immer gegeben, und es wird sie auch in Zukunft immer geben, aber ich glaube, dass sie unter idealen Bedingungen nur eine Minderheit bilden. Ein Ergebnis unserer Geschichte von zwei Jahrhunderten der Revolution, also der Gewalt, die durch höhere Motive sanktioniert war, ist, dass es viele Menschen gibt, von denen man nicht erwarten würde, dass sie sich mit Töten und Folter identifizieren, die das aber tun. In Europa stellt man fest, dass dieser Personentyp, der von den Soziologen als »weichherzig« eingestuft wird – er hasst die Todesstrafe, die Prügelstrafe, schlimme Gefängnisstrafen und die Leiden der Unterprivilegierten, und er agitiert weiter gegen das alles –, häufig den Terrorismus für eine gute Sache akzeptiert. Die Romantisierung der Gewalt, die in unserer Zeit mit der Französischen Revolution begann, wurde durch die russische Revolution und dann durch die chinesische Revolution verstärkt und bedeutet, dass die Linken und die Liberalen – Millionen von Menschen also – schizophren sind. Das ist daran zu sehen, wie die Mörder der IRA oder der Roten Brigaden in Italien toleriert, um nicht zu sagen verehrt werden. Nur wenige Italiener einer bestimmten Altersgruppe haben keine Freunde in den Roten Brigaden gehabt oder sind nicht sogar selbst eine Zeit lang Mitglied gewesen. Es galt als schick. Hunderte junger Menschen mit den edelsten Motiven haben politisch begründeten Mord unterstützt. Der größte Teil der Roten Brigaden bestand nicht aus Unterprivilegierten. Was alle Mitglieder gemeinsam hatten, war natürlich, dass der Krieg gerade hinter ihnen lag. Zugegeben, der Krieg war in Italien schlimm und grässlich, auch wenn wir das gerne vergessen, und Krieg macht uns alle brutal. Aber hier geht es ja um die »Weichherzigen«, die von einer sanften, fruchtbaren und nicht korrupten Zukunft träumten. Die, die in der Organisation blieben, wurden zu erbarmungslosen und grausamen Killern, selbst wenn die meisten inzwischen noch einmal konvertiert und gute Bürger geworden sind. Sie wurden und werden manchmal immer noch gerade wegen ihrer Brutalität bewundert. Es gibt Linke, die sie immer noch verteidigen. Warum? Ich glaube, der Grund ist wiederum die romantische Verklärung der Revolution.

Und nun kommt mein letzter Punkt, wobei ich allerdings ein Dutzend andere Arten, auf die der Kommunismus meiner Ansicht nach unser Denken geprägt hat, auch wenn uns diese Beeinflussung kaum bewusst ist, auslasse. Ich glaube, dass die linken, die sozialen und selbst die liberalen Bewegungen in Europa unwiderruflich geschädigt wurden, weil die Vorstellungskraft der progressiven Bevölkerungsgruppen von den Ereignissen in der Sowjetunion in Anspruch genommen wurde. Die russische Revolution, die Sowjetunion, war ein Paradigma, ob man sie nun als Erfolg oder als fehlgeschlagenes Experiment, das man selbst besser hätte ausführen können, betrachtete. Jahrzehntelang, ein halbes Jahrhundert, ein drei viertel Jahrhundert lang waren alle »weichherzigen« Menschen, die sich nach einer besseren Welt sehnten, mit der Sowjetunion beschäftigt, mit ihrer Geschichte, die aus Mord, Massenmord und Schauprozessen bestand. Mit einer Geschichte, und ich bin sicher, dass das auf lange Sicht das Wichtige ist, des Versagens. Die Fantasie der gesamten »progressiven« Bewegungen Europas war von den Ereignissen in der Sowjetunion in Bann geschlagen, von Ereignissen, die für Europa eigentlich unwichtig waren.

Es wäre leicht möglich, eine alternative Realität zu erfinden, die Geschichte eines Europas, das die Entscheidung getroffen hat, den Sozialismus oder sogar eine gerechte Gesellschaft zu entwickeln, ohne dabei in irgendeiner Weise auf die Sowjetunion Bezug zu nehmen. Wir müssen bedenken, glaube ich, dass es der Sowjetunion wegen unmöglich war, auch nur daran zu denken, eine gerechte Gesellschaft zu schaffen, die nicht entweder sozialistisch oder kommunistisch gewesen wäre. Allerdings waren wir nicht gezwungen, uns mit der Sowjetunion zu identifizieren, mit den über siebzig Jahren Haarspalterei, idiotischer Rhetorik, Brutalität, Konzentrationslagern und Pogromen gegen die Juden. Immer wieder Fehlschläge. Und, was von unserem Standpunkt aus am wichtigsten ist, die tausend irrsinnigen Arten, das Versagen zu verteidigen. Ich glaube, die Geschichte Europas hätte völlig anders ausgesehen, wenn wir uns von der Sowjetunion distanziert hätten. Der Sozialismus wäre nicht so in Misskredit geraten, und vor allem würde unser Denken nicht automatisch und gewohnheitsmäßig den »Kapitalismus« und den »Sozialismus« einander gegenüberstellen.

Die Geschichte der Sowjetunion in den letzten achtzig Jahren ist für die Russen und für die anderen kommunistischen Nationen, die jetzt frei sind, eine Tragödie. Und auch für Europa ist sie, in etwas kleinerem Maßstab natürlich, eine Tragödie. Europa wurde dadurch auf offensichtliche und weniger offensichtliche Weisen verdorben, in welchem Ausmaß, lässt sich jetzt noch nicht sagen. Es wurde verdorben, weil wir unserer Vorstellungskraft gestatten, sich ganz und gar mit den Erfahrungen anderer Menschen, nicht mit unseren eigenen, zu beschäftigen, aus verschiedenen Gründen. Ich glaube, auf dieser Tagung hier wurde schon häufig angedeutet, dass es Gründe dafür gibt, die noch nicht untersucht worden sind. Meine Schlussfolgerung ist, dass wir hilflos sein und keine echte Entscheidungsfreiheit haben werden, solange wir die Muster, die unser Denken beherrschen, nicht erkennen und sie nicht in den verschiedenen Formen, in denen sie auftreten, wiedererkennen können. Wir müssen lernen, unser Denken und unser Verhalten zu beobachten. Wir müssen manches neu durchdenken. Ich glaube, der Zeitpunkt für Definitionen ist gekommen.

KURZWEIL: Zu Beginn Ihrer Rede sprachen Sie über den Gebrauch der Sprache, über die politischen Implikationen der Kontrolle über die Sprache. Glauben Sie, dass wir aus den Erfahrungen der Osteuropäer und der Südamerikaner lernen können, die Diktaturen miterlebt haben – und von denen viele bemerkt haben, dass Westler, insbesondere Amerikaner, sehr naiv über unsere Regierung denken, ob wir sie nun kritisieren oder einfach anderer Meinung sind? (...) In Gesprächen mit Menschen, die in sehr verschiedenen Arten von Diktaturen gelebt haben, schien mir, dass praktisch keiner von ihnen die Aussagen der Regierung glaubte, während in den Vereinigten Staaten genau das Gegenteil der Fall ist. Fast jeder hier nimmt das, was die Regierung sagt, für bare Münze, und es gibt nur wenige, die es kritisieren oder gar infrage stellen.

LESSING: Ich glaube, dass nicht nur Menschen aus Ost- und Mitteleuropa das so sehen. Auch in Westeuropa ist man der Ansicht, dass Amerikaner ihren Regierenden gegenüber zu unkritisch sind. Möglicherweise sehen wir das so, weil wir in Westeuropa allgemein recht skeptisch sind. Wir sind zynisch; wir glauben eigentlich nicht, was man uns sagt, außer natürlich zu Wahlzeiten, wenn alle ein bisschen vom Wahlfieber gepackt werden. Wie kommt es, dass Amerikaner jedes Mal, wenn sie einen neuen Präsidenten haben, alles von diesem Menschen erwarten – der genau die gleiche Situation geerbt hat, der sein Vorgänger gegenüberstand? Realistisch betrachtet, kann sich da doch gar nicht viel ändern. Aber jedes Mal, wenn sie einen neuen Präsidenten wählen, reden die Amerikaner, als würde nun ein neues Zeitalter beginnen. Ich habe nicht die geringste Ahnung, warum sie das tun! (...)

KURZWEIL: Die Inflation der kommunistischen Werte bei den westlichen Intellektuellen, von der Sie sprachen, und die gleichzeitige Herabsetzung der eigenen Werte und der Werte der eigenen Kultur entsprangen einem schlechten Gewissen. Sehen Sie das auch so?

LESSING: Aus irgendeinem Grund erwartet man im Westen eine Art von idealer Gesellschaft oder wenigstens einer viel besseren Gesellschaft, als wir sie haben. Ich weiß nicht, wo diese Erwartung herkommt, und ich habe in letzter Zeit viel darüber nachgedacht. Warum sind wir so furchtbar unzufrieden mit einer Gesellschaft, die, wie unvollkommen sie auch sein mag, für die meisten ihrer Bürger eigentlich recht gut ist? Wo kommt diese Unzufriedenheit her? Manchmal steht sie aus Verachtung für die Länder, in denen wir leben, und aus Abscheu vor ihnen. Bis vor Kurzem dachten die Menschen hier, das Gras in den kommunistischen Ländern sei grüner, oder wenn es noch nicht grüner wäre, würde es das bald werden. (...) Das führt zu außerordentlichen Widersprüchen. In Großbritannien zum Beispiel verlassen junge Menschen, weil sie Kommunisten sind, recht privilegierte Positionen, um in Ländern der Dritten Welt zu arbeiten. Ich spreche von Simbabwe. Diese jungen Leute finden dort ganz entsetzliche Bedingungen vor, und ihnen bricht das Herz. Sie sehen wieder einmal, dass es das Paradies nicht gibt. Aber die Frage ist, warum die Leute erwarten, dass es existiert.

DIE FETTEN KATZEN SAHNEN AB

Im Gespräch mit dem *Spiegel*

Das Interview erschien am 24. Mai 1993 im Magazin Der Spiegel.

SPIEGEL: Frau Lessing, Ihr jüngstes Buch vermittelt ein nieder-
schmetterndes Bild von einem afrikanischen Entwicklungsland.
Geht es mit der Dritten Welt, vor allem mit Afrika, unaufhaltsam
bergab?

LESSING: Das Bild ist widersprüchlich. Positives und Schlechtes
halten sich die Waage. Aber in Europa ist man an schlechte
Nachrichten aus Afrika so gewöhnt, dass man die guten nicht
mehr wahrnimmt.

SPIEGEL: Halten Sie die Katastrophenmeldungen vom Schwarzen Kontinent nicht für berechtigt?

LESSING: Doch, in mancher Hinsicht schon. Aids ist eine Katastrophe. Die schreckliche Krankheit sucht ganz Afrika und
viele andere Teile der Dritten Welt heim. Es ist dort eine Krankheit der Heterosexuellen, also nicht beschränkt auf Homose-
xuelle und Drogensüchtige. Deprimierend ist auch, dass sich in
vielen armen Ländern eine korrupte, völlig schamlose Klasse von
reichen Schwarzen gebildet hat. Und nach zehn Jahren falscher
Politik, wie in Simbabwe, fließen ausländische Investitionen in
die pazifische Region oder sonst wohin, aber nicht nach Afrika,
wo sie so dringend gebraucht würden.

SPIEGEL: Haben die reichen Länder Afrika schon als hoffnungs-
losen Fall aufgegeben?

LESSING: Ich hoffe nicht. Das wäre ein Fehler. Es hängt viel
davon ab, wie sich die Republik Südafrika entwickelt. Vollzieht
sich der Wandel dort friedlich und hat die Wirtschaft Erfolg,
dann könnte der gesamte Süden des Kontinents davon profitieren und prosperieren. Simbabwe geht es, trotz aller Rückschlage,
schon ganz gut. Verglichen mit Mosambik, Sambia oder Tan-
sania ist das Land ein Erfolgsbeispiel.

SPIEGEL: Obwohl es der Landwirtschaft so schlecht geht?

LESSING: Das südliche Afrika hat unter einer Jahrhundertdürre gelitten. In Simbabwe war die Trockenheit besonders schlimm. Andererseits gab es auch positive Aspekte, wie mir der Geschäftsführer der Vereinigung großer, meist weißer Farmer erzählte: Die Dürre hat die Habgier und Inkompetenz der Führungsschicht bloßgelegt und zugleich offenbart, dass es unter dieser Top-Ebene sehr kluge, kompetente, nicht korrupte junge Schwarze gibt, die mit der Krise fertigwurden und die das Land nun faktisch regieren.

SPIEGEL: Die deutsche Regierung stellt in ihrem Entwicklungsbericht fest, seit 1983 habe sich die Lage der Länder südlich der Sahara und vieler Staaten Asiens und Lateinamerikas Jahr für Jahr verschlechtert. Warum schlagen alle Anstrengungen fehl?

LESSING: Möglicherweise sind der Internationale Währungsfonds und die Weltbank, die größten Entwicklungshilfe-Geber, dafür mitverantwortlich. In Simbabwe zum Beispiel haben sie großen Schaden angerichtet, weil sie völlig falsche Ratschläge gaben.

SPIEGEL: Welche denn?

LESSING: Es waren genau diese Organisationen, die der Regierung rieten, die Mais-Vorräte des Landes zu verkaufen, um mit dem Erlös Zinsen für die gewaltigen Auslandsschulden abzustottern. Wenig später kam die Dürre, da hätte man die Vorräte gebraucht. Solche Geschichten über das Versagen der sogenannten Experten können Sie immer wieder hören.

SPIEGEL: Wer weiß es denn besser?

LESSING: Man braucht doch nur afrikanische Bauern zu fragen. Dürre und Hunger gab es dort schon immer in periodischer Wiederkehr. Deshalb legten die Bauern stets einen Teil der Ernte als Notreserve zurück. Erst als wir superschlauen Weißen ihnen rieten, ihre Lager zu leeren, standen sie plötzlich ohnmächtig vor der schlimmsten Dürre seit fünfzig Jahren.

SPIEGEL: Aber es ist doch nicht alles falsch, was Weltbank und IWF tun?

LESSING: Nicht alles, aber sehr viel. Ihr Ansatz ist falsch, sie geben riesige Geldbeträge aus, wo kleine Summen bessere Wirkung erzielen würden. Die Verhältnisse vor Ort nehmen sie oft gar nicht zur Kenntnis. Wie manche dieser Experten vorgehen, ist ein internationaler Skandal, eine Schande.

SPIEGEL: Inzwischen glauben viele Afrikaner, dass es ihnen am Ende der Kolonialzeit besser ging als heute, Jahrzehnte nach der Unabhängigkeit.

LESSING: Ja, in mancher Hinsicht ist das richtig. In Simbabwe beispielsweise war die Infrastruktur in besserem Zustand. Viele Leute sagen, unter Ian Smith – dem weißen Premierminister vor der Unabhängigkeit – ging es uns besser. Anderes hat sich allerdings zum Guten verändert. Die schreckliche Arroganz der Weißen, ihre Rassenpolitik, ist verschwunden. Die Afrikaner haben Selbstvertrauen gewonnen. Eine ganze Generation junger Leute hat wenigstens in Grundzügen eine Ausbildung. Das gab es für die meisten früher nicht.

SPIEGEL: Sie beschreiben in Ihrem Buch, wie das Eisenbahnnetz zerfällt, das Telefon schlechter funktioniert als vor der Unabhängigkeit.

LESSING: Das stimmt, es fahren heute weniger Züge. Immerhin fahren aber welche, und es wird auch wieder in die Bahn investiert. Und das Telefon funktioniert mal und mal nicht. Man muss solche Vorgänge in der Dritten Welt anders bewerten, mehr Geduld aufbringen. Unsere Vorstellung von einer wohlgeordneten Gesellschaft ist nicht notwendigerweise auch die eines Afrikaners. Die Schwarzen regen sich nicht auf, wenn man – nach europäischem Maßstab – fünf Minuten zu spät kommt. Die machen sich lustig, wenn sie dich fragen: Kommst du zum Abendessen nach afrikanischer Zeit? Soll heißen: Komm ruhig zwei Stunden später als abgemacht, es stört uns nicht.

SPIEGEL: Die Spender in Europa und Amerika stört es allerdings, wenn Milliarden Dollar oder Mark durch Schlendrian sinnlos verpulvert werden. Wo bleibt das Geld?

LESSING: Zum großen Teil werden damit korrupte Neureiche gefüttert, die sogenannten fetten Katzen. Die sahnen ab, was sie nur können.

SPIEGEL: Sind die paar fetten Katzen wirklich ein so großes Problem? Bereicherung auf Kosten der Allgemeinheit gibt es auch in Europa.

LESSING: Aber ein reiches Land kann sich fette Katzen eher leisten als ein armer afrikanischer Staat. Wobei dort ja keineswegs alle korrupt und skrupellos sind, das darf man nicht vergessen. Viele der Menschen in Afrika sind ehrlich und aktiv.

SPIEGEL: Solche positiven Eigenschaften schreiben Sie in Ihrem Buch hauptsächlich Frauen zu. Machen die in Afrika den besseren Job?

LESSING: Überall in der Dritten Welt sind es Frauen, die hart arbeiten. Wer in Simbabwe etwas erledigen lassen will, wendet sich an eine Frau. Sie sind eindrucksvoll: sehr stark, sehr optimistisch, tüchtig und außerdem auch noch sehr fröhlich.

SPIEGEL: Und die Männer sind Versager?

LESSING: Natürlich nicht immer. Manche Männer gehen den Frauen immerhin zur Hand.

SPIEGEL: Die Hilfsorganisationen geben ihr Geld in der Regel Männern – also den Falschen?

LESSING: Sie geben sich oft weder die Mühe, die richtigen Fragen zu stellen, noch schauen sie sich die Leute genau an, denen sie ihre Hilfsgelder geben. Ein Beispiel: Vorigen Dezember erfuhr ich in Simbabwe die Geschichte einiger junger Männer, die sich ein Projekt ausgedacht hatten – Entwicklung der Region Unterer Sambesi oder etwas in der Art. Sie beantragten Entwicklungshilfegelder und bekamen sie sofort. Sie mieteten ein Büro mit Fax und Fotokopierer, genehmigten sich selbst riesige Gehälter und sitzen seitdem herum und tun nichts. Das ist kein Einzelfall.

SPIEGEL: Wieso merken die Geldgeber diesen Betrug nicht?

LESSING: Es hat sich eine internationale Kaste von Experten gebildet, mit außergewöhnlich üppigen Einkünften, die rasen kreuz und quer durch die Dritte Welt und erzählen den Menschen dort, was sie tun sollen. In deren Köpfen gibt es nur gewaltig dimensionierte Millionen- oder Milliarden-Projekte. Sie haben keine Ahnung davon, wie viel sinnvoller ein kleiner Betrag oft sein kann, wenn er am richtigen Fleck eingesetzt wird. Summen, über die man in Europa nicht ernsthaft nachdachte, könnten in einem armen Entwicklungsland eine ganze Region verändern.

SPIEGEL: Schon vor Jahren forderte der schwedische Nord-Süd-Theoretiker Gunnar Myrdal: Macht Schluss mit den teuren, klotzigen Entwicklungsprojekten; baut Brunnen, Toiletten oder ähnlich einfache Dinge, um die Lebensbedingungen in den Dörfern zu verbessern. Ist das der richtige Weg?

LESSING: Dafür ist es jetzt ein bisschen spät. Diese Klötze sind doch inzwischen überall hingesetzt worden, Staudämme und Kraftwerke zum Beispiel, und nun haben sich die Entwicklungsländer damit herumzuschlagen und sind wirtschaftlich davon abhängig geworden. Aber ich denke schon, dass die internationale Hilfe mehr darauf achten müsste, was auf dem Lande, in den Dörfern, bei den Menschen verbessert werden kann – das kann hier ein Gemüsegarten sein, dort ein Brunnenschacht oder ein kleiner Dorfladen. Solche Art von Hilfe könnte vieles von Grund auf ändern. Wenn der Experte nicht einmal seine einfachsten Hausaufgaben macht, dann kommt Pfusch heraus, und man muss ihn dafür zur Rechenschaft ziehen.

SPIEGEL: Hat das ganze System der Entwicklungshilfe falsche Prioritäten verfolgt?

LESSING: Ich habe in Simbabwe gesehen, wie solche Experten in der Hauptstadt Harare einfallen, im besten Hotel absteigen, sich ein Auto mieten und in irgendeine Provinzstadt fahren. Dann treffen sie ein paar der dort ansässigen fetten Katzen und laden bei denen ihre guten Ratschläge ab. Anschließend fliegen sie nach Amerika oder sonst wohin zurück. Und genau auf diese Art wird das Geld verschwendet. Entweder kassieren es die Katzen ab, oder es wird verschleudert.

SPIEGEL: Sie sind ja – jedenfalls für Simbabwe – selbst Expertin, Sie sind dort aufgewachsen und haben das Land in den letzten Jahren intensiv bereist. Welche Alternativen schlagen Sie vor, wie könnte angemessene und effiziente Hilfe aussehen?

LESSING: Macht etwas schrecklich Einfaches, richtet Leihbüchereien ein. Wen man in Simbabwe auch trifft, jeder giert nach Büchern.

SPIEGEL: Bücher? Nicht Investitionen in die Landwirtschaft, in die Infrastruktur?

LESSING: Bücher sind kein Luxus, sie werden dringend gebraucht. Diese Menschen versuchen verzweifelt, sich der modernen Welt anzupassen. Aber die Hälfte von ihnen weiß überhaupt nicht, was sie tun soll, es fehlt jede Anleitung. Bücher könnten den Graben überbrücken.

SPIEGEL: Und außer Büchern?

LESSING: Jede Art von alternativer Technologie. Dafür gibt es einen enormen Bedarf.

SPIEGEL: Das mag sinnvoll sein, aber die Regierungen der armen Länder fordern meist ganz andere Hilfe, Prestigeobjekte von teuren Industrieanlagen bis zur modernen Ausrüstung für ihre Streitkräfte.

LESSING: Die politische Elite in diesen Ländern ist ein ernstes Problem. Den meisten Führern fehlt es an Erfahrung. Sie kamen auf ihre Posten, weil sie den Kolonialismus besiegt hatten. Aber ein guter Guerilla-Kämpfer ist nicht unbedingt ein guter Minister. Wenn man manchmal sieht, was die anrichten, fragt man sich, wie deren Verstand wohl arbeiten mag.

SPIEGEL: Amir Jamal, der ehemalige Finanzminister Tansanias, sagt: Die Zukunft der Dritten Welt wird abhängen von den Bedingungen, welche die Erste Welt setzt, und von der Qualität der Führung in der Dritten Welt. Wie lässt sich beides verbessern?

LESSING: Wer stellt die Führung? Ich meine, die Zukunft wird davon abhängen, ob und wie es gelingt, all jene kreativen Talente zu ermutigen, die es in Afrika gibt, und deren Fähigkeiten einzusetzen.

SPIEGEL: Entwicklungshilfe hat zurzeit in den reichen Ländern keine hohe Priorität. Dabei hatten sich viele vorgestellt, das Ende des Kalten Krieges werde immense Mittel an Kapital, Ideen und menschlicher Schaffenskraft für den Süden freisetzen. Hat die Gleichgültigkeit gegenüber der Dritten Welt Sie enttäuscht?

LESSING: Ich weiß nicht, ob sich jemand in Afrika viel davon versprochen hat. Ich jedenfalls habe nichts erwartet.

EINE NEUAUFLAGE VON
DAS GOLDENE NOTIZBUCH

*Der Text erschien erstmals 1994 als Vorwort zu
einer Neuauflage des Romans* Das goldene Notizbuch *bei
HarperPerennial, London.*

Die Verbreitung dieses Romans erstaunt mich nach wie vor,
denn er kommt immer wieder irgendwo zum Vorschein, und oft
nicht dort, wo man es erwartet. Zuletzt erlebte ich es in China,
das ich auf Einladung chinesischer Autoren bereiste. Man hatte
eine Auflage von 80 000 Exemplaren veröffentlicht, was für so
ein riesiges Land gar nicht viel ist, eine eher kleine Auflage. Sie
war in drei Tagen vergriffen. Der Roman war schon einmal in
China erschienen und hatte sich gut verkauft. »Alle haben ihn
gelesen«, hieß es, und mit »alle« waren, wie heutzutage meistens,
in erster Linie die Leute an den Universitäten gemeint. An den
Universitäten, die ich in Beijing, Shanghai, Xi'an und Kanton
(Guangzhou) besuchte, bestand ein äußerst lebendiges und fun-
diertes Interesse an britischer und amerikanischer Literatur. Erst
jetzt ist mir aufgegangen, dass die Universitäten heute zunehmend mittelalterlichen Klöstern entsprechen, denn sie pflegen
das Geistesleben in armen Ländern, wo sich kaum jemand Bücher leisten kann. (Wobei man China wohl kaum noch als armes
Land bezeichnen kann.) Kürzlich bekam ich einen Brief von einer Kellnerin aus einem Hotel in Rio, die mir schrieb: »Ich kann
mir keine Bücher leisten. Aber mein Mann arbeitet an der Universität und darf die Bibliothek benutzen, er hat *Das goldene
Notizbuch* für mich ausgeliehen, und ich muss Ihnen einfach
sagen ...«
  Wie ich höre, steht das Buch im Geschichts- und Politikun-
terricht an Schulen und Universitäten auf dem Lehrplan. Das
freut mich, denn ich habe es nicht zuletzt aus dem Gefühl heraus
geschrieben, dass es Leerstellen gibt, die – vor allem für das

neunzehnte Jahrhundert – eigentlich durch Romane aufgefüllt sein sollten. Ich würde nach wie vor sehr gern Romane lesen, die zum Beispiel etwas von der Atmosphäre und vom Fluidum zur Zeit der Chartisten wiedergeben, von deren Privatleben, Diskussionen, Konflikten, oder auch etwas über die kleinen revolutionären Gruppen, die in London gediehen und die Revolution in Europa häufig mit schürten. Ich glaube, *Das goldene Notizbuch* ist ein nützliches Zeugnis seiner Zeit, zumal der Kommunismus inzwischen überall tot ist oder im Sterben liegt oder sein Wesen verändert. Nichts kommt einem unwahrscheinlicher vor als das, was Menschen geglaubt haben, bevor der Wind diesen Glauben verwehte. Romane vermitteln die Matrix der Gefühle, die Atmosphäre einer Zeit, wie es offizielle Geschichtsschreibung nicht kann.

Eine jugoslawische Studentin sagte zu mir (womit die Erinnerung schon datiert wäre): »Sehr interessant, etwas über diese alte Politik zu lesen.« Alt und exotisch für das kommunistische Jugoslawien, aber bisweilen kann man auch hören: »Der Roman beschreibt, was in den Siebzigern in meiner politischen Gruppe los war«, oder: »*Das goldene Notizbuch* beschreibt mein Leben als Frau.«

Als der Roman herauskam, galt er als Buch für fortgeschrittene Leser, aber kürzlich bekamen ihn fünfzehnjährige Mädchen aus einer Schule in Nord-London, die spielend damit fertigwurden. Dieses Jahr wird er in einem Kurs an der Universität von Simbabwe gelesen, auf Wunsch schwarzer und weißer, männlicher und weiblicher Studierender. Wie mir der Dozent, mit dem ich befreundet bin, sagte, waren sie überrascht, dass die Gespräche der jungen Kommunisten in den Zeiten vor dem kommunistischen Regime in Simbabwe so idealistisch und optimistisch klangen. Sie selbst assoziierten Kommunismus und Kommunisten mit Selbstsucht und Opportunismus. Auf die Idee, dass der Kommunismus anfangs wirklich der Traum von einer besseren Welt gewesen war, kamen sie nicht.

Ich bekomme immer wieder Briefe von Männern zum *Goldenen Notizbuch* – genauso oft wie von Frauen. Da steht dann, dass das Buch ihnen die Augen für die Gefühle und Erfahrungen von Frauen geöffnet hat oder dass sie sich vor allem für das Politische darin interessieren oder für den »Stil« der amerikanischen Hauptfigur, die ihnen inzwischen wie ein ziemlich lächerlicher Macho vorkommt. Oder eine Frau schreibt mir – was wohl häufiger vorgekommen ist –, dass sie das Buch von ihrem Freund oder Ehemann bekommen hat, der sagte, es habe ihn beeinflusst. Doch ich höre auch die andere Seite, wenn ein Mann nämlich schreibt, er habe gerade ein Buch von mir gelesen und es habe ihm gefallen. An seiner Universität sei Doris Lessing Eigentum der Frauenbewegung gewesen, also habe er sich nicht die Mühe gemacht, meine Bücher zu lesen, und weil ihm das nun leidtue, schreibe er mir, um es mir zu sagen.

Ja, ich bekomme viele Rückmeldungen, die mich immer interessieren, besonders, wenn sie Unerwartetes enthalten. In Vermont gibt es eine Buchhandlung, die The Golden Notebook heißt ...

Unlängst habe ich den Roman noch einmal gelesen und mich an die wütende Energie erinnert, die in ihn eingeflossen ist. Wahrscheinlich geht mit dem Buch aus diesem Grund immer noch etwas weiter – weil es so »aufgeladen« ist. Es strahlt wirklich eine bemerkenswerte Vitalität aus, und das liegt teilweise an der Energie des Konflikts. Ich habe mich damals aus einer bestimmten Vorstellungswelt herausgeschrieben, aus einer Lebensweise sogar, was mir aber im Moment des Schreibens gar nicht bewusst war. Innerhalb seines engen Grundgerüsts hat es etwas Überschäumendes. Es kommt vor, dass die Energie in einem Buch seiner offenkundigen Botschaft widerspricht. Darüber habe ich zum ersten Mal nachgedacht, als ich Dostojewskis *Dämonen* las und die Lektüre mich belebte und optimistisch machte, obwohl man sich kaum eine pessimistischere Geschichte vorstellen kann. Neben dem *Goldenen Notizbuch* habe ich noch ein weiteres Buch mit derselben Intensität geschrieben, das allerdings gar nicht verschiedener sein könnte, nämlich *Die Entstehung des Repräsentanten von Planet 8*. Beide Bücher markieren Grenzen.

Ich treffe Frauen Mitte fünfzig, die mir sagen: »Dieses Buch hat mich beeinflusst, und ich habe es meiner Tochter gegeben, und sie findet es toll.« Oder junge Frauen sagen: »Meine Mutter hat mir das Buch gegeben, weil sie sagte, dass es wichtig für sie war, und jetzt verstehe ich sie viel besser.« Bislang habe ich immer gehört: »Meine Mutter hat es gelesen, und jetzt lese ich es« – da ging es also um zwei Generationen, aber neulich habe ich erfahren, dass eine Großmutter es ihrem Sohn gegeben hat, und der wiederum seiner Tochter. Drei Generationen. Ja, ich fühle mich durchaus geschmeichelt.

Gerade schreibe ich den ersten Band meiner Autobiografie, und wenn ich an manche Leute oder Ereignisse denke, die in *Das goldene Notizbuch* eingegangen sind, muss ich den Schluss ziehen, dass literarisches Schreiben in Sachen »Wahrheit« besser ist als ein Tatsachenbericht. Warum das so sein könnte, ist ein sehr großes Thema und eines, das ich nicht einmal ansatzweise durchschaue.

OPER

Der Beitrag erschien erstmals im November 1996
im BBC Music Magazine.

1983 bekam ich einen Brief von Philip Glass, in dem er mir vor-
schlug, gemeinsam eine Oper zu machen, nach einem der Romane aus dem Zyklus »Canopus im Argos«. Damit hatte ich
nicht gerechnet. Für mich war die Oper damals eine fremde
Welt, die ich manchmal besuchte. Sie besaß den ganzen Glamour
der Distanz, anders als das Schauspiel, denn dafür hatte ich bereits geschrieben und gearbeitet. Doch nie hätte ich damit gerechnet, irgendwann auch für die Oper zu schreiben. *Die Entstehung des Repräsentanten von Planet 8* war nicht gerade die
naheliegendste Wahl als Opernstoff, und wenn mir jemand während des Schreibens an diesem Roman gesagt hätte, dass später
eine Oper daraus werden würde, hätte ich ihm nicht geglaubt.
Aber als Philip Glass und ich uns zusammensetzten, um über die
fünf Romane des »Canopus«-Zyklus zu sprechen, schien sich
dieser am besten für seine – damalige – Art von Musik zu eignen.
Inzwischen hat sich seine Musik allerdings weiterentwickelt und
verändert. Der Zyklus dieser Canopus-Romane, die manche
Leute Science-Fiction nennen, hat Musiker seit jeher interessiert,
schon seit *Shikasta*, dem ersten, und mehrere wollten sie für
Opern oder andere Kompositionen verwenden. Doch ich beschloss, mich an Philip zu halten, weil wir gut und angenehm
zusammenarbeiten.

Wenn man die Frage stellt, warum Schriftsteller gern an
Opern arbeiten, muss zumindest eine Antwort das langweiligste
aller Klischees bedienen – dass Schriftsteller nämlich ein einsa-
mes Leben führen und dass man sich bei der Beschäftigung mit
der Oper in einer Welt wiederfindet, die von der nüchternen
Disziplin des Romanschreibens nicht weiter entfernt sein

könnte. Das ist also das eine: die Freuden – und Gefahren – der Zusammenarbeit mit anderen, aber da ist noch etwas, mit dem ich anfangs gar nicht gerechnet habe. Unser Geschäft sind die Worte, nicht nur ihr Sinn, auch die Musikalität dieser Worte, und wie der Dichter weiß, liegen in der Verbindung zwischen Sinn und Klang allerhand Mysterien verborgen. Und wenn etwas, das man geschrieben hat, durch Musik interpretiert wird, dann werden Laute und Gedanken, von denen man vielleicht gar nicht recht wusste, dass es sie gab, plötzlich Wirklichkeit, zum Vorschein gebracht von der Musik und dem Musiker. Auf einer physischen Ebene lässt sich das ganz leicht nachvollziehen. Als ich den Roman *Die Entstehung des Repräsentanten von Planet 8* schrieb, »hörte« ich das Mahlen des Eises, die Gewalt der Winde, doch die Musik brachte schließlich Variationen hervor, die ich nicht »gehört« hatte. Und als ich »hörte«, wie die Stimmen der Reisenden im Sturm zerrissen und Teil der Stimmen des Sturms wurden, wusste ich noch nicht, dass diese Stimmen als Musik eine Tiefe erreichen würden, die ich nicht bedacht hatte. Der Weg der Repräsentanten in die Auslöschung und zur Wiedergeburt als neues Ganzes war in meinem geistigen Ohr die irdische Verwandlung zum Unirdischen gewesen, doch als ich das dann tatsächlich hörte, wusste ich, dass die Musik eine Bereicherung, eine Aufwertung dieser Vorstellung war. Eine Oper bezieht alle Künste mit ein. Musik, instrumental und als Gesang, alle Formen der Ausstattung, den Zauber der Farbe, den Charme des Geschichtenerzählens, die Worte – wenn man sich all dem öffnet, findet man Resonanzen und Reaktionen, die unerwartet und vielleicht sogar der Ansatz einer neuen Idee für einen Roman sein können. Mein jüngster Roman *Und wieder die Liebe* ist aus meiner Arbeit für Oper und Theater entstanden. Es gibt nichts Ergreifenderes, als zuzusehen, wie ein Stück oder eine Oper Gestalt annimmt, wie sich alles für eine Weile zusammenfindet, und dann ist auf einmal Schluss, Ende, nie wieder wird es diese ganz besondere Kombination von Menschen, Talenten, Lauten, Farben, Formen geben, sie ist für immer dahin.

Als Philip Glass und ich uns für *Die Entstehung des Repräsen-*

tanten von Planet 8 entschieden, dauerte es vier Jahre vom Beginn der Arbeit bis zur Premiere in Houston. Und als wir dann beschlossen, eine Oper aus *Die Ehen zwischen den Zonen Drei, Vier und Fünf* zu machen, dauerte es acht Jahre, bis sich der Vorhang in Heidelberg hob. Schon während der Proben in Houston für *Repräsentant* fing ich an, das Libretto für *Ehen* zu schreiben. *Die Ehen zwischen den Zonen Drei, Vier und Fünf* ist eine gute Wahl für die Oper. Der Roman hat eine starke Geschichte, während *Die Entstehung des Repräsentanten von Planet 8* vom langsamen Einfrieren eines zuvor glücklichen Planeten erzählt und davon, wie sich innerhalb dieses Prozesses sozusagen das Ganze oder die Seele der Bewohner des Planeten herauskristallisiert. Der transzendierte Tod ist nicht unbedingt ein neues Thema für die Oper, aber vielleicht haben wir darin einen neuen Weg beschritten.

Hier zunächst die Geschichte von *Die Ehen zwischen den Zonen Drei, Vier und Fünf.* Zone Drei ist ein üppiges, blühendes Land, in dem Intuition und alle möglichen höheren geistigen Eigenschaften zum Tragen kommen, aber man ist dort weich und hedonistisch geworden und hat seine Pflicht vergessen, nämlich nach Besserem zu streben – nach Zone Zwei. Die Königin der Zone Drei erhält den Befehl, den König von Zone Vier zu heiraten, eines ungehobelten, groben, militaristischen Landes, das sehr arm ist, weil es seinen Reichtum in Kriege investiert. Durch diese Ehe – oder genauer gesagt, durch das Liebemachen – entsteht neues Leben, das in beide Zonen einfließt. Ein Kind wird geboren, ein Junge. Die Königin Al·Ith und der König Ben Ata lieben sich nun, obwohl sie anfangs feindselig waren. Al·Ith wird von Zone Vier wegbeordert und soll in Zone Drei zurückkehren, wo sie aber inzwischen eine Fremde ist. Sie fleht um Zugang zur Zone Zwei, einem Land, das so hoch über Zone Drei steht wie Zone Drei über Zone Vier. Ben Ata erhält den Befehl, die Königin von Zone Fünf zu heiraten, eines primitiven, wilden Landes, in dem man raubt und plündert. Diese Ehe wird von keiner der Parteien gewünscht, aber von beiden geduldet, es entsteht neues Leben in Zone Fünf, ein Kind wird geboren, ein Mädchen.

Die Ehen zwischen den Zonen Drei, Vier und Fünf reizte Philip nicht zuletzt, weil er Musik für ein Fest schreiben wollte. Es kommt ein Fest in *Ehen* vor, eine Feier der Frauen, und Lieder und Musik stehen bereits im Roman. Außerdem gibt es ein Hochzeitsmahl, wenn Zone Vier Zone Fünf heiratet, wofür ich im Roman allerdings noch keine Lieder geschrieben hatte. Es gab also reichlich Spielraum, was Lieder und Tänze während dieser Hochzeit betraf. Ich habe für die Oper einige neue Liedtexte geschrieben, die nicht im Roman stehen, besonders für diese Hochzeit, aber auch für andere Szenen.

Beim Schreiben des Librettos ergab sich das Problem, dass die Handlung so umfangreich ist. Wir haben uns an die alte Konvention gehalten, an den Austausch des gesprochenen Worts, um die Handlung deutlich zu machen und voranzutreiben. Ein beträchtlicher Teil musste gestrichen werden. Sehr interessante Passagen des Romans lassen sich einfach nicht so weit reduzieren, dass sie in eine Oper passen, aber vielleicht kann die Musik das Fehlende andeuten.

Hier und da haben wir den Wechsel von Worten zu Musik für dramatische Effekte benutzt, zum Beispiel gleich am Anfang, wenn Al·Ith erfährt, dass sie den König der verachteten Zone Vier heiraten muss, und die geschrienen Worte ihres Protests unter dem Druck der Gefühle in Gesang übergehen. Das geschieht an mehreren Stellen in der Oper.

Als ich *Die Ehen zwischen den Zonen Drei, Vier und Fünf* nach mehreren Jahren wieder las, war ich überrascht, wie viel Musik in der Geschichte steckt, nicht nur als schmückendes Beiwerk, sondern als struktureller Bestandteil. Es gibt zum Beispiel eine Trommel, die ansetzt, dann wieder schweigt und den Liebenden bedeutet, wann sie zusammenkommen und wann sie sich trennen müssen. Auf diesen Trommelschlag sind verschiedene Lieder im Roman abgestimmt. Die Geschichte beginnt mit einem Abzählreim der Kinder, was zu einer Erklärung der Unterschiede zwischen den Liedern der Zonen Drei und Vier führt und dazu, was sie über das Wesen der verschiedenen Länder aussagen. Es gibt ein Lied, dessen Text von großer Bedeutung für die Handlung ist, denn als Al·Ith ihn hört, sucht sie in anderen Liedern nach Hinweisen auf eine ältere, verlorene oder halb vergessene Weisheit. Man könnte durchaus auf die Idee kommen, dass ich schon eine Oper im Kopf hatte, als ich *Ehen* schrieb, aber es sollte noch lange dauern, bis ich mir auch nur vorstellen konnte, mich mit der Opernwelt zu beschäftigen.

Ein großer Unterschied zwischen den Opern *Die Entstehung des Repräsentanten von Planet 8* und *Die Ehen zwischen den Zonen Drei, Vier und Fünf* ist, dass erstere in großen Opernhäusern aufgeführt wurde, in Houston, der English National Opera in London, in Amsterdam und in Kiel, während die zweite in Heidelberg herauskam, einem Juwel von einem Opernhaus mit sechshundert Plätzen. Dort hört man überall im Zuschauerraum jedes Wort.

Philip Glass ging anders vor als in früheren Opern. Zum einen ersetzte er die Streicher durch einen Chor von Stimmen. Einen Teil der Musik ließ er so klingen, als würde sie gleich in eine peinigende seltsame Sprechweise übergehen, die für jede einzelne Zone anders war. Schließlich haben wir es mit einer Legende zu tun, einem Mythos – mit einer Fabel.

DIE MENSCHEN LIEBEN IHRE KETTEN

Im Gespräch mit Jörn Rohwer

Das Interview erschien am 21./22. März 1998
in der Berliner Zeitung.

ROHWER: Mrs. Lessing, vor Kurzem ließen Sie wissen, Sie wären Ihr Leben lang von Natur aus rebellisch gewesen; nun aber hätten Sie herausgefunden, dass das gar nicht immer von Vorteil sei. Ändert sich damit auch die Sicht auf Ihr Leben und Ihre Bücher?

LESSING: Nein. Meine Bücher sind Geschichte, sind so geschrieben, wie die Dinge waren. Wir sprechen hier von *einer* Erfahrung, davon, dass ich *ein* eigenes Reaktionsmuster examiniert und durchschaut habe, nämlich meine automatische Reaktion gegen jede Form von Autorität.

ROHWER: An welchem Punkt haben Sie erkannt, dass es sich dabei um eine Art Reflex handelte?

LESSING: Als ich in einer Biografie über den britischen Historiker E. P. Thompson las. Da hieß es etwa: Naturgemäß setzte er sich zur Wehr, nur um der Regierung zu widersprechen … Und da dachte ich plötzlich: Mein Gott, genauso hättest du reagiert, ganz automatisch. Wo eine Autorität ist, widersetzt du dich.

ROHWER: Und um das herauszufinden, haben Sie siebzig Jahre gebraucht?

LESSING: Ja – aber für eine Selbsterkenntnis ist es schließlich nie zu spät. Natürlich sollte man deswegen nicht ins andere Extrem verfallen und plötzlich Autorität bedingungslos unterstützen.

ROHWER: Mich hat es jedenfalls sehr erstaunt, von Ihrer veränderten Einstellung zu erfahren, weil sie Ihre Werke, besonders die autobiografischen, transparenter macht.

LESSING: Das mag wohl sein; aber an meiner Haltung wird das nichts ändern, ich blicke deswegen nicht anders oder gar mit Bedauern auf mein Leben zurück. Gefragt habe ich mich immer wieder, wie mein Bruder, im Gegensatz zu mir, von Natur aus ein Konservativer sein konnte. Er war nie ein Rebell, hat Autorität nicht ein einziges Mal im Leben infrage gestellt. Zwei Menschen aus derselben Familie gehen zur gleichen Zeit ins Leben und entwickeln sich total konträr, der eine angepasst, der andere protestierend ... Heute weiß ich, dass ich mit meinem Protest in den meisten Fällen im Recht gewesen bin. Und es erstaunt mich nicht, dass ich mehrere Generationen junger Menschen erlebt habe, die sich ähnlich automatisch oder prinzipiell gegen Autorität gewehrt haben, vor allem in den sechziger und siebziger Jahren. Inzwischen bin ich jedoch so weit, dass ich wenigstens zuhöre und nachdenke, wenn Autoritäten sich äußern.

ROHWER: Können Sie kurz versuchen zu analysieren, warum Sie – als naturbestimmte Rebellin – einer politischen Massenbewegung wie dem Kommunismus gefolgt sind?

LESSING: Weil es sich dabei eben *nicht* um einen rebellischen, sondern um einen konformistischen Impuls handelte. Die meisten Kommunisten wünschten sich, glaube ich, gar keine Rebellion, sondern eine Familie. Jemanden, dem sie folgen, sich unterwerfen konnten.

ROHWER: Kann ein Rebell sich überhaupt jemals anpassen oder unterwerfen?

LESSING: Aber gewiss. Deutschland wäre als Beispiel zu kompliziert, nehmen wir die italienischen Faschisten: Als sie sich der Bewegung anschlossen, hielten sie sich für Rebellen, für Helden, die der alten Ordnung abschworen. Als Mitglied meiner Generation wiederum fühlte man sich der freien Geisteshaltung des Kommunismus verbunden, wurde jedoch gerade dadurch, ohne es zu bemerken, zum Teilchen eines großen Schwarmes, einer Massenbewegung.

ROHWER: Ist nicht derjenige ein Rebell, der sich, obwohl protestierend, bewusst den Massen fernhält?

LESSING: Eine sehr idealistische Definition. Die meisten Rebellen laufen früher oder später doch mit den Massen.

ROHWER: Gerade darum wirkt Ihre Zeit als Kommunistin – im Kontext eines ansonsten widerspenstigen, nonkonformistischen und misstrauischen Lebens – wie ein Intermezzo.

LESSING: Tja, einfach zu erklären ist das bestimmt nicht … Mit Sicherheit gründete mein Entschluss, Kommunistin zu werden, auch auf der Erfahrung, dass die einzigen Menschen, die sich mir gegenüber in Südafrika jemals offen gegen Apartheid aussprachen, Kommunisten waren. Sonst scherte sich niemand darum, nicht im Geringsten. Hier aber waren Menschen, die eigenständig und verantwortlich dachten und nicht müde wurden, für ihre Ideale zu kämpfen. Gott sei Dank gibt es solche Individualisten in jeder Gesellschaft, sei sie auch noch so schrecklich.

ROHWER: Besteht Ihrer Meinung nach die größere, persönliche Herausforderung eher in der Verantwortung gegenüber einer Ideologie oder einem Menschen?

LESSING: Verantwortung für seine Mitmenschen zu tragen ist von allem das Schwerste. In der Kommunistischen Partei hat es Hunderttausende, vermutlich sogar Millionen von Menschen gegeben, die sich durch Parteimitgliedschaft ihrer persönlichen Verantwortung zu entziehen versuchten. Die ihre Familien wie den letzten Dreck behandelten, ohne sich daran zu stören. Weil sie entmenschlicht waren im Dienste der Menschheit. Wie vielen solcher Leute bin ich in meinem Leben begegnet …

ROHWER: Nun haben Sie selbst in Ihrem Leben vieles hinter sich gelassen: Eltern, Konfession, zwei Ehen, zwei Kinder, Afrika, den Kommunismus. Wenn Sie darüber schrieben, dann immer als bloße Reflexion des jeweiligen Zeitgeistes; die persönliche Verantwortung für ihre Entscheidungen blieb meist unerwähnt.

LESSING: Um dem zuzustimmen oder nicht, müsste man jede Entscheidung meines Lebens sehr differenziert betrachten. Dass ich zwei Kinder verlassen habe, war mit Sicherheit das Schlimmste und Gefühlloseste, was ich je getan habe. Dennoch haben mir beide später ein ganz außergewöhnliches Verständnis und nie irgendwelche Schuldgefühle entgegengebracht; beide Kinder haben sich ungeheuer liebenswert und großzügig verhalten. Vielleicht, weil ich damals gar keine Wahl hatte. Ich musste einfach gehen, sonst wäre ich umgekommen; die ganze Situation, das Leben, das ich führte, waren mir unerträglich geworden. Also verließ ich meine Eltern, meine Ehe, auch Rhodesien und zog nach London; in die Stadt der Künstler und Schriftsteller, wo es von Kommunisten oder solchen Leuten, die sich dafür hielten, nur so wimmelte. Meine Freunde habe ich nie verlassen. Noch immer gibt es Menschen in meinem Leben, mit denen ich seit dreißig, vierzig Jahren befreundet bin. Nur Veränderung habe ich immer gebraucht – vielleicht liegt es an meinen Genen.

ROHWER: Welche Veränderungen hat das Schreiben in Ihr Leben gebracht?

LESSING: Schreiben bedeutet ständigen Fortschritt, für den man sich ganz hingibt und viele andere Dinge vernachlässigen muss. Man schreibt nun mal nicht mit *einer* Gehirnhälfte, sondern aus dem Zentrum. Wenn ich keine Schriftstellerin wäre, dann sicher eine extrem soziale Person. Da ich aber schreibe, ist mein soziales Selbst eher verkümmert. Beides geht eben nicht. Niemand hat die Kraft, alles im Leben zu verwirklichen.

ROHWER: Martin Walser spricht von einem Schriftsteller als Menschen, der zeitlebens einen Mangel in sich spürt. Der um Strategien ringt, diesen Mangel auszufüllen und so zu Kraft und Selbstbewusstsein zu finden …

LESSING: Mag sein, dass dem so war, als ich mit dem Schreiben begann. Viele junge Menschen, die schreiben, gleichen darin sehr dem amerikanischen Klischee von der Selbstfindung. Nur gibt es dafür in späteren Jahren keinen Grund mehr. Dann kommt es viel eher darauf an, was man lernt, während man ein Buch schreibt. Ich habe sehr viel dabei gelernt – über das jeweilige Thema des Buches und das, was ich darüber denke. Wie bei einer Untersuchung. So gesehen ist Schreiben für mich ein Abenteuer.

ROHWER: Sie haben einmal gesagt, das Bewusstsein eines Menschen von sich selbst bleibe immer gleich, von der Kindheit bis ins Alter. Gilt das so auch für den Charakter?

LESSING: Also – ich bin natürlich alt, tolerant und langweilig geworden – wie das so ist mit den Jahren …! Nein, ich mache Spaß: Früher war ich sehr kämpferisch und sehr begeisterungsfähig. Inzwischen hat sich mein Blick verändert, er ist weiter geworden. Dafür bin ich nicht mehr so lebhaft und spüre das Alter.

ROHWER: Gibt es etwas daran, das Sie reizvoll oder gar faszinierend finden?

LESSING: Es ist interessant – viel mehr gäbe es darüber nicht zu sagen. Das Schlimmste am Alter ist, dass die Kräfte nachlassen, ohne dass man etwas daran ändern könnte. Das Schöne aber ist, dass man langsam davonschwebt und die Welt mehr und mehr so sieht wie eine große Komödie.

ROHWER: Noch ist der Vorhang ja nicht gefallen. Sie könnten zum Beispiel zu einer Dame of the British Empire avancieren ...

LESSING: Ich bin bereits gefragt worden, ob ich das wollte. Aber ich sehe mich nicht als eine *Dame*. Ich kichere jedes Mal, wenn ich nur das Wort in den Mund nehme. Einfach lächerlich. Wie viel Zeit meiner Jugend habe ich damit zugebracht, das Britische Empire zu bekämpfen ... Und nun soll ich plötzlich als *Dame* dazugehören? Das fände ich einfach erschütternd. Nein wirklich – eine *Dame* werd ich nie!

ROHWER: Sie leben seit fast fünfzig Jahren in London. Haben Sie es je bereut, Afrika, das Land Ihrer Kindheit und Jugend, verlassen zu haben?

LESSING: Aber nein, nicht eine Sekunde. Schließlich bin ich damals einer sehr engen Gesellschaft entflohen: einer kleinen, weißen, bigotten und provinziellen Minderheit in Südrhodesien, einer unbeschreiblichen Langeweile. Es war das Beste, was ich je getan habe.

ROHWER: Haben Sie sich jemals nach einer Heimat gesehnt?

LESSING: Nein. Weil ich zweieinhalb Jahre alt war, als meine Eltern von Persien nach Afrika zogen, mit fünf um die halbe Welt reiste, dann sechs Monate in London zubrachte, bevor ich schließlich, im Alter von sechs Jahren, in einer Farm in Südrhodesien ankam. Das war eine sehr gute Vorbereitung darauf, eigentlich nirgendwo hinzugehören. Und ich bin froh, dass es so gekommen ist.

ROHWER: Wenn man Sie hört oder Ihre Bücher liest, scheint es, als hätten Sie sich, wo Sie im Leben auch waren, immer als Außenseiterin gefühlt.

LESSING: Ja, das stimmt. Und es ist positiv, als Schriftsteller ein Außenseiter zu sein, sehr sogar. In England leben heute viele Autoren, die ursprünglich von außen kamen, allen voran natürlich Salman Rushdie. Das kann nur gut sein für uns.

ROHWER: Nun gibt sich der Westen zwar gern einen freiheitlichen Anstrich, ist aber gesellschaftlich doch beherrscht von Konformismen wie der Political Correctness. Glauben Sie, dass Toleranz und Freizügigkeit in einem Klima geistiger Bürokratie überleben könnten?

LESSING: Nur mit Mühe. Political Correctness ist eine neue Tyrannei. Eine direkte Fortsetzung des Kommunismus. Die Charakteristika gleichen sich aufs Haar: Schablonendenken, Dogmatismus, Intoleranz … jeder, der sich in seinem Leben dem Kommunismus auch nur genähert hat, erkennt ihn in der Political Correctness sofort wieder.

ROHWER: Muss es eigentlich so sein, dass wir einerseits soziale Freizügigkeit proklamieren, die Menschen aber andererseits geradezu nach Regeln und Zwängen zu rufen scheinen?

LESSING: Ja. Unglücklicherweise lieben die Menschen ihre Ketten. Ich weiß, ich bin nicht die Erste, die das sagt, aber es stimmt: Wir lieben unsere Ketten und werden sie uns immer wieder anlegen. Über zweitausend Jahre ist Europa von der christlichen Kirche beherrscht worden; eine Geschichte, die einzigartig und unverzeihlich ist in ihrer Grausamkeit und Unterdrückung. Gerade dadurch sind wir geprägt für das Leben, darum werden wir ein ums andere Mal zu Opfern von Unterdrückung und Tyrannei.

ROHWER: War es die protestantische Tyrannei Ihrer Mutter, die Sie ursprünglich zum Schreiben veranlasst hat?

LESSING: Das kann man so nicht sagen. Das Leben meiner Mutter war grenzenlos frustriert, und daher wünschte sie sich, es durch mich noch einmal zu erleben. Sie hatte enorme Qualitäten, denen ich einen Sinn geben sollte. Im Grunde ein absolutes Klischee. Und weil ich es klar durchschaute, wehrte ich mich dagegen. Das hätte ich in jedem Fall getan, auch wenn keine Schriftstellerin aus mir geworden wäre. Obwohl mir letztlich gar nichts anderes übrig blieb. Sie dürfen nicht vergessen, dass ich keine Ausbildung, kein Training hatte. Ich bin mit vierzehn von der Schule abgegangen und war von da an für mich selbst verantwortlich. Ich hatte Talent, aber zeitweise auch Kinder. Schreiben konnte ich meist nur zwischendurch, andere Alternativen gab es nicht, und so wurde ich Schriftstellerin.

ROHWER: Warum haben Sie Ihre Mutter eigentlich immer nur abgelehnt, ja verachtet? War da nie Raum für Gelassenheit oder Souveränität?

LESSING: Sie war eine altmodische britische Matrone, die an das Britische Empire glaubte – ein Produkt ihrer Zeit, von bösartigem Klassenbewusstsein und entsetzlichem Snobismus. Sie war alles, was mir fern und fremd erschien. Wir waren einfach nicht geschaffen, um einander zu verstehen. Was nicht heißt, dass wir uns bekämpft hätten. Nicht einmal gestritten haben wir, obgleich sie mir die schlimmsten Dinge antat. Ich habe mich sehr um Souveränität bemüht, aber meistens musste ich davonlaufen. Das war als Kind meine Art, damit fertigzuwerden. Als Heranwachsende ging es besser, ich konnte ihr sogar zuhören. Aber leicht war es nicht, damit zu leben.

ROHWER: »Die älteren Frauen sind die ärgsten Feinde der jungen«, heißt es bei Doris Lessing.

LESSING: So ist es. Und zwar aus Eifersucht.

ROHWER: Haben Sie Ihrer Mutter inzwischen verziehen?

LESSING: Ja, das habe ich wohl geschafft; am Ende konnte ich sogar verstehen, was in ihr vorging. Nur hatte das im Grunde nichts mit Verzeihen zu tun.

ROHWER: Die afroamerikanische Schriftstellerin Jamaica Kincaide beschäftigt sich in ihren halbautobiografischen Texten geradezu besessen mit der Hass-Liebe-Beziehung von Müttern und Töchtern; ihrer Ansicht nach »lieben« Mütter ihre Töchter immer erst dann, wenn sie diese schwach und hilfebedürftig oder gar sterbend sehen …

LESSING: Ich glaube, dass das höchstens auf jene Mütter zutrifft, die nicht über eine eigenständige Wahrnehmung von sich verfügen, die keine eigenen Interessen haben. Als ich jung war, hatten alle Frauen, die ich traf, große Probleme mit ihren Müttern. Und wir wussten genau, woran das lag – sie hatten keine Berufe, wussten nicht, was sie mit sich anfangen sollen. Sie waren unausgefüllt, weil viele ihrer Fähigkeiten ungenutzt blieben. Somit richteten sie alle Energien auf ihre Kinder. Schon deswegen ist es besser, wenn Frauen berufstätig sind. Heute kenne ich viele Mütter und Töchter, die sehr gut miteinander auskommen. Seit sie eigene Interessen entwickeln und Berufe haben, sind ihre Beziehungen weit weniger neurotisch; sie sind freier geworden.

ROHWER: Wie vielen Menschen sind auch Ihnen die schmerzlichen Erfahrungen der Kindheit stärker in Erinnerung als die unbeschwerten. Woran mag das liegen?

LESSING: Wir wachsen daran. Außerdem haben wir von Natur aus eine Tendenz, unser Elend und die Schmerzen zu lieben. Masochismus, die Liebe zum Leid, ist überaus verbreitet in unserer Gesellschaft, und jeder weitere Krieg hat das nur noch schlimmer gemacht. Meine Generation jedenfalls ist überschattet von einer Giftwolke der Kriege und des Leids. Aber vielleicht ist Europa ja auf dem Wege der Besserung ...

ROHWER: Glauben Sie, dass wir uns am Ende dieses Jahrhunderts, des Jahrtausends sogar, auf friedlichere Zeiten zubewegen?

LESSING: Wir leben bereits in friedlicheren Zeiten. Zum ersten Mal überhaupt herrscht Frieden in Europa; und das ist ein Wunder. Das Millennium mag vielleicht Gutes für den christlichen Westen bringen, aber sonst? Den Muslimen bedeutet es nichts, die Buddhisten kümmert's wenig, die Juden haben einen anderen Kalender – so gesehen ist es ein kleiner Teil der Welt, der da feiern wird.

ROHWER: In Ihren Zukunftsromanen der Reihe »Canopus im Argos« haben Sie schon vor über zwanzig Jahren über geklonte Zivilisationen spekuliert. Wird die Fiktion jetzt Realität? Wie verfolgen Sie die gegenwärtige Diskussion um den gentechnisch geschaffenen Menschen?

LESSING: Was wir auch entwickeln, früher oder später wird es angewandt. Geklonte Tiere gibt es bereits, geklonte Menschen wird es mit Sicherheit geben. Gott zu spielen ist eine enorme Versuchung. Und Wissenschaftler kennen keine Skrupel. Zunächst werden sie im Verborgenen operieren, ohne dass wir etwas davon erfahren. Sie haben bereits damit begonnen, und wir werden es bald entdecken, da bin ich mir sicher. Die Herausforderung ist einfach zu groß ...

AUTOBIOGRAFIE SCHREIBEN

*Der Vortrag wurde mit Abwandlungen vor mehreren
Organisationen gehalten und 1999 in dem von David Fuller und
Patricia Waugh bei der Oxford University Press herausgegebenen
Band* The Arts and Sciences of Criticism *aufgenommen.*

Gegen Ende seines Lebens sagte Goethe, er habe gerade erst lesen
gelernt. Er war der namhafteste Literat Europas und gehörte zu
einer Galaxie literarischer Eminenzen, also hat er wohl nicht das
Abc gemeint. Was aber meinte der hochbetagte Mann, als er
sagte, er habe gerade erst lesen gelernt?

Ich beginne meinen Essay mit dieser Bemerkung, weil sie
deutlich macht, wie lange es manchmal dauert, bis man etwas
lernt. Beim Schreiben des ersten Bands meiner Autobiografie
habe ich eine Menge Unerwartetes gelernt, und ich habe über
mich selbst gestaunt, weil es so lange gedauert hatte. Wenn man
ein Buch schreibt, lernt man immer etwas. Es ist eine wissenschaftlich noch nicht untersuchte Tatsache, dass ein neues
Thema, sobald man es angeht, plötzlich überall vorkommt, im
Fernsehen, in der Zeitung, im Radio, Leute reden auf einmal
darüber, man hört zufällig ein Gespräch im Bus mit an – da,
schon wieder, und dann klappt auch noch ein Buch an genau der
richtigen Stelle auf. Ein wirklich erstaunliches Phänomen, das
wir aber als selbstverständlich erachten, wie so vieles. Doch eigentlich meine ich gar nicht diese Art des Lernens, sondern das,
was passiert, wenn man sagt: »Du lieber Gott, wieso habe ich das
bloß nie gesehen? Es ist doch absolut offensichtlich!« Ich habe
mein Leben lang Biografien und Autobiografien gelesen, ohne
mich je hinzusetzen und darüber nachzudenken, worin sich
beide unterscheiden oder worin der Unterschied beider zu einem Roman besteht. Doch als ich anfing, ernsthaft darüber
nachzudenken, kamen sofort von allen Seiten die Probleme.

Dass ich gar nicht mit grundlegenden Unterschieden rechnete, lag auch daran, dass ich bereits autobiografische Texte geschrieben hatte, zum Beispiel *Auf der Suche*. Dieses kleine Buch hat mit einem Roman ziemlich viel gemeinsam. Nicht, dass es nicht die Wahrheit enthielte – die enthält es durchaus, abgesehen von ein paar Details, die wegen möglicher Verleumdungsklagen geändert wurden. Es ist eher eine Frage des Tons, des Tempos. Es fühlt sich an wie ein Roman. Allein das wirft so viele Fragen auf, dass ich dieses Thema gleich wieder fallen lassen muss. Der Ton oder die »Stimme« eines Romans – was das ist, und aus welchem Grund es so ist – ist wahrscheinlich der wichtigste Punkt, wenn man etwas über ihn sagen will. Auf jeden Fall hat das genannte Buch die Gestalt eines Romans. Auf das Thema Gestalt komme ich noch zurück.

Tatsache ist, dass Romane, Autobiografien und Biografien viel gemeinsam haben. Zum Beispiel etwas, das wir für selbstverständlich halten: Sie wurden alle niedergeschrieben. Was wir für selbstverständlich halten, ist oft das Wichtigste, ohne dass wir es allerdings näher untersuchen. Wir halten für selbstverständlich, dass Romane, Autobiografien und Biografien ordentlich im Regal stehen, selbstgenügsame Bücher, vollendet – *niedergeschrieben*. Die Wahrheit.

Seit vielen Tausend Jahren erzählen wir, die Menschheit, einander Geschichten – gesprochene oder gesungene Erzählung. Nicht niedergeschrieben. Fließend. Die Biografie, wie wir sie kennen, ist relativ jung; ich glaube, Boswells *Life of Samuel Johnson* war die erste. Und Autobiografie, wie wir sie kennen? Cellini und Casanova schrieben die ersten, glaube ich, unverrückbare, beständige Berichte, etwas, das man vom Regal nehmen und aus dem man zitieren kann. Auszüge, die in Kommentaren und Dissertationen auftauchen und dann in andere Dissertationen und Bücher eingehen, unwandelbar – die Wahrheit.

Wenn Menschen sich unwohl fühlen und besorgt sind, weil man ihr Leben in eine Biografie packt, liegt es daran, dass etwas als fließend, flüchtig und vergänglich Wahrgenommenes plötzlich fixiert und somit leblos geworden ist, sich nicht mehr bewegt. Gegen das geschriebene Wort lässt sich nichts einwenden, außer durch weitere geschriebene Worte, wobei man dann auf Polemik festgelegt ist. Das Gedächtnis ist nicht fixiert – es schwankt und schlingert. Erinnerungen an das eigene Leben lassen sich schwer mit einem soliden, fixierten, niedergeschriebenen Bericht darüber in Einklang bringen. Virginia Woolf sagte, das Leben sei, als wäre man in einer leuchtenden Hülle. Ich würde hinzufügen, in einer bewegten, flackernden, leuchtenden Hülle, wie eine Kerzenflamme im Luftzug.

Unsere Sicht auf das eigene Leben verändert sich unentwegt und fällt in verschiedenen Lebensaltern verschieden aus. Wenn ich mit zwanzig eine Darstellung meiner selbst geschrieben hätte, wäre das ein streitbares, kämpferisches Dokument geworden. Mit dreißig – zuversichtlich und optimistisch. Mit vierzig – voller Schuldgefühle und Rechtfertigungen. Mit fünfzig – verwirrt und mit Zweifeln an mir selbst. Doch wenn man sechzig oder älter ist, kommt etwas anderes hinzu: Man beginnt, das frühere Ich aus großer Entfernung zu betrachten. Zwar kann man sich jederzeit in die Zehnjährige, die Zwanzigjährige hineinversetzen, aber man betrachtet dieses Kind, diese junge Frau – beinahe – wie einen anderen Menschen. Man entfernt sich allmählich vom Persönlichen. Man hat das große Geschenk des Älterwerdens erhalten – Distanziertheit, Unpersönlichkeit.

Früher habe ich Autobiografien als das gelesen, was die Autoren über ihr Leben dachten. Inzwischen glaube ich: »Das haben sie *zu diesem Zeitpunkt* gedacht.« Ein Zwischenbericht – genau das ist eine Autobiografie. Wäre Cellini, wäre Casanova, wäre selbst Rousseau später mit dem einverstanden gewesen, was er über sich selbst in jenem Buch geschrieben hat, das wir für die unverrückbare Wahrheit seiner Gedanken halten?

All das war wesentlich einfacher, als man noch mündlich übereinander oder über sich selbst gesprochen hat. In den Jahrtausenden, als man Geschichten mündlich weitererzählte, gab es bereits Autobiografien, die jedoch ganz anders als unsere waren, was auch für Biografien gilt. Das folgende Autobiografiefragment ist über tausend Jahre alt.

Egill Skalla-Grímsson schrieb das Gedicht, das sich in seiner Saga findet, als alter Mann, einsam und mutlos nach all der Geschäftigkeit seines Lebens. Seine Söhne waren tot, sein Gott hatte ihn enttäuscht. Dichtung ließ sich, wie er sagte, nicht mehr so leicht »aus dem Versteck der Seele« hervorholen, und doch dichtet er, er trauert und zieht für sich und andere den Schluss:

Nun ist es schwer für mich,
die Schwester des Wolfes
steht an der Landspitze;
ich werde jedoch froh,
mit guter Absicht und furchtlos
Hel erwarten,
die Todesgöttin.*

Dieser kleine Vers gehört zu einer langen Saga und muss von Dutzenden Geschichtenerzählern oder Sängern erzählt oder gesungen worden sein, in den Sälen von Königinnen, Königen, Häuptlingen oder bei den Zusammenkünften von Räubern im Wald. Niemand hielt es für nötig, sich an einen getreuen Wortlaut zu halten.

Zwischen jenen Geschichtenerzählern und uns liegt eine tiefe Kluft, die *entscheidende* Kluft. Viele verschiedene Typen von Männern und Frauen wurden mithilfe dieses Verses beschrieben. Der Mann, dessen Worte ich gerade gelesen habe, ist deutlich charakterisiert. Er ist stoisch, tapfer und voller Selbstachtung. Doch stellen wir uns nun einen Mann vor, der ganz anders ist – nervös, ängstlich. Die Zuhörer dürften die Saga auswendig gekannt haben, und während sie zuhörten, spielte sich in ihren Köpfen zweierlei ab: Sie achteten auf das Vertraute und warteten gleichzeitig gespannt auf das Neue – auf das, was der Erzähler mit den überlieferten Worten aktuell anfing.

* Zitiert von Doris Lessing nach Geoffrey Grigson, *A Private Art: A Poetry Notebook* (London 1982), S. 82. Hier folgend der Analyse von Rosemarie Lühr in ihrem Buch *Die Geschichte des Skalden Egill* (Dettelbach 2000), S. 132 sowie 238 ff.

Oje, es geht mir nicht gut,
Heute habe ich die Wölfin gesehen,
Jeder weiß, was das bedeutet,
Ich träume schlecht.
Ich habe Angst vor der Todesgöttin.

Weil ich ein Kind unserer Kultur bin, die sich seit mehreren Hundert Jahren auf das gedruckte Wort verlässt, habe ich Schuldgefühle, wenn ich am heiligen Druckwortlaut etwas ändere. Diese Schuldgefühle muss ich beiseiteschieben, um zu tun, was für Geschichtenerzähler und Sänger selbstverständlich war. Versuchen wir es also mit einer weiteren Person.

Stellt euch vor!
Heute habe ich die Wölfin gesehen.
Ihr müsst mir nicht sagen, was *das* bedeutet.
Aber was soll's! Ich habe keine Angst vor dieser alten
                                    Schachtel
von Todesgöttin.

Die Leute in jener Frühzeit stellten sich selbst mit breiten, kühnen Pinselstrichen dar. Für unsere Art des Psychologisierens waren sie nicht zu haben – nicht für Subtiles, Kompliziertes. Es hätte nicht zum Bogen der Saga gepasst, zum Epischen, zu einer Geschichte, die Leibeigene und Soldaten und Diener beim Zuhören ebenso fesseln musste wie jene Herren und Damen, die gebildeter waren, zumindest ein wenig.

Die Psychologie kam mit dem Buchdruck, mit der Explosion des geschriebenen Worts – die Revolution des Buchdrucks hat Proust, Mann, Woolf, Joyce hervorgebracht.

Mit der Erfindung des Buchdrucks muss es zu einer großen Veränderung in der Struktur – der physischen Struktur – unseres Gehirns gekommen sein. Plötzlich wurden in ganz Europa Bücher zu Tausenden gedruckt, auf Druckerpressen, die uns heute primitiv vorkommen, obwohl wir ihnen einige der schönsten Bücher verdanken, die je hergestellt worden sind. Ich glaube, diese Revolution haben wir noch nicht bewältigt. Haben wir uns je gefragt, zu *welchen* Veränderungen des Gehirns es kam, als die Menschen auf einmal lasen, statt zuzuhören? Es war ein Prozess, der sich phasenweise vollzog. Die Menschen nahmen nicht einfach ein Buch zur Hand und begannen zu lesen, wie wir es heute tun. Augustinus beschreibt, wie er beim Lesen plötzlich dachte: »Ich muss die Worte ja gar nicht mit den Lippen formen, während ich lese, ich kann auch still lesen.« Mönche lasen laut, wie alle, die überhaupt Bücher besaßen. Schließlich lasen sie still, formten aber die Worte mit dem Mund. Und dann begriffen sie, dass das gar nicht nötig war. Der Prozess war vollzogen.

Nun stehen wir unmittelbar vor einer weiteren, ebenso mächtigen Revolution oder durchleben sie schon – die elektronische Revolution. Sie hat offenkundig Auswirkungen auf das Gehirn. Ich kann den Prozess an mir selbst beobachten: Meine Konzentrationsspanne wird kürzer. Wahrscheinlich liegt das am Fernsehen, daran, dass wir die Aufmerksamkeit ständig von einem Kanal auf den nächsten verlagern, aber der Grund ist nicht wirklich bekannt. Wir haben keine Ahnung, wie das alles enden wird, so wenig wie die Menschen zur Zeit der Buchdruck-Revolution. Man könnte sagen, dass wir entweder eine sehr achtlose Spezies sind, die leichtsinnig und ohne Rücksicht auf die Folgen große Veränderungen ins Werk setzt, oder dass wir im Angesicht unserer eigenen Erfindungen hilflos sind.

Kehren wir zu den unmittelbaren Problemen von Roman, Autobiografie und Biografie zurück. In wenigstens einer Hinsicht muss sich die Autobiografie vom Roman unterscheiden. Ein Roman muss nicht die Wahrheit enthalten. Doch eine Autobiografie muss das durchaus. Zumindest sollte man den Versuch unternehmen. Womit wir beim Thema Gedächtnis wären. Welchen Erinnerungen kann man vertrauen? Schon der kleinste Gedanke an diese Frage zeigt, dass Erinnerungen in etwa so zuverlässig sind wie Seifenblasen. Ich glaube, es gibt zwei Arten von Erinnerungen, auf die man sich verlassen kann.

Erstens. Man ist sehr klein. Man blickt zu ungeheuer großen Menschen auf. Der Türgriff ist unerreichbar. Stühle und Sofas sind große, schwerfällige Hindernisse. Eine Katze ist fast so groß wie man selbst. Der Hund ist viel größer. Die Decke ist kaum zu sehen. Alles ist ein Angriff auf die Sinne. Gerüche sind sehr intensiv. Jede Oberfläche hat eine andere Struktur, ist eine andere Welt. Geräusche sind so verschieden, dass man viel Zeit mit dem Versuch verbringt, sie zu verstehen. Man versinkt in einem Strudel von Sinneseindrücken, die auf einen einstürmen. Das ist die Welt eines kleinen Kindes. Kein Erwachsener lebt in dieser Welt. Wir haben sie größtenteils schon lange ausgeblendet. Ein Erwachsener könnte in dieser Welt auch gar nicht leben: Er wäre nur mit dem Versuch beschäftigt, ruhig zu bleiben, während Geräusche, Gerüche, Anblicke darauf beharren, verstanden zu werden. Das sind verlässliche Erinnerungen: das heiße, glatte Fell eines Pferdehalses, der starke Geruch des Pferds. Die scharfen, schneidenden Kanten von Steinstufen, die man hinabsteigt wie einen Berghang.

Zweitens. Zur anderen Klasse der meiner Ansicht nach verlässlichen Erinnerungen gehören die Ereignisse, die sich ständig wiederholt haben, Tag für Tag.

Nicht zuverlässig sind wahrscheinlich die meisten Kindheitserinnerungen. Eltern schaffen Erinnerungen für ihre Kinder. »Siehst du das Foto? Da, das bist du. Weißt du noch, wir sind jedes Wochenende in den Park gegangen, und du hast die Enten gefüttert, und dann haben wir unter den Bäumen ein Picknick gemacht. Weißt du noch?« Und das Kind erinnert sich, weil die Erinnerung hergestellt wurde.

Wie absolut unzuverlässig Erinnerungen sein können, habe ich plötzlich begriffen, als ich nach Jahren eine Frau wiedertraf, mit der ich Anfang der fünfziger Jahre eine Reise nach Russland unternommen hatte. Es waren zwei Wochen intensiver Erfahrungen gewesen, und ich erinnere mich immer noch sehr deutlich daran. Doch als ich zu ihr sagte: »Weißt du noch – dies oder das?«, da wusste sie es nicht mehr. Sie erinnerte sich an ganz andere Details. Es war, als hätten wir zwei verschiedene Reisen gemacht. Und als ich nach vielen Jahren meinen Bruder wiedersah, erinnerte er sich nicht an Dinge, die wir zusammen erlebt hatten und die zu meinen plastischsten Erinnerungen gehören.

In einem Roman spielt so etwas keine Rolle – dort fügen sich wahre und falsche Erinnerungen in die Geschichte ein, und für eine Weile ist man sich einig mit jenen Psychotherapeuten und Psychiatern, die behaupten, dass es keine Rolle spielt, wenn Fantasien nicht wahr sind, weil sie trotzdem etwas über den Zustand eines Menschen aussagen. Sie sind das Produkt seiner Psyche. Sie besitzen Gültigkeit. Doch wenn man eine Autobiografie schreibt, genügt das keineswegs. Also sitzt man stundenlang da und überlegt. Ist das jetzt wahr? Oder habe ich es erfunden? Was ist die Wahrheit? Und plötzlich kommen weitere Fragen auf, mit denen man sich befassen muss, bevor man zur eigentlichen Aufgabe kommt, nämlich, eine Autobiografie zu schreiben. Statt dazusitzen und über all diese Ideen zu brüten, denn so erledigt man die Arbeit nicht.

Warum erinnert man sich an das eine und an das andere nicht? Es kommt vor, dass man sich haargenau an ein Wochenende erinnert, an eine Stunde, einen Monat, und dann folgen Wochen und Monate der Leere. Aber das, was man da noch so genau weiß, kann durchaus unwichtig sein. Experten sagen, man erinnert sich an ein bestimmtes Ereignis oder eine bestimmte Zeit, weil damals gerade etwas sehr Wichtiges vorging. Sie sagen aber auch das Gegenteil, dass man etwas – einen Menschen oder ein Ereignis – vergisst, weil die Situation sehr wichtig, aber auch belastend war: Sie wird verdrängt. Wichtig oder unwichtig, ich glaube, man erinnert sich an etwas, weil man zu der betreffenden Zeit besonders wach und aufmerksam war. Meist befinden wir uns in einer Art Trance und bekommen nicht viel mit. Wahrscheinlich denken wir daran, was wir zu Abend essen werden oder dass wir ein Medikament für die Katze kaufen müssen.

Wenn Erinnerung Identität ist, dann steht es in der Tat schlecht um uns. Wissen Sie noch, was Sie gestern gemacht haben? Gestern vielleicht, ja. Vor drei Tagen? Letzte Woche um diese Zeit? Letzten Monat um diese Zeit? Sehr schwer, sich daran zu erinnern – das meiste ist weg.

Über die Sache mit der Identität habe ich in meinem Buch *Anweisung für einen Abstieg zur Hölle* geschrieben. Eine junge Frau, eine Freundin von mir, befand sich auf der psychiatrischen Station des örtlichen Krankenhauses, als ich sie besuchte. Sie erzählte mir, eines Abends sei sehr spät ein Mann eingeliefert worden, den man aufgegriffen habe, als er am Embankment herumspazierte. Er hatte das Gedächtnis verloren. Aber er war so »gut beisammen«, dass die Ärzte zunächst dachten, er würde ihnen etwas vorspielen und nur so tun. Er war gut angezogen und gepflegt. Er war offensichtlich gebildet. Er beteiligte sich an langen Gesprächen über Literatur und Kunst. Wenn niemand etwas erwähnt hätte, wäre man nie darauf gekommen, dass er das Gedächtnis verloren hatte. Aber so war es. Er hatte keine Ahnung, wer er war, und es dauerte etwa sechs Wochen, bis er sich wieder erinnerte. In diesen sechs Wochen war er sehr präsent, stark und intakt. Aber er hatte kein Gedächtnis mehr.

Auf jeden Fall ist das Gedächtnis eine unstete, flüchtige Form, etwas zu speichern. Manchmal habe ich das Gefühl, ich könnte alles mit einem Handstreich wegwischen, als würde ich eine Art farbenfrohen Schleier oder Regenbogen beiseiteschieben ... aber die Autobiografin, der nicht wohl ist mit ihren Erinnerungen, mit der Wahrheit, sitzt noch immer da, und das Buch bleibt ungeschrieben.

Warum überhaupt ein Buch? Warum haben wir bloß das Bedürfnis, Zeugnis abzulegen? Man könnte seine Geschichte schließlich auch tanzen, nicht wahr?

In Binga am Ufer des Karibasees gibt es einen Laden, wo man kunstvoll gearbeitete Stöcke mit den eingeschnitzten Geschichten des dort ansässigen Stamms kaufen kann. Und es hat Kulturen gegeben, die ihre Erzählungen, ihre Geschichte und alles Wissenswerte in Teppiche webten.

Doch wir erzählen Geschichten, wir müssen es tun.

Aber warum? Warum Geschichten? Offenkundig existiert in unserem Geist ein Muster, und Geschichten erzählen wir, weil wir diesem Muster entsprechen müssen. Und das Erzählen braucht eine Gestalt. Einen Anfang, eine Mitte und einen

Schluss. Was ist die Schablone für dieses Muster? Nur eine, die wir sofort erkennen: Wir werden geboren, wir werden älter, und dann sterben wir. Vielleicht ist das bereits die Schablone. Vielleicht müssen wir deswegen wissen, was als Nächstes passiert, wenn wir eine Geschichte lesen oder hören. Dieses Bedürfnis ist stark – selbst wenn man zum Beispiel beim Zahnarzt im Wartezimmer sitzt und eine wirklich blödsinnige Geschichte liest, muss man wissen, wie sie ausgeht, und hofft, dass man erst zum Arzt hineingerufen wird, wenn man zu Ende gelesen hat. Auch wenn einen die Geschichte im Grunde nicht interessiert: Man muss einfach wissen, was als Nächstes passiert.

Wenn man also einer Autobiografie Gestalt gibt, muss man entscheiden, was man weglässt, wie bei einem Roman. Romane erhalten durch Weglassen ihre Gestalt. Auch Autobiografien brauchen eine Gestalt, und sie dürfen nicht zu lang sein. Hier hat man, wie bei einem Roman, die Wahl – man muss entscheiden. Man muss weglassen. Ich hatte viel zu viel Material für meine Autobiografie. Trotzdem sollte sie wie das Leben sein, wuchernd, groß, unförmig, voll falscher Anläufe und Sackgassen, mit Leuten, die man einmal trifft, ohne je wieder an sie zu denken, mit Gruppen von Menschen, in deren Gesellschaft man einen Abend oder eine Woche verbringt und die man dann nie wiedersieht. Wenn man also seine Autobiografie schreibt, muss man ganz ähnlich vorgehen wie bei einem Roman. Sie braucht eine Gestalt – das ist vorgegeben durch die Notwendigkeit, Entscheidungen zu treffen. Kurz gesagt, es handelt sich um eine Geschichte. Und was nicht in diese Geschichte oder zum Thema passt, wird gestrichen.

Ich habe einmal einen Roman mit dem Titel *Die Ehen zwischen den Zonen Drei, Vier und Fünf* geschrieben. Das Material dafür hatte ich jahrelang, fand aber keinen Weg, ihn auch zu schreiben. Doch plötzlich fand ich ihn. Die Lösung war einfach, wie es Lösungen meistens sind. Ich beschloss, dass ich die Stimme des Geschichtenerzählers verwenden musste. Der Geschichtenerzähler steckt in uns allen, wir erzählen uns ständig Geschichten. Wenn wir aus dem Supermarkt kommen und zu Hause erzählen: »Stell dir vor, was ich gesehen habe. Bridget war im Supermarkt, aber nicht mit ihrem Mann, sondern mit diesem jungen Kerl aus dem Hotel ...«, dann sind wir schon nicht mehr zu halten, und der Zuhörer will unbedingt wissen, was als Nächstes passiert, auch wenn Bridget ihn gar nicht interessiert, und der junge Typ aus dem Hotel auch nicht. Der Geschichtenerzähler ist geschlechtslos, alterslos, zeitlos, ist Tausende Jahre alt und nicht an eine Kultur gebunden. Hausmärchen und Witze reisen über sämtliche Grenzen, das war immer so und wird immer so sein.

Es gibt ein weiteres interessantes kleines Paradox im Verhältnis von Roman und Autobiografie. Der Gedanke, dass in jedem Menschen mehrere Persönlichkeiten leben, ist inzwischen Allgemeingut. Bei anderen Leuten erkennt man das allerdings leichter als bei sich selbst. Ein Extremfall war jene Sybil, über die ein Buch erschien und mit der sich auch Film und Fernsehen beschäftigten. Sie hatte offenbar mehr als dreißig verschiedene Persönlichkeiten. Ich rede hier allerdings nicht über Rollen. Ein Mann ist Bruder, Ehemann, Sohn, Vater und so weiter. Eine Frau ist Schwester, Ehefrau, Tochter, Mutter und so fort. Eine Rolle ist nicht dasselbe wie eine Persönlichkeit.

Einen Roman kann man zum Beispiel benutzen, um die verschiedenen Persönlichkeiten des Autors zu erkennen. Dickens ist da sehr aufschlussreich. Bei ihm sieht man, wie dieselben Persönlichkeiten in einem Roman nach dem anderen erscheinen, wobei sie durchaus ein anderes Geschlecht haben oder in anderem Alter sein können – trotzdem sind es offenkundig dieselben. Diese Persönlichkeiten machen Dickens aus. Man betrachtet eine Kartierung von Dickens – dessen, was er ist. Dasselbe gilt für andere Romanautoren. Und nun das Paradox: Diese Kartierung eines Menschen erkennt man in seinen Romanen besser als in seiner Autobiografie. Das liegt daran, dass eine Autobiografie mit einer Stimme geschrieben wurde, von einer Person, und dass diese Person alle Ecken und Kanten der verschiedenen Persönlichkeiten ausgleicht. Es handelt sich um eine ältere, umsichtige, ruhige Person, und die Ruhe ihrer Urteilsfähigkeit sorgt zwangsläufig für Eintracht. Als Romanschriftstellerin weiß man nicht unbedingt von den eigenen Persönlichkeiten. Doch wenn in jedem Roman immer wieder dieselbe Figur auftaucht, muss man allmählich nachdenken. Irgendwo in mir gibt es ein straffälliges Mädchen oder einen solchen Jungen oder zumindest eine irgendwie gestörte Person, die gar nicht jung sein muss, aber jemand ist, der ständig aneckt, und dieses Wesen lauert eindeutig im Hintergrund. »Ach, da bist du ja«, sage ich, wenn es mal wieder in Erscheinung tritt, und man muss sich ein bisschen vor ihm fürchten. Unter welchen Umständen könnte diese unzulängliche Person auch im Leben erscheinen, von der geschriebenen Seite in die Realität eintreten? Und man denkt: »Also, dich würde ich nicht sonderlich mögen, wenn ich dir begegnen würde.«

In Autobiografien – oder auch Biografien – werden eine Menge Tricks eingesetzt, die Romanautoren benutzen. Das passiert nicht unbedingt bewusst – aber wenn man schon seit Jahrzehnten dabei ist, hat man die Tricks so gründlich gelernt, dass man sie eben einsetzt, sobald das Material es verlangt, und wenn man hinterher liest, was man geschrieben hat, denkt man: »Ah, so habe ich das also gemacht!«

In *Unter der Haut* zum Beispiel gibt es einen Abschnitt über ein kleines Mädchen – mich –, das sich am Nachmittag hinlegt, und über ihre Mutter – meine Mutter. Es geht da um Zeit, darum, dass Kinder, Jugendliche, Leute mittleren Alters und alte Leute die Zeit ganz unterschiedlich erleben. Ich schreibe dort manchmal »ich« und manchmal »das Kind«. Ich schreibe »meine Mutter« und manchmal »sie«. Und es gibt einen Punkt, an dem ändere ich plötzlich den Ton und rede von »der Frau«. Meine Mutter schreibt einen Brief nach Hause, nach England, wie es die Frauen der Farmer damals taten: Wenn sie Briefe nach England schrieben, dann schrieben sie *nach Hause*. Bei mir steht also »die Frau, die«, womit ich verallgemeinere: Sie wird zu all den Farmersfrauen, die Briefe nach Hause schrieben. Dieser gesamte Abschnitt könnte aus einem Roman sein, aus einem der großen, offenen Romane, zum Beispiel von Dreiser, Thomas Wolfe (dem alten, nicht dem Journalisten), auch von Christina Stead oder Faulkner.

Es gibt ein weiteres Problem, ein wichtiges. Und zwar die Frage nach der ersten Person und der dritten Person – wann man was verwendet. Die erste Person, die der Autobiografie, das »Ich«, hält den Leser im Grunde auf Distanz, was merkwürdig ist, weil »Ich« doch wohl auf den ersten Blick eine Einladung an den Leser bedeutet: »Komm, nichts wird verheimlicht, hier bin ich, ganz unverstellt.« Doch in Wirklichkeit ist es viel schwerer, sich mit einem »Ich« zu identifizieren als mit »er« oder »sie«.

Kehren wir noch einmal zurück zu dem kleinen Vers.

> Es sieht nicht gut aus für mich.
> Die Schwester des Wolfes
> Steht an der Landspitze,
> Aber tapfer und beherzt
> Erwarte ich die Todesgöttin.

Es würde mir nicht gerade leichtfallen, diesem »Ich« ungezwungen zu begegnen, diesem selbstgenügsamen und würdevollen Mann. Aber machen wir »er« daraus.

> Es sieht nicht eben gut aus für ihn.
> Die Schwester des Wolfes
> Steht an der Landspitze,
> Aber tapfer und beherzt
> Erwartet er die Todesgöttin.

Dieser Mann wirkt viel zugänglicher. Das »Ich« schafft Distanz, verteidigt eine Art Privatsphäre. »Er« könnte man selbst sein.

Und wenn man »sie« daraus macht, ist man plötzlich auf schwer umkämpftem Gebiet.

> Es steht nicht eben gut um sie …
> Tapfer und beherzt
> Erwartet sie die Todesgöttin.

Sofort befinden wir uns in einer völlig anderen Geschichte. Sobald man das Wort »sie« einsetzt, drängen sich Assoziationen auf, in diesem Fall wahrscheinlich die einer weisen Frau mit Kräutern und einer freundlichen Krähe als Begleiterin, oder die einer Kriegerin, oder einer schönen, aber alternden Königin. Und daraus entspringen dann allerhand Vorstellungen, die nichts mit der Situation eines alten Menschen zu tun haben, der auf den Tod wartet.

Angenommen, es hieße:

Für mich als alte Frau ist das Leben schwer,
Die Schwester des Wolfs –

Das »Ich« definiert, schließt aus, präzisiert.

Ein Zitat von Goethe – noch einmal Goethe – scheint den Kern des Problems zu treffen, den Kern der Frage, wie wir urteilen, wie wir lesen. Es stammt aus seiner Autobiografie:

Das Innere, Eigentliche einer Schrift, die uns besonders zusagt, zu erforschen, sei daher eines jeden Sache, und dabei vor allen Dingen zu erwägen, wie sie sich zu unserm eignen Innern verhalte, und inwiefern durch jene Lebenskraft die unsrige erregt und befruchtet werde; alles Äußere hingegen, was auf uns unwirksam, oder einem Zweifel unterworfen sei, habe man der Kritik zu überlassen, welche, wenn sie auch imstande sein sollte, das Ganze zu zerstückeln und zu zersplittern, dennoch niemals dahin gelangen würde, uns den eigentlichen Grund, an dem wir festhalten, zu rauben, ja uns nicht einen Augenblick an der einmal gefassten Zuversicht irre zu machen.
Diese aus Glauben und Schauen entsprungene Überzeugung, welche in allen Fällen, die wir für die wichtigsten erkennen, anwendbar und stärkend ist, liegt zum Grunde meinem sittlichen sowohl als literarischen Lebensbau, und ...*

Mit Goethe also zurück zum Anfang dieses Essays, an dem er sagte, er sei nun ein alter Mann und habe gerade erst lesen gelernt. Was hat er damit gemeint? Ich glaube, er hatte gelernt,

---

* Johann Wolfgang von Goethe, *Aus meinem Leben. Dichtung und Wahrheit.* In: J. G. Goethe, Werke, Hamburger Ausgabe, Band 9, Autobiografische Schriften I (München 1982), S. 510.

beim Lesen gewissermaßen passiv zu sein, zu nehmen, was der Autor anbietet, nicht das, was er nach der Meinung des Lesers anbieten sollte, sich nicht zwischen den Autor und das zu drängen, was von diesem ausgehen muss. Will heißen, ein Buch nicht durch die Folie von Theorien, Vorstellungen, politischer Korrektheit und so weiter zu lesen. Auf diese Art zu lesen ist in der Tat schwierig, aber man kann dieses sozusagen passive Lesen lernen, und dann hat man Zugang zur wahren Essenz, zum wahren Kern des Autors. Ich bin sicher, jeder hat die Erfahrung gemacht, ein Buch zu lesen, das vor Lebendigkeit vibriert, vor Farbe und Unmittelbarkeit. Und wenn man es dann vielleicht ein paar Wochen später noch einmal liest, ist es auf einmal hohl und leer. Aber das Buch hat sich nicht verändert – nur man selbst.

MEIN ZIMMER

Der Artikel erschien erstmals 1999 im Granta Magazine Nr. 65.

Das Zimmer liegt ganz oben, im ausgebauten Dachgeschoss, mit Blick nach Südosten. Mein Bett steht am Balkonfenster, das die ganze Wand einnimmt, sodass ich dort liegend zusehen kann, wie die Sonne am dämmrigen, rosa gestreiften, rot flammenden oder klaren Himmel aufgeht und im Tageslauf vorüberzieht, bis bald schon der Mond in seinen vielen Größen, Farben und Formen folgt. Er steht manchmal hoch, manchmal tief oder verschwindet auch für ein Weilchen in den Zweigen der großen Esche, die ganz hinten im Garten steht, einem lang gestreckten Londoner Garten, der so breit ist wie das Haus.

Vom Balkon vor dem hohen Fenster blicke ich auf Gärten, die sich über die ganze Länge der Straße ziehen. Manche sind vernachlässigt, ein von Vögeln bewohntes Chaos, manche professionell angelegt und manche vollgestopft mit dem herrlichen Durcheinander, zu dem es Amateure wie ich manchmal bringen, mit Rosen, Iris, Lilien, Clematis, die alle auf einmal blühen, aber wie ein Dschungel, weil ich zu beschäftigt bin, um ihn in Zaum zu halten. In diesen Gärten spazieren alle möglichen Katzen umher, Rasseexemplare und gewöhnliche Miezen, und in den Bäumen lärmen die Vögel. Ich füttere sie, andere Leute auch. Letzte Woche haben ein Specht und zwei Eichelhäher meine untere Veranda besucht, um Nüsse aufzustöbern, die von Eichhörnchen und Tauben übersehen in die Zwischenräume der Töpfe gerollt sein könnten.

Eine große Birke reicht bis hinauf zum Dach, und dahinter steht eine riesige Esche. Man sieht Kirschen, Äpfel, Birnen, einen Schwarzdorn, Platanen und eine ausgedehnte, von Bäumen und Büschen umstandene Grünfläche, die etwa das Ausmaß eines kleineren Flugplatzes hat. Dieses grüne Feld ist ein Reservoir –

die Viktorianer haben ihr Wasser unterirdisch gespeichert. Jenseits davon sieht man bei klarem Wetter über die Dächer hinweg die Houses of Parliament und bis hinunter nach Canary Wharf, und wenn man nach links einen Hügel hinaufblickt, dann liegt dort Hampstead, doch wenn man davon nichts weiß, könnte man es für einen baumbestandenen Hügel halten, auf dem hier und da ein Dach hervorschaut.

An meinem hohen Fenster glaubt man fast, auf dem Land zu sein. Dort oben ist es tagsüber ruhig, und nachts ist es still, kein Laut zu hören.

Unten auf dem Gehweg könnte man meinen, auf einer Londoner Straße zu sein, hinter der sich wahrscheinlich viele Häuser drängen. Doch jenseits der anderen Häuserfassaden liegen Spielplätze und ein alter Friedhof, sodass diese herkömmliche städtische Straße im Grunde zwischen grünen Feldern und Bäumen verläuft. Wenn man dort entlangfährt, käme man gar nicht darauf.

Sie liegt nicht oben auf einem Hügel, nur fast – denn ganz oben liegt das Reservoir. Die Straße, die zu unserer hinaufführt, ist so steil, dass die Autos bei Schnee rutschen und schlingern, sodass man besser einen Umweg fährt. Vor nicht allzu langer Zeit gab es hier nur einen wilden grünen Hügel, den die Leute in nordwestlicher Richtung erklommen, um nach einer Rast auf einem flachen Stück Land weiter zu den Höhen von Hampstead hinaufzusteigen. Das Straßenknäuel wurde 1890 zeitgleich erbaut, als einer der ersten Pendlervororte. Unterhalb des Reservoirs in Richtung Süden gab es bis zum Ersten Weltkrieg Felder, Kühe und Bächlein. Ich kenne eine alte Frau, die sonntags immer für einen Penny mit dem Bus von Marble Arch bis zu der Stelle fuhr, wo die Mühle lag, nach der die Mill Lane benannt ist – wo bald langweilige Wohnhäuser hochgezogen wurden –, damit sie ihre Füße in einen Bach halten und den Kühen zuschauen konnte.

Während ich schreibe, fallen Blätter von den Bäumen und trudeln zu Boden, die Gärten scheinen in Gold, Orange und Grün zu versinken, und das Gras auf dem Reservoir schimmert smaragdgrün im blassen Sonnenlicht.

PROBLEME, MYTHEN, GESCHICHTEN

Der Vortrag wurde 1999 vor dem Institute For Cultural Research
in London gehalten und dort auch als Monografie Nr. 36
veröffentlicht.

Geschichten an sich und das Erzählen von Geschichten sind für
uns selbstverständlich. Jenes große Reservoir an Mythen, Legenden, Parabeln, Erzählungen, in das wir zur Unterhaltung eintauchen, aus dem wir für Filme und Theaterstücke schöpfen und
das wir bemühen, um ein Argument zu erläutern oder eine Parallele zu ziehen – es ist immer da, und man denkt kaum darüber
nach. Geschichten sind so alt wie die Menschheit und wie ein
langer Schatten, den unsere Geschichte wirft. Wie alt sie genau
sind, wissen wir nicht. Wann immer der Punkt erreicht ist, an
dem es unmöglich scheint, weiter zurückzugehen, darf man annehmen, dass die Forschung bald das Dunkel unserer Unwis-
senheit erhellen wird, und siehe da, der lange Schatten hat sich
offenkundig bereits viel früher gezeigt, als man annahm. Mir
gefällt der Gedanke, dass die Neandertaler irgendwann vom
Grunzen und Bellen zum »Es war einmal …« übergegangen sind.
Doch als ich einen Anthropologen danach fragte, erklärte er:
»Ausgeschlossen – sie besaßen nicht die geistigen Kapazitäten.«
Ich wandte ein: »Aber angenommen, so ein Neandertaler kam
von der Jagd zurück und sagte: ›Ich war heute am Grab unseres
Großvaters und habe gesehen, dass er mit dem weißen Bären
sprach.‹ Das wäre doch eine Geschichte.« Der Anthropologe
sagte: »Der erste Teil dieses Satzes wäre denkbar, der zweite
nicht – sie hatten keine Fantasie.« Doch die Neandertaler haben
sich immerhin zweihunderttausend Jahre gehalten, ein Zeitraum, in dem sich aus dem Grunzen durchaus etwas entwickelt
haben könnte wie: »Ich habe gesehen, dass meine tote Großmutter mit einer Eule sprach«, so scheint es mir zumindest.

Doch wir haben das Bedürfnis, die Vergangenheit und ihre Menschen zu verunglimpfen und uns als Gipfel menschlicher und tierischer Errungenschaften zu verstehen.

Erst in jüngerer Zeit wird die Frage gestellt: »Welche Funktion hat das Geschichtenerzählen? Wozu gibt es Geschichten?« Das an sich ist schon ungewöhnlich. Wir erzählen ständig Geschichten. Jeder tut das, auf diese Weise dokumentieren wir unsere Erfahrung, geben ihr vielleicht sogar eine Gestalt. Den ganzen Tag erzählen wir einander Geschichten, wir haben Tagträume und fantasieren, und wenn wir einschlafen, erzählen wir wieder Geschichten, denn auch unsere Träume sind Geschichten, die nicht nur wild und surreal, sondern manchmal auch sachlich und fundiert wie ein Film im Beiprogramm sind – sie können grauenhaft sein oder lustig, unterhaltend und sogar lehrreich, wenn sie einem Dinge sagen, die vom Bewusstsein noch nicht erfasst sind. Vielleicht ist das ein Hinweis darauf, worum es in Geschichten, in manchen zumindest, eigentlich geht – darauf, dass sie nicht nur die Erfahrung ordnen, was wir aus irgendwelchen Gründen brauchen, sondern auch das in sich aufnehmen, was aus anderen Regionen des Geistes stammt.

In jüngster Zeit, sagen wir in den letzten zehn, fünfzehn Jahren, hat man den Nutzen von Geschichten für die Bildung allgemein anerkannt, sogar in der akademischen Welt. Hätte man vor zwanzig Jahren behauptet, dass Geschichten eine solche Funktion haben können, wäre man auf Hohn oder Gleichgültigkeit gestoßen. Geschichten dienten zur Unterhaltung, Ende der Diskussion. Doch als der Gedanke einmal aufgekommen war, ließen sich die Fakten nicht mehr leugnen, und bald wurden überlieferte Geschichten von Feministinnen in Anspruch genommen, als Botschaften der Unterdrückten gesehen, politisch genutzt.

Kürzlich habe ich eine Anekdote über eine Inuit-Gesellschaft gelesen, ich glaube, aus dem Norden Kanadas, denn das Buch stammte von einem kanadischen Autor. Ein kleiner Junge ist in den Wald gegangen und hat dort eine Ratte getötet, nur so zum Spaß. Die Ältesten seines Stammes nehmen die Sache sehr ernst, denn wenn man mit Tieren leichtfertig und respektlos umgeht, bleiben sie fern und halten sich nicht mehr an die Abmachung, die besagt, dass sie sich zu Nahrungszwecken und wegen ihrer Felle töten lassen. Genau so kam es: Die Tiere blieben weg, und der Stamm begann zu hungern. Das Kind wurde zurück in den Wald geschickt und sollte sich in nördlicher, westlicher, südlicher und östlicher Richtung bei den Tieren für das Töten der Ratte entschuldigen. Daraufhin kamen die Tiere zurück. Diese Geschichte wurde – und wird meines Wissens noch immer – im Unterricht für kleine Kinder verwendet. Aus ihr können wir schließen, dass nicht alle Inuit seit jeher Geschöpfe von Eis und Schnee gewesen sind, sondern auch freundlichere Lebensräume bewohnt haben.

Die leider verstorbene senegalesische Autorin Mariama Bá hat ein Buch mit dem Titel *Ein so langer Brief* geschrieben, in dem eine Frau mittleren Alters einer Freundin erzählt, was ihr Schreckliches widerfahren ist. Ihr Mann hat sich in ein Mädchen im Alter seiner Tochter verliebt und sie geheiratet, worauf sie, die Autorin, nun keinen Ehemann mehr hat, aber durchaus noch ein Zuhause, denn ihre weitläufige Familie hat Ressourcen, die den engen kleinen Familien bei uns versagt sind. Und sie erzählt im Laufe ihres »Briefs« eher beiläufig, wie ein junges Mädchen zu ihrer Großmutter geschickt wird, um dort weitere Bildung zu erhalten, wie man bei uns früher Mädchen aus der Mittelschicht weggeschickt hat, damit sie »den letzten Schliff« bekamen – und diese Bildung bestand aus Geschichten, die dem Mädchen angemessenes Benehmen und die Geschichte ihres Klans und Stamms nahebrachten, Gebräuche, Manieren, den Sittenkodex. Das war Bildung und ist es in einigen Teilen der Welt noch immer. Geschichten werden als Quelle von Informationen gesehen und für den Unterricht junger Leute verwendet – die Botschaft vermittelt sich durch Unterhaltung.

In Großbritannien gibt es kaum Geschichten, im Vergleich zu Deutschland, Frankreich und weiteren Ländern. Eine Entsprechung der Brüder Grimm existiert bei uns nicht, und unsere »Märchen« sind größtenteils aus Frankreich importiert – einen

Hinweis auf ihre Herkunft gibt die Tatsache, dass die Geschichten meist vom Schicksal handeln. Gibt es diesen Mangel in unserer Kultur, weil wir so oft erobert wurden und sich der Vorrat an Geschichten mit jedem Mal verkleinerte? Die Römer – was haben sie zerstört? Sie waren vier Jahrhunderte bei uns. Oder die Angeln, die Sachsen, die Dänen, die Wikinger, die Normannen? Eroberer zerstören häufig die Kultur ihrer Opfer, das ist eine Grundsatzfrage. In Südrhodesien, wo ich aufgewachsen bin, sabotierten die Briten aktiv die Kulturen der Shona und Ndebele, mit dem Argument, sie seien rückständig und wir brächten ihnen die Zivilisation. Gut vorstellbar, dass die Römer dasselbe taten. Ich habe einen Freund, der Shona ist und dessen Großmutter die Geschichtenerzählerin ihres Klans war, doch als ich ihn bat, die Geschichten aufzuschreiben, kannte er keine einzige. »Das haben die Jesuiten aus mir herausgeprügelt«, sagte er. Buchstäblich geprügelt. Wie alle Kinder wurde er bei jedem Hinweis auf »Rückständigkeit« geschlagen. Vor ein paar Jahren war ich in Simbabwe bei einer Veranstaltung, auf der die Menschen ihren Beitrag zu den Festlichkeiten tanzten, während ich sagte, ich würde eine Geschichte erzählen, und zwar *Der Mann, die Schlange und der Stein* von Idries Shah. (Sie hatte genau die richtige Länge.) Es beeindruckte mich, wie die Leute darauf reagierten, als würden sie um ein Feuer sitzen und einem Geschichtenerzähler lauschen, ein aktives Publikum, keineswegs so passiv wie wir: Sie stöhnten und empörten sich an den richtigen Stellen, klatschten, schnalzten mit der Zunge. Schließlich sagte eine Frau: »Wie schade, dass wir so viele von unseren Geschichten vergessen haben.« Doch wenn man Idries Shahs *World Tales*, eine Sammlung von Geschichten aus aller Welt, dort in eine Bibliothek stellt (die aus einem Regal unter einem Baum bestehen kann), gibt es lange Warteschlangen. »Ja, so eine Geschichte haben wir auch – meine Mutter, Großmutter, Urgroßmutter hat uns Geschichten erzählt, jetzt fällt es mir wieder ein …« So kehren verloren geglaubte oder halb vergessene Geschichten manchmal wieder zurück, verändert vielleicht oder angepasst.

Wir haben uns vorgestellt, dass Geschichten von Kultur zu

Kultur wandern oder sozusagen spontan entstehen als Emanationen aus dem Geist eines Volkes. Nun sehen wir, dass sie absichtsvoll eingeführt werden, was keiner der beiden genannten Theorien widerspricht. Durch Idries Shah wissen wir, dass überall ständig Geschichten in Kulturen eingebracht werden, von den Sufis, Meistern dieser Kunst und Experten menschlicher Psychologie – Geschichten, von denen man sagt, dass sie verschieden sind und verschiedene Funktionen haben. Manche besitzen unmittelbaren Charme und Zauber, wie zum Beispiel die vom Aschenputtel, sozusagen ein Urmärchen, von dem es buchstäblich Hunderte Varianten gibt. Man mag sich über diese Durchschlagskraft wundern, doch weiter kommt man nicht. Die Lehrgeschichten haben Dimensionen, die der herkömmlichen Befragung nicht zugänglich sind und über die zu sprechen mir nicht zusteht. Ich möchte über die Rezeption und den Nutzen dieses Materials auf niedrigerer Ebene reden, auf der des gewöhnlichen Lesers oder Schülers oder Studenten, und über die Literatur im Allgemeinen, die hier als von starken Einflüssen durchdrungener Besitzstand gelten soll. Unschwer ist beispielsweise zu erkennen, wie Nasrudin-Witze aus zentralasiatischen Teehäusern in Pubs und Bars aufgenommen wurden. Manche Geschichten haben ihren Ursprungsort verlassen, um auf wundersame Weise in Romane und Kurzgeschichten verwandelt zu werden. *Begegnung in Samarra* zum Beispiel gehört dazu: Wenn es das Schicksal eines Menschen ist, an einem bestimmten Tag zu sterben, wird es so kommen, auch wenn er reist, um seinem Los zu entgehen. Und *Der Schatz der Sierra Madre* über den Fluch von Gold und Gier.

Geschichten haben Aspekte, die wir für selbstverständlich halten, obwohl wir von ihnen profitieren könnten. Ein Quell von Geschichten ist die Bibel, die einmal jeder kannte und mit der inzwischen nur noch wenige Menschen vertraut sind. Bis vor Kurzem, sagen wir bis zum Zweiten Weltkrieg, gingen die Menschen sonntags in die Kirche und hörten dort etwas von der großartigsten Prosa, die je in englischer Sprache geschrieben wurde, nämlich aus der King-James-Bibel. Jeden Sonntag und oft auch noch zwischendurch. Diese sozusagen inoffizielle oder zusätzliche Bildung war klassenlos: Prinzen und Arme, Arbeiter und Bauern, Lords und Ladys saßen in den Kirchenbänken und lauschten einer Sprache, aus der sich die Prosa von Autoren speiste, von denen einige großartig waren und andere nicht, denn man hört die Rhythmen der Bibel in der Sprache schlechter wie guter Autoren.

> Ruft nicht die Weisheit, und lässt nicht die Klugheit sich hören?
> Öffentlich am Wege steht sie und an der Kreuzung der Straßen; an den Toren am Ausgang der Stadt
> Und am Eingang der Pforte ruft sie ...

Oder:

> Der Mensch, vom Weibe geboren, lebt kurze Zeit und ist voll Unruhe,
> geht auf wie eine Blume und fällt ab,
> flieht wie ein Schatten und bleibt nicht ...

Oder:

> Es ist alles ganz eitel, sprach der Prediger, es ist alles ganz eitel.

Oder:

> Was hat der Mensch für Gewinn von all seiner Mühe, die er hat unter der Sonne?
> Ein Geschlecht vergeht, das andere kommt; die Erde aber bleibt immer bestehen.

Entscheidend ist, dass dieser Einfluss jeden betraf, der zur Kirche ging – will heißen, die Mehrheit der Bevölkerung. Es war Bildung in Literatur und im Erzählen von Geschichten, denn in der Bibel ist alles vertreten, vom Blutrünstigen und Brutalen bis hin zur Feinfühligkeit des Buches Ruth zum Beispiel. Seit die Bibel aus dem Lateinischen übersetzt wurde, damit sie zugänglich für die einfachen Leute und nicht länger Domäne der Priester war, konnten Generationen in eine großartige Sprache eintauchen.

Diese Stimme ist nun verstummt. Wenn vom »Vereinfachen« die Rede ist – etwas, das nun überall im Gange ist und eine der größten Geißeln unserer Zeit –, wird seltsamerweise nie erwähnt, dass man vor nicht allzu langer Zeit die Bibel noch gehört oder gelesen hat, aber jetzt nicht mehr. Mein bedauernswerter Vater wurde sonntags zweimal in die Kirche und außerdem zur Sonntagsschule geschleppt und sagte immer, der Sonntag sei für ihn und seine Freunde das schwarze Loch jeder Woche gewesen, aber er sagte auch, dass er seine Liebe zu guten Texten, zur Literatur der Bildung durch die Bibel verdankte.

Diese Form der Bildung förderte auch Vielseitigkeit und Subtilität. Ich frage mich, ob die Einfalt vieler neuer Texte, die Enge des Urteilsvermögens und die Stereotype von Gut und Böse in ihnen dem Verlust jener breiteren Erfahrung zuzuschreiben sind. »Vereinfachen« heißt die Geißel, derentwegen die Menschen keine langen Wörter verstehen und keine lange Bücher lesen können – wenn sie sich über »schwierige« Bücher beklagen, die ihre Großeltern mühelos lesen konnten, liegt das doch sicherlich daran, dass sie den genannten Einflüssen nie ausgesetzt waren? Wenn ein Kind zur Kirche ging und stundenlang da sitzen und sich langweilen musste, dann musste es auch lange Wörter aufnehmen und zu verstehen versuchen, schwierige Vorstellungen sowie oftmals eindrucksvolle oder auch blutige Geschichten und mehrdeutige Parabeln. Niemand senkte den Kindern zuliebe das Niveau des Diskurses, wählte schlichtere Worte oder drückte schwierige Ideen einfach aus. Konzessionen gab es nicht. Die Erfahrung des Kirchgangs zeigte, dass das Leben eine todernste Sache war, man erwartete von Kindern, dass sie die Worte und Ideen über ihren Köpfen verstanden, dass sie sich Mühe gaben. Man richtete die unausgesprochene Botschaft an sie, dass das Leben wichtig war, dass sie wichtig waren und dass man alles von ihnen erwartete.

Und nun kontrastiere man diese wöchentliche Erfahrung, die stärkste kulturelle Erfahrung in ihrem Leben, mit den Kindersendungen im Fernsehen, in denen alles lustig, albern, vertraut und zum Lachen ist und deren unausgesprochene Botschaft lautet, dass man von Kindern nicht viel erwartet und nichts Schwieriges verlangt – dass gar nichts wichtig ist.

Man kann die Uhr nicht zurückdrehen, der Kirchgang als allgemeine Erfahrung ist dahin – anders als das Geschichtenerzählen und Lesen, und richtig eingesetzt könnte beides zusammen bieten, was früher die Bibel geboten hat.

Auch andere Bücher waren so einflussreich wie die Bibel. Nehmen wir nur eins, *Kalila und Dimna*. Die Ursprünge dieses Buchs reichen bis in die graue Vorzeit des Mythos zurück. Hier nur eine Version: Als Alexander der Große aus Indien abzog, ließ er von ihm persönlich ausgesuchte und eingesetzte Herrscher zurück. Einer davon war ein schlechter Mensch und ein unzulänglicher König. Schließlich sagte ein Weiser mit Namen Bidpai zu seiner Frau, er werde nun in den Palast gehen, um den König zu tadeln und zu warnen. Obwohl sie jammerte und heulte, ging er in den Palast, verlangte eine Audienz und wurde für seine Kühnheit in ein brunnenartiges Verlies geworfen, mit anderen Worten, in die Kloake. Als der König in dieser Nacht vom Dach des Palasts aus die Sterne betrachtete, begriff er, dass er in der Chronik des Kosmos nur ein kleines Licht darstellte. In diesem Moment erschien ihm jener Fremde in Grün, der in so vielen Sufi-Geschichten vorkommt. Er sagte: »Weil du nun einmal in deinem Leben einen Gedanken hattest, der nicht um deine Größe und Bedeutung kreiste, gebe ich dir einen Rat. Wenn du morgen in die und die Richtung auf die Jagd gehst, wirst du einen Schatz finden.« Also zog der König am nächsten Tag mit seinem Hofstaat los, und als er am Straßenrand eine zerlumpte Gestalt sah, straffte er die Zügel und sagte: »Ho, Kerl, ich suche einen Schatz, der mir versprochen wurde.« – »Wenn du König Dabschelin bist«, lautete die Antwort, »dann wartet der Schatz da drüben in der Höhle auf dich.«

In der Höhle fand der König bergeweise Edelsteine und Gold, doch nachdem er eine Weile gejubelt hatte, sagte er: »Moment! Meine Schatzhäuser sind bereits voll mit solcherlei Dingen, wozu brauche ich noch mehr?« Dann sah er ein Buch, das er aufschlug, aus dem er jedoch nicht schlau wurde; deshalb nahm er es mit in den Palast und zerbrach sich den Kopf darüber, bis ihm der Weise einfiel, den er in das Verlies geworfen hatte. Er ließ den Mann herausholen und waschen und zu sich bringen. »Kannst du mir das Buch erklären?«, fragte er, was Bidpai bejahte, um dann sofort mit der Unterweisung zu beginnen. Damit hebt die Geschichte dieses Buchs bisweilen an, einer riesigen Sammlung von Tiergeschichten und Fabeln, von denen manche im Kanon der Buddhageschichten zu finden sind, wo Buddha als Reh, als Affe, als Löwe erscheint. Einige kann man als Felsgravuren in Nordindien bewundern. Wie alt sie sind, wissen wir nicht. Auch hier setzt die Geschichte immer früher an, wenn wir nach Ursprüngen forschen ... und noch früher ... Zu den Quellen des Buchs gehört eine auf 300 v. Chr. datierte Abhandlung über die Kunst des Regierens, verfasst von einem gewissen Kautilya, der als letzter von vielen Autoren über Regierung und Verwaltung schrieb, ohne dass wir nachvollziehen könnten, warum dieses – für unsere Begriffe – uralte Buch bereits von seinem Verfasser als bloßer Nachzügler in einer Reihe anderer gesehen wurde. Vielleicht erinnert uns das an den Vers aus dem Prediger Salomos, wo es heißt: »Denn des vielen Büchermachens ist kein Ende« – obwohl von den zahllosen und hier als so ermüdend empfundenen Büchern nur sehr wenige auf uns gekommen sind.

Das erwähnte Buch heißt manchmal *Bidpai*, nach dem Weisen, und manchmal *Kalila und Dimna*, und sein Leben war über Jahrhunderte hinweg äußerst bewegt. Man hat darüber gesagt, es sei »öfter übersetzt worden als die Bibel«. Hierzulande wurde die erste Übersetzung im sechzehnten Jahrhundert von Sir Thomas North erstellt, der auch Plutarch in ein Werk übersetzte, aus dem schließlich Shakespeare sein Wissen über die römische Welt schöpfte. Norths Plutarch war eine beliebte Lektüre, wie auch seine *Bidpai*-Version. Es folgten Dutzende weiterer Versionen des Buchs, allein zwanzig in den hundert Jahren vor 1888, und danach gab es keine mehr. Früher hatte also jeder, der sich als literarisch gebildet bezeichnete, *Bidpai* gelesen, während inzwischen kaum jemand auch nur davon gehört hat.

Als die Perser von diesem wunderbaren Buch erfuhren, mit

dessen Hilfe man in Indien Fürsten erzog, schickten sie Botschafter, die es stehlen mussten, so gut wurde es bewacht. Es galt dann auch bei den Persern als kostbares Buch. Man übersetzte es in viele Sprachen, seine Geschichten breiteten sich überall aus, wurden absorbiert und assimiliert. Als ich in Mexiko war, erklärte ein Professor an der Universität, die Geschichten aus dem Buch und die Vorstellung von dem Buch an sich gehörten in einem Maße zur spanischen Populärkultur, dass Bauern, die diese Geschichten erzählten und wiedererzählten, sie für spanische hielten.

In der Rahmenhandlung geht es um einen vom Leben gelangweilten Herrscher, der erfährt, dass ein herrenloser weißer Stier frei herumläuft, und daraufhin befiehlt, das Tier zu ihm zu bringen. Der Stier wird ihm zum Freund und Ratgeber, doch zwei Schakale, Kalila und Dimna, sind eifersüchtig auf den Einfluss, den das edle Tier auf den König hat, und lassen es ermorden. Man kann sich gut vorstellen, dass sich überall Bauern und gewöhnliche Leute damit identifizierten, so leicht wie die Prinzen, die das Buch als Ratgeber erhielten. Machiavellis *Der Fürst* soll ein Nachkomme sein. Ein wichtiges persisches Buch, *Die Lichter des Canopus*, das von den Sufis stammt, wurde ebenfalls Jahrhunderte später aus ihm abgeleitet. Jenes Buch hatte großen Einfluss nicht nur auf die Volkskultur und Literatur – es inspirierte auch Illustrationen aus der Moghul-Kunst, die man im British Museum sehen kann.

Die europäische Kultur ist ohne *Die Fabeln des Bidpai* so wenig vorstellbar wie die englische Literatur ohne die Bibel.

Doch es gibt Einflüsse, deren Echo aus noch früheren Zeiten zu uns dringt. Früher wandte sich die Menschheit an »Orakel«, damit Stimmen aus heiligen Quellen ihre Fragen beantworteten, doch wir in unserer Zeit neigen dazu, diese Orakel als Variation unserer Briefkastentante zu sehen. Die Menschen reisten weit, um das Orakel zu befragen, und wir möchten nach wie vor von Problemlösern und Gurus erfahren, was wir tun und wie wir denken sollen. »Orakel« gehören keineswegs der Vergangenheit an. In Simbabwe zum Beispiel gibt es Schreine und heilige Orte, wo die Schamanen, weise Männer und Frauen, nach wie vor Rat im Namen von Vorfahren oder Lenkern aus anderen Welten erteilen. Dass es sich dabei um geschickte Politiker handeln kann, wirft vielleicht ein weiteres Licht auf das Phänomen Orakel, dem man noch heute manchmal mit Ehrfurcht oder jener Art Neugier begegnet, die ein Bedürfnis nach Glauben verrät oder zumindest eine gewisse Bereitschaft dazu.

Kürzlich versammelten sich viele Menschen in Matabeleland am Denkmal für einen gewissen Alan Wilson, dessen Name immer mit dem Zusatz »Letztes Gefecht« genannt wird. »Alan Wilsons letztes Gefecht« war ein exemplarisches Märchen, das man weißen Kindern erzählte. Er und seine Gefährten trotzten angreifenden Matabelekriegern und wurden dabei getötet. Das Denkmal ist immer ein Totem für die Weißen gewesen, etwas, über das sie sich definierten, während die Schwarzen es als Symbol der weißen Eroberung verabscheuten. Doch siehe da, die Schamanen verkündeten, dass ihre Weisheit nun bei diesem Denkmal sprechen würde. Viele Menschen in der Menge, schwarze und weiße, protestierten gegen die Wahl des Orts. Doch die Weisen sagten Folgendes – so wurde es mir zumindest berichtet:

> Warum sollten wir an diesem Ort nicht sprechen? Ach, ihr Kurzsichtigen, die ihr geblendet von euren unmittelbaren Interessen seid. Nie betrachtet ihr etwas sachlich und von höherer Warte aus. Alan Wilson war ein tapferer Krieger, der im Kampf um das starb, woran er glaubte, und ehrenhaft von tapferen Kriegern getötet wurde. Alan ist ebenso sehr ein Ahne Simbabwes wie die tapferen Männer, die ihn töteten. Wir ehren ihn. Wann werdet ihr lernen, die Dinge so zu sehen wie wir, die wir weit in die Zukunft blicken, und wann werdet ihr verstehen, wie man Ereignisse ohne den Wunsch nach leichter Rache und Vergeltung einschätzt?

Das war in dieser Situation Dynamit. Ganz Matabeleland kochte vor Zorn und verlangte nach Rache für Mugabes Massaker an den Ndebele. Mugabe schürte – und schürt – den Hass gegen die

Weißen. Und nun führte ein Sprachrohr der Ahnen das Gewicht überlieferter Weisheit gegen alles ins Feld, was man weithin fühlte und sagte. Und es handelte sich dabei nicht um ein dunkles Orakel, das einen Rat in Rätsel hüllte, welche die Zeit erklären würde. Dieses Ereignis und andere ähnlicher Art lassen uns fragen, ob die altertümlichen Orakel auf ähnliche Weise in Politik und Strategie eingegriffen haben.

An dem genannten Ereignis ist noch etwas relevant für unser Thema. Nämlich der Ton, in dem gesprochen wird und der uns zwangsläufig an jene Sagas erinnert, die uns heute so fern erscheinen. Man erzählte – oder sang – sie jahrhundertelang in den Sälen der Mächtigen, in armseligen Hütten, auf Marktplätzen, an den Feuern im Wald, die Bären und Wölfe abschrecken sollten. Die Sagas bestimmten die Vorstellungen jener Menschen von sich selbst, bestätigten Kodizes des Verhaltens und der Ehre. Das ist lange her – aber ihre Wirkung ist immer noch stark. Es kommt vor, dass man Menschen in Island leidenschaftlich über Figuren aus einer Saga streiten hört. In der Saga mit dem Titel *Brennu-Njáll* kommt eine eigenwillige Frau vor, Hallgerdur, die innerhalb der Frauenbewegung neue Relevanz erhalten hat. Männer neigen dazu, sie zu hassen, Frauen dazu, sie zu bewundern. Entscheidend daran ist, dass diese Geschichte lebt und Durchschlagskraft hat.

Doch es geht hier um eine orale Überlieferung: Wenn wir in der heutigen Zeit von Geschichten, von Märchen reden, vergessen wir oft, dass man sie für die längste Zeit der menschlichen Geschichte – jahrtausendelang – erzählt oder gesungen hat. Gelesen wurde erst wesentlich später, im Grunde erst in letzter Zeit, wodurch sich nicht nur die Wahrnehmung von Geschichten änderte, sondern auch die Funktionsweise unseres Geistes. Durch die Buchdruck-Revolution haben wir unser Gedächtnis verloren – zumindest zum Teil. Davor behielten Menschen Informationen im Kopf. Man trifft noch heute hier und da alte Männer oder Frauen, die nicht lesen und schreiben können und uns daran erinnern, was wir einmal waren – wie alle Menschen einmal waren. Sie erinnern sich an alles, daran, was von wem, wann und warum gesagt worden ist: Daten, Orte, Adressen, Geschichtliches. Sie müssen nicht in Nachschlagewerke schauen. Diese Fähigkeit ist mit dem Buchdruck verschwunden. Es handelt sich um eine Auswirkung, die, wie ich glaube, niemand vorhergesehen hat, sodass wir uns zumindest fragen sollten, welche unvorhergesehenen Veränderungen vielleicht aus der augenblicklichen technologischen Revolution erwachsen könnten: aus Fernsehen, Radio, dem Internet, den Computern. Wie wird sich all das auf unser Denken auswirken? Werden die Veränderungen zu unserem Vorteil sein?

Als repräsentativste Form der Literatur fällt uns heute zuerst der Roman ein. Er ist sehr jung, selbst wenn wir die Anfänge mit Cervantes ansetzen, und umso mehr, wenn wir sie im englischen achtzehnten Jahrhundert suchen. Man hat hervorgehoben, dass der Roman die unserer Zeit entsprechende Kunstform ist, dass wir ihn insgesamt als allzu selbstverständlich erachten und dass er eine Fundgrube für Informationen über unsere Lebenswelt darstellt, über andere Kulturen, Völker, Denkweisen.

Der Roman war immer umkämpft. Seit ich 1949 nach England kam, habe ich immer wieder gelesen, der Roman sei tot. Darüber beklagen sich Kritiker besonders gern. Inzwischen scheint es dem Roman allerdings prächtig zu gehen, wo man auch hinsieht. Diktatoren fanden – und finden – den Roman immer gefährlich. Das ist er auch: Solschenizyns *Der Archipel Gulag*, heißt es oft, hat entscheidend zum Fall des Sowjetreiches beigetragen. Moralapostel empfanden die Gattung Roman als frivol und verderblich. Jane Austen verteidigt sie in ihrem Buch *Die Abtei von Northanger* auf klassische Weise gegen den Vorwurf der Trivialität:

… (man) unterschätzt und verspottet (…) die Leistungen eines Romanschreibers und schmälert den Wert von Arbeiten, die sich nur durch Geist, Witz und Geschmack empfehlen. »Ich gehöre nicht zu den Romanlesern. – Ich schaue selten in Romane hinein. – Bitte, stellen Sie sich nicht vor, dass ich häufig Romane lese. – Für einen Roman ist das Buch eigentlich ganz nett.« So lautet das übliche Urteil. »Und was lesen Sie gerade, Miss ...?« – »Oh, nur einen Roman!«, erwidert die junge Dame und legt mit gezwungener Gleichgültigkeit oder plötzlicher Scham das Buch auf den Tisch. »Es ist nur *Cecilia* oder *Camilla* oder *Belinda*«, kurz, ein Werk, das die größten Geisteskräfte und beste Menschenkenntnis verrät, die treffendste Abwandlung menschlicher Eigenart, lebhaften Witz und gute Laune in der gewähltesten Sprache vermittelt.[*]

Die im Roman dargestellten Figuren und Situationen haben immer Diskussionen unter den Menschen entfacht und sie dazu angeregt, ihnen (nicht immer glücklich) nachzueifern oder sie zu meiden. Erinnern wir uns zum Beispiel an Goethes *Werther*, der junge Männer in ganz Europa veranlasste, sich von Klippen zu stürzen oder vor Pferde zu werfen. Lovelace war ein Muster männlicher Lasterhaftigkeit und hat die Literatur seiner Zeit beeinflusst, besonders die russische – Raskolnikow etwa haben wir Lovelace zu verdanken. Becky Sharp wurde gleichgesetzt mit einem bestimmten Typ junger Frauen, der neu war in Gesellschaft wie Literatur.

Es ist also nichts Neues, dass man in der Literatur nach Modellen, nach Äußerungen zu gutem und schlechtem Benehmen, nach Anweisungen sucht – das haben wir immer getan. Von Tierfabeln, die so alt sind, wie man es sich gerade noch vorstellen kann, von den Parabeln der Bibel, von Sagas und Epen, von den Liedern der Troubadoure und Trouvères bis hin zu unserer typischsten Form, dem Roman, haben wir uns an den Geschichten und am Geschichtenerzählen orientiert.

Im Osten stellt die Figur des Nasrudin, auch bekannt als Joha oder Hoja, von Albanien bis Afghanistan eine kulturelle Schablone dar. Nasrudin/Joha/Hoja-Geschichten gibt es auch im Westen schon länger, doch als Idries Shah in den 1960er Jahren literarisches Material aus Sufi-Quellen zugänglich machte, legte

---

[*] Jane Austen, *Die Abtei von Northanger*. Aus dem Englischen von Margarete Rauchenberger (Frankfurt a. M. 1986), S. 35.

er auch Geschichten von Nasrudin in neuen und frischen Formen wieder vor. Er erklärte, die Materialien, die er zu unserer Kultur beitrage, seien ein Spiegel, in dem wir uns selbst sehen könnten; er definierte und illustrierte eine Haltung, die wir schon eingenommen hatten. Es gibt eine Nasrudin-Geschichte von einem Mann, der einen Spiegel vom Boden aufhob, dem, was er darin sah, eine Grimasse zog, folgerte, dass der Spiegel etwas Unangenehmes war, weil man ihn weggeworfen hatte – und ihn wieder fallen ließ. Doch wie auch immer wir das verstehen, die Wucht von Shahs Werk besteht auf jeden Fall darin, dass er das Tempo jenes Prozesses erhöht, den wir – verkürzt – »Erwachsenwerden« nennen. Wir alle wissen, dass sich ein Roman oder eine Geschichte mit zwanzig ganz anders liest als mit fünfzig oder siebzig. Doch eine Sufi-Geschichte kann sich von Jahr zu Jahr oder sogar von Monat zu Monat verändern, womit sie uns zeigt, dass wir gerade mitten in einem Prozess rapider Beschleunigung sind. Diese Eigenschaft scheint die bemerkenswerteste zu sein, jene, die man am leichtesten erkennt, wenn man Shahs Werk studiert. Es verändert.

Wie wunderbar die Erfahrung, wenn man vielleicht zum zwanzigsten Mal eine Nasrudin-Geschichte liest, die man zunächst flach, sinnlos und überhaupt nicht witzig fand – und auf einmal ist sie da, die Bedeutung. Oder vielleicht eine von vielen? Was ist da passiert? Nicht die Geschichte hat sich verändert, sondern wir. Vielleicht sind wir beim Lesen auch zum ersten Mal in einem Zustand erhöhter Aufmerksamkeit, es gibt nämlich einen weiteren Aspekt der Geschichten: das Material. Wir haben erfahren, dass unser Geisteszustand ständiger Fluktuation unterworfen ist und dass wir uns dessen kaum oder nur in den primitiveren Erscheinungsformen bewusst sind. Wenn wir sagen: »Ich bin heute so träge«, oder: »Ich kann mich nicht konzentrieren«, kontrastieren wir unser Empfinden mit dem Zustand, in dem wir gestern waren und hoffentlich morgen oder in einer Stunde wieder sein werden. Man kann an einem Tag eine Passage lesen, die mitreißend, lebendig, elektrisierend wirkt, und sie flach und belanglos finden, wenn man sie eine Woche später noch einmal liest. Doch um Fluktuationen des Geisteszustands zu erkennen, ist man nicht auf Shahs Material angewiesen – das geht auch mit einem gewöhnlichen Buch. Ich zum Beispiel habe einmal *Eine Lady in den Rocky Mountains* von Isabella Bird gelesen, was auf mich so lebendig, so präsent wirkte, dass ich selbst zur der unerschrockenen Dame wurde, die im Schneesturm einen Bergpfad hinunterritt, nur von einer Strickjacke gewärmt und mit kalten Beinen, weil sie die Strümpfe ausgezogen und als Lumpen um die Hufe ihres Pferdes gewickelt hatte, damit es auf dem eisigen Pfad nicht rutschte, den auf der einen Seite Felsen und auf der anderen ein Abgrund begrenzte. Ich war die Frau, die nachts bei Temperaturen unter null in einem Schuppen lag und die Sterne durch ein Loch im Dach betrachtete, durch das Schnee fiel, der den Boden und sie langsam bedeckte … und als ich das Buch einen Monat später noch einmal las, war der Zauber plötzlich dahin. Wenn man so etwas erlebt, stellt man die Zuverlässigkeit des eigenen Geistes auch ohne Erfahrungen mit Sufi-Material infrage, und vielleicht ist man dann noch erpichter darauf, ihn in diesem neuen Licht zu betrachten.

Ich will natürlich nicht sagen, dass man Shahs Werk benutzen sollte, wie Menschen jahrhundertelang Bücher benutzt haben, wenn sie Omen und Ratschläge zu finden hofften, indem sie ein Buch zufällig irgendwo aufschlugen. »Ich wusste nicht, was ich machen sollte, also habe ich meine Bibel aufgeschlagen und gelesen: ›Fürchte dich nicht, denn du sollst nicht zuschanden werden‹, also beschloss ich, mein Getreide zu verkaufen.« Darum kann es nicht gehen. Doch wenn man Shahs Werk in sich aufgenommen hat, fällt einem in ähnlichen Situationen die entsprechende Geschichte ein, und man kann überlegen, wo man steht, welche Entscheidungsmöglichkeiten man hat.

Wenn man viel von Idries Shah liest, stellt man zwangsläufig fest, dass sich der Horizont erweitert. Im Fall einer Katastrophe (des Autounfalls oder Flugzeugabsturzes) kann man unmöglich noch »Warum ich?« fragen, wenn man jene Nasrudin-Geschichte in sich aufgenommen hat, die sich folgendermaßen auf den Punkt bringen lässt: *Er* fiel – aber *mein* Genick ist gebrochen.

Eine andere Geschichte bringt mich immer wieder zum Lachen, während sie mich an eine gewisse solipsistische Tendenz in uns allen erinnert. Nasrudin weckt seine Frau, um ihr zu sagen, dass er gerade einen inspirierenden Gedanken hat, nämlich dass in der Welt alles zum Nutzen der Menschheit eingerichtet ist. »Stell dir vor, wenn Kamele Flügel hätten, dann würden sie auf unseren Dächern herumtollen und uns ihr Wiedergekäutes auf den Kopf spucken, das wäre doch wirklich lästig.«

Es kommt auch zu unerwarteten Resonanzen, zum Beispiel, wenn einem plötzlich eine Geschichte einfällt, die offenkundig nichts mit dem Dilemma zu tun hat, in dem man gerade steckt (worauf man dann vermutet, dass die Mechanik nicht funktioniert). Und dann, mit der Zeit, wird ihre Relevanz auf einmal klar. Ganz ähnlich verhält es sich mit den manchmal überraschenden Botschaften der Träume.

Auch die Reaktionen anderer auf Witze und Geschichten können unvorhergesehen und sehr nützlich sein. Nasrudin ritt auf seinem Esel, der scheute, als vor ihnen Frösche in einem Teich laut zu quaken begannen. Das rettete Nasrudin davor, ins Wasser zu fallen. Daraufhin warf er handvollweise Geld in den Teich. Als man ihn fragte, warum, antwortete er, er belohne die Frösche.

Diese Geschichte löste bei einem Freund einen Wutanfall aus. Er reagierte nicht höflich überrascht oder ungläubig, sondern schrie buchstäblich vor Wut. Er hielt es nicht aus, dass die Frösche etwas bekamen, das sie nicht gebrauchen konnten. Sie haben es erraten: Dieser Mann erwies sich als der gemeinste Mensch, den ich kenne, hinterhältig und unehrlich.

Oft geht es auch um Wein, normalerweise als Analogie für einen bestimmten Geisteszustand. Ein junger Mann, der gerade ein Buch von Shah gelesen hatte, erklärte entrüstet, es gehe darin nur ums Trinken. Ich sagte im Scherz, er sei ein Beispiel für die Geschichte über den Mann, der sich beim Verfasser einer Enzyklopädie darüber beklagte, es gehe darin nur um Geld, obwohl es dort lediglich einige wenige Bezüge dazu gab. »Vom Alkohol besessen«, sagte der junge Mann, der ein Trinker war. Wie inzwischen sicher allgemein bekannt ist – wo doch so viel darüber geschrieben und gesagt wird –, können starke Reaktionen zeigen (oder verbergen), dass jemand insgeheim etwas sehr reizvoll oder abstoßend findet oder süchtig danach ist.

Es gibt eine Nasrudin-Geschichte über jenen Mann mit zwei Frauen, von denen eine hübsch war und die andere nicht, und der auf die Frage, welche er retten würde, wenn beide zu ertrinken drohten, die hässliche fragte: »Kannst du schwimmen, meine Liebe?« Ich habe erlebt, wie eine Feministin Idries Shah wegen dieser »sexistischen« Geschichte in Grund und Boden verdammte.

Wenn jemand einwendet, es sei »unfair«, dass ein Lehrer einem jungen Menschen einen Klaps gibt, der gerade losgehen will, um Wasser zu holen, und zwar mit der Begründung, es würde nicht viel bringen, ihn zu schlagen, *nachdem* er das Wasser verschüttet hätte, erkennt man unschwer, dass die betreffende Person ein Problem mit Autoritäten hat.

Ein Bekannter von mir hat wegen einer Nasrudin-Geschichte beschlossen, mit einer Person keine Geschäfte zu machen. Nasrudin überquerte regelmäßig eine bestimmte Grenze, um Handel zu treiben. Beim Zoll wusste man, dass er schmuggelte, konnte ihn jedoch nie erwischen. Jahre später, als er und die Zollbeamten sich zur Ruhe gesetzt hatten, fragten sie ihn, was er geschmuggelt hatte. »Esel«, sagte Nasrudin. Der potenzielle Geschäftspartner verstand diese Geschichte als Rat in der Frage, wie man den Zoll betrügt. »Dieser Shah gefällt mir«, sagte er, »er versteht was vom Geschäft.«

Idries Shah merkt in seinem Werk immer wieder an, dass unsere Kultur bestimmte Haltungen zu komplizierteren Gedanken und Erfahrungen verloren hat, die es in anderen Kulturen noch gibt. Wenn man zum Beispiel in einigen Teilen der östlichen Welt eine Geschichte erzählt, wird der Hörer fragen: »Was kann ich daraus lernen?« Ich finde solche Hinweise, vorsichtig ausgedrückt, faszinierend. Hatten wir diese Haltung einmal, und haben wir sie verloren? Kann man sich heute noch ein Kind vorstellen, von dem man – sagen wir wie im alten Afghanistan – ganz selbstverständlich erwartet, weiter über eine Geschichte nachzudenken, selbst wenn sich Faszination und Humor derselben schon erschöpft haben? Welche Kapazitäten, von denen wir gar nichts wissen, haben wir außerdem verloren? Oder vielleicht nie besessen? Oder besaßen sie nur bestimmte Leute? Hinweise und Andeutungen gibt es überall.

Literatur als ernsthafte Angelegenheit zu betrachten war für Menschen, die sich selbst ernst nahmen, ganz normal – bis gegen Ende der fünfziger Jahre, würde ich sagen. Ich glaube, der Hedonismus, der Drogenkonsum der Sechziger (»Wenn du dich erinnern kannst, warst du nicht dabei« – sagt man, um anzugeben) waren verantwortlich für ein allgemeines Absinken des Niveaus, für eine Barbarisierung.

Es gab einmal das Phänomen des gebildeten Menschen, der das Lesen als Teil seiner Bildung betrachtete. Er kannte die Klassiker seines Herkunftslandes, moderne Bücher, die man schätzte, vielleicht die bekannteren Klassiker anderer europäischer Länder, und das alles auf dem Fundament solider Latein- und Griechischkenntnisse. (Natürlich war diese Bildung eurozentriert.) Vielleicht kamen ein paar Klassiker aus der östlichen Welt hinzu, die Veden, das *Mahabharata* und bis vor einem Jahrhundert *Kalila und Dimna* beziehungsweise *Bidpai*. Und das galt nicht nur für Menschen aus der Oberschicht, denn in Romanen aus der Vergangenheit ist immer wieder die Rede davon, dass arme Leute, die nach Besserem strebten, Wert auf Bücher legten.

Damals konnten die Menschen das Beste von dem lesen, was geschrieben worden war, doch inzwischen ist die Literatur überall explodiert, geografisch gesehen, und wenn man ein Land bereist und sagt: »Gebt mir eine Liste eurer guten Bücher«, dann ist sie wahrscheinlich seitenlang. Länder, in denen es wenige oder gar keine Autoren gab, haben nun viele. Und der Roman breitet sich aus … er hat sich immer selbst erschaffen, weil jeder Autor das Erscheinungsbild seines Romans eigens bestimmen konnte. Eine Kunstform, die in unserem Land mit dem Schelmenroman *Tom Jones* ansetzte, mit *Tristram Shandy*, diesem surrealen Knallkörper von einem Buch, oder Briefromanen wie *Clarissa*, duldet keine Beschränkungen in der Frage, was sie zu sein hat. Diese

Flexibilität hat den Roman in die Lage versetzt, sich jeder Kultur anzupassen. In Simbabwe werden zum Beispiel gute Romane von Leuten geschrieben, deren Großmütter Geschichtenerzählerinnen waren, deren Erbe die orale Überlieferung ist. Doch die Expansion hat nicht nur geografisch stattgefunden, denn der Roman hat hundert neue Formen ausgebildet: Science-Fiction und Space-Fiction, Frauenliteratur, schwarze Literatur, den »magischen Realismus« Südamerikas, manchmal durchaus bemerkenswerte Mischungen aus Tatsachenbericht und Imagination, Romane in der Sprache der Computerwelt – ich könnte die Aufzählung fortsetzen, doch nicht einmal Goethe könnte heute alle guten Romane lesen, die geschrieben werden, kein Leser hätte das in den letzten dreißig Jahren gekonnt. Das ist neu. Der »kultivierte Mensch« musste sich von dem Anspruch verabschieden, jederzeit »auf dem neuesten Stand« zu sein, und spezialisiert sich inzwischen wahrscheinlich. Man kann Science-Fiction-Süchtige treffen, die »gängige Literatur« verachten, und konventionelle Leser, die nicht im Traum daran denken, Science-Fiction oder Space-Fiction zu lesen. Leider kommen mit jedem menschlichen Atemzug neue Snobismen zur Welt.

Für den Umgang mit dieser ungeheuren neuen Herausforderung wurden allerhand Verteidigungsstrategien eingeführt, darunter auch die uralte des Barbaren, der angesichts einer Kultur, die er nicht versteht, behauptet, dass sie sowieso nichts taugt – so weit ist es mit dem westlich und männlich zentrierten Blick gekommen. Andere sagen, dass es so etwas wie gute und schlechte Schriftsteller gar nicht gibt, dass alle gleich sind – doch wir müssen keine Zeit mit dem Übermaß an (vor allem) akademischen Torheiten verschwenden.

Zeitgleich mit dieser umfassenden Ausbreitung und Ausdifferenzierung ist etwas völlig Neues entstanden, eine Generation junger Leute, die vielleicht fünfzehn, zwanzig Jahre gelernt und studiert haben, Preise errungen und Anerkennung geerntet — und trotzdem nichts gelesen haben, nichts wissen, was über den Lehrplan ihrer Schulen oder Universitäten hinausgeht, und die nicht nur unwissend, sondern auch gleichgültig sind. Eine

Stunde mit einem solchen Menschen erschüttert jede Vorstellung, die man jemals von Bildung hatte. Wenn man sagt: »Ist Ihnen klar, dass Sie die erste Generation sind, für die das Lesen nicht mehr selbstverständlich zur Bildung gehört?«, dann riskiert man, angebrüllt und »elitär« genannt zu werden. Man kann kein Gespräch mit solchen Leuten führen, weil sie nur über sich und ihre Freunde reden können, oder tratschen, über die aktuellen Promis, Shopping, Essen. Sie leben in engen, kleinen, abgeschlossenen Welten. Es stimmt allerdings, dass manche aufzuholen versuchen, wenn sie zwanzig werden und feststellen, dass sie ihren lesenden Altersgenossen gegenüber benachteiligt sind. Das ist nicht leicht, wenn man so etwas nicht gewohnt ist, aus mangelnder Übung vielleicht nur langsam liest und mit dem Druck zurechtkommen muss, ein Erwachsener zu sein – wozu neben Sex und Arbeit inzwischen auch Drogen gehören.

Mit großer Anstrengung versucht man, Kinder an das Lesen heranzuführen: Man ermahnt sie, liest ihnen vor, macht Bücher leicht zugänglich – nie wurde einer Generation das Lesen so leicht gemacht.

Doch wenn man zu einer lesenden Generation gehört, wird einem oft nur allzu deutlich vor Augen geführt, dass man ein ganzes Netz, eine ganze Landkarte von Bezügen, von Informationen, von Wissen für selbstverständlich gehalten hat; man begreift, dass das Lesen eine parallele Bildung gewesen ist, mit der die eigentliche Ausbildung unterfüttert und erweitert wurde. Mit Altersgenossen spricht man aus diesem Netz oder Gewebe oder Bezugssystem heraus, doch bei jungen Leuten achtet man mehr und mehr auf seine Worte und versucht, keine allzu langen zu verwenden, damit es nicht heißt: »Dieses Wort kenne ich nicht, was bedeutet das?« Und man weiß, dass ein unbedachter Bezug, zum Beispiel auf Goethe, verständnislose Blicke nach sich zieht. »Was ist das?« Patagonien, die Kulturrevolution, die Mongolen – »Was ist das?« Die Renaissance, die russische Revolution von 1917, Dante ... »Was ist das? Was war das?«

ICH WECHSLE STÄNDIG
DIE PERSPEKTIVEN, WAS
MEIN EIGENES LEBEN BETRIFFT
Im Gespräch mit Jonah Raskin

Das Interview erschien im Juni 1999
in der Zeitschrift The Progressive.

RASKIN: Eine Ihrer aufschlussreichsten Bemerkungen in unserem ersten Interview 1969 war: »Was mich vor allem anderen interessiert, ist, wie sich unser Denken verändert, unsere Wahrnehmung der Realität.«

LESSING: Ich überlege gerade, was da der Bezug war. Wissen Sie, ich komme mir oft vor wie ein Dinosaurier. Ich kann nicht folgen, was die Technologie angeht. Kürzlich war ich im Internet, für Barnes and Noble, da riefen Leute aus der ganzen Welt an – Australien, Kanada, Frankreich. Für mich war das wie eine zwanglose Unterhaltung und angenehm, aber begriffen habe ich es nicht so ganz. Es hatte etwas sehr Unwirkliches. Man kann mir in meinem Alter nicht zumuten, dass ich mich mit Computern beschäftige, aber mit E-Mail käme ich vielleicht zurecht, das klingt ansprechend.

RASKIN: Wie stellen Sie sich die Zukunft vor?

LESSING: Kürzlich sprach der Science-Fiction-Autor Arthur C. Clarke über die Frage, inwiefern sich das Leben menschlicher Wesen im nächsten Jahrhundert verändern wird. Gut die Hälfte davon habe ich gar nicht verstanden, aber die jungen Leute wissen sicher genau, was er meinte. Ich befinde mich irgendwo in der Vergangenheit. Allerdings denke ich, dass unsere Gehirne durch Technologie Schaden genommen haben.

Hinzu kommt, dass junge Menschen heute nach immer größerer Stimulation verlangen. Ich glaube, es liegt an diesem ständigen Verlangen nach Stimulation, dass so viele Leute Buddhisten werden. Sie reagieren damit auf den Lärm, auf das

Durcheinander. Ich habe wirklich Glück mit diesem Haus. Nachts hört man gar nichts, nur ab und zu einen Vogel, der sich im Bett umdreht. Die Stille ist wunderbar.

RASKIN: 1969 sagten Sie auch: »Wenn man einen Lebensabschnitt beendet hat und auf ihn zurückblickt, erkennt man, dass er ein Muster aufweist, das man gar nicht bemerkt hat, während man ihn durchlebte.« Befinden Sie sich gerade mittendrin in einem solchen Abschnitt, oder haben Sie einen abgeschlossen, auf den Sie zurückblicken können?

LESSING: Ich glaube, ich stehe am Ende einer bestimmten Lebensphase. Und nun halte ich Ausschau nach dem Unerwarteten, nach Dingen, die von außen kommen und von denen ich nie gedacht hätte, dass sie passieren. Auf die muss man ab und zu achten, damit man nicht automatisch Nein sagt, wenn etwas neu ist, einfach, weil man es gewohnt ist, zu allem, was sich auftut, Nein zu sagen. Ich wechsle ständig die Perspektiven, was mein eigenes Leben betrifft. Ich betrachte die Vergangenheit ganz unterschiedlich, und das ist wunderbar.

RASKIN: Wie ist das mit dem Älterwerden? Wie fühlt es sich an?

LESSING: Letztes Jahr vor Weihnachten hatte ich einen kleinen Schlaganfall. Ich war in Athen und Wien gewesen und mehr oder weniger unmittelbar danach in Simbabwe, was sehr, sehr weit weg ist, und ich glaube, dass es an der Reise nach Simbabwe lag. Eines Morgens wachte ich auf und konnte den Arm nicht bewegen. Das war sehr merkwürdig, diese Lähmung. Ich rief einen Freund an und sagte: »Ich glaube, ich hatte einen Schlaganfall«, und genau das hat der Arzt dann auch gesagt. Es war nicht so schlimm, aber schlimm genug, um mir Angst zu machen. Jetzt denke ich ständig an den Tod. Ich habe meinen Todesarm, meinen rechten Arm. Das Sprechen war auch beeinträchtigt. Ich bekam die Worte nicht heraus.

RASKIN: Sie denken ständig an den Tod?

LESSING: Ja, an den Tod, memento mori. Ich frage mich, wie viel Zeit ich noch habe. Wenn ich ein neues Buch beginne, frage ich mich inzwischen: Ist es das wert? Habe ich noch Zeit, es abzuschließen?

RASKIN: Als Anthony Burgess Mitte sechzig war, habe ich ihn in Europa besucht, und da hat er gesagt, dass er die Jahre zählt und berechnet, wie viele Bücher er vor seinem Tod noch schreiben kann.

LESSING: Ja, genau das ist es!

RASKIN: Hat das Altwerden auch erfreuliche Seiten?

LESSING: Altwerden ist vor allem langweilig. Furchtbar, dass die Knochen so steif sind. Jahrelang war ich überheblich, was das Körperliche betraf. Nun gefällt es mir gar nicht, dass ich Schwierigkeiten habe, mich zu bewegen. Aber es setzt ein gewisser Gleichmut ein, ein gewisser Abstand. Die Dinge kommen einem nicht mehr so ungemein wichtig vor, und das ist erfreulich.

RASKIN: Was tun Sie zum Vergnügen?

LESSING: Ich gehe oft ins Theater und in die Oper. Ich gehe in Kunstausstellungen und drei-, viermal die Woche in Hampstead Heath spazieren. Ich arbeite im Garten, und ich lese, was mir immer viel Freude gemacht hat.

RASKIN: Und was haben Sie im Moment so alles im Kopf?

LESSING: Sie meinen, Ideen? Um Ideen bin ich nicht verlegen. Das war ich nie und werde es wohl auch nie sein. Nur, dass ich inzwischen aufpassen muss, welche Ideen ich verfolge.

RASKIN: Vor Jahren haben Sie mir von einer Idee für einen Roman über zwei Männer erzählt – einen Kommunisten und einen Nazi –, die sich dieselbe Gefängniszelle teilen. Meiner Erinnerung nach sollte der Roman aus ihrem Austausch von Argumenten über Politik, Ideologie bestehen.

LESSING: Den habe ich geschrieben und wieder verworfen. Im Grunde bin ich froh, dass ich diesen Roman verworfen habe, aber er enthielt auch ein ganzes Theaterstück, eine echte Farce. Dass ich das Stück vernichtet habe, macht mich ziemlich traurig.

RASKIN: Haben Sie auch andere Manuskripte vernichtet?

LESSING: Ja, zwei, drei Bücher. Ich hasse es, wenn massenhaft unausgegorenes Zeug herumliegt. Wenn etwas nicht funktioniert, verwerfe ich es. Was das Buch mit den beiden Gefangenen angeht, so hatte ich mehrere Quellen. Während des Zweiten Weltkriegs haben die Briten eine ganze Reihe deutscher Flüchtlinge – sowohl Nazispione als auch glühende Nazigegner – auf die Isle of Man verfrachtet, wo dann versuchsweise eine Art Universität mit Orchestern und Theateraufführungen und Diskussionsgruppen entstand. Es muss für Nazis wie Nazigegner die Hölle gewesen sein, so dicht nebeneinander zu leben. Ich weiß, dass es so war. Leute, die dort waren, haben mir davon erzählt.

RASKIN: Sie haben bereits zwei Bände Ihrer Autobiografie geschrieben, *Unter der Haut* von 1994 und *Schritte im Schatten* von 1997. Letzterer endet mit dem Jahr 1962, als *Das goldene Notizbuch* erschien. Wie sieht es mit Band drei aus?

LESSING: Mein Agent und mein Verlag setzen mich sehr unter Druck, den dritten Band zu schreiben, weil sich die Bände eins und zwei in den USA und in England sehr gut verkauft haben. Es ist aber nicht so einfach, ihn zu schreiben. In den sechziger Jahren war ich über weite Strecken eine Art Hausmutter für eine Menge höchst problematischer Teenager. Die sind jetzt alle im mittleren Alter, und es wäre nicht fair, sie bloßzustellen. Das ließe sich dadurch umgehen, dass ich ein Buch schreibe, in dem es vor allem um Öffentliches und Gesellschaftliches geht und nicht um Persönliches.

RASKIN: Sie haben einmal gesagt, Sie halten »an der altmodischen Vorstellung fest, dass das Leben eines Schriftstellers ihm oder ihr gehört, solange er oder sie noch nicht gestorben ist«. Aber Sie scheinen generell immer zurückhaltender zu werden.

LESSING: Es gibt bestimmte Dinge, über die ich nicht rede. Ich habe natürlich Tagebücher geführt, aber die wird man für ziemlich lange Zeit nicht lesen dürfen. Was soll auch herauskommen, wenn jemand sie liest? Ich kann mir nicht vorstellen, dass irgendetwas herauskommt, was nicht schon jetzt meinen Büchern zu entnehmen ist. Deswegen wundere ich mich immer über Leute, die das Leben von Schriftstellern fasziniert. Ich habe immer den Eindruck, dass wir in unseren Büchern vorkommen, und zwar ziemlich unverhüllt. Und ich frage mich, ob das Privatleben wirklich eine Rolle spielt. Wer schert sich schon darum, was über einen bekannt ist und was nicht? Und wenn man etwas Privates öffentlich macht, verstehen es die meisten Leute sowieso nicht – es sei denn, sie gehören derselben Generation an und haben mehr oder weniger die gleichen Erfahrungen gemacht. Insofern sind wir in gewissem Sinne alle zurückhaltend, per definitionem.

RASKIN: Inzwischen sind Sie seit mehr als dreißig Jahren Sufi. Können Sie etwas darüber sagen?

LESSING: Wissen Sie, Sufi nennt sich mittlerweile jeder, das ist die reinste Manie. Alle wollen mal kurz daran teilhaben. Ich bekomme ständig Bücher, in denen es angeblich um den Weg der Sufis geht, ohne dass es je der Fall wäre. So etwas findet man nicht in einem Buch. Die Botschaft der Sufis kann man nicht bei einem Schriftsteller entdecken. Erfahrungen mit dem Sufismus macht man allein. Das gilt auch für den Buddhismus. Man kann nicht erleuchtet werden, indem man ein Buch liest.

RASKIN: Sie haben gesagt, es sei das Ideal der Sufis, Individuen zu schaffen, die sich so sehen können, wie andere sie sehen. Hier in London frage ich mich, wie die Leute mich sehen, wie sie die Amerikaner sehen. Sie beobachten uns schon lange. Wie sehen Sie uns?

LESSING: Im Lauf des letzten halben Jahrhunderts hat sich eine drastische Veränderung vollzogen. In den fünfziger Jahren erkannte man Amerikaner auf hundert Meter. Das war wohl die Generation Ihres Vaters. Sie waren äußerst zugeknöpft. Die Männer ganz korrekt mit Flanellanzug und Bürstenschnitt, und diese Münder – sie konnten sich kaum ein Lächeln abringen, geschweige denn Worte. Und da heißt es immer, Briten haben eine »stiff upper lip«! Amerikaner hatten eine »stiff lower lip«! Ihre Körpersprache war schrecklich verkrampft, und ich glaube, das hatte mit dem Kalten Krieg zu tun, mit der ganzen Repression dieser Epoche. Doch als dann die Sechziger kamen, waren die Amerikaner auf einmal lässig, locker und entspannt. Ich kann nicht mal im Ansatz beschreiben, wie bemerkenswert diese Veränderung war. Alle schienen sich in ihr Gegenteil zu verwandeln.

RASKIN: Was können Sie über die sechziger Jahre sagen?

LESSING: Ich teile die weitverbreitete Bewunderung für die

Sechziger nicht. Ich war in London, im »Swinging London«, wie man es nannte, und habe eine Menge Selbstmorde erlebt und viele Leute gesehen, die in der Klapsmühle landeten. Es gab sehr viele Opfer. Die Sechziger waren ein gefährliches Jahrzehnt – obwohl die Politik dieser Zeit natürlich großen Reiz hatte. Nichts ist reizvoller als Leute, die Revolutionär spielen. Die Leute, die in Paris beteiligt waren, 1968 und so weiter, die haben eine großen Anziehungskraft für mich. Ich war natürlich zu alt, um die Sechziger wirklich zu genießen. In den Wirren von 1968 war ich fast fünfzig. Ich hätte Mitte zwanzig sein müssen.

RASKIN: In Ihrem kurzen Roman *Das fünfte Kind* von 1988 beschreiben Sie die sechziger Jahre als »raffgierig und selbstsüchtig«. Ich nehme an, Sie meinten die Vorstellung von sofortiger Befriedigung.

LESSING: Ja, natürlich. In den Sechzigern galten junge Leute wahrscheinlich erstmals in der Geschichte als große Gruppe von Konsumenten und als lohnendes Geschäft für die Madison Avenue. Werbung spielte eine große Rolle bei der Erschaffung der Mentalität dieser Ära – dieser Vorstellung von: »Hier ist es, und du kannst es haben, sofort.« Ich weiß, dass viele junge Leute damals dachten, die Mentalität der Sechziger sei ihren ureigensten Tugenden zu verdanken, aber in Wirklichkeit hatte das alles viel mit den Realitäten von Markt und Kommerz zu tun.

RASKIN: Wie sieht es mit der gegenwärtigen amerikanischen Szene aus?

LESSING: Ich war in New York, als Clinton zum ersten Mal gewählt wurde, und alle meine Bekannten befanden sich im Zustand wahnsinniger Euphorie. Ich fragte mich, was mit meinen nüchternen Freunden passiert war. Fast alle meine Bekannten waren berauscht von dieser großen weißen Hoffnung. Bei meinem nächsten Besuch in New York hatte keiner ein gutes Wort für Clinton übrig, aber alle waren verliebt in Hillary. Sie war absolut angesagt. Das darf doch alles nicht wahr sein. In England ist es natürlich dasselbe. Hier waren alle völlig besoffen von Tony Blair. Er war ein neues Gesicht. Lernen die Menschen eigentlich nie?

RASKIN: Sind alle Politiker gleich?

LESSING: Nein, das sind sie nicht. Dieser Meinung war ich noch nie. Gleich ist nur, dass sich die Wähler sehr für neue Gesichter wie Clinton und Blair begeistern – und die unrealistische Erwartung hegen, dass sich die Welt über Nacht verändern wird. Zynische alte Hasen wie ich wissen, dass es dazu nicht kommen wird.

RASKIN: Wenn Sie eine einstündige Fernsehsendung über das zwanzigste Jahrhundert gestalten könnten, was würden Sie vermitteln wollen?

LESSING: Dass uns die Ereignisse immer überraschen, besonders die Katastrophen, aber auch wunderbare Ereignisse. Schauen Sie sich die Jahre um 1990 an, in denen die Sowjetunion zusammenbrach, die Apartheid in Südafrika auch, und die Berliner Mauer fiel. Ich weiß nicht, ob jemand diese Ereignisse vorhergesehen hat. Mir scheint, dass wir uns als Spezies ständig an Unerwartetes anzupassen versuchen. In der Zwischenzeit reden wir, als hätten wir alles im Griff, was aber nicht stimmt. Das scheint mir die Wahrheit über das zwanzigste Jahrhundert zu sein. Wir sitzen hier, und in Jugoslawien gehen äußerst gefährliche Dinge vor. Ich finde das beängstigend. Wir bombardieren Belgrad in Grund und Boden, und man erzählt uns darüber die unglaublichsten Lügen.

RASKIN: Was enthält man uns vor?

LESSING: Ich frage mich, warum Kriege so plötzlich beginnen und so plötzlich enden und warum wir uns als Briten beziehungsweise Amerikaner an einigen beteiligen und an anderen nicht. In diesem Augenblick finden überall kleine Kriege und große Brutalitäten statt, ohne dass wir einmarschiert wären oder uns militärisch beteiligt hätten wie in Jugoslawien. Könnte es sein, dass die Rüstungsindustrie im Stillen Kriege schürt, ohne dass wir davon wissen? Der Abwurf von Bomben ist ein sehr einträgliches Geschäft für sie. Gore Vidal hat unlängst darüber gesprochen, was sehr einleuchtend war. Wann immer die amerikanische Politik undurchschaubar wirkt, sagte er, muss man den militärisch-industriellen Komplex mit bedenken. Er hätte Präsident werden sollen.

RASKIN: Oft heißt es, je größer die Nachrichtenmeldung, desto länger dauert es, bis sie auf den Titelseiten oder dem Fernsehschirm ankommt.

LESSING: Bekanntlich ist das erste Opfer des Krieges die Wahrheit. Im Zweiten Weltkrieg gehörte ich einer Gruppe an, die einmal in der Woche zusammenkam, um ausschließlich die Nachrichten zu analysieren und möglichst herauszufinden, was man unterschlug. Wir hielten uns für klug, hatten aber absolut keine Ahnung, was wirklich vorging. Erst Jahre später erfuhren wir die Wahrheit.

RASKIN: Hat das Leben in London Ihnen Gestalt gegeben, oder waren Sie schon geformt, als Sie 1949 ankamen?

LESSING: Ich war schon geformt, als ich in London ankam.

RASKIN: In *Heimkehr* aus dem Jahr 1957 schreiben Sie, Sie seien durch Zentralafrika geworden, was Sie sind. Sie kamen mit fünf Jahren dorthin und blieben, bis Sie dreißig waren. Hat diese Selbsteinschätzung noch Bestand?

LESSING: Inzwischen würde ich sagen, dass mich vor allem dreierlei geformt hat: Zentralafrika, das Erbe des Ersten Weltkriegs und die Literatur, insbesondere die russischen Schriftsteller Tolstoi und Dostojewski.

RASKIN: Als Sie in London ankamen, fanden Sie es deprimierend. Später wurde es zu einem der angenehmsten Orte der Welt. Was halten Sie heute davon?

LESSING: London hat sich in den letzten zehn Jahren ungeheuer verändert, und das gilt auch für die Engländer. Sie sind jetzt mehr wie Amerikaner und auch mehr wie Europäer. Ständig gehen sie essen, und wenn sie zu Hause sind, kochen sie anders als vor zehn Jahren. Alle sitzen in Cafés herum wie auf dem Kontinent, trinken Kaffee, plaudern und sehen zu, wie die Welt vorüberzieht.

Wenn man am Freitagabend ausgeht, ist die Londoner Innenstadt voll mit jungen Leuten, die sich amüsieren. Es ist wunderbar. Auch die Franzosen und Niederländer und Belgier kommen her, um sich zu amüsieren, weil London so swingt.

RASKIN: Ich staune, dass Sie im letzten Jahrzehnt so viel gereist sind. In ganz London lesen Sie vor Studenten, und Sie waren in Afghanistan, Argentinien, Brasilien, China, Island, Italien, Österreich, Pakistan, Simbabwe und den Vereinigten Staaten.

LESSING: Ich war viel unterwegs, nicht wahr? Aber ab jetzt werde ich nicht mehr so oft reisen. Allerdings fahre ich nach Katalonien, weil man mir einen großen Literaturpreis verleihen wird – den Premi Internacional Cataluna. Ich liebe Barcelona. Man weiß natürlich, dass Katalonien gern unabhängig von Spanien wäre, aber statt mit Bannern auf die Straße zu rennen oder den spanischen König in die Luft zu jagen, schlägt man dort einen anderen Takt an. Man hat eine große kulturelle Bewegung auf höchstem Niveau ins Leben gerufen. Ich bin beeindruckt, denn das ist eine gute und außerdem sehr unterhaltsame Politik.

RASKIN: Haben Sie je über Ihre Erfahrungen in China geschrieben?

LESSING: Das habe ich nicht und werde es wahrscheinlich auch nicht tun, weil meine vielen Eindrücke nur auf einem kurzen Besuch beruhen. Bevor ich nach China fuhr, sagte man mir, dass die Chinesen nicht über Politik reden würden, was aber nicht zutraf. Ich war mit Margaret Drabble und Michael Holroyd dort, und wir stellten fest, dass die Chinesen sehr offen waren und anscheinend auch furchtlos. Sie äußerten sich kritisch über die Kulturrevolution. Niemand sah sich über die Schulter und rechnete mit einer Verhaftung.

In Shanghai habe ich große Kontraste gesehen. Auf den Straßen gab es eindrucksvolle Läden mit Kopien der neuesten bezaubernden europäischen Mode, während sich um die Ecke in einem Seitensträßchen arme Familien in einem einzigen Zimmer mit nackter Glühbirne drängten. Eines Abends hörte ich eine chinesische Familie *Happy Birthday* singen. Das war seltsam. Man sollte doch meinen, dass sie ihr eigenes Geburtstagslied haben. Jede dominante Gesellschaft der Welt – sei es die französische, die britische oder die amerikanische – zwingt ihre Kultur weniger entwickelten Gesellschaften auf.

RASKIN: Alle meine Freundinnen in der akademischen Welt sagen, dass ich Ihnen eine Frage über Feminismus stellen muss.

LESSING: Ich lasse mich ständig über Feminismus aus, nicht wahr? Meiner Beobachtung nach und nach dem, was mir Freunde erzählen, ist der Feminismus zu einer Religion mit Dogmen und Kirchen geworden. Die Männer an den amerikanischen Universitäten sind wirklich nicht zu beneiden. Aber diese Phase wird bald vorüber sein. Es kann nicht mehr lange dauern. Amerika kann in intellektueller Hinsicht ein sehr hysterisches Land sein, und ein sehr puritanisches. Privat habt ihr wahrscheinlich euren Spaß, aber der Rest der Welt hat den Eindruck, dass ihr Spaß nicht ausstehen könnt – dass ihr große Programme macht und wenig spontan seid. Es entsteht das Bild entsetzlicher Konformität. Bei Ihnen regiert die Gedankenpolizei.

Viele Feministinnen arbeiten in den Medien und halten den Feminismus für äußerst wichtig. In ihrem eigenen Leben ist er das auch, aber der Feminismus hat sich vor allem auf privilegierte Frauen in den hoch entwickelten westlichen Ländern ausgewirkt. Das Leben armer und arbeitender Frauen in der Dritten Welt hat er im Großen und Ganzen nicht einmal ansatzweise berührt, und das bekümmert mich.

RASKIN: Am Schluss Ihres jüngsten Romans *Mara und Dann* macht Ihre Heldin Mara eine Bemerkung, die durch und durch nach Lessing klingt: »Ja, das stimmt, aber ...« Sie scheinen sehr durchzuschimmern in diesem Buch.

LESSING: Zum Vorschein kommt unverhüllt, dass ich meinen kleinen Bruder Harry sehr liebte.

RASKIN: Und man muss kein Genie sein, um zu bemerken, dass Mara Sie sein könnte und dass Dann Harry ist. In *Mara und Dann* geht es wie in vielen Ihrer Bücher um eine Reise.

LESSING: Ich will ja nicht klischeehaft klingen, aber ich sehe das Leben als Reise. Wie soll man es sonst sehen?

RASKIN: Schreiben Sie möglicherweise eine Fortsetzung von *Mara und Dann*?

LESSING: Das würde ich sehr gern, weil Dann mich fasziniert, aber ganz Amerika hasst dieses Buch, also weiß ich nicht recht. Mal sehen, was passiert. Meine Zeit läuft ab.

ALS ICH JUNG WAR...

Der Beitrag wurde verfasst für das 2000 erschienene
Little Book of Advice *der Maynard-Mädchenschule, Exeter.*

Als ich eine junge Frau war, sagte eine alte Frau zu mir und ein paar anderen, die größte Schwierigkeit, vor der junge Leute stünden, sei, dass sie sich in einer Welt voller großer Machtmaschinen so klein, unbedeutend und machtlos fühlten. Wir sollten immer daran denken, dass es stets die Anstrengungen von Einzelnen seien, die die Welt bewegten, und dass sich niemand für klein und unwichtig halten müsse.

Wenn ich mich damals in der Welt umschaute, sah ich das Sowjetreich, Hitler-Deutschland, Mussolinis Italien, das Britische Empire, weißen Rassismus in Südafrika und Südrhodesien, Salazar in Portugal und Franco in Spanien. All diese Personen und Mächte schienen so stark zu sein, dass sie von Dauer sein mussten; ihr Sturz war unvorstellbar. Trotzdem sind sie inzwischen alle verschwunden und bald wird sich niemand mehr an sie erinnern, oder man wird sie mit ein paar Zeilen in den Geschichtsbüchern erwähnen.

Sehr gut kann ich mich an einzelne Personen erinnern, die manchmal ganz unbedeutend wirkten und doch etwas verändert haben. (Wobei ein Einzelner die Dinge natürlich auch zum Schlechten beeinflussen kann, sodass man die richtige Einschätzung finden muss.) Aber ich möchte weitergeben, was diese alte Frau zu uns gesagt hat: »Denkt immer daran, auf lange Sicht zählen die Anstrengungen und der Mut jedes Einzelnen.«

KATZEN

*Der Artikel erschien erstmals 2000 in der von
Patrick Eddington herausgegebenen privaten Veröffentlichung*
Cat Anthology, *Salt Lake City.*

Am häufigsten hört man über Katzen, dass sie »unabhängig«
sind, und dann, dass Menschen ihnen nichts bedeuten, nur
Orte – und das sagen Leute, die wissen, dass ihre Katze am
Fenster sitzt und nach ihnen Ausschau hält, jeden Tag.

Diesen Schaden hat Kipling angerichtet, mit seiner Erzählung
Die Katze geht ihre eigenen Wege.

Studien an Wildkatzen – will heißen, verwilderten Hauskat-
zen –, die in Gemeinschaft leben, haben gezeigt, dass die Weibchen Kindergärten und -krippen bilden, indem sie ihre eigenen
Jungen und die der anderen bewachen und füttern, während ein,
zwei andere auf die Jagd gehen, um alle zu ernähren. Junge
Männchen haben es in vielen Spezies schwer, weil sie am Rand
der sicheren, aus Weibchen bestehenden Gruppe leben. Die jungen Kater schleichen herum, hoffen auf eine kurze Gelegenheit
zur Paarung, wenn die Kater, die das Sagen haben, es zulassen
oder gerade nicht hinsehen, und versuchen oft, wie Katzenjunge
in Nester zu kriechen, denen sie längst entwachsen sind. Reifere
Männchen streifen umher, wenn sie die Paarungen und Kämpfe
hinter sich haben oder von ihren Nachkommen besiegt worden
sind. Die sieht man dann allein und einsam durch Hecken oder
Wildnis laufen, aber sie leben nicht lange, weil sie Krankheiten,
Kampfverletzungen und – in bebauten Gebieten – dem Straßen-
verkehr zum Opfer fallen.

Man verpasst etwas, wenn man seine Katze nicht beobachtet
und sich stattdessen auf »allgemeine« Weisheiten verlässt. Eine
Katze gibt zurück, was man in sie investiert, erwidert Zuneigung
und Aufmerksamkeit, entzieht sich aber in würdevoller Stille,

wenn man sie nicht beachtet. Kein Wesen ist sensibler, wenn man es kränkt oder verspottet oder auch ärgert. Wenn man es übertreibt, macht sie sich auf die Suche nach einem Heim, in dem man freundlicher zu ihr ist. Doch nicht einmal das darf man verallgemeinern: Wer mehr als ein Kind bekommen hat, weiß, dass jedes Neugeborene anders ist, und so ist auch in einem Wurf Kätzchen jedes einzelne ein Individuum. Wie bei den Menschen gibt es grobe und sensible, dumme und kluge, anschmiegsame und distanzierte. Sie können redselig und schweigsam sein, Angeber und bescheidene Introvertierte.

Bisweilen sind sie aufmerksamer, als uns lieb ist – und wissen mehr über uns, als wir denken. Es kommt vor, dass uns das »Haustier« durch eine kleine Geste oder Aufmerksamkeit überrascht, die zeigt, dass es uns verstanden hat. Man ist traurig, bang, verzagt – und schon kommt die Katze und zeigt ihr Mitgefühl, indem sie leckt oder schnurrt. Man ist beschäftigt und hat sie vergessen – doch sie macht sich durch einen sanften Biss oder Pfotenhieb bemerkbar. Man hat verschlafen, schlägt die Augen auf und sieht das Gesicht der Katze zwanzig Zentimeter vor dem eigenen: Sie hat einen durch ihr Schnurren geweckt.

Wir teilen unseren Gefühlsapparat mit ihnen, obwohl das von manchen Leuten heftig bestritten wird – die sich gern aufblasen, indem sie sich über andere Spezies erheben. Wenn man Katzen beobachtet, kann man die ganze Skala menschlicher Emotionen sehen – Liebe, Zuneigung, Antipathie, genauso irrational wie bei uns. Man sieht verletzte Gefühle und Eifersucht, die bei Katzen stark ausgeprägt ist, weil sie gern an erster Stelle stehen.

Und sie können denken, wie wir. Eine intelligente Katze kann durchaus langfristig planen. Ein herrenloser Kater setzte einmal seinen Plan um, mit uns zu leben, einen langwierigen, wohlüberlegten, durchdachten Plan. Tagelang wartete er vor der Hintertür, bis wir uns erweichen ließen. Er bekam einen Stuhl in der Küche, wo er eine Weile saß. Dann ergatterte er einen vorläufigen Platz unter der Badewanne. Schließlich stellte er uns vor die Herausforderung, ihn aus dem Wohnzimmer zu werfen – doch wir wiesen ihm einen niedrig platzierten Knautschsack zu, wo sich die anderen Katzen nicht an ihm stören würden. Und am Ende passte er einen Moment ab, um aufzustehen und Anspruch auf einen guten Platz zu erheben, womit er der Katze, die das Sagen hatte, den Fehdehandschuh hinwarf.

Haben Katzen wirklich den »sechsten Sinn«? Während ich schreibe, läuft eine Radiosendung, in der es um diese Frage geht. Ich denke schon. Ich glaube, dass sie wissen, was man gerade denkt, und scheinbar unerklärliches Verhalten lässt sich erklären, wenn man sich erinnert, was man im betreffenden Moment gerade gedacht hat.

ALT

Der Artikel wurde erstmals in John Burninghams 2002 in London erschienenem Buch The Time of Your Life *veröffentlicht.*

Gewöhnlich will man uns weismachen, dass der Weg ins Alter, diese Via dolorosa, ein langer Abstieg nach dem Goldenen Zeitalter der Jugend ist. Und doch würde man kaum jemanden finden, der nicht schaudert bei dem Gedanken, noch einmal ein Teenager oder auch Mitte zwanzig zu sein. Man wächst langsam hinein in den richtigen Umgang mit den eigenen Emotionen, und ich habe viele Menschen sagen hören, die Zeit zwischen dreißig und vierzig oder vierzig und fünfzig sei die beste gewesen. Es ist nicht so klar umrissen, dieses Leben, das Shakespeare als Folge von Akten auf der Bühne beschrieb, besonders, wenn sich früh die ersten Zeichen des physischen Alters zeigen, die ersten weißen Haare, Schnee im Sommer.

Und doch wissen wir, dass irgendwann bestimmte Dinge passieren werden, man hat uns gewarnt, es ist ständig davon die Rede. Die Zähne, die Augen, die Ohren, die Haut – man sollte meinen, dass so etwas niemanden mehr überrascht. Allerdings erinnere ich mich nicht, dass einmal jemand gesagt hätte: Du wirst schrumpfen. Meine an einem Tag noch angenehm waden- oder knöchellangen Röcke schleifen am nächsten über den Boden. Was ist passiert? Sind sie länger geworden? Nein, ich bin inzwischen zehn Zentimeter kleiner, und nun, da ich mich kaum noch als stattliche Frau bezeichnen kann, frage ich mich allmählich, ab welcher Körpergröße die Bezeichnung Zwergin angemessen ist.

Es überrascht nicht, dass man in den Spiegel blickt und denkt: Wer ist diese alte Frau?

Und es kommt nicht unerwartet, dass man sich auf alten Familienfotos in seiner Mutter oder seinem Großvater wiedererkennt.

Und feststellt, dass die Jahre vorüberrasen – eine Beschleunigung, die früh begann.

Doch nun fangen die wunderbaren Überraschungen an. Die Zeit bekommt etwas Fließendes. Es ist vergnüglich, ein altes Gesicht zu betrachten, vielleicht im Bus, und sich vorzustellen, wie es wohl jung ausgesehen hat, oder ein junges Gesicht zu dem verschwimmen zu lassen, was es in dreißig oder vierzig Jahren sein wird. Ein kleines Mädchen, das herumtanzt – man sieht sie als junge Frau, in mittleren Jahren, im Alter. Das haben uns die Computer gelehrt.

Aber es liegt auch Beständigkeit in diesem Fluss, denn der Mensch, der das alte Gesicht im Spiegel betrachtet, ist derselbe, mit dem man die frühesten Erinnerungen teilt, von damals, als man zwei Jahre alt war, vielleicht noch jünger: Der Kern dieses Kindes ist auch der Kern der alten Frau. »Da bin ich noch. Ich habe mich gar nicht verändert.«

Aber das Beste, das niemals vorhergesagt oder, wie ich glaube, beschrieben wurde, ist diese frische Lebendigkeit des Erlebens. Es ist, als hätte sich ein Schleier oder Schirm aufgelöst, der dämpfend über dem Leben lag, sodass man wie Miranda sagen möchte: Wackre neue Welt! Man erinnert sich nicht, je so empfunden zu haben, weil es die Gewohnheit oder der Druck der Notwendigkeiten in jüngeren Jahren nicht zuließen. Man wird von Augenblicken gepackt und erschüttert, in denen einen die Unwahrscheinlichkeit des Lebens überkommt wie ein Fieber. Alles ist bemerkenswert, Menschen, Erlebnisse, Ereignisse zeigen sich mit der Unmittelbarkeit von Akteuren in einem barbarischen, herrlichen Drama, an dem auch wir anscheinend teilhaben. Man sieht mit neuem Blick. So muss sich ein ganz kleines Kind fühlen, wenn es die Welt zum ersten Mal betrachtet – alles ist ein Wunder. Das Alter ist groß darin, Erinnerungen neu zu beleben, und das auf mehr als eine Weise.

ALS OB WIR DIE KONTROLLE
HÄTTEN...
Im Gespräch mit Bernadette Conrad

Das Interview erschien am 28./29. Februar 2004
in der Neuen Zürcher Zeitung.

CONRAD: Doris Lessing, Sie haben auf drei Kontinenten gelebt, Sie sind in London viel umgezogen: Was bedeutet es, nun seit vierundzwanzig Jahren im selben Haus zu leben?

LESSING: Dieses Haus bedeutet, angekommen zu sein, und ich hoffe, es nicht anders zu verlassen als – so sagt man bei uns – mit den Füßen voraus. Wenn man jünger ist, bewegt man sich ständig, räumt Bücher und Kleider in einen Koffer, und das war es. Ich bin 1980 hierhergezogen. Das Haus ist 1880 gebaut, das ist für London nicht alt, es ist ein schönes altmodisches Haus mit verschwenderisch viel Platz, wie man damals eben baute. Von Anfang an hat mich die Frage beschäftigt, wie haben sie es warm gehalten? Es gab doch nicht mehr als diese kleinen Feuerstellen, die sind winzig, ich denke über diese Leute nach, sie müssen vor Kälte gestorben sein. Als ich nach London kam, 1949, wohnte ich in einem Haus, das im Krieg bombardiert worden war. Da gab es keine richtige Heizung, nur Cheminées. Heute sind Heizungen für jeden eine Selbstverständlichkeit.

CONRAD: Das London, in das Sie damals kamen, würde man heute wohl nicht wiedererkennen...

LESSING: Nichts davon. 1949 war es vom Krieg völlig zerstört. Die Häuser waren grau, hässlich, nicht mehr verputzt oder gestrichen, das Essen rationiert. Es war kalt hier, lieblos, ungemütlich. All das hat sich seit Ende der fünfziger Jahre geändert. Kulturell ging es aufwärts, die Stadt wurde schöner, von Jahrzehnt zu Jahrzehnt gab es Fortschritte. Und mir ging es von Umzug zu Umzug besser. Das war jedes Mal ein Aufstieg.

CONRAD: Wie sieht Ihr persönlicher Stadtplan von London aus; welches sind für Sie bedeutsame Orte?

LESSING: London, das ist ja eine Ansammlung von Dörfern, auch West Hampstead war ein Dorf. Ich laufe oft hinunter zum National Theatre oder wie heute Morgen zur Royal Academy, dort habe ich mir Renaissancekunst angeschaut. Als ich jünger war, waren viele Läden auf meinem Stadtplan verzeichnet, aber das ist schon lange nicht mehr so. Einkaufen ödet mich an. Bis auf die Buchläden, die waren immer ein Muss. Dann gibt es Hampstead Heath, den Hügel hier, er ist riesig und im Sommer ein Paradies. Ich laufe dort sehr viel. Für mich ist London ein wunderbarer Ort, was nicht heißt, dass mir alles gefällt; der Millennium Dome ist einfach eine große Geldverschwendung. Aber ich liebe das neue London, es ist lebendig und vital. Ich liebe das Theater hier. Es gibt nichts mehr, was ich entbehre.

CONRAD: Sie wollten nach 1949 an keinem anderen Ort mehr leben?

LESSING: Das war nie eine Frage. Wenn ich damals jünger gewesen wäre, zwanzig, fünfundzwanzig, wäre ich nach Paris gegangen. Das war in den fünfziger Jahren spannender als London. Aber ich hatte nicht das richtige Alter. Ich war dreißig und hatte ein Kind.

CONRAD: Hinter Ihnen lagen eine Kindheit und Jugend in Iran und vor allem Südrhodesien. Bilder aus dem afrikanischen Busch durchziehen Ihr Werk.

LESSING: Natürlich hat mich diese Landschaft geprägt. Ich bin als Kind ohne Angst durch den Busch gezogen, ich konnte Erfahrungen machen, die in England nicht denkbar gewesen wären.

CONRAD: Was bedeutet Afrika heute für Sie?

LESSING: Ich bin mehrmals nach Simbabwe zurückgekehrt. Ich sah es unter Mugabe auf dramatische Weise kaputtgehen. Abgesehen von der ruinierten Infrastruktur ist das geistige Klima vergiftet. Die Leute hungern auf den verschiedensten Ebenen: Da bringt eine Hilfsorganisation eine Bücherkiste in ein Dorf, und sie wird unter Freudentränen in Empfang genommen – von Leuten, die seit drei Tagen nichts gegessen haben. Auch die Gleichgültigkeit, die fatalen Missverständnisse, die zwischen England und Afrika bestehen, beschäftigen mich; sie sind ein Hauptthema meines letzten Romans, *Ein süßer Traum*.

Meine Bücher leben immer wieder von Bildern aus Afrika. Nehmen Sie *Mara und Dann*. Ich habe so eine Dürre erlebt. Der Staub, die ausgetrockneten Flüsse, die sterbenden Bäume, die Frauen, die Meilen laufen, um Wasser zu holen, die verendenden Tiere; genau das passiert auch jetzt noch in Afrika. An diesem Schreckensszenario ist nichts Erfundenes. Aber die Landschaft, in der ich aufwuchs, gibt es in der Wirklichkeit nicht mehr. Sie ist ein Ort in der Erinnerung.

CONRAD: Stimmt diese untergegangene Welt Sie traurig?

LESSING: Ich habe die Welt immer als in schnellem Wandel begriffen, aber als ich jung war, war mir nicht klar, dass alles, woraus sie bestand, verschwinden würde. Wenn ich zu meinen Eltern gesagt hätte, in fünfzig Jahren gibt es das Empire nicht mehr, sie hätten mich nicht nur für verrückt, sondern für bösartig erklärt. Und was ist? Es ist nichts geblieben. Uns heute scheint Amerika absolut unzerstörbar, aber das ist es nicht.

Wenn ich in Afrika reise, die Situation der Frauen dort sehe, oder auch als ich in Pakistan war: Ja, ich bin betroffen, aber was tue ich dagegen? Was tut es zur Sache, ob ich betroffen bin oder nicht? Ich bin nicht politisch aktiv. Ich schreibe darüber, wie Mugabe Rhodesien ruinierte und wie es stetig schlimmer wird, oder über eine Reise in Afghanistan ...

CONRAD: ... Sie äußern sich auch zur aktuellen Tagespolitik. Im letzten Herbst haben Sie auf dem Literaturfestival in Edinburgh wenig schmeichelhafte Worte über Tony Blair gefunden.

LESSING: Ich sagte, er laufe Amerika nach wie ein kleines Kaninchen. Das war als ein Witz gemeint, aber es wurde dann gleich aufgegriffen. Ich sagte, dass seine blinde Liebe zu Amerika eine Liebe zur Macht sei, ganz so, als wären wir eine Kolonie und hätten weniger zu bieten als Amerika. Ich denke tatsächlich, die USA könnten einen starken Einfluss zum Guten ausüben, aber sie sind ganz im Gegenteil enorm achtlos.

CONRAD: Gedanken zur Zukunft des Menschen durchziehen Ihr Werk. Beunruhigt Sie die derzeitige Weltsituation?

LESSING: Sehen Sie, alles, was die Welt ausmachte, als ich jung war, ist verschwunden. Nazideutschland, Mussolini, die Sowjetunion, das Britische Empire, alles schien ewig, und alles ist vergangen. Wirklich bedeutsam sind die ökologischen Katastrophen, viel bedeutsamer als die Politik. Wir wissen, dass wir unwiederbringliche Ökosysteme kaputt machen. Wir Menschen sind sehr unsorgsam, sehr zerstörerisch, sehr dumm. Wir hören einfach nicht auf, destruktiv zu sein. Das ist es, was mir wirklich von Bedeutung zu sein scheint. Von den großen Bedrohungen ganz zu schweigen. Fällt Ihnen auf, wie man uns gerade mit neuen Krankheiten Angst einzujagen versucht? Als mein Sohn jung war, war die Bedrohung durch die Bombe allgegenwärtig. Das ist weg, aber die jetzigen Bedrohungen kommen mir größer vor. Wir wissen nicht, was für eine Wirkung sie auf die Jugend haben. Ich finde, das sollte uns beunruhigen.

CONRAD: Sind Sie also eher pessimistisch im Blick auf die Weltlage?

LESSING: Niemand weiß, was kommt – aber wir reden immer, als ob wir die Kontrolle hätten. Wir sind eine sehr anpassungsfähige Art und gut im Überleben, wir können Hitze ertragen und Kälte, Krankheiten, Revolutionen, Kriege. Wenn ich nicht pessimistisch bin, dann, weil wir ständig Katastrophen überstehen. Sehen Sie den Horror des Zweiten Weltkriegs – das scheint mir das Furchtbarste, was die Menschheit sich je selbst angetan hat, und wir haben ihn überlebt – nicht unversehrt, aber wir überlebten ihn, und dann kommt eine neue Generation, die will davon nicht mehr wissen, und das ist wahrscheinlich gut so.

CONRAD: Das ist gut so?

LESSING: Ich denke viel darüber nach, und ich frage mich, kann es gut sein, mit so viel Gewicht auf den Schultern zu leben?

CONRAD: Sie haben einmal gesagt, es sei für Sie schwierig, einen Tag ohne Schreiben nicht als einen verlorenen Tag zu empfinden. Meinen Sie das im Sinne von Engagement und Verpflichtung?

LESSING: Nein, viel einfacher. Schreiben ist mein Beruf und

meine Gewohnheit. Ich glaube, wir werden als etwas geboren, als Maler, als Schriftsteller, und ich kann mir nicht vorstellen, ohne Schreiben zu leben. Ich habe Glück, ich musste nie in den Ruhestand gehen. Als ich sehr jung war und Kommunistin, hing ich für kurze Zeit der Idee vom engagierten Schreiben an. Heute denke ich, dass die Instrumentalisierung des Schreibens durch politische Ideologien fatale Folgen hat. Schriftsteller als Seeleningenieure ... Ich glaube, diese Traditionen sind mit dafür verantwortlich, dass beim Lesen immer so viel nach Bedeutungen und Absichten geforscht wird, statt einfach den Geschichten zuzuhören. Schriftsteller und Schriftstellerinnen rufen mit ihren Büchern Räume ins Leben, die es so vorher nicht gab. Damit wirken sie auf das allgemeine Bewusstsein, oder sagen wir, auf die wenigen, die zuhören.

CONRAD: Ihr Schaffen umfasst etwa dreiundfünfzig Bücher. Ist dies überwältigend große Werk in festen Schreibzeiten entstanden?

LESSING: Nein, es gab nie eine feste Routine. Seltsam, kein Maler, kein Architekt wird das je gefragt – nur wir Schriftsteller. Es ist, wie Virginia Woolf sagte: Eine Schriftstellerin braucht ein Notizbuch und einen Stift, aber das hört sich zu einfach an, und deshalb meinen viele, es gäbe einen Trick, und sie möchten den Trick verstehen ... Jeder hat seine Gewohnheiten. Ich denke ja pausenlos über das nach, was ich gerade schreibe.

Ich habe übrigens nie eine Schriftstellerin kennengelernt, die solche Schreibroutinen einhalten konnte, es sei denn, sie hatte eine Mutter, eine Sekretärin, einen sorgenden Ehemann. Frauen müssen sich um das Dach kümmern und darum, dass der Kühlschrank gefüllt ist, sie versorgen die Katze und gehen zur Tür, wenn die Post kommt. Ich habe nie eine Frau kennengelernt – außer sie hat einen Bürojob –, die ein eigenes Haus führt und regelmäßige Arbeitszeiten hätte.

CONRAD: Ihre Bücher spielen an unzähligen Schauplätzen, nicht wenige davon in erfundenen Welten.

LESSING: Ich schreibe gern imaginative Prosa. Der konventionelle englische Roman ist mir zu zahm, er bleibt in engen Grenzen. Das empfinde ich oft als langweilig. Vieles aus meinem Leben, von den vielen Reisen steht mir als ganz exaktes Bild noch vor Augen. Schon bevor ich sechs war, bin ich mit meinen Eltern tage- und wochenlang gereist, auf dem Schiff, in Zügen und Planwagen. Vermutlich ist das der Vorrat, aus dem meine Fantasie schöpft. Dann kommt eine Figur oder ein Ort zu mir, und ich weiß nicht, woher.

CONRAD: Und dann?

LESSING: Dann entwickelt sich daraus die Geschichte. Die Charaktere bringen den Plot hervor. Wie im Leben: Es sind unsere Charaktere, die den Lauf unseres Lebens bestimmen.

CONRAD: Die Unvereinbarkeit von gegensätzlichen Charakteren haben Sie schon früh im Verhältnis zu Ihrer Mutter erfahren.

LESSING: Das ist eine traurige Geschichte. Wir waren so unterschiedlich, dass es nie die Chance gab, miteinander auszukommen. Es war weder ihr Fehler noch meiner. Mit vierzehn habe ich gegen ihren Willen die Schule verlassen, mit siebzehn bin ich von der Farm weg nach Salisbury gegangen. In den fünfziger Jahren kam sie nach England, um mit mir zu leben, das war für uns beide ein Albtraum, so ging sie nach drei Jahren wieder. Heute tut mir das sehr leid, ich sehe, wie falsch ihr Leben für sie war, und ich war Teil dieses Lebens. Sie war tüchtig, kompetent, sie nutzte die Farm auf kreative Weise. Aber alle ihre Talente wurden verschwendet, sie investierte sie in einen invaliden Ehemann und zwei Kinder, die sie enttäuschten. Wenn sie in England geblieben wäre, hätte sie ein anderes Leben gehabt. Sie wollte immer zurück. Aber das London, nach dem sie sich sehnte, gab es nicht. Sie träumte von etwas, das vergangen war, sie hatte in all den Jahren einer Freundin geschrieben, und dann hatten sie, als sie sich wiedersahen, nichts gemeinsam. Heute erscheint mir vieles, was ich tat, wie ein schlechter Witz.

CONRAD: Aber Sie konnten dies annehmen, ohne faule Kompromisse, ohne Selbstvorwürfe.

LESSING: Was nützen Vorwürfe? Ich musste überleben – meine Mutter überleben. Das war niemandes Schuld. Und Kompromisse gab es nicht; wäre ich von meiner Mutter abhängig gewesen, so wäre ich vor die Hunde gegangen. Ich verdanke ihr aber, dass sie mich zum Lesen brachte; sie bestellte wunderbare Bücher aus England, englische Klassiker. Sie war eine gute Lehrerin für kleine Kinder.

CONRAD: Hat Ihre Mutter Ihr Schreiben anerkannt?

LESSING: Sie mochte nicht, was ich schrieb – sie fand es sadistisch, aus der Perspektive ihrer »upper class British manner«. Sie gehörte der weißen Herrenklasse in Rhodesien an, und ich griff genau das an, das war für sie furchtbar. Alles, was ich machte, war in ihren Augen falsch, weil meine Natur für sie falsch war. Später hatte ich für die Figur der Jane Somers (*Das Tagebuch der Jane Somers*) meine Mutter im Hinterkopf: intolerant, äußerst ordentlich, leicht zu schockieren. Jemand, der sehr wenig Erfahrung mit Armut hat.

CONRAD: Jane Somers kann plötzlich nicht anders, als sich um die verwahrloste alte Maudie Fowler zu kümmern. Das ist ein mutiger Sprung über ihren Schatten ...

LESSING: Ja, das stimmt. Ich mag sie, diese Jane Somers.

CONRAD: Gehen Ihre Bücher mit Ihnen, oder lassen Sie sie hinter sich?

LESSING: Nein, sie bleiben nicht bei mir. Sobald eines geschrieben ist, will man wieder Platz in sich für Neues. Wenn ich sie dann wieder lese, denke ich manchmal, das würde ich so nicht mehr schreiben. Man hört eine alte Bandaufnahme von sich und weiß: So war ich mal.

CONRAD: Die Härten des Älterwerdens sind häufiges Thema in Ihren Büchern. Sie haben jetzt dasselbe Alter wie Ihre Figur Maudie Fowler, der schon in den achtziger Jahren der eisige Wind der ewig jungen Gesellschaft ins Gesicht schlug. Wie erleben Sie heute das Altwerden?

LESSING: Für mich ist das Schlimmste, dass die Energie so abnimmt. Mir tun der Rücken und die Knochen weh, aber wenn ich mich umschaue, bin ich vergleichsweise so gesund, dass ich sagen muss, es ist nicht so schlimm zu altern.

Als ich das Buch schrieb, hatte ich viel mit alten Leuten zu tun, und da wurde mir klar, dass das größte Problem der Mangel an Aufmerksamkeit ist. Da sind lange, erfüllte Leben, und niemand ist an ihnen interessiert. Da stimmt einfach etwas nicht. Zudem glaube ich, Altern ist gesellschaftlich jetzt noch schwieriger geworden, weil immer weniger Geld da ist für alte Menschen.

Ich selbst bin weiter verbunden mit der Welt, nicht mit Internet, aber durch Briefe, Faxe, Telefon, Besuche. Ich lerne immer noch neue Menschen kennen, daran hat sich nichts geändert.

CONRAD: Doris Lessing, welche Themen beschäftigen Sie zurzeit?

LESSING: Ich lebe nicht mit Themen, sondern mit Geschichten. Nehmen Sie mein letztes Buch, *Ein Kind der Liebe* – die Erzählungen haben kein gemeinsames Thema. Ich liebe es, auf einer Bank zu sitzen und zu beobachten. Ich bin eine Geschichtenerzählerin.

HENNE UND EI

Die Erzählung erschien erstmals 2007 im
Granta Magazine Nr. 100.

EINE GLUCKE

»Was für ein Schussel, was für ein nichtsnutziges Kind«, so sprach sie von mir, meine Mutter – vor Gästen oder wenn uns ein Polizist aufsuchte oder ein Nachbar wegen irgendetwas auf der Farm vorbeikam. »So etwas Unbesonnenes!« Glaubte sie vielleicht an den bösen Blick? Nein. Doch wenn die Chinesen, wie es heißt, von Familienmitgliedern sagen: »Das ist meine wertlose Frau«, »Das ist mein nutzloser Sohn« – dann wenden sie so doch den bösen Blick von sich ab, nicht wahr? »Sie ist ein schrecklicher Flattergeist«, sagte meine Mutter und lachte nachsichtig auf. Was meinte sie bloß damit? Doch im Grunde stellte sich diese Frage erst wesentlich später, weil man das, was die Mutter sagt, zwangsläufig für bare Münze nimmt, wenn man dreizehn, vierzehn ist. Jenes Knäuel aus Wünschen, Bedürfnissen, Wut und Eigensinn, jene Verwirrung der Gefühle – wird man dadurch zum Schussel, zu einem nichtsnutzigen Kind? Und später fragt man sich dann, wie sie über so einen viel zu ernsten, kritischen Bücherwurm von einem Mädchen so etwas sagen konnte. Ein Mysterium.

Ob sie meine Gedankenlosigkeit kurieren wollte, als sie sagte, ich müsse mich »von A bis Z« um die Glucke kümmern? Sollte das ein Heilmittel gegen meine Verantwortungslosigkeit sein? Ich jedenfalls widmete mich ganz der Henne, kniete stundenlang vor ihrem Käfig und identifizierte mich leidenschaftlich mit der Eingekerkerten, die wie angewurzelt auf den Eiern saß und durch die Gitterstäbe spähte, während endlose Stunden und Tage vorübergingen.

Bevor meine Mutter mir die Verantwortung für die Henne übertrug, war ich schon für das Einsammeln der Eier zuständig. Eine Henne folgt ihrer Natur, wenn sie die Eier unter einem Busch legt und dann immer wieder zurückkommt, um weitere hinzuzufügen, doch es ist unwahrscheinlich, dass ein Ei mehr als einen Tag übersteht, wenn man es nicht bewacht. Wilde Katzen, Stachelschweine, Habichte, Ratten, wachsame kleine Säugetiere aus dem Busch entdecken das Ei und fressen es an Ort und Stelle auf, was eine verräterische Spur aus verschmiertem Eigelb hinterlässt, oder sie rollen es weg in ihr eigenes Nest. Wenn man wollte, dass eine Henne eine anständige Anzahl Eier ausbrütete, musste man im Busch auf die Suche gehen, das Ei oder die Eier in Sicherheit bringen und sie, sobald man genug beisammenhatte, der Henne unterschieben. Dann war sie entweder brütig oder eben nicht. Man konnte die Henne überlisten, indem man ihr einen Löffel süßen Sherry einflößte, denn dann wurde sie eigentlich immer brütig, und ihr Gackern verwandelte sich in jenes tiefe, mütterliche Glucksen und Rufen, das einer Matrone gebührte, die sich fragte, was aus den Eiern geworden war, die sie an einem für ihre Begriffe günstigen Platz zurückgelassen hatte. Und da lagen sie dann, alle miteinander, braune und weiße und beige, und einige zumindest gehörten ihr. In diesem Fall war es eine Rhodeländer-Henne, eine von den großen, schweren, die sechzehn, siebzehn Eier ausbrüten können, und zwar richtig große Eier, nicht die sogenannten großen aus dem Supermarkt, die viel kleiner sind. Die schlanken weißen Leghorn-Hennen, die auch auf dem Hügel herumpickten, konnten nur zwölf Eier bebrüten.

Aus diesen Eiern würden Küken schlüpfen. Noch weit von den Möglichkeiten eines Labors entfernt war eine Vorrichtung, die aus einem Stück Pappkarton mit eiförmigen Löchern in verschiedenen Größen bestand. Ein Nest aus Stroh, in dem die Eier wie in einer Schale lagen, stand bereit, außerdem die Pappe und eine Kerze. Man legte jedes einzelne Ei zunächst in ein Loch von passender Größe und hielt den ganzen Apparat anschließend über die Kerze. So war in der flüssigen Leere des Eis jener winzige

Knoten zu sehen, der besagte, dass es befruchtet war. Aus so einem winzigen Blutklümpchen würde ein Küken werden. Die Henne nahm an, was die behelfsmäßige Vorrichtung als befruchtet eingestuft hatte, denn sie wies zunächst kein Ei zurück, sondern gackerte und ließ sich im Nest nieder, wobei ihre Flügel einen Bogen beschrieben und sich schlossen.

Nur dass sie nun nicht im Busch unter einem Strauch oder einem umgestürzten Baumstamm saß, wo sie nur fünf Minuten überleben würde. Sie saß beengt und gefangen hinter Maschendraht, zu ihrem Besten und zum Besten der Eier.

Wenn ich einmal täglich das Drahtgitter abnahm, trat die Henne vorsichtig über die Eier hinweg aus dem Nest, trank Wasser aus einer frisch gefüllten Blechdose, fraß ein bisschen, wenn auch nicht viel, reckte sich und flatterte mit den Flügeln. Und dann – darauf wartete ich – nahm sie Anlauf, schlug mit den vermutlich steifen und schmerzenden Flügeln und rannte ein paar Meter, als wollte sie sich in die Luft erheben – aber nein, sie war eine Henne und der Erde verhaftet. Sie pickte ein wenig herum, trank noch etwas und begab sich dann schließlich nach ungefähr einer halben Stunde vorsichtig in ihr Nest zurück. Ob sie wohl dachte: Ach bitte, lass doch das Drahtgitter weg? Ich setzte es jedenfalls wieder ein, und wenn ich es abends vor Einbruch der Dunkelheit noch einmal wegnahm, wollte sie oft gar nicht hinaus. Ob es heiß war oder kalt, sie hatte den ganzen Tag reglos dort gesessen, manchmal dösend, aber immer auf der Hut.

Die Kiste stand mit Absicht dort, wo man den ganzen Tag immer wieder an ihr vorbeikam, wenn man vom Haus in den Vorratsraum ging. Der Henne hätte wahrscheinlich ein dunkler, versteckter Platz besser gefallen, doch dort hätte sie eine zu große Verlockung dargestellt. Wir sahen Ratten lauern, sahen den Schatten eines Habichts auf dem Boden zucken oder den Raubvogel selbst, wie er nach der Henne spähte. Gegen eine Ratte konnte sie sich zur Wehr setzen, doch Schlangen waren eine Gefahr. Wenn eine durch das Drahtgeflecht kroch, war die Henne machtlos. Die Blechdose mit Wasser, die dort stand – weil man schließlich nicht von der Henne verlangen konnte, dass sie den ganzen Tag und die ganze Nacht Durst litt –, würde möglicherweise Schlangen anlocken. Als wir überlegten, ein paar Meter weiter weg ein Schälchen mit Wasser als Köder für diese Schlangen aufzustellen, warnten uns die Bediensteten, dass dann erst recht Schlangen aus dem Busch kommen würden. Es sei besser, sich auf die Hunde zu verlassen, die nachts frei herumliefen. Wenn wir in den Betten lagen und sie bellen hörten, dachten wir: War das eine Schlange? Manchmal ging ich nach draußen, hielt in der Dunkelheit oder bei Mondlicht Ausschau und bildete mir ein, eine Schlange davongleiten zu sehen.

Wenn die Henne draußen war und sich ihre tägliche halbe Stunde bewegte, besprizte ich die Eier mit lauwarmem Wasser, »damit die Schale weich und das Ausschlüpfen leichter wird«. Alle Farmersfrauen taten das. Ich weiß noch, dass ich mich fragte, ob anderen Küken das Schlüpfen schwerer fiel, wenn die Eier nicht wie bei uns täglich in handwarmem Wasser gebadet wurden, weil es der Henne gelungen war, sie unter einem Busch auszubrüten. Jedenfalls schien es ihr nichts auszumachen, wenn die Eier feucht waren. Doch irgendwann während des Brütens suchte sie eins der vielen Eier aus, die unter ihr lagen, und rollte es weg, und anschließend noch eins. Ich legte die Eier wieder hin, weil ich Angst hatte, dass so nichts ausschlüpfen würde, doch sie wollte sie nicht wärmen und rollte dieselben Eier noch einmal weg. Also war es an mir, die verstoßenen Eier aufzuheben und in den Busch zu werfen. Sie waren verdorben, und die Henne wusste das. Wenn sie auf einen Felsen, den Boden oder einen Baumstamm trafen, gab das ein dumpfes Geräusch, das ich erst wieder hörte, als ich sehr viel später auf einem Gehweg in der Tottenham Court Road stand und sah, wie ein junger Mann über die Lenkstange seines großen Motorrads flog und einige Meter weiter mit dem Kopf auf den Gehweg knallte. Der Aufprall des Helms auf dem Gehweg verursachte das gleiche Implosionsgeräusch wie die verdorbenen Eier im Busch.

Es dauert einundzwanzig Tage, bis Eier ausgebrütet sind, einundzwanzig Nächte. Da sitzt sie nun, jene große, grimmige Henne, die mich für diese Zeit als Beschützerin und Wärterin akzeptiert hat. Wenn ich mit der Hand nach den Eiern tastete und über die sengende Brutwärme staunte, hackte sie manchmal ein wenig nach mir. Obwohl ich an Händen und Handgelenken die Spuren ihres Schnabels trug, schien sie zu wissen, dass ich es gut mit ihr meinte.

Wie langsam muss die Zeit für eine Glucke vergehen! Ob sie am Ende der drei Wochen ein wenig schneller läuft?

Als ich mir drei, vier Tage vor diesem Ende ein Ei ans Ohr hielt, das mir schwer und verheißungsvoll vorkam, glaubte ich, ein Picken zu hören, das anzeigte, dass es so weit war. Das Ei schien zu pulsieren, sich bemerkbar zu machen. Die Henne sah zu, wie ich an ihren Eiern lauschte, und hackte nach mir, wenn ich sie ihr wieder unterschob. Nur noch drei Tage, nur noch zwei … Anscheinend wusste die Henne, dass ihre Küken bald schlüpfen würden. Sie schubste sie mit dem Schnabel um ihre großen Füße herum, mit denen sie nie auf ein Ei oder ein Küken trat. Die Eier mussten bewegt werden, damit die Küken nicht schief zur Welt kamen. Das glaubten wir jedenfalls – aber glaubte sie es auch?

Nur noch ein Tag. Ich hockte vor ihrem Nest und rührte mich kaum noch weg. Und als ich mir schließlich ein Ei ans Ohr hielt, hörte ich darin das leise Picken des Kükens. Auf der glatten Schale erschien eine winzige raue Stelle. Dort würde zuerst ein Löchlein und dann der Schnabel mit dem harten Höcker erscheinen, der es erst möglich machte, dass das Küken die dicke Schale durchdrang, pick, pick. Jetzt wollte die Henne nicht mehr, dass ich ihr ein Ei wegnahm. Sie beobachtete mich, und in ihrem Blick lag eine Warnung.

Alle schienen jetzt aufmerksam zu warten und zu beobachten. Die Hunde ließen sich ganz in der Nähe nieder. Jeder Bedienstete suchte einen Vorwand, um dicht am Nest vorbeizugehen. Als ich die Henne ein wenig anhob, konnte man unter ihr viele schlüpfende Küken picken hören. Und als ich sie schließlich ganz hochhob, waren Eier zu sehen, die noch heil waren, ein Haufen zerbrochener Schalen und das erste Küken, ein kleiner, hässlicher Dinosaurier mit großen Füßen, noch schleimig von

der Geburt. Doch bald war die Henne von winzigen Kükenköpf-
chen umgeben, flauschig gelb und wie geschaffen für Postkarten
und Kalender.

Die Henne blieb sitzen, bis das letzte Küken geschlüpft war,
und als ich das Drahtgitter schließlich wegnahm, erhob sie sich
und stieß den kehligen, gurrenden Ruf einer Henne mit Küken
aus. Sie trat heraus, und die Kleinen folgten ihr. Ein Ei, aus dem
kein Küken geschlüpft war, blieb liegen. Aus irgendeinem Grund
war es während der Brutzeit gestorben. Doch nun stolzierte die
Henne scharrend und trinkend zwischen den Küken herum und
zeigte ihnen, was sie lernen mussten, indem sie aus den Wasser-
dosen trank, ein wenig Korn aufpickte und es zu ihnen hin-
scharrte. Nicht nur wir, auch die Hunde sahen der stolzen
Henne und ihrem Nachwuchs zu, und alle wussten, dass die
Raubtiere im Busch nur darauf warteten, dass ihre Stunde kam.

Habichte kreisten über uns und sahen zu.

Die Henne spazierte mit ihren Küken auf dem Hügel herum,
und täglich wurden es weniger. Nachts zog sie sich in ihre Kiste
zurück; es schien ihr nichts auszumachen, wenn man sie ein-
sperrte.

Bald waren die winzigen Küken schlaksig und langbeinig und
konnten schnell fliehen, wenn sie den Schatten eines Habichts
auf sich zustürzen sahen. Schließlich wuchsen sie zu jungen
Hähnen und Hennen heran, und schon bald saß eine weitere
Henne in der Kiste hinter der Barriere aus Draht.

Manche Leute besaßen einen Brutapparat, aber ein richtig
guter war eine teure Anschaffung.

DER BRUTAPPARAT

Nun war ich also allein im Haus auf dem *kopje*, allein auf der
Farm, denn Mr. Watkins hatte meinen Vater und meine Mutter
gerade mit seinem Studebaker den Hügel hinunter in das große
Krankenhaus nach Salisbury gebracht. Mein Vater war wieder
krank, eine Krise mit seinem Diabetes. Die Ärzte konnten da-

mals gegen Diabetes noch nicht so viel tun wie heute. Inzwischen gibt es die Krisen nicht mehr, die uns damals immer wieder zu schaffen machten. In jenem Jahr, das ich zu Hause verbrachte, kam meine Mutter oft bleich und zitternd herein und sagte: »Dein Vater ist wieder sehr krank.« Dann fuhr ich sie normalerweise die siebzig Meilen, die man in den schnellen, guten Autos unserer Nachbarn in einer knappen Stunde zurücklegen konnte, für die wir in unserem klapprigen Overland, den es inzwischen nur noch im Museum gibt, auf den schlechten Straßen allerdings vier, fünf Stunden brauchten. Mein Vater lag währenddessen halb tot auf dem Rücksitz, und meine Mutter rief: »Fahr langsamer!«, »Halte kurz an, er muss sich ausruhen!« So eine Fahrt war ein Albtraum, und ich war sehr erleichtert, dass ich diesmal davon verschont blieb.

Der Grund dafür war ein Brutapparat voller Eier, aus denen in drei, vier Tagen Küken schlüpfen sollten. Meine Mutter meinte: »Du musst hierbleiben, wir können es uns nicht leisten, die ganze Brut zu verlieren.« Jenes schreckliche »Wir können es uns nicht leisten« des verarmten Mittelstands, der damit im Grunde die bittere Ungerechtigkeit der Welt anklagt, hat für meine Ohren immer wie ein Vorwurf geklungen. Ich fürchtete diese ständige Leier, auch wenn mir nicht klar war, wie ich daran schuld sein konnte, höchstens vielleicht durch meine bloße Existenz. Genau wie das ständige: »Wir können nicht erwarten, dass Isaac das übernimmt, die haben nicht genug Verantwortungsgefühl.«

Isaac war der Kochboy (»Boys« waren sie alle, sogar die Alten), und selbst wenn er »dem nicht gewachsen« war – wer konnte ihm einen Vorwurf machen? Ich hatte selbst Angst, der Sache nicht »gewachsen« zu sein. Den Brutapparat hatte vermutlich ein Tischler aus der Gegend zusammengezimmert. Es handelte sich um einen großen Kasten, der seitlich hier und da angebohrt war. In dem Kasten befanden sich etliche Lagen von Eiern, acht Dutzend, auf geliehenen Eiergestellen aus dem Laden an der Bahnstation. Unsere Hennen hatten die Eier gelegt, und dann hatte man jedes einzelne geprüft, indem man es gegen das Licht hielt. Das ganze Ding wurde von einer kleinen Öllampe gewärmt, die einen winzigen Schirm und ein paar Zentimeter darüber einen metallenen Aufsatz besaß, der die warme Luft durch einen Trichter in den Kasten mit den Eiern leitete. Die Flamme war winzig klein. »Wir wollen schließlich keine gebratenen Eier«, scherzte meine Mutter, die ziemlich nervös war, weil mein Vater unter dem großen strohgedeckten Dach immer Angst vor Feuer hatte und das Ganze für ein Brandrisiko hielt. Das Flämmchen durfte nur ein Schimmer sein, sonst wurde der metallene Aufsatz zu heiß. Der Brutapparat wurde ständig überwacht, und nachts kam meine Mutter oft aus ihrem Schlafzimmer durch mein Zimmer geschlichen und sah nach der Flamme, die niemals ausgehen durfte.

Sobald der selbst gebaute Kasten seine sechsundneunzig Küken entließ, würden die meisten in Kartons verpackt über das *veld* zu den Nachbarn geschickt werden, die schon ein halbes Dutzend oder ein Dutzend Eintagsküken bestellt hatten.

Ich würde mindestens zwei Nächte allein sein, wenn nicht drei.

Es wäre aus heutiger Sicht ein Leichtes, aus dieser Situation ein echtes Drama zu machen, zumal der Befreiungskrieg mit all seinen Brutalitäten und Mugabe und seine Exzesse dazwischenliegen. »Ein weißes Mädchen von siebzehn ganz allein, und die Nachbarn meilenweit weg, unter lauter Schwarzen …« – und so weiter, und so fort. Doch wenn ich »allein« sage, übergehe ich damit die Arbeiter, die sich eine halbe Meile entfernt in ihrem *compound* aufhielten und sicher herbeigeeilt wären, wenn denn das Dach tatsächlich in Flammen aufging. Und ich bin sicher nicht geeignet, mich zu dem Irrsinn der damals so genannten »Rassenschranke« zu äußern, zumal mich beim bloßen Gedanken daran so etwas wie moralische Erschöpfung befällt. Über diese Ironie, über die Widersprüche könnte man ganze Bücher schreiben. Kürzlich habe ich gelesen, was sich in den Schulen der amerikanischen Südstaaten abspielte, als die Rassentrennung aufgehoben werden sollte. Die Weißen hatten zwar nichts dagegen, mit Schwarzen zusammenzustehen, wohl aber dagegen, zusammen mit ihnen zu sitzen. Also wurden die Pulte aus den

Klassenzimmern entfernt, und die schwarzen wie die weißen Kinder mussten im Unterricht stehen. Diese Geschichte hat Hunderte von Parallelen, was die Rassenschranke im südlichen Afrika betrifft.

In der kurzen hundertjährigen Geschichte Südrhodesiens von der Besetzung bis zur Befreiung gab es einen einzigen Fall von Vergewaltigung einer Weißen durch einen Schwarzen. Während beider Weltkriege zogen die Männer in den Kampf, und die Frauen blieben allein auf den Farmen zurück, vielleicht mit einem (schwarzen) Verwalter, der ihnen half. Und man hat von keinerlei Zwischenfällen gehört. Ich kam gar nicht auf die Idee, mich »allein« in diesem Haus zu fürchten. Ich war es gewohnt, allein herumzulaufen, auch im Busch, und zwar seit Jahren. Bei meiner Mutter ging es damit los, dass sie jammerte, ich würde es auf eine Vergewaltigung anlegen, doch das war nur das übliche Gerede, das die Rassenschranke nun einmal hervorrief. »Dann bleib aber nah beim Haus«, befahl sie. Einmal wurde ich meilenweit von zu Hause weg mit meinem Gewehr auf einem Feldweg im Busch aufgelesen, weil meine Mutter in unserem alten Auto dort vorbeikam. Als sie mich sah, winkte sie und sagte: »Ach, da bist du ja. Oh, gut, du hast uns ein Perlhuhn geschossen. Hoffentlich ist es nicht zu hart, um es zum Abendessen zu braten.«

Der Bedienstete, unser Kochboy, war angewiesen, »sich um die kleine Missus zu kümmern«. Auch nur Gerede. Er würde mir etwas zu essen machen und wie üblich die Hunde und Katzen füttern, und obwohl er seine Decken eigentlich in die Küche bringen und dort übernachten sollte, sah ich an seinem abgewandten Blick und an der störrischen Haltung der Schultern, dass es dazu nicht kommen würde. Zudem kommentierte die verächtliche Logik der Heranwachsenden im Stillen: »Und wenn mich jemand angreifen würde, wäre es doch ohnehin Isaac, den man beschuldigen würde, oder?« Ich erwartete nicht, dass er in der Küche schlafen würde, und das wusste er, und ich war entschlossen, ihn nicht danach zu fragen, denn dann hätte er gelogen, und das wäre dann meine Schuld gewesen.

Das eigentliche Problem bei dieser Geschichte, beim Überwachen des winzigen Flämmchens, das den Küken die Zukunft sicherte, waren Kälte und Wind.

Nachts war es kalt auf dem *highveld* (ein Ausdruck von Kipling, der wohl zu seinen Lebzeiten gebräuchlich war). Zweitausend Meter. Das klingt nicht besonders hoch, aber in der Regel waren die Tage heiß, sogar sengend heiß, mit klarem blauem Himmel, und die Nächte mild oder auch kalt unter leuchtenden Sternen. Gerade war Winter. Es war kalt, und es wehte ein scharfer Wind. Das alte Haus hatte vier Jahre halten sollen, war mittlerweile aber schon dreizehn Jahre alt (und sollte weitere Jahre halten, bis ein Feuer im *veld* es schließlich zerstörte). Es war aus Pfählen und *dagga* gebaut; der an die Pfähle geschleuderte Schlamm war trocken und rissig und dichtete Türen und Fensterrahmen nicht mehr richtig ab. Das Dach war an einigen Stellen dünn geworden, besonders dort, wo Vögel Stroh für ihre Nester aufgepickt und mitgenommen hatten. Der Wind fegte durchs Haus, schüttelte es, zerrte am Stroh und rüttelte an den Rahmen. Wenn es heiß war, wehten im Haus angenehm kühle Brisen, doch zu dieser Jahreszeit konnte es unerträglich sein. Nur im Bett unter einem Berg von Decken wurde mir warm. Es war eiskalt – und zwar buchstäblich. Auf den Wassernäpfen der Hunde lag eine dünne Eisschicht. Ich habe nie so gefroren wie in diesem Winter, und ganz besonders an jenen Tagen, als ich in unserem alten Haus auf die Rückkehr der Eltern wartete.

Ich hätte den Kohleofen im Wohnzimmer anfachen können, doch das Ding machte mir Angst. Mein Vater sagte: »Wenn ein Hund ihn umwirft, geht das ganze Haus in Flammen auf.« Das stimmte. Die Hunde froren. Sie kamen in die Küche und legten sich so dicht wie möglich an den Ofen. Auch die Katzen lagen dort.

An dem Tag, als meine Eltern abfuhren, war es gar nicht so schlimm. In Pullover und Decken gepackt lag ich bäuchlings auf meinem Bett und las, und ab und zu ging ich nach dem schimmernden Flämmchen sehen. Wenn man kurz den Deckel anhob, sah man die riesige Eierbatterie, von weiß über beige bis braun.

Nach angemessener Zeit würden aus den strahlend weißen Eiern die weißen Leghorns schlüpfen, aus den großen braunen die roten Rhodeländer und die Australorps und aus den creme- und beigefarbenen irgendeine gesprenkelte Rasse, deren Namen ich nicht mehr weiß.

Wenn ich Äußerungen lese, die sinngemäß besagen, dass sich die breite Masse nicht betrügen lässt, »weil die Wahrheit ohnehin ans Licht kommt« und so fort, dann fällt mir ein, dass britische Behörden die weißen Eier einfach abgeschafft haben. Eine Studie besagte, dass braune Eier beliebter seien als weiße, und siehe da, schon gab es keine weißen Eier mehr, außer vielleicht in Feinkostläden. Jene alte Augenweide, ein schlichtes weißes Ei gepaart mit einem dunkelbraunen, nebeneinander auf dem Teller – dahin. Weil eine Behörde das so beschlossen hat. Wenn man junge Leute fragt, sagen die sicher: Nein, natürlich sind Eier nicht weiß, weiße Eier hat es nie gegeben. So einfach lässt sich jede Erinnerung an einen Sachverhalt tilgen, wenn ein Mächtiger beschlossen hat, dass er unrentabel ist.

Im Lauf des Tages wurde es kälter, und als ich zu Abend gegessen hatte und Isaac ging, fragte ich nicht, wohin. Ich sehnte mich nach meinem Bett, um mich dort zu wärmen. Der Wind heulte und pfiff, und manchmal kreischte er sogar. Als meine Mutter aus Salisbury anrief, um zu fragen, ob alles in Ordnung sei, sagte sie, sie werde meinen Vater morgen nach Hause bringen, falls bestimmte Untersuchungen gemacht worden seien. »Was würde sie machen, wenn ich sagte: Nein, es ist nicht alles in Ordnung?«, kommentierte die kühle Beobachterin.

Der Brutapparat stand in dem Raum ganz am Ende des Hauses, der direkt an mein Schlafzimmer grenzte. Wenn ich mich auf den Ellbogen stützte, konnte ich von meinem Bett aus den Brutapparat und das winzige Flämmchen sehen. Das Öl, ein kleiner Löffel voll, hielt vierundzwanzig Stunden vor, dann musste nachgefüllt werden. Ich wachte im Dunkeln auf und schaltete die Taschenlampe an: alles in Ordnung. Ich lauschte dem Wind und wusste, dass jede Böe das Flämmchen auspusten konnte. So verging für uns alle die Nacht. Frühstück. Hunde und Katzen wollten in der warmen Küche bleiben. Und ich konnte nicht hinaus in den Busch, weder mit Gewehr noch ohne. Ich durfte die Eier nicht alleinlassen. Also gut, dann würde ich eben weiterlesen.

Ach, es war kalt, so eisig kalt.

Isaac brachte mir am Morgen wie immer den Tee. Ich sah durch die Küchentür, dass er so dicht wie möglich am Ofen saß, während sich zu seinen Füßen Hunde und Katzen balgten. Er hatte sich in seine Decken gehüllt. Als ich ihn rief, weil Paraffinöl nachgefüllt werden musste, kam er mit einer Decke um die Schultern herein. Ich fuhr sanft mit der Hand über die oberste Lage der Eier, besprühte sie dann mit lauwarmem Wasser und wünschte mir statt des Brutapparats die alte Henne mit den warmen Federn herbei.

Wenn ich die Henne gewesen wäre, hätte ich die Eier mit meinen großen Füßen gewendet, um jedem gleich viel Wärme zu geben. Doch hier musste die Luft sanft um die Eier streichen. Ich beugte mich vor, starrte die Eier lange an und stellte mir ihren Inhalt vor. Noch drei, vier Tage bis zum Schlüpfen. Nicht besonders hübsch, so ein zusammengerolltes Küken mit großen Füßen und blinden Augen, da drin, in der Schale. Wenn es unter den vielen Eiern welche gab, die nichts taugten, würden wir das erst ganz am Ende erfahren.

Meine Mutter rief an und sagte, nein, an diesem Tag würden sie nicht nach Hause kommen, aber wahrscheinlich am nächsten. »Er ist sehr krank«, betonte sie. Ich zweifelte nicht daran. Ich spazierte im eiskalten Haus herum und betrachtete die vielen Dinge, die mein Vater wegen der Krankheit brauchte, die Spritzen, die Teststreifen, den Brenner für die Teströhrchen, der klein war, aber immer noch viel größer als der, der die Eier mit warmer Luft versorgte. Mithilfe dieser Gerätschaften konnte mein Vater weiterleben. Drei-, viermal täglich stand er da und hielt ein Teströhrchen mit gelbem Urin über die Flamme, um den Blutzucker zu bestimmen, und dann ein weiteres Röhrchen mit Urin, dem eine andere Chemikalie beigemischt war, um zu bestimmen, was man seinerzeit Aceton nannte. Der Urin wallte entweder meerblau auf, eine sehr hübsche Farbe, oder er wurde schmutzig gelb, oh, das war schlecht, ganz schlecht – wie vertraut mir das war, genau wie meiner Mutter, die all das Tag und Nacht überwachte.

Wie sehr ich mir in der zweiten Nacht wünschte, dass sie da wäre und im Nachthemd mit einer Kerze in der Hand an meinem Bett vorbeischliche, um nach dem Flämmchenschimmer zu sehen!

Seltsam, dass man in Ländern, die für ihre Hitze bekannt sind, sehr viel schlimmer frieren kann als in einem richtig kalten Land, wo man Feuer und Zentralheizung einzusetzen weiß.

Was hatte man schon von einer Wärmflasche, die um Mitternacht kalt und klamm war? Vielleicht würde ja eine nette, freundliche Katze kommen und sich auf mein Bett legen und mich wärmen, aber nein, die wollten lieber in der Küche bleiben.

Ich wusste, dass Isaac in seiner Hütte im *compound* dicht neben dem großen Holzscheit lag, das in den Hütten ständig brannte. Wenn er nicht in unserer Küche schlief, würde der Ofen gegen Mitternacht ausgehen, und kurz darauf wäre die ganze Küche kalt. Vielleicht würden ja dann diese undankbaren Katzen kommen und …

Als mich ein heulender Windstoß weckte, stürzte ich ins Nebenzimmer und sah, dass das Licht verloschen war. Ich tastete nach Streichhölzern, konnte aber nicht gleich eins anreißen, weil es so zog, doch endlich brannte die Lampe wieder. Wie lange war die Flamme wohl schon aus, ohne dass ich es bemerkt hatte? Ich berührte die Eier: Sie waren nicht kalt, aber eindeutig abgekühlt. Was sollte ich tun? Ich nahm den Deckel des Kastens ab und deckte die Eier mit einem alten Federbett zu, um die noch vorhandene Wärme zu halten. Den Rest der Nacht verbrachte ich in ein weiteres Federbett gehüllt neben dem Kasten sitzend, das Flämmchen immer im Blick. Wenn mir die Augen zufielen, merkte ich nichts davon, doch am Morgen brannte das Flämmchen noch. Ich nahm das Federbett von den Eiern und wartete auf den Anruf meiner Mutter. Mir war das alles zu viel, diese Aufgabe. Das Flämmchen war mir ausgegangen. Wahrscheinlich waren sämtliche Eier schon tot, tote Küken in ihrer Schale. Das war alles meine Schuld. Und dabei konnte ich mich kaum wach halten, so kalt war es.

Ich erzählte Isaac nicht, was ich getan hatte. Er war schließlich unzuverlässig, oder? Wirklich ein Witz. Ich hatte wahrscheinlich sechsundneunzig Eier zugrunde gerichtet, und *das konnten wir uns nicht leisten.*

Der Verkauf von Eintagsküken brachte nicht besonders viel ein, doch meine Mutter versuchte damit, wie mit anderen Dingen auch, etwas Bargeld zu verdienen. Es hatte viel Mühe gekostet, die Eier einzusammeln. Und mittlerweile hatte draußen im Gehege eine Henne, die brütig zu werden schien, ein kleines bisschen warmen Sherry bekommen. Jetzt gackerte sie und bebrütete Eierattrappen, die sie bei Laune halten sollten, während die Eier, aus denen ihre Nachkommen schlüpfen sollten, möglicherweise längst gestorben waren.

Isaac machte mir Tee, sagte, ich solle etwas essen, fütterte die Hunde und Katzen und ging davon zum *compound.* Ich sah ihm nach. Ich hätte mir gewünscht, dass er geblieben wäre. Ich wollte, dass meine Eltern wiederkamen, auch wenn ich dann zugeben musste, dass sie recht hatte, jawohl, ich war unverantwortlich, nichtsnutzig und unzuverlässig.

Wie würde meine Mutter den Nachbarn die dramatische Kunde unterbreiten, dass sie eine Siebzehnjährige mehrere Nächte allein gelassen hatte? Gar nicht. Für die Nachbarn war ich das gescheite Tayler-Mädchen, das ein bisschen seltsam war und mit einem Gewehr im Busch herumlief wie ein Junge.

Meine Mutter würde schlicht vergessen zu erwähnen, dass man mich allein gelassen hatte. Als sie anrief, sagte sie, dass sie tags darauf nach Hause kommen würden. Sie sei in ihrem Hotel Mr. MacFayden über den Weg gelaufen, und der werde sie mit zurücknehmen.

Ich glaube, in der nächsten Nacht schlief ich gar nicht. Jedenfalls ging ich nicht ins Bett. Ich saß auf dem Boden, in alles Wärmende eingepackt, was zu finden war, das Flämmchen immer im Blick. Der Wind fegte durchs Haus, doch diesmal löschte er es nicht.

Und am nächsten Nachmittag waren meine Eltern wieder da. Ich hatte mir vorgenommen, meiner Mutter nicht zu erzählen, dass mir das Flämmchen ausgegangen war, doch letzten Endes konnte ich nicht anders. »Man soll niemals lügen.«

Doch sie schien es gar nicht aufzunehmen. »Er wäre fast gestorben«, sagte sie. »Aber jetzt ist anscheinend wieder alles in Ordnung.« Womit sie sich wieder ihrer Hauptaufgabe widmete, meinem Vater.

Und nach ungefähr drei Tagen brachen überall in jenem Turm aus Eiern einzelne Eier auf, und kleine Küken purzelten herum, die scheußlich aussahen, aber bald trockneten und bildhübsch wurden. Nachdem sie gierig Wasser getrunken hatten, wurden sie in warm ausgelegten Kartons über das *veld* zu den Nachbarn geschickt. Die brütige Henne nahm ihre vierundzwanzig Findlinge an und tat so, als hätte sie die Küken selbst ausgebrütet.

Inmitten all dieser Geschäftigkeit wartete ich ab, ob meine Mutter etwas dazu sagen würde, dass mir das Flämmchen ausgegangen war. Sie sagte nichts. Die Furche zwischen ihren Augen war tief und kummervoll, und sie betonte immer wieder, wie schwer das Leben sei. Hatte sie meine Unbedachtheit vergessen? Ich konnte das nicht. Immer wieder fiel mir der Augenblick ein, in dem ich den winzigen schwarzen Krater der Lampe gesehen hatte und wie finster er war.

Dann kam Mr. Watkins vorbei, und wieder hieß es: »Meine gedankenlose Tochter«, »Ein Jammer, dass sie so verschussel ist«, »Manchmal denke ich, was habe ich da nur für ein leichtfertiges Wesen zur Welt gebracht.« Doch das hatte offenbar nichts damit zu tun, dass mir das Flämmchen ausgegangen war.

Mein Vater hörte sich alles an, und dann war sein Moment gekommen.

»Deine Mutter sagt, du warst ganz allein hier. Wie lange? Ich glaube, ich habe nicht viel mitbekommen, ging mir nicht so gut.«

»Drei Tage und drei Nächte.«

»War Isaac hier bei dir?«

Ich wollte Isaac nicht in Schwierigkeiten bringen. »Weißt du, es war so kalt. Er wollte lieber in der schönen warmen Hütte sein, mit einem Feuer, und nicht in unserer Küche. Der Ofen da wird mitten in der Nacht schon kalt.«

So ein Argument konnte ich bei meiner Mutter keinesfalls anführen, aber mein Vater sagte sofort: »Leuchtet mir ein, ja. Ja. Erfährt deine Mutter besser nicht. Aber was hätte dir Isaac schon helfen können?«

»Genau.«

»Ich finde, das hast du gut gemacht. Richtig gut.«

Und dann kam diese Pause.

»Weißt du, deine Mutter verlässt sich nämlich auf dich. Manchmal wächst ihr nämlich alles über den Kopf, das weiß ich.«

»Ja.«

Und dann: »Hab ich dir mal erzählt, wie ich in diesem Winter in Norwich war, und es war so kalt? Das Wetter kam direkt von der Nordsee. Dann fing es an zu schneien und …«

Alles wieder beim Alten.

Bald ging ich fort, um mein Leben als Erwachsene zu beginnen, und ließ die Farm für immer hinter mir. Doch wie oft habe ich in jenem Jahr auf der Farm mit aufgestütztem Kopf dagesessen und in dieses Dunkel gestarrt, das mein Unverständnis so passend widerspiegelte, meine Verblüffung – eine Pose, die für Heranwachsende wahrscheinlich besonders typisch ist. »Was um alles auf der Welt meint sie nur? *Wieso?* Die sind doch alle verrückt, bescheuert, bekloppt, *daneben.* Das ist doch alles Wahnsinn, oder? Wie sonst soll man das nennen?«

Schade, dass kein Gedanke aus der Zukunft durch diese Dunkelheit drang, in die ich starrte, aus jenen späteren Jahren, als ich plötzlich alles verstand.

Meine Mutter verlor ihre Mutter, als sie drei Jahre alt war, worauf sie mit einem kalten, autoritären Vater zurückblieb und als Heranwachsende nicht viel Zärtlichkeit und Zuwendung bekam. Weil sie schwer arbeitete, um ihrem ehrgeizigen Vater Freude zu machen, war sie überall die Beste. Als sie gegen seinen Willen Krankenschwester wurde, was seiner Meinung nach nichts für Mädchen aus dem Mittelstand war, sagte er: »Dann bist du nicht mehr meine Tochter«, und sie absolvierte die vierjährige Ausbildung ohne seine Hilfe. Da Krankenschwestern sehr schlecht bezahlt wurden, litt sie oft Hunger, wie sie sagte, und konnte sich nicht einmal ein Taschentuch oder gute Seife leisten. Sie legte erstklassige Prüfungen ab, und er hätte ihr nur zu gern verziehen, doch sie verzieh ihm nicht. Sie pflegte die Verwundeten des Ersten Weltkriegs. Erst spät in meinem Leben war ich in der Lage, bei ihr bestimmte Zwischentöne wahrzunehmen, die ich zuvor gar nicht »gehört« hatte, und ich begriff, was die Kriegsjahre sie gekostet hatten. Danach heiratete sie meinen verwundeten Vater und fand sich zu ihrem Entzücken in Persien wieder (dem heutigen Iran), wo sie das Leben führte, für das sie geboren war. Sie war kontaktfreudig und gesellig, nahm als Mitglied der »Gesandtschaftsgesellschaft« an Picknicks und musikalischen Abenden und Partys teil und genoss jeden Moment, während mein misanthropischer Vater ihr vorwarf, wie leichtfertig sie sei. Und dann war auf einmal alles vorbei, und sie lebte auf einer Farm mitten in Afrika mit einem einbeinigen Ehemann, der einen schweren Zusammenbruch erlitten hatte, »Kriegsneurose«, und bald Diabetes bekam. Es gab zwei Kinder, die sie ständig enttäuschten. Nichts als schwere Arbeit, Tag für Tag, besonders als mein Vater erkrankte und die Krankheit immer schlimmer und schlimmer wurde. »Gut, dass wir in unserer Jugend nicht wissen, was uns bevorsteht.« Sie schwelgte oft in Erinnerungen an »die schönste Zeit in ihrem Leben«, in Persien, und erzählte, sie sei auf einem Kostümfest als Cockney-Blumenmädchen verkleidet gewesen, worauf ein junger Subalternoffizier zu ihr gesagt habe: »Aber Mrs. Tayler, ich habe sie gar nicht erkannt. Sie sehen so hübsch aus.« Das erzählte sie immer wieder, während ihr Tränen über die Wangen liefen. Was mich anging, den kalten, herzlosen, verächtlichen Teenager, so machte ich mich insgeheim darüber lustig. »Es liegt ihr tatsächlich etwas daran, dass so ein rotznasiger kleiner Soldat sie hübsch gefunden hat.« Erst spät, sehr spät in meinem Leben begriff ich, wer dieses imaginäre, so gedankenlose und nichtsnutzige Mädchen war. Sie war es selbst, in einer Erweiterung ihrer Träume auf mich projiziert. Sie selbst hatte nie in ihrem schweren Leben gedankenlos und nichtsnutzig sein dürfen, hatte sich jederzeit verantwortungsbewusst und besonnen gezeigt. (Abgesehen von jenen fünf Jahren in Persien.) Hübsch war sie sicherlich nicht. Das hätte die Stiefmutter in ihrer kalten Frömmigkeit niemals geduldet.

DIE ERDMUTTER
Im Gespräch mit Bernadette Conrad

Bernadette Conrad sprach mit Doris Lessing in ihrem Haus in Hampstead. Das Interview erschien am 18. Oktober 2007 in DIE ZEIT.

CONRAD: Zu Beginn Ihres neuen Romans *Die Kluft* stellen Sie eine verblüffende Frage: Sind Männer vielleicht eine »jüngere Sorte Mensch«, eine weniger ausgereifte? Wie kamen Sie zu dieser Frage?

LESSING: Mir fiel vor ungefähr zwei Jahren eine Zeitungsnotiz in die Hände: Es gebe Hinweise darauf, dass unsere Gattung ursprünglich weiblich gewesen sei und dass Männer später dazugekommen seien. Was für eine Vorstellung! Was spielte sich ab, als die Männer plötzlich auftauchten? Gab es keine Probleme? Die Frauen als eingeschworene Gemeinschaft, nicht gefährdet, nicht herausgefordert, in gutem Klima, mit genug Essen – und dann plötzlich kommen Männer! Wenn das wahr wäre, würde es vieles erklären.

CONRAD: Sie schreiben: »Ihnen – den Männern – fehlt die Solidität von Frauen, die mit einer Art natürlicher Harmonie ihren Umgang mit der Welt finden. Männer sind viel instabiler, rastloser, suchender.« Früher haben Sie einmal beschrieben, wie sich Frauen verhalten, wenn sie unter sich sind: fürsorglich, genussvoll, entspannt.

LESSING: Ist das denn nicht so? Männer und Frauen sind extrem unterschiedlich!

CONRAD: Vor allem nach Ihrem *Goldenen Notizbuch* 1962 warb die Frauenbewegung um Sie. War das ein Konflikt zwischen Ihnen und dem *women's movement*, dass Sie die Unterschiede zwischen Mann und Frau eher für naturgegeben halten und nicht so sehr für gesellschaftlich gemacht?

LESSING: Schwer zu sagen, ich war nie Teil der Bewegung. Ich habe einfach immer auf diesem grundlegenden Unterschied bestanden: Frauen gebären, alles Leben stammt aus ihnen. Das ist naturgegeben.

CONRAD: Gut, aber was heißt das? Ich denke an Bücher wie *Der Sommer vor der Dunkelheit*, in dem Sie den inneren Kampf einer Frau in ihren Vierzigern um einen eigenen Lebenssinn, unabhängig von Mann und Familie, beschrieben haben. Hier erzählen Sie davon, wie gefährdet Frauen sind, ihre seelische und geistige Unabhängigkeit einem Mann, einer Familie zu opfern. Den Konflikt zwischen dieser »naturgegebenen Rolle« und den Folgen daraus haben Sie ja häufig in Ihrem Werk thematisiert.

LESSING: Natürlich, ich stamme ja aus der Zeit vor der Pille. Frauen in meinem Alter erscheint es erstaunlich, dass für jüngere Frauen Geburtenkontrolle etwas Selbstverständliches ist. Es ist die Revolution unserer Zeit. Alle anderen Revolutionen sind nichts dagegen. Dabei rede ich natürlich von der westlichen Welt. Wirklich erstaunt bin ich besonders darüber, dass Frauen nach all diesen historischen Veränderungen nicht nach mehr suchen, nach anderen Arbeitsformen. Mir scheint, dass Frauen zu viel mehr in der Lage wären, als sie wirklich tun.

CONRAD: Hat die Frauenbewegung also nichts verändert – oder viel zu wenig?

LESSING: Nun ja, die Gleichbezahlung haben wir in Großbritannien zum Beispiel immer noch nicht erreicht. Frauen machen dieselbe Arbeit wie Männer und werden schlechter bezahlt. Freiheit läuft immer noch stark auf die Frage hinaus: Verdient man sein eigenes Geld oder nicht?

CONRAD: Diese Freiheit scheint dann oft mit Alleinsein verbunden. Sie haben einmal Einsamkeit als einen großen Luxus beschrieben …

LESSING: Ja, natürlich. Die Freiheit, für niemanden anders sorgen zu müssen. So werden Frauen ja oft gesehen – sie müssen den Betrieb am Laufen halten. Es als Frau zu erreichen, dass man diese Rolle nicht einnehmen muss und vielleicht auch gar nicht will, scheint mir harte Arbeit zu sein. Mit dieser Einsamkeit meine ich ja nicht ein trauriges unfreiwilliges Alleinsein, sondern ganz im Gegenteil etwas Segensreiches, das man ganz für sich hat.

CONRAD: In Ihrem Roman *Ein süßer Traum* wird eine der weiblichen Hauptfiguren, Frances, eine »Hausmutter, Erdmutter« genannt. Immer sitzen an ihrem Tisch viele Leute, Freunde ihrer Kinder, Genossen, ihr Exmann … Sie hat gar keine Chance auf Einsamkeit; keine Chance, mit dem Versorgen aufzuhören.

LESSING: So eine Erdmutter war ich, genau. Das mit dem Versorgen hat nie aufgehört. Im letzten Jahr ging es meinem Sohn so schlecht, dass ich kaum zum Arbeiten kam. Aber damals sagte ich mir, das Jahr 2007 wird ein besseres …

CONRAD: Ein Thema, das Ihr Werk mit wachsender Intensität durchzieht, ist die menschliche Zerstörungs- und Selbstzerstörungskraft.

LESSING: Unsere Spezies scheint keinen ausgeprägten Sinn für Selbsterhaltung zu haben. Was sich tatsächlich durch die Zeiten nicht verändert, ist die Sucht großer Staaten, zu dominieren und andere zu malträtieren. Als ich ein Mädchen war, stellten die USA keine Bedrohung dar wie jetzt. In meiner Lebenszeit sah und sehe ich Empires aufsteigen und wieder fallen. Nicht dass mir das gefiele – aber so scheint die Geschichte zu laufen.

CONRAD: Was für konkrete Bedrohungen meinen Sie?

LESSING: Der ungeheuer hohe Preis, auf verschiedenen Ebenen, den der Irakkrieg kostet. Die Radikalität junger Muslime. Glücklicherweise haben die gemäßigten Muslime starken Einfluss. Dann ein möglicher Atomkrieg. Plötzlich ist eine Bedrohung wieder da, die eine Weile geschlummert hat. Außerdem staune ich darüber, wie traditionell ablehnend wir als das absolute Einwanderungsland gegenüber außen sind. Es ist ja nicht das erste Mal, dass die ganze Welt hier einwandert; das Römische Reich war genau so ein Schmelztiegel, und die DNA-Forschung beweist, dass wir alle irgendwas Gemischtes in unserem Blut haben. Wie kommt man um Himmels willen dazu, eine Rasse herauszudividieren und zu meinen, die sei englischer als eine andere? Dieser Fremdenhass scheint mir vor allem die ältere Generation zu betreffen, die noch das Empire im Kopf hat. Bei den meisten Jungen bemerke ich weniger Fremdenfeindlichkeit.

CONRAD: Was macht Ihnen Hoffnung?

LESSING: Wenn ich ans südliche Afrika denke, wo ich ja aufgewachsen bin, denke ich natürlich an Nelson Mandela. Er war ein Wunder, schlichtweg. Aber schon jetzt muss man wieder sagen, Mbeki hingegen ist keines. Hoffnungszeichen, natürlich gibt es sie. Die Apartheid ist Vergangenheit. Rassismus ist endlich ein Verbrechen. Wirklich hoffnungsvoll ist nur, dass über all das gesprochen wird. Vor hundert Jahren hätte niemand etwas von Darfur gewusst. Wir kennen die Tragödien und fragen uns zumindest, was man tun könnte.

CONRAD: Wenn man Ihre Bücher liest, zieht sich die Sorge um das ökologische Überleben der Erde als die vielleicht größte Angst hindurch. Ihr vorletzter Roman, *Die Geschichte von General Dann und Maras Tochter, von Griot und dem Schneehund*, beschreibt einen Albtraum. Die Welt ist klimatisch zerstört, die Menschen sind sämtlich Flüchtlinge. Kultur ist kein Thema mehr, weil das unmittelbare Überleben alle Energien und Gefühle frisst ... Immer schon sind Sie eine Autorin gewesen, die Zustände erfasst, zur Sprache bringt, lange bevor sie im Mainstream ankommen.

LESSING: Ich nehme an, dass diese Begabung zu Vorgefühlen oder Vorahnungen aus meiner Jugend stammt – dieser fürchterliche Erste Weltkrieg war damals allgegenwärtig; jeder in meiner Umgebung war davon gezeichnet. Im Zweiten Weltkrieg war ich dann von Flüchtlingen umgeben. Ich lernte, von diesen Schrecken nicht überrascht, sondern im Gegenteil immer auf sie gefasst zu sein. Es ist ja kein Zufall, dass ich den zweiten Band meiner Autobiografie *Schritte im Schatten* genannt habe – diese Schatten sind mir vertrauter als alles andere. Aber das bin ja nicht nur ich. Millionen von Leuten sind unter diesen Umständen groß geworden, viele nicht mal bewusst.

CONRAD: Den Nerv der Zeit haben Sie auch mit Ihrem berühmtesten Buch, dem *Goldenen Notizbuch*, 1962 getroffen. Hat man noch eine Verbindung zu einem Buch, dessen Entstehung so weit zurückliegt, das so weit weg ist?

LESSING: Es ist noch immer mein Buch, und gleichzeitig weiß ich: Ich könnte es nicht mehr schreiben, nichts mehr in der Art. Es ist im Kalten Krieg geschrieben. Schon allein, was das bedeutet, versucht man jungen Leuten heute zu erzählen, und sie lachen und können sich nichts darunter vorstellen.

CONRAD: Man gewinnt mit dem Älterwerden also Neues und verliert Altes?

LESSING: Man verliert alles … (*lacht*) Meine Energie ist vollständig weg. Gar nichts mehr da.

CONRAD: Aber es erscheint ja immer noch jedes zweite Jahr etwas Neues von Ihnen …

LESSING: Lassen Sie es sich gesagt sein: Die Wahrheit ist die, dass ich es kaum schaffe, Energie zum Schreiben zusammenzukratzen. Ich glaube, jüngere Leute können das schwer ertragen, dass man so schwach werden kann und dann sagt, so ist es. Es macht ihnen Angst.

CONRAD: Arbeiten Sie heute immer noch mit Ihren Träumen?

LESSING: Oh ja, sehr. Es ist mir mehrfach passiert, dass ich beim Schreiben irgendwo feststeckte und nicht weiterkam, und am Morgen war eine Antwort da. Es ist eine Technik. Du denkst und denkst den Tag über etwas nach, und vor dem Schlafengehen legst du es im Unterbewussten ab. Das arbeitet dann daran. In *General Dann* war ich an so einem Punkt, eine unerwartete Figur tauchte auf, ich verlor den Plan und brauchte etwas, um wieder zu ihm zurückzufinden. Dann träumte ich von Schneehunden – und da waren sie, die ich für die Geschichte brauchte.

CONRAD: Und wenn Sie einen Traum hätten, der in Erfüllung ginge?

LESSING: Dass wir endlich aufhören, diesen armen Planeten mit unserem Dreck zu beladen.

AUTOBIOGRAFIE

*Der Text entstand 2007 anlässlich der Verleihung des
Literaturnobelpreises und wurde in der Buchreihe*
Les Prix Nobel. The Nobel Prizes *veröffentlicht.*

Das alte Steinhaus, in dem ich geboren wurde, hatte Aussicht auf
die schneebedeckten Berge und die staubigen Ebenen in der Umgebung der kleinen Stadt. Ein hoch gelegener, trockener Ort. Wie
meine Mutter sagte, war Wäsche, die man um acht Uhr morgens
ins Freie hängte, um die Mittagszeit längst getrocknet. Die Außenwelt war im Haus in Gestalt eines jungen Amerikaners präsent, der bei uns wohnte. Er hatte mit Öl zu tun. »Damals hatten
in der Gegend viele mit Öl zu tun.« So kündigte die Zukunft sich
an. Ich erinnere mich vor allem an seine Stimme, allerdings
überlagert von wahrscheinlich hundert anderen amerikanischen
Stimmen seither.

Ich wurde 1919 geboren. Jahrzehnte später fiel mir ein Buch
in die Hände, so eins, wie man sie in Kisten mit »Remitten-
den« sieht oder – früher – in Antiquariaten fand. Ein britischer
»Geschäftsmann« hatte es geschrieben, offenkundig eine Art
Agent oder Spion. Er war gemütlich durch Persien gereist,
durch Stammesgebiete und Dörfer mit Schafen und Schäfern.
Dieses Persien gibt es schon lange nicht mehr. Er hat all das
ausgiebig genossen, die Menschen waren fasziniert von ihm,
diesem Exoten aus der Außenwelt, und er interessierte sich
sehr für sie, stellte viele Fragen. Über Kermanschah schrieb er,
dass dort die Grippeepidemie von 1918/19 gewütet habe. Auch
der Krieg habe die Stadt heimgesucht. Meine Eltern hatten
reichlich Erinnerungen an ihre beiden Jahre in Kermanschah,
doch von der Grippe oder von Kriegsflüchtlingen war nie die
Rede.

Es gibt eine Erinnerung, die unzweifelhaft aus dieser Zeit

stammt. Mein Vater ritt auf einem Pferd zur Arbeit in die Bank (der Imperial Bank of Persia). Jeden Morgen wurde ich hinaufgehoben, von den Händen meines Vaters um die Rippen gepackt und vor ihn hingesetzt. Dann ritt ich ein kurzes Stück mit ihm, bevor er in eine größere Straße einbog. Was ich davon in Erinnerung behalten habe, ist stark, ja gewalttätig. Zunächst der Geruch des Pferdes, dann die schlierige Hitze des Pferdefells, auf dem meine Hände liegen. Die Hitze des Pferds an meinen Beinen. Mein Vater hielt mich im Arm, und ich lehnte mich an ihn. Der Geruch seines Jacketts, der leicht rauchige Geruch von Tweed. Und unter dem Tweed die Riemen, die an seinem Körper entlang über die Schulter verliefen und an denen sein Holzbein befestigt war. Das Bein, das ein hohles »Tock« von sich gab, wenn man dagegentrat, war ein Vermächtnis des Krieges – der Schützengräben.

Wenn man eine Elfe von einem Mädchen oder einen kleinen Jungen sieht, ganz in ein Spielzeug versunken, dann sieht man ein Wesen, das Stürmen von Sinneswahrnehmungen ausgeliefert ist. Vor meinem Vater sitzend, klammerte ich mich an ihn – »Halt sie fest, lass sie nicht fallen« –, mehrere weibliche Stimmen, nervtötend in diesem Sturm von Gerüchen, Geräuschen, Lauten. Wir ritten langsam auf das große Tor zu, das Pferd bewegte sich unbeholfen unter mir, die Riemen am Holzbein meines Vaters drückten sich in meinen Rücken. Ich wusste, sobald man mich vom Pferd herunterließ, würde mein Vater im Trab weiterreiten und dann im Galopp. Wie ich mich danach sehnte, dabei zu sein. Aber nein. Es ging langsam voran, und die Stimme meines Vaters redete dicht hinter mir dem Pferd gut zu: »Ruhig, langsam …«

Und was das kleine Kind, das man dort sieht, zu essen bekommt … Wenn sich die Geschmacksknospen nicht spät noch einmal umorientieren, hat man als Erwachsener vergessen, was kleine Kinder schmecken, was sie im Mund haben – Geschmacksexplosionen.

Wenn ich wissen will, was ein kleines Kind erlebt, rufe ich mir jenen langsamen Ritt auf dem Pferd meines Vaters ins Gedächtnis, bei dem mich mein Vater umfasst hielt. Schon der Geruch eines Pferds ist ein Rauschmittel, das schwindlig macht.

Manche Erinnerungen muss man hegen, festhalten, als Mahnung bewahren.

Dies war meine beste Erinnerung an meine ersten beiden Jahre, und darüber hinaus der Geruch, der bei den Worten *Markt, Basar* wiederkehrt, ein warmer, würziger Geruch, und Rufe, Anweisungen in jener anderen Sprache.

Und dann kam Teheran, an das ich sehr viele Erinnerung habe, aber eine der stärksten ist jene an die Geburt meines Bruders.

Diese Erinnerung ist zweifellos echt, denn alles um mich herum ist so hoch, der Griff der Klokette schwebt Meilen über meinem Kopf, mein Vater, an einer Variante des Couvade-Syndroms erkrankt, liegt auf einem hohen Bett, sodass ich ihn kaum sehen kann. Ich berühre die Rüschen eines Kinderbetts, strecke dafür die Hand nach oben aus. Meine Mutter ist groß und mächtig, sie steht mit einem Baby neben dem Kinderbett und sagt eindringlich zu mir: »Das hier ist dein Baby«, und »Das musst du jetzt lieben«. Es war zwar nicht mein Baby, aber ich liebte es wirklich. Die kleine Szene wirkte für den Rest meines emotionalen Lebens als treibende Kraft. Erst spät in meinem Leben, beim Schreiben von *Mara und Dann,* wo ein kleines Mädchen den kleinen Bruder liebt und beschützt, erinnerte ich mich, wie mächtig diese Verfügung gewesen war. »Und das musst du jetzt lieben.« Doch die Lüge dabei, »Das ist dein Baby« – die vergesse ich nie. Argwohn gegenüber der bösen Absicht. Einmal verlorenes Vertrauen ist schwer wiederherzustellen.

Die drei Jahre in Teheran sind wie eine Galerie von Erinnerungen, doch ich erwähne nur drei.

Die kleinen Kinder werden nach draußen getragen, weil sie den Vollmond sehen sollen, die Sterne. Ich lispelte die Namen, Mond und Sterne, zweifellos ein süßes kleines Ding, doch später, als ich unter anderem Himmel, anderem Mond und anderen Sternen ein grässlicher Teenager war, fuhr mein Vater mich an: »Ihr wart so entzückende kleine Dinger mit eurem ›Mon, Mon‹

eurem ›Sderne‹, und schau dich jetzt an, kaum zu glauben, dass du mal so ein hübsches kleines Ding gewesen bist.« Ich verstand, was er meinte, durchaus, und um diese Zeit ging ich auch von zu Hause weg, mit ungefähr fünfzehn.

Natürlich wollen alle stolzen Eltern ihren Kleinkindern Mond und Sterne zeigen – die folgende Erinnerung eignet sich allerdings eher für eine Abhandlung über Kinderpsychologie. Wir befinden uns im Kinderzimmer in Teheran, ich und mein Bruder, und als wir uns ausziehen, um schlafen zu gehen, sage ich zu ihm: »Was hast du denn da.« Ich zeige auf seine männliche Bestückung. Obwohl ich mit den Genitalien meines Bruders seit Jahren vertraut bin, im Grunde seit seiner Geburt. Trotzdem scheint es, als hätte ich sie gerade erst bemerkt. »Was hast du denn da?« Und mein Bruder, der drei oder vielleicht vier Jahre alt ist, schiebt sein Becken vor und richtet alles auf mich. »Meins«, sagt er, »das ist meins.« – »Mein Pipidings ist besser als dein Pipidings«, behaupte ich und versuche vergeblich, meine Spalte irgendwie eindrucksvoll erscheinen zu lassen. »Das ist meins, meins«, sagt Harry, biegt seinen Penis ein bisschen um und lässt ihn in meine Richtung schnipsen. »Du hast da gar nichts«, erklärt er nachdrücklich. Diese Szene ist in meinen Roman *Die Kluft* eingegangen, als Schlüsselmoment im Leben zweier kleiner Kinder. Und natürlich haben wir alle Ähnliches erlebt, sofern wir irgendwann mit dem zu tun hatten, was sich in Kinderzimmern abspielt. Diese Szene kehrt sicherlich immer wieder – sie ist exemplarisch.

Unter den vielen Erinnerungen ist auch eine, die sich für Pädagogen eignet. Es ist Winter, und meine Mutter hat eine überlebensgroße Katze aus Schnee gebaut. Den Sockel bildet eine Kiste, die mit Stoff drapiert ist, auf dem der Schnee Muster zeichnet. Die Katze sitzt aufrecht da, sodass man alle vier Pfoten sieht, blickt aus grünen, leuchtenden Augen und bietet ein eindrucksvolles Bild im Schneegestöber.

Ich bin verzückt, verzaubert von der weißen Katze. Weil ihr Blick mir folgt, rufe ich: »Schau, sie sieht mich an.« Tatsächlich, die Katze sieht mich durch das glitzernde Schneegestöber an.

»Sei nicht albern«, sagt meine Mutter. »Das sind doch nur grüne Steine.« Und dann schnappt sie der Katze die Augen weg, eins, zwei, hält mir die leuchtend grünen Kiesel hin – und setzt sie wieder ein.

Irgendwo in einem Garten in Teheran liegen zwei grüne Kiesel, die einmal die Augen einer weißen Katze waren und im Schneegestöber geleuchtet haben.

Andere Erinnerungen – oh, es gibt viele, aber inzwischen werde ich schon fünf, die Familie verlässt Teheran, und wir wollen über Moskau nach England reisen. Es fährt ein Zug vom Kaspischen Meer nach Moskau. Für Edwardianer wie meine Eltern bedeutete ein Zug, dass es Speisewagen und Schaffner gab, dass alles sicher, geregelt und ungefährlich war, denn meine Mutter würde mit ihren kleinen Lieblingen auf keinen Fall bei dieser Hitze das Rote Meer befahren.

Nun werden die Erinnerungen zum Fluss, zur Flut. Zuerst jene Zugfahrt durch Russland, in einem Zug, der kurz zuvor noch zum Truppentransport gedient hatte und schmutzig war, dessen zerfetzte Sitze eine Ladung Insektenpulver vertragen hätten. Nichts zu essen im Zug. Meine Mutter sprang an den Bahnhöfen hinaus, um den Bauersfrauen hart gekochte Eier und Pasteten abzukaufen. Als der Zug an einem Bahnhof ohne sie abfuhr, hielt sie ohne ein Wort Russisch den nächsten an, beschlagnahmte ihn und holte unseren Zug am nächsten Tag ein – Panik, Terror geradezu. Nie werde ich diese Bahnhöfe vergessen, überall zerlumpte, hungrige Kinder, die ihre Eltern im Bürgerkrieg verloren hatten. Konnte es denn sein, dass manche Kinder keine Mutter hatten, keinen Vater? Noch mehr Panik. Und an jedem Bahnhof zahllose Erwachsene und Kinder, für die unser schäbiger Zug Essen und Sicherheit versprach. Dann Moskau, ein richtiges Hotel, und danach eine Schifffahrt durch die baltischen Staaten. Als ich Jahre später in Riga war, sah ich den kleinen Park, in dem ich mit meinem Bruder gespielt hatte, doch er war vom Krieg beschädigt (wie Kermanschah im Iran, wie Jahre später Simbabwe). Auch das Hotel war noch da, aber waren das wirklich meine Erinnerungen, nicht vielleicht Ausschnitte aus einem Bergman-Film? Seine Filme lieben weite Hotelkorridore, die anders als heute aussehen und wo vielleicht ein Zwerg auftaucht, Schauspieler hier und da, eine Art alter Mann, der einen zu erstaunlichen Geheimnissen locken will ...

England, das ich verabscheute. Diese Erinnerung ist echt. Ich kam aus dem hoch gelegenen, trockenen, sonnenbeschienenen Persien, wo es schneebedeckte Berge gab. Und jetzt – doch das lässt sich in einer Erinnerung zusammenfassen. Über die Auslage eines Fischhändlers mit toten starrenden Fischen klettert mit letzter Kraft ein schwarzer Hummer, »auf der Suche nach dem Meer«, wie jemand sagt. »Ja, aber der findet das Meer nicht wieder«, und grauer Regen fällt – sechs Monate England.

Das Schiff, die Seereise. Meine Mutter mochte den Kapitän und hatte eine lustige Zeit mit ihm, während mein armer Vater seekrank in seiner Koje lag.

Abends wurde getanzt und gespeist, und als ich mitkommen wollte, hieß es, das würde mir keinen Spaß machen. Natürlich hätte es mir Spaß gemacht. Also benahm ich mich schlecht, um meine Mutter für ihre Lüge zu bestrafen. Ich versuchte, ihre Abendkleider mit einer Nagelschere zu zerschneiden. Und ich benahm mich auch im Verlauf der weiteren Reise schlecht, auf der es allerhand zu bestaunen gab ... »Schau mal da, schau, die Strauße!« Da waren sie und staksten über eine sandige Ebene, und später, nachdem ich mich so oft boshaft benommen hatte, fuhr ich auf dem Wagen (einem Planwagen wie im Film), in dem ich nachts lag und zusah, wie die Sturmlaterne am Haken unter dem Segeltuch schwankte, und jenseits davon der Busch und die Geräusche der Nacht.

Und dann dieses Haus, wie man es baute ... So ein Haus war sehr schnell errichtet. Man hebt einen Graben aus, treibt aus dem Busch geschnittene Pfähle hinein, verbindet sie mit dem wunderbar riechenden aprikosenfarbenen »Buschseil«, dem fleischigen Bast des Musasabaums, klatscht mit den Händen Lehm auf die Pfähle, deckt alles mit duftenden, frisch geschnittenen Grasbündeln ab, Türen und Fenster dazu, und fertig ist das Haus, das wir bald bezogen.

Natürlich gab es kleinere Rückschläge, zum Beispiel, dass in der Familie nicht einmal, sondern zweimal geheiratet wurde.

Ich könnte überschwänglich schwärmen, wozu ich insgeheim neige, mich an unbezahlbare Augenblicke erinnern, an den warmen Schein der Öllampen an weißen Lehmwänden, an das schimmernde Stroh.

Doch nun muss wohl das Abenteuer beginnen, das mein Leben war, und ich könnte bei den Schrecken der Klosterschule verweilen, wo ich so unglücklich war, dass ich in meinem Leben nichts Schlimmeres erleben sollte.

Viel schöner war es im Busch, wo ich so oft war, allein oder mit meinem Bruder.

Entscheidend bei diesen Erinnerungen ist, dass sie ungreifbar und mittlerweile so weit weg sind wie vielleicht die »Szenen aus dem Burenkrieg« für meine Eltern. Unsere Farm war umgeben von unberührtem Busch voller Tiere, die dort geboren und heimisch waren. Elefanten gab es nicht mehr, auch keine Löwen, aber sonst waren alle da, und wenn ich am Morgen ein paar Schritte den Hügel hinunterspazierte, konnte ich Kudus sehen, Elenantilopen, kleine Ducker, ein Stachelschwein, Schlangen, die Buschäffchen, die auch als Haustiere gehalten wurden und nachts bisweilen über die Dachsparren unseres Hauses flitzten.

Ich stand vor meinem Zimmer und blickte von oben auf Jagdfalken hinab, die über den Maisfeldern aufstiegen.

Diese Tiere leben inzwischen in Wildparks.

Es gibt immer weniger Vögel. Weiße und Schwarze, das ist zu viel für die Tiere und Vögel, die früher behaupten konnten: »Dieser Busch gehört uns ...«

Es gab Hunderte Abenteuer und Freuden im Busch.

Und nun muss ich berichten, dass mein Bruder und ich spät im Leben Freunde wurden, doch wenn ich mich in Erinnerungen an jene Tage im Busch erging, fiel mir auf, dass er häufig schwieg.

Er sagte, er habe keine Erinnerungen an die Zeit, bevor er elf Jahre alt war. »Was, keine?«

Keine.

»Du weißt nicht mehr, dass wir im Busch waren und das Wildschwein uns jagte und wir auf einen Baum stiegen und du so lachen musstest, dass du ihm fast vor die Füße gefallen wärst?«

»Nein, das weiß ich nicht mehr.«

»Du weißt nicht mehr, wie wir zum Fluss gingen und uns dort hinsetzten und die Horde Paviane beim Fressen und Saufen beobachteten, bis der große Pavian herumfuchtelte und uns bedrohte, sodass wir nachgaben und weggingen?«

»Nein.«

»Du weißt nicht mehr, wie wir …«

»Nein, weiß ich nicht.«

Da saß mir mein Bruder am Tisch gegenüber, und mein Kopf war voller Erinnerungen, während seiner, wie er sagte, ganz leer war.

Wie konnte das sein?

Mit sieben, sagte er, habe er den Sohn des Kochboys mitgenommen, der ein Gewehr trug, und etwas Brot, und sei dann tagelang im Busch geblieben.

»Wir hatten uns immer viel zu erzählen, das kann ich dir sagen.«

Dann war ich in der Stadt, für ein Jahr gehörte ich zu all den anderen Mädchen. Die wenigen infrage kommenden jungen Männer der Stadt und die Mädchen – wir alle gingen jeden Abend ins Bioskop (ins Kino), und zwar im Abendkleid. In der Provinz neigt man dazu, aus gewöhnlichen Dingen große Anlässe zu machen. Getanzt haben wir auch. Mit »wir« meine ich die jungen Weißen.

Und dann kam der Krieg, und ich heiratete, weil man das im Krieg nun einmal so macht, und anschließend war ich drei Jahre lang die konventionellste weiße Madam, machte alles richtig, kochte, nähte Kleider, und zwei Babys kamen auch. Wie unendlich anpassungsfähig wir doch sind. Ich hasste dieses Leben, diese Gesellschaft – einhunderttausend Weiße geboten im alten Südrhodesien über eine halbe Million Schwarze.

Ich brach aus dieser Ehe aus, heiratete einen deutschen Flüchtling, Gottfried Lessing, und bekam noch ein Kind. Kinder bekommen ist wirklich ganz leicht, wenn man sehr jung ist – inzwischen muss man das wohl betonen, weil es anscheinend immer schwieriger wird, Kinder zu haben.

Zehn Jahre Krieg. In der Kolonie sammelten sich Flüchtlinge aus Europa und Leute von der Royal Air Force. Erstaunlich, dass dieses Kapitel des Krieges so in Vergessenheit geraten ist.

1939 bis 1945. 45 bis 49 waren die schlimmsten Jahre meines Lebens. Ich brannte darauf, endlich nach England zu gehen, was ich mit dem entsprechenden Geld schon 38, 39 getan hätte. Doch ich konnte nicht gleich weg, weil Gottfried die britische Staatsbürgerschaft haben wollte und es dadurch Komplikationen gab – eine Scheidung wäre für ihn nicht hilfreich gewesen. Aber ich hielt durch, wir ließen uns in aller Freundschaft scheiden, und dann ging ich nach England. Ich glaube, der Rest ist angemessen dokumentiert.

Mir war, als würde mein wirkliches Leben beginnen, als ich endlich im kriegsgebeutelten, schmutzigen, kalten England ankam. Und natürlich war es so. Seither habe ich geschrieben, das war mein Leben.

Das Leben ist Schwerstarbeit – so lautet mein Resümee, während ich das Ende des Lebens erreiche. »Ach, diese Schwerstarbeit. Immer.«

Ich hatte die meiste Zeit über ein Kind, und wie wir alle wissen, lebt es sich als Schriftstellerin besser ohne kleine Kinder. Womit ich aber nicht sagen will, dass ich das Kind je weggewünscht hätte. An mehreren Punkten meines Lebens habe ich sogar Kinder und junge Leute aufgenommen, obwohl es nicht sein musste, wie man es in *Ein süßer Traum* zum Beispiel lesen kann. Doch die wahre Geschichte eines Lebens liegt in der

Aufzeichnung von Erinnerungen oder Träumen … und wo soll ich anfangen, wo soll ich aufhören? Früher dachte ich einmal, ich würde meine Autobiografie in Träumen schreiben. Mein gescheiterter Versuch führte zu *Die Memoiren einer Überlebenden*. Von Träumen, von einem Traum wurde ich oft gerettet, wenn ich nicht weiterwusste bei einer Geschichte oder einem Roman.

DEN NOBELPREIS NICHT GEWINNEN

Doris Lessings Nobelvorlesung anlässlich der Verleihung
des Nobelpreises für Literatur im Dezember 2007.

Ich stehe in einem Türrahmen und blicke durch wehende Staubwolken dorthin, wo es noch Wald gibt, der nicht abgeholzt
worden ist, wie ich höre. Gestern bin ich meilenweit an Baum-
stümpfen und verkohlten Flächen vorbeigefahren, wo 56 der
wunderbarste Wald stand, den ich je gesehen habe; jetzt ist er
vernichtet. Menschen müssen essen. Sie brauchen Brennstoff.

Es ist Anfang der achtziger Jahre, und ich bin im Nordwesten
Simbabwes zu Besuch bei einem Freund, der an einer Schule in
London Lehrer war. Er ist hier, »um Afrika zu helfen«, wie wir
sagen. Er ist eine gute idealistische Seele, und als er diese Schule
hier sah, verfiel er vor Schreck in eine Depression, von der er sich
nur schwer erholte. Die Schule ist wie alle anderen, die nach der
Unabhängigkeit gebaut worden sind. Sie besteht aus vier großen
Räumen mit Ziegelwänden, die einfach nebeneinander in den
Staub gesetzt worden sind, eins, zwei, drei, vier, mit einem kleineren Raum am Ende, das ist die Bibliothek. In den Klassenzimmern gibt es Tafeln, aber die Kreide hat mein Freund in der
Hosentasche, damit sie nicht gestohlen wird. Es gibt in der
Schule keinen Atlas und keinen Globus, keine Schulbücher oder
Hefte oder Kugelschreiber. In der Bibliothek stehen nicht die
Bücher, die die Schüler gerne lesen würden, nur dicke Wälzer
aus amerikanischen Universitäten, die man kaum hochheben
kann, Aussortiertes aus den Bibliotheken der Weißen, oder Bücher mit Titeln wie *Ein Wochenende in Paris* oder *Felicity findet*
die Liebe.

Eine Ziege sucht im dürren Gras nach Nahrung. Der Rektor
hat Gelder der Schule veruntreut und ist suspendiert worden,
was eine Frage aufwirft, die uns allen geläufig ist, wenn auch

gewöhnlich in erhabeneren Zusammenhängen: Warum verhalten sich diese Leute so, obwohl sie doch wissen müssten, dass alles auf sie blickt?

Mein Freund hat kein Geld, denn alle, Schüler und Lehrer, leihen sich etwas bei ihm, wenn er sein Gehalt bekommen hat, und werden es wahrscheinlich nie zurückzahlen. Die Schüler sind zwischen sechs und sechsundzwanzig Jahre alt, denn manche konnten als Kinder nicht zur Schule gehen und holen das jetzt nach. Manche gehen jeden Morgen viele Meilen zu Fuß, bei jedem Wetter und über jeden Fluss. Sie können keine Hausaufgaben machen, denn in den Dörfern gibt es keinen Strom, und im Licht eines brennenden Holzscheits lernt es sich nicht besonders gut. Die Mädchen müssen Wasser holen und kochen, bevor sie zur Schule gehen und wenn sie aus der Schule kommen.

Wenn ich mit meinem Freund in seinem Zimmer sitze, kommen Leute schüchtern herein, und alle bitten sie um Bücher. »Bitte schicken Sie uns Bücher, wenn Sie wieder in London sind«, sagt ein Mann. »Lesen haben wir gelernt, aber Bücher haben wir nicht.« Jeder, dem ich begegnet bin – alle haben sie um Bücher gebeten.

Ich war ein paar Tage dort. Der Staub wehte. Die Pumpen funktionierten nicht mehr, und die Frauen mussten das Wasser wieder am Fluss holen. Ein anderer idealistischer Lehrer aus England wurde regelrecht krank, als er sah, wie diese »Schule« beschaffen war.

An meinem letzten Tag wurde die Ziege geschlachtet. Sie wurde in Stücke zerteilt und in einem großen Kanister gekocht. Das war das Festessen zum Halbjahrsende, auf das sich alle so gefreut hatten, gekochte Ziege mit Porridge. Es dauerte noch an, als ich abfuhr, zurück durch den verkohlten, abgeholzten Wald.

Ich glaube nicht, dass viele Schüler dieser Schule Preise bekommen werden.

Am nächsten Tag soll ich einen Vortrag in einer Schule im Norden Londons halten, in einer sehr guten Schule, deren Name allgemein bekannt ist. Es ist eine Jungenschule, mit schönen Gebäuden und Gartenanlagen.

Diese Kinder hier bekommen jede Woche Besuch von einer bekannten Persönlichkeit, und es liegt in der Natur der Sache, dass es sich dabei manchmal um die Väter, um Verwandte oder sogar um die Mütter der Schüler handelt. Besuch von einer Berühmtheit ist ganz normal für sie.

Während ich zu ihnen spreche, bin ich in Gedanken bei der staubumwehten Schule in Nordwest-Simbabwe, und ich blicke in die dezent erwartungsvollen englischen Gesichter vor mir und versuche, von dem zu erzählen, was ich in der Woche zuvor gesehen habe. Klassenzimmer, in denen es keine Bücher gibt, keine Schulbücher, keinen Atlas, nicht einmal eine Landkarte an der Wand. Eine Schule, in der die Lehrer darum bitten, dass man ihnen Bücher schickt, aus denen sie lernen können, wie man unterrichtet; sie sind selbst erst achtzehn, neunzehn. Ich erkläre diesen englischen Jungen, dass alle um Bücher bitten: »Bitte schicken Sie uns Bücher.« Ganz bestimmt kennt jeder, der einmal eine Rede gehalten hat, diesen Moment, wenn man in ausdruckslose Gesichter blickt. Die Zuhörer können nicht hören, was man sagt: Sie haben keine Vorstellung im Kopf, die dem entspricht, was man gerade erzählt – in diesem Fall die Vorstellung von einer Schule, die inmitten von Staubwolken steht, wo das Wasser knapp ist und wo man sich zum Halbjahrsende eine frisch geschlachtete, in einem großen Topf gekochte Ziege gönnt.

Ist es für diese privilegierten Schüler denn gar nicht möglich, sich diese nackte Armut vorzustellen?

Ich tue, was ich kann. Sie sind höflich.

Ich bin sicher, dass einige von ihnen eines Tages Preise gewinnen werden.

Dann ist der Vortrag zu Ende. Im Anschluss frage ich die Lehrer, wie die Bibliothek ist und ob die Schüler lesen. In dieser privilegierten Schule höre ich, was ich immer höre, wenn ich Schulen oder selbst Universitäten besuche.

»Sie wissen ja, wie das ist«, sagte einer der Lehrer. »Viele Jungen haben noch nie gern gelesen, und die Bibliothek wird bei Weitem nicht ausgenutzt.«

Ja, wir wissen in der Tat, wie das ist. Wir alle.

Wir leben in einer zersplitternden Kultur, in der selbst das infrage gestellt ist, was vor ein paar Jahrzehnten noch Gewissheit war, und in der es ganz normal ist, dass junge Männer und Frauen nach jahrelanger Ausbildung nichts über die Welt wissen, nichts gelesen haben und sich nur in irgendeinem Fachgebiet auskennen, zum Beispiel mit Computern.

Wir haben es da mit einer unglaublichen Erfindung zu tun – Computer und das Internet und das Fernsehen. Das ist eine Revolution. Es ist nicht die erste Revolution, mit der die Menschheit fertiggeworden ist. Die Revolution des Buchdrucks, die sich nicht innerhalb einiger Jahrzehnte vollzog, sondern viel länger gedauert hat, hat unseren Geist und unsere Denkweisen verwandelt. Tollkühn, wie wir sind, haben wir das alles wie immer hingenommen und nie die Frage gestellt: Was wird mit uns passieren, jetzt, wo der Buchdruck erfunden ist? Und ebenso wenig sind wir darauf gekommen, uns zu fragen: Wie wird sich unser Leben, wie wird sich unsere Denkweise verändern durch dieses Internet, das eine ganze Generation mit seinen Belanglosigkeiten verführt hat, sodass selbst einigermaßen vernünftige Leute zugeben, dass man sich nur schwer losreißen kann, wenn man einmal süchtig ist, und es sein kann, dass auf einmal ein ganzer Tag mit Bloggen und so weiter vergangen ist.

Noch vor Kurzem hätte jeder einigermaßen gebildete Mensch das Lernen geachtet, die Bildung, und unsere große, reiche Literatur. Es ist natürlich allgemein bekannt, dass die Leute in jenen glücklichen Zeiten manchmal auch so taten, als würden sie lesen, dass sie so taten, als hätten sie Achtung vor dem Lernen. Aber es ist verbürgt, dass sich Arbeiter und Arbeiterinnen nach Büchern sehnten, das beweisen die Bibliotheken, die Hochschulen und Akademien der Arbeiter im achtzehnten und neunzehnten Jahrhundert.

Das Lesen, die Bücher gehörten zur Allgemeinbildung.

Wenn ältere Leute mit jüngeren reden, dann begreifen sie, wie sehr Lesen bildet, weil die jungen Leute so viel weniger wissen. Und wenn Kinder nicht lesen können, liegt es daran, dass sie nichts gelesen haben.

Aber wir alle kennen diese traurige Geschichte.

Nur ihr Ende kennen wir nicht.

Wir denken an das alte Sprichwort: »Reading maketh a full man«, das Lesen erst sättigt einen Mann voll und ganz – und wenn man die entsprechenden Scherze zum Thema Völlerei einmal beiseitelässt – Lesen erfüllt Männer und Frauen mit Informationen, mit Geschichte, mit Wissen aus allen Gebieten.

Aber wir im Westen sind nicht die einzigen Menschen auf der Welt. Vor Kurzem erzählte mir eine Freundin, die in Simbabwe gewesen war, von einem Dorf, wo die Leute schon seit drei Tagen nichts mehr gegessen hatten und trotzdem von Büchern und ihrer Beschaffung sprachen, von Bildung.

Ich gehöre einer kleinen Organisation an, die es sich zur Aufgabe gemacht hat, Bücher in die Dörfer zu schaffen. Es gab da einige Leute, die Simbabwe in anderem Zusammenhang an der Basis bereist hatten. Sie haben mir erzählt, dass es in den Dörfern entgegen anderslautenden Berichten lauter intelligente Leute gebe, Lehrer im Ruhestand, beurlaubte Lehrer, Kinder in den Ferien, alte Leute. Ich selbst habe eine kleine Studie darüber finanziert, was die Leute in Simbabwe gerne lesen wollten, und festgestellt, dass sich die Ergebnisse mit denen einer schwedischen Studie deckten, von der ich nichts gewusst hatte. Die Leute wollen dieselben Bücher lesen, die die Leute in Europa lesen wollen – Romane jeder Art, Science-Fiction, Lyrik, Kriminalromane, Theaterstücke und Ratgeber, zum Beispiel zum Thema »Wie eröffne ich ein Bankkonto«. Und alles von Shakespeare. Wenn man Bücher für die Leute in den Dörfern sucht, hat man das Problem, dass sie nicht wissen, was es alles gibt, und so kommt es, dass ein Standardbuch wie zum Beispiel *Der Bürgermeister von Casterbridge* nur deshalb besonders beliebt ist, weil es zufällig da ist. *Die Farm der Tiere* ist aus naheliegenden Gründen der allerbeliebteste Roman.

Unsere Organisation wurde von Anfang an von Norwegen und dann von Schweden unterstützt. Ohne diese Unterstützung wären unsere Bücherlieferungen irgendwann ausgeblieben. Wir schafften aus allen möglichen Quellen Bücher heran. Man muss bedenken, dass ein vernünftiges Taschenbuch aus England in Simbabwe einen Monatslohn kostete – *vor* Mugabes Terrorregime. Inzwischen würde es wegen der Inflation mehrere Jahreslöhne kosten. Aber wenn man eine Kiste mit Büchern einmal in ein Dorf geschafft hat – wobei man bedenken muss, dass Benzin furchtbar knapp ist –, dann wird diese Kiste auf jeden Fall unter Tränen begrüßt. Es kann sein, dass die Bibliothek ein Brett ist, das unter einem Baum auf Ziegelsteinen liegt. Und innerhalb einer Woche wird es Lesekurse geben – wer lesen kann, bringt es denen bei, die es nicht können, ehrenamtlich –, und in einem abgelegenen Dorf haben sich ein paar junge Leute hingesetzt und Romane auf Tonga geschrieben, weil es keine Romane auf Tonga gab. Es gibt in Simbabwe ungefähr sechs Hauptsprachen, und in all diesen Sprachen gibt es Romane, in denen Gewalt und Inzest und lauter Verbrechen und Morde vorkommen.

Es heißt, dass ein Volk die Regierung bekommt, die es verdient, aber ich glaube, für Simbabwe trifft das nicht zu. Und wir müssen bedenken, dass diese Achtung vor Büchern und der Hunger nach ihnen nicht dem Mugabe-Regime entstammt, sondern dem davor, dem der Weißen. Er ist ein erstaunliches Phänomen, dieser Hunger nach Büchern, und er lässt sich von Kenia bis zum Kap der Guten Hoffnung beobachten.

Noch etwas anderes gehört in diesen Zusammenhang: Das Haus, in dem ich aufgewachsen bin, war im Grunde eine strohgedeckte Lehmhütte. So etwas wurde schon immer und überall dort gebaut, wo es Schilf oder Gras, den richtigen Lehm und Pfähle für die Wände gab. Zum Beispiel bei den Angelsachsen. Das Haus, in dem ich aufgewachsen bin, hatte vier Zimmer, eins neben dem anderen, und es war voller Bücher. Meine Eltern hatten nicht nur Bücher aus England mit nach Afrika gebracht, meine Mutter bestellte in England auch Bücher für ihre Kinder. Bücher in großen Paketen aus braunem Papier, und sie waren die Freude meines jungen Lebens. Eine Lehmhütte, aber voller Bücher.

Noch heute bekomme ich Briefe von Leuten, die in einem Dorf wohnen, in dem es vielleicht weder Strom noch fließendes

Wasser gibt, wie bei unserer Familie in der lang gestreckten Lehmhütte. »Ich werde auch Schriftsteller«, heißt es da, »denn mein Haus ist wie das, in dem Sie gewohnt haben.«

Liegt hier nicht das Problem?

Das Schreiben, ein Schriftsteller kommt nicht aus einem Haus ohne Bücher.

Da liegt der Unterschied. Da liegt das Problem.

Ich habe mir die Reden einiger Ihrer vorangegangenen Preisträger angesehen. Nehmen wir den großartigen Pamuk. Er sagt, dass sein Vater fünfzehnhundert Bücher besaß. Seine Begabung ist nicht vom Himmel gefallen, er war verbunden mit der großen Tradition.

Nehmen wir V. S. Naipaul. Er erwähnt, dass die indischen Veden ihren Platz im Gedächtnis seiner Familie hatten. Sein Vater machte ihm Mut zum Schreiben, und als er nach England kam, besuchte er die British Library. Also stand er der großen Tradition nahe.

Und nehmen wir John Coetzee. Er stand der großen Tradition nicht nur nahe, er war die Tradition: Er lehrte in Kapstadt Literatur. Ich bedaure es sehr, nie eines seiner Seminare besucht und von diesem wunderbar kühnen, mutigen Kopf gelernt zu haben.

Wenn man schreiben, wenn man Literatur produzieren will, muss man in enger Verbindung zu Bibliotheken stehen, zu Büchern, zur Tradition.

Ich habe einen Freund aus Simbabwe, einen schwarzen Schriftsteller. Er hat sich das Lesen selbst beigebracht, anhand der Etiketten auf Marmeladengläsern, der Etiketten auf Obstkonserven. Ich bin durch die Gegend gefahren, in der er aufgewachsen ist, eine ländliche Gegend, in der Schwarze wohnen. Auf der Erde liegen Splitt und Schotter, hier und da wachsen niedrige Büsche. Die Hütten sind ärmlich, ganz anders als die gepflegten Hütten der Wohlhabenderen. Eine Schule – aber so eine, wie ich sie beschrieben habe. Mein Freund hat auf einem Müllhaufen ein weggeworfenes Lexikon für Kinder gefunden und damit Lesen gelernt.

Als Simbabwe 1980 unabhängig wurde, gab es dort eine Gruppe guter Schriftsteller, »A Nest of Singing Birds«, ein wahres Singvogelnest. Sie entstammten dem alten Südrhodesien unter den Weißen – den Missionsschulen, den besseren Schulen. In Simbabwe werden keine Schriftsteller gemacht. Nicht ohne Weiteres, nicht unter Mugabe.

Für all die Schriftsteller war es ein schwieriger Weg zum Lesen und Schreiben, vom Schriftstellerdasein ganz zu schweigen. Ich würde sagen, dass es gar nicht so ungewöhnlich war, anhand gedruckter Marmeladenglasetiketten und weggeworfener Lexika Lesen zu lernen. Und wir reden von Menschen, die nach einem Bildungsstandard hungerten, von dem sie weit entfernt waren, in ihren Hütten mit vielen Kindern – abgearbeitete Mütter, der ständige Kampf um Essen und Kleidung.

Doch trotz dieser Probleme wurden Menschen Schriftsteller. Und wir müssen bedenken, dass es hier um Simbabwe geht, das nicht einmal hundert Jahre zuvor erobert worden war. Vielleicht sind die Großeltern dieser Menschen Geschichtenerzähler gewesen, die die mündliche Tradition fortgesetzt haben. Innerhalb von ein, zwei Generationen erfolgte ein Übergang von den erinnerten und weitererzählten Geschichten hin zum Gedruckten, zum Buch. Was für eine Errungenschaft.

Bücher, die buchstäblich Müllhaufen und den Abfällen der Welt der Weißen entrissen werden. Aber ein Packen Papier ist das eine, und ein veröffentlichtes Buch ist etwas ganz anderes. Man hat mir immer wieder Berichte über die Verlagslandschaft in Afrika geschickt. Selbst in privilegierteren Gegenden wie Nordafrika, wo die Traditionen anders sind, kann man von einer Verlagslandschaft nur träumen.

Hier rede ich nun von Büchern, die nie geschrieben wurden, von Schriftstellern, die es nicht geschafft haben, weil es die Verlage nicht gibt. Von ungehörten Stimmen. Diese ungeheure Vergeudung von Begabung, von Potenzial lässt sich gar nicht ermessen. Doch noch etwas fehlt, noch vor jenem Stadium in der Entstehung eines Buchs, in dem man einen Verlag, einen Vorschuss, Unterstützung braucht.

Schriftsteller werden oft gefragt: Wie schreiben Sie? Mit dem Computer? Einer elektrischen Schreibmaschine? Einem Federkiel? Mit der Hand? Die entscheidende Frage lautet aber: »Haben Sie den Raum gefunden, jenen leeren Raum, der Sie beim Schreiben umgeben muss?« In diesen Raum, der wie eine Form des Lauschens, der Aufmerksamkeit ist, kommen nämlich die Worte, die Worte, die Ihre Figuren sagen werden, Ideen – Inspiration.

Wenn ein Schriftsteller diesen Raum nicht finden kann, werden Gedichte und Geschichten vielleicht tot geboren.

Wenn Schriftsteller miteinander reden, haben ihre Fragen immer mit diesem imaginären Raum zu tun, mit dieser anderen Zeit. »Hast du es gefunden? Hältst du es auch fest?«

Lassen Sie uns nun zu einem ganz anderen Schauplatz springen. Wir sind in London, in einer großen Stadt. Es gibt eine neue Schriftstellerin. Wir erkundigen uns zynisch: Sieht sie gut aus? Und wenn es ein Mann ist: Charismatisch? Attraktiv? Wir machen Witze, aber witzig ist das nicht.

Die Neuentdeckten werden beklatscht und bekommen vielleicht auch eine Menge Geld. In ihre armen Ohren dringt das Tosen der Paparazzi. Sie werden gefeiert, gepriesen, durch die ganze Welt gescheucht. Uns Alten, die wir das alles schon kennen, tut der Neuling leid, der keine Ahnung hat, was wirklich vorgeht.

Er, sie ist geschmeichelt und freut sich.

Doch wenn man nach einem Jahr fragt, was er oder sie nun denkt, dann heißt es: »Etwas Schlimmeres hätte mir gar nicht passieren können« – das habe ich oft gehört.

Einige neue Schriftsteller haben nach so viel Öffentlichkeit nie wieder geschrieben, beziehungsweise nicht das geschrieben, was sie wollten, was sie vorgehabt hatten.

Und wir, die Alten, würden gern in solche unschuldigen Ohren flüstern: »Hast du deinen Raum noch? Deine Seele, deinen eigenen und unentbehrlichen Platz, wo deine eigenen Stimmen zu dir sprechen dürfen, zu dir allein, wo du träumen darfst. Oh, halt ihn, lass ihn nicht los.«

Ich habe lauter herrliche Erinnerungen an Afrika im Kopf, die ich wiederaufleben lassen und betrachten kann, wann immer ich will. Wie wäre es mit den Sonnenuntergängen in Gold und Purpur und Orange, die sich am Abend über den Himmel breiten. Wie wäre es mit Schmetterlingen und Faltern und Bienen auf den duftenden Büschen der Kalahari? Oder am mit bleichem Gras bewachsenen Ufer des Sambesi zu sitzen, wo das dunkle Wasser glänzt und alle Vögel Afrikas pfeilschnell umherfliegen. Ja, Elefanten, Giraffen, Löwen und so weiter, die gab es reichlich, aber wie wäre es mit dem Himmel bei Nacht, noch ohne jede Verschmutzung, schwarz und wunderbar und voller ruheloser Sterne.

Es gibt auch andere Erinnerungen. Ein junger Afrikaner, achtzehn vielleicht, steht weinend in seiner »Bibliothek«, die er einzurichten hofft. Ein Amerikaner hat bei einem Besuch eine Bibliothek ohne Bücher gesehen und eine Kiste geschickt. Der junge Mann hat sie alle einzeln ehrfürchtig herausgenommen und in Plastik gepackt. »Aber die Bücher wurden doch sicher geschickt, damit man sie liest?«, sagen wir. »Nein«, antwortet er, »dann werden sie schmutzig, und wo nehme ich dann wieder welche her?«

Wir sollen diesem jungen Mann Bücher aus England schicken, aus denen er das Unterrichten lernen kann. »Ich war nur vier Jahre in der Oberschule«, sagt er, »und Unterrichten habe ich da nicht gelernt.«

Ich habe in einer Schule, in der es keine Schulbücher und nicht einmal Kreide für die Tafel gab, einen Lehrer gesehen. Er unterrichtete seine Klasse aus Sechs- bis Achtzehnjährigen, indem er Steine im Staub hin- und herschob und skandierte: »Zweimal zwei ist ...«, und so weiter. Ich habe ein Mädchen gesehen, das vielleicht gerade einmal zwanzig war und auch keine Schulbücher, Hefte oder Kugelschreiber hatte, ich habe gesehen, wie sie für die Schüler das Abc mit einem Stöckchen in den Boden kratzte, unter der sengenden Sonne im wirbelnden Staub.

Wir werden hier Zeugen des großen Bildungshungers in Afrika, überall in der Dritten Welt, oder wie auch immer wir jene Teile der Welt nennen, in denen sich Eltern nach Bildung für ihre Kinder sehnen, die sie der Armut entreißt.

Bitte stellen Sie sich vor, Sie sind irgendwo im südlichen Afrika und stehen im Laden eines Inders, in einer armen Gegend, zur Zeit einer schlimmen Dürre. Leute, meistens Frauen, stehen mit allerhand Wasserbehältern in einer Reihe an. Zu diesem Laden kommt jeden Nachmittag ein Tankwagen mit kostbarem Wasser aus der Stadt, und darauf warten die Leute hier.

Der Inder steht hinter dem Tresen, stützt sich mit den Handballen darauf ab und beobachtet eine Schwarze, die sich über einen Block Papier beugt, der aussieht wie aus einem Buch gerissen. Sie liest *Anna Karenina*.

Sie liest langsam und formt die Worte mit den Lippen. Anscheinend ein schwieriges Buch. Die Frau ist jung und hat zwei kleine Kinder, die sich an ihre Beine klammern. Sie ist schwanger. Der Inder ist bekümmert, denn das Kopftuch der jungen Frau, das eigentlich weiß sein sollte, ist gelb vom Staub. Staub liegt zwischen ihren Brüsten und auf ihren Armen. Der Mann ist bekümmert, weil so viele Leute anstehen, die alle Durst haben. Er hat nicht genügend Wasser für sie. Er ist wütend, weil er weiß, dass Menschen da draußen jenseits der Staubwolken sterben. Sein älterer Bruder hat im Laden die Stellung gehalten, dann hat er aber gesagt, dass er eine Pause braucht, und ist in die Stadt gefahren, ziemlich krank, wegen der Dürre.

Der Mann ist neugierig. Er sagt zu der jungen Frau: »Was liest du da?«

»Da geht es um Russland«, sagt das Mädchen.

»Weißt du, wo Russland liegt?« Er weiß es selbst nur ungefähr.

Die junge Frau sieht ihn unverwandt und voller Würde an, obwohl ihre Augen vom Staub gerötet sind: »Ich war Klassenbeste. Meine Lehrerin hat gesagt, ich bin die Beste.«

Die junge Frau liest weiter. Sie will den Absatz zu Ende lesen.

Der Inder schaut die beiden kleinen Kinder an und greift nach einer Fanta, aber die Mutter sagt: »Von Fanta kriegen sie noch mehr Durst.«

Obwohl der Inder weiß, dass er das nicht tun sollte, greift er nach einem großen Plastikbehälter, der neben ihm hinter dem Tresen steht, und gießt Wasser in zwei Becher, die er den Kindern reicht. Er sieht zu, wie das Mädchen die Kinder beim Trinken betrachtet und wie sich ihr Mund bewegt. Er gibt ihr einen Becher Wasser. Es tut ihm weh, sie trinken zu sehen, so schrecklichen Durst hat sie.

Nun reicht sie ihm einen Wasserbehälter aus Plastik, und er macht ihn voll. Die junge Frau und die Kinder sehen aufmerksam zu, damit er nichts verschüttet.

Sie beugt sich wieder über das Buch. Sie liest langsam. Der Absatz fasziniert sie, und sie liest ihn noch einmal.

Die schwarzhaarige Warenka mit dem weißen Kopftuch, umringt von den Kindern, mit denen sie sich gemütlich und heiter beschäftigte, und offensichtlich aufgeregt über die möglicherweise bevorstehende Aussprache mit dem Manne, der ihr gefiel, war äußerst anziehend. Sergej Iwanowitsch ging neben ihr und freute sich an ihrem Anblick. Er sah sie an und erinnerte sich aller freundlichen Worte, die er von ihr erfahren hatte; und er spürte immer deutlicher, dass sein Gefühl ihr gegenüber etwas ganz Besonderes war, das er nur von seiner frühesten Jugend her kannte. Die Freude über ihre Nähe wuchs mehr und mehr an, und schließlich, als er einen von ihm gefundenen mächtigen Riesenpilz auf dünnem Stiel mit umgebogenen Huträndern in ihren Korb gelegt hatte, sah er ihr in die Augen und bemerkte dabei, wie ihr Gesicht sich vor freudiger Spannung rötete. Er wurde dadurch selbst verwirrt und beantwortete ihr Lächeln schweigend mit einem Lächeln, das einem mehr als deutlichen Geständnis gleichkam.*

Der Klotz aus bedrucktem Papier liegt auf dem Tresen, bei ein paar alten Zeitschriften, einzelnen Zeitungsseiten mit Bildern von Mädchen in Bikinis.

* Zitiert nach: Leo Tolstoi, *Anna Karenina*. Aus dem Russischen von Fred Ottow (München, 17. Auflage, November 2006), S. 671f.

Es wird Zeit, dass die Frau diese Zuflucht, den Laden des Inders, verlässt und sich auf den Weg in ihr vier Meilen entferntes Dorf macht. Draußen zetern und schimpfen die Frauen, die dort Schlange stehen. Aber der Inder unternimmt noch nichts. Er weiß, was es dieses Mädchen kosten wird – nach Hause zu gehen, mit den beiden Kindern, die sich an sie klammern. Er würde ihr das Stück Prosa schenken, das sie so fasziniert, aber eigentlich glaubt er nicht, dass dieses zaundünne Mädchen mit dem dicken Bauch das wirklich versteht.

Warum liegt ungefähr ein Drittel von *Anna Karenina* auf diesem Tresen in einem abgelegenen indischen Laden herum? Es verhält sich so:

Ein gewisser hoher Beamter, zufällig von den Vereinten Nationen, hatte sich ein Exemplar dieses Romans im Buchladen gekauft, ehe er sich aufmachte, um mehrere Ozeane und Meere zu überqueren. Nachdem er es sich im Flugzeug in der Businessclass bequem gemacht hatte, riss er das Buch in drei Teile. Dabei sah er sich nach den anderen Passagieren um, weil er wusste, dass er erschrockene, neugierige und auch belustigte Blicke ernten würde. Als er richtig saß und den Gurt straff gezogen hatte, sagte er laut zu allen, die es hören konnten: »Das mache ich immer, wenn ich eine lange Reise vor mir habe. Wer will schon ein großes schweres Buch hochhalten.« Der Roman war ein Taschenbuch, aber es stimmt, das Buch ist umfangreich. Der Mann ist es gewohnt, dass man ihm zuhört, wenn er etwas sagt. »Das mache ich immer, wenn ich reise«, gestand er. »Es ist heutzutage schon anstrengend genug, überhaupt zu reisen.« Und als dann allmählich Ruhe einkehrte, schlug er seinen Teil von *Anna Karenina* auf und las. Wenn jemand in seine Richtung blickte, neugierig oder nicht, vertraute er ihm an: »Nein, reisen kann man eigentlich nur so.« Er kannte und mochte den Roman, und diese außergewöhnliche Art des Lesens gab dem schließlich wohlbekannten Buch einen neuen Reiz.

Wenn er einen Teil des Buchs ausgelesen hatte, rief er die Stewardess herbei und ließ die betreffenden Kapitel seiner Sekretärin bringen, die auf einem billigeren Sitzplatz saß. Jedes

Mal, wenn ein Teil des großen russischen Romans verstümmelt, aber lesbar im hinteren Teil des Flugzeugs ankam, rief das großes Interesse, Unmut und natürlich Neugier hervor. Diese raffinierte Art, *Anna Karenina* zu lesen, macht auf jeden Fall Eindruck, und wahrscheinlich hat sie niemand, der dabei war, vergessen.

Im Laden des Inders hält sich die junge Frau indessen am Tresen fest, und ihre kleinen Kinder klammern sich an ihre Röcke. Weil sie eine moderne Frau ist, trägt sie Jeans, doch darüber hat sie einen schweren Wollrock gezogen, der zur traditionellen Kleidung ihres Volkes gehört. Die Kinder können sich gut festhalten an den dicken Falten.

Sie wirft dem Inder, von dem sie weiß, dass er sie mag und dass sie ihm leidtut, einen dankbaren Blick zu, und dann tritt sie in den wehenden Staub hinaus.

Die Kinder sind schon jenseits des Weinens, und außerdem sind ihre Kehlen voller Staub.

Es war schwer, oh ja, es war schwer, so zu gehen, einen Fuß vor den anderen zu setzen, im Staub, der in weichen, trügerischen Wellen unter ihren Füßen lag. Schwer – aber es war sie ja schließlich gewohnt, nicht wahr? In Gedanken war sie bei der Geschichte, die sie gerade gelesen hatte. Sie dachte: Sie ist wie ich, mit dem weißen Kopftuch, und sie kümmert sich auch um Kinder. Ich könnte sie sein, die Russin. Und dieser Mann da, der liebt sie und wird sie fragen, ob sie ihn heiraten will. Sie hatte nur den einen Absatz zu Ende gelesen. Ja, denkt sie, zu mir kommt ein Mann und holt mich von alldem weg, mich und die Kinder, ja, er wird mich lieben und sich um mich kümmern.

Sie geht weiter. Der Wasserkanister lastet schwer auf ihren Schultern. Weiter geht es. Die Kinder hören, wie das Wasser schwappt. Auf halbem Weg bleibt sie stehen und setzt den Kanister ab. Die Kinder wimmern und greifen nach ihm. Sie denkt, dass sie ihn nicht öffnen kann, weil sonst Staub hineingeweht wird. Sie kann den Kanister erst öffnen, wenn sie zu Hause ist.

»Wartet«, sagt sie zu ihren Kindern, »wartet.«

Sie muss sich zusammenreißen und weitergehen.

Sie überlegt. Meine Lehrerin hat gesagt, dort gibt es eine Bibliothek, größer als der Supermarkt, ein großes Gebäude, das voller Bücher ist. Die junge Frau lächelt, während sie weitergeht und ihr der Staub ins Gesicht weht. Ich bin gescheit, denkt sie. Die Lehrerin hat gesagt, ich bin gescheit. Die Gescheiteste in der Schule – hat sie gesagt. Meine Kinder werden gescheit sein wie ich. Ich gehe mit ihnen in die Bibliothek, wo es so viele Bücher gibt, und dann gehen sie in die Schule, und dann werden sie Lehrer – meine Lehrerin hat gesagt, ich könnte Lehrerin sein. Meine Kinder werden weit weg von hier wohnen und Geld verdienen. Dann wohnen sie in der Nähe der Bibliothek und haben ein gutes Leben.

Sie werden vielleicht fragen, wie dieses Stück des russischen Romans überhaupt auf dem Tresen im Laden des Inders geraten ist?

Das würde eine hübsche Geschichte abgeben. Vielleicht erzählt sie jemand.

Das arme Mädchen geht weiter, und der Gedanke, dass sie ihren Kindern zu Hause Wasser geben und selbst ein wenig trinken wird, hält sie aufrecht. Und sie geht weiter ... durch den gefürchteten Staub einer Dürre in Afrika.

Wir sind ein übersättigter Haufen, wir in unserer bedrohten Welt. Mit Ironie und selbst Zynismus sind wir schnell bei der Hand. Manche Worte und Vorstellungen verwenden wir kaum, so abgenutzt sind sie. Aber vielleicht setzen wir ja manche Worte auch wieder ein, die ihre Macht verloren haben.

Wir haben eine Schatzkammer, eine Literatur, die bis zu den Ägyptern, den Griechen, den Römern zurückreicht. Er steht zur Verfügung, dieser Reichtum der Literatur, und jeder, der das Glück hat, auf ihn zu stoßen, kann ihn immer wieder neu entdecken. Einen Schatz. Angenommen, es gäbe ihn nicht. Wie verarmt wir wären, wie leer.

Wir besitzen ein Erbe an Sprachen, Gedichten, Geschichtsschreibung, das unerschöpflich ist. Es ist da, immer.

Wir haben ein Vermächtnis an Geschichten, Erzählungen der alten Geschichtenerzähler, deren Namen wir manchmal kennen und manchmal nicht. Geschichtenerzähler hat es immer gegeben, das reicht zurück bis hin zu einer Lichtung im Wald, auf der ein großes Feuer brennt und die alten Schamanen tanzen und singen, denn was wir an Geschichten ererbt haben, begann mit Feuer, mit Zauber, der Geisterwelt. Und dort wird es noch heute bewahrt.

Wenn man einen modernen Geschichtenerzähler fragt, wird er sagen, dass es immer einen Moment gibt, in dem ihn das Feuer berührt, das, was wir gerne als Inspiration bezeichnen, und das reicht bis zu den Anfängen unserer Spezies zurück, Feuer, Eis und die großen Winde, die uns und unsere Welt geformt haben.

Der Geschichtenerzähler ist tief in uns allen. Der Geschichten-Macher ist immer da. Nehmen wir an, dass unsere Welt durch einen Krieg verwüstet wird, durch jene Schrecken, die wir uns alle ohne Weiteres vorstellen können. Nehmen wir an, dass Fluten unsere Städte überspülen, dass die Meere ansteigen. Der Geschichtenerzähler wird da sein, denn es ist unsere Vorstellungskraft, die uns formt, erhält, erschafft – im Guten wie im Schlechten. Es sind unsere Geschichten, die uns wiedererschaffen, wenn wir zerrissen, verwundet, ja vernichtet sind. Es ist der Geschichtenerzähler, der Träume-Macher, der Mythen-Macher, der unser Phönix ist, der dann für uns steht, wenn wir am besten und am schöpferischsten sind.

Jenes arme Mädchen, das durch den Staub trottet und von Bildung für ihre Kinder träumt – glauben wir, dass wir besser sind als sie, wir, vollgestopft mit Lebensmitteln, die Schränke voller Kleider, die wir in unserem Überfluss ersticken?

Ich denke, dieses Mädchen und die Frauen, die über Bücher und Bildung sprachen, nachdem sie seit drei Tagen nichts gegessen hatten – es sind sie, an denen man doch erkennen kann, was wir sind.

NACHWORT

Der vorliegende letzte Band der Werkauswahl versammelt Texte aus fünfzig Jahren, die den geistigen Kosmos einer großen Autorin umfassen und den Blick auf ihr Gesamtwerk zum Abschluss noch einmal erweitern.

Den Auftakt bildet der programmatische Essay »Mit leiser persönlicher Stimme« aus dem Jahr 1957, am Schluss stehen Doris Lessings Nobelvorlesung sowie eine anlässlich der Verleihung des Literaturnobelpreises 2007 verfasste autobiografische Skizze. Über die dazwischenliegenden Jahrzehnte hinweg lässt sich anhand der gewählten Texte nachvollziehen, dass immer wieder bestimmte Themen ins Zentrum des Denkens der Autorin treten, zwischenzeitlich an die Peripherie geraten, um schließlich mit dem Lauf gesellschaftlicher Entwicklungen wieder relevant und dringlich zu werden.

Dabei ist entscheidend, dass Doris Lessing sich stets geweigert hat, Dinge oder Menschen mit Etiketten zu versehen und in Schubladen zu verstauen. Sie interessiert sich für Zusammenhänge, Prozesse, Entwicklungen und Dynamiken, die sie sehr aufmerksam betrachtet, beschreibt und analysiert.

Dieses Prinzip, das immer wieder in ihren – literarischen, essayistischen oder persönlichen – Äußerungen aufscheint, erläutert und präzisiert sie 1994 in dem vor Autoren und Wissenschaftlern gehaltenen Vortrag »Shadows on the Wall of the Cave«. »Ich habe den Eindruck, dass es eher zu- statt abnimmt – jenes Bedürfnis, zu zergliedern und zu trennen«, heißt es dort. »Mann und Frau, Schwarz und Weiß, Alt und Jung. Wir betrachten die Welt in Kategorien von Entweder-oder – es ist dieses, oder es ist jenes. Wir sind so konditioniert, dass wir sehen, was uns trennt, nicht, was uns eint. (…) Doch wie mir scheint, zeigt unsere Lebenserfahrung eher, dass es *und, und, und* heißen müsste. Statt *Entweder-oder.* Schließlich leben wir in einer Art Netzwerk aus Ereignissen und Reaktionen, die einander bedingen.« Striktes Klassifizieren verhindert also eine angemessene Einschätzung der Realität, die in der Interaktion besteht, in der Vernetzung.

Die Wahrnehmungsgewohnheit des Entweder-oder ist nach Ansicht Doris Lessings in der westlichen Kultur weit verbreitet und nimmt gewissermaßen den Status einer geistigen Voreinstellung ein, deren sich die Menschen oft nicht bewusst sind. »Wir vergessen immer, dass wir nicht nur unseren physischen Bedingungen entsprechend sehen, sondern auch entsprechend unserer geistigen Konditionierung.« Dies wiederum verstellt den Menschen den Blick: »Ich glaube, durch jene binären Unterscheidungen, die wir unserem Geist gestatten, können wir nicht sehen, was wirklich da ist.«

Wenn die Autorin ihren Vortrag mit dem Hinweis darauf beendet, dass die Menschen binäre Unterscheidungen dieser Art zulassen, impliziert sie damit, dass in diesem Punkt Entscheidungsfreiheit besteht. Doris Lessing hat sich entschieden, nicht zu zergliedern und zu trennen, sondern in Beziehungen und Verbindungen zu denken. Die hier versammelten Texte legen davon ein eindrucksvolles Zeugnis ab.

Doris Lessings kleinere Schriften entstanden parallel, fast möchte man sagen, ergänzend zu ihren Romanen und Erzählungen. Als Satelliten des literarischen Werks lassen sie sich lose gruppieren – neben Essays, Reportagen und autobiografischen Schriften wurden zahlreiche Gespräche und Interviews sowie Äußerungen im Umfeld des Literaturnobelpreises von 2007 veröffentlicht. Die vorliegende Auswahl greift auf all diese Formen zurück und ordnet die Texte chronologisch, denn so zeichnen sich die Entwicklungslinien im Denken der Autorin gut nachvollziehbar ab. Einige Erläuterungen bieten im Folgenden erste Hinweise für die Orientierung in der ungeheuren gedanklichen und formalen Vielfalt des Materials – sein ganzer Reichtum erschließt sich natürlich erst durch die Lektüre.

Essays stellen in Doris Lessings Werk die umfangreichste und vielfältigste Gruppe kleiner Schriften dar. Seit den fünfziger Jahren hat die Autorin immer wieder zu politischen oder poetologischen Fragen Stellung genommen – sei es für Zeitschriften, im Rahmen von später im Druck veröffentlichten Vorlesungen, Vorträgen, Buchrezensionen oder Vor- und Nachworten zu Werken anderer Autoren.

Zwei Ausgaben kleinerer Schriften hat es in England beziehungsweise in den USA im Lauf der Jahrzehnte gegeben. Zunächst erschien 1974 in den USA der Band *A Small Personal Voice*, der 1994 um einen Text ergänzt noch einmal in Großbritannien veröffentlicht wurde. Eine zweite Sammlung wurde 2004 unter dem Titel *Time Bites* in beiden Ländern publiziert. Während *A Small Personal Voice* Essays, Kritiken und Interviews aus den Jahren 1956 bis 1974 enthält, finden sich in *Time Bites* Beiträge verschiedenster Art, die zwischen 1972 und 2003 entstanden, allerdings keine Interviews.

In deutscher Übersetzung erschien 1989 der an die amerikanische Ausgabe von *A Small Personal Voice* angelehnte Band *Mit leiser, persönlicher Stimme*. Darin wurden auch fünf unter dem Titel »Gefängnisse, in denen wir freiwillig leben« gesammelte Essays aufgenommen, Vorlesungen, die Doris Lessing 1985 im Rahmen der Massey-Lectures an kanadischen Universitäten gehalten hat. Diese nach Vincent Massey, dem ehemaligen Generalgouverneur Kanadas, benannten Vorlesungen finden seit 1961 statt, richten sich an eine breite Öffentlichkeit und werden von der Canadian Broadcasting Corporation als Radiosendungen ausgestrahlt sowie in Buchform veröffentlicht. Doris Lessing geht hier vor allem auf politische und anthropologische Themen ein.

Der vorliegende Band enthält neben den genannten Massey-Vorlesungen Beiträge aus den drei oben erwähnten Veröffentlichungen. Die aus *Time Bites* entnommenen Texte wurden hierfür eigens ins Deutsche übersetzt.

Zwischen 1957 und 1972, den Entstehungsjahren der Essays »Mit leiser persönlicher Stimme« und »In der Welt, nicht von ihr«, vollzog sich ein Umbruch im literarischen Schaffen Doris Lessings, der in Erfahrungen wurzelte, die sie im Zuge der Arbeit an ihrem 1962 erschienenen Roman *Das goldene Notizbuch* machte. Wie in »Mit leiser persönlicher Stimme« anklingt, verstand sie sich in den fünfziger Jahren zunächst als vom Kommunismus beeinflusste Rationalistin. Diese Position erschwerte es ihr, auf viele drängende persönliche und künstlerische Fragen eine Antwort zu finden. Einen Weg aus diesem Dilemma boten ihr nicht zuletzt die Schriften von Idries Shah und die Beschäftigung mit dem Sufismus, einer Spielart islamischer Mystik. Ihm ist der Essay »In der Welt, nicht von ihr« gewidmet. Dem Sufismus liegt die Annahme zugrunde, dass das Bewusstsein einer ständigen Entwicklung unterworfen ist. Menschliche Freiheit ist unter dieser Maßgabe nur im Zusammenhang mit der Erkenntnis möglich, dass das individuelle Schicksal mit dem der Gesellschaft untrennbar verbunden ist. Es verwundert nicht, dass Doris Lessing Zugang zur Vorstellungswelt des Sufismus gefunden hat, denn vergleichbare Gedanken haben in ihrer geistigen Welt seit jeher ihren festen Platz gehabt. Bis heute hat sie immer wieder die Bedeutung des Sufismus für ihr Werk hervorgehoben, nicht zuletzt im Rahmen des in diesem Band enthaltenen Essays »Probleme, Mythen, Geschichten« aus dem Jahr 1999 sowie in mehreren der ausgewählten Interviews.

Mit der Abkehr von Kommunismus und Rationalismus tritt in den siebziger Jahren tendenziell auch das autobiografisch geprägte und realistische Erzählen in den Hintergrund, das die ersten drei Bände des Romanzyklus »Kinder der Gewalt« geprägt hat. Im Zuge der Arbeit an *Das goldene Notizbuch* hatte Doris Lessing begonnen, mit fragmentarischen Formen und der Aufsplitterung der Erzählperspektive zu experimentieren. Darüber hinaus beschäftigt sie sich mit Psychologie, mit der Struktur von inneren Vorgängen oder Träumen sowie den ästhetischen Möglichkeiten ihrer Darstellung, was sich in Romanen wie *Anweisung für einen Abstieg zur Hölle* (1971) oder *Die Memoiren einer Überlebenden* (1974) niederschlagen sollte. Hierbei rückt auch der wachsende Einfluss der Technologie auf Wahrnehmung und

Denken der Menschen in den Vordergrund. All das führt nicht zuletzt auch zu einer Rückbesinnung auf Erzählformen aus dem Bereich der Fabel, der Parabel, des Märchens, zu einer Rückbesinnung auf das Geschichtenerzählen als kulturelle Funktion – ein Gedanke, der in den Essays und Interviews um die Jahrtausendwende eine große Rolle spielen wird.

Die soeben beschriebene Entwicklung kulminiert in Doris Lessings fünfbändigem Romanzyklus »Canopus im Argos: Archive«, der zwischen 1979 und 1983 erschien. Hier verhandelt Doris Lessing gesellschaftliche Probleme und die Frage nach einem höheren Plan der Existenz auf dem Schauplatz ferner, zukünftiger Welten mit Mitteln der fantastischen Literatur. Vor diesem Hintergrund lesen sich die unter dem Titel »Gefängnisse, in denen wir freiwillig leben« zusammengefassten Massey-Vorlesungen wie ein ergänzender Kommentar zur Entwicklung des literarischen Werks in den siebziger und frühen achtziger Jahren.

In den späten Neunzigern blickt Doris Lessing bereits auf fünf Jahrzehnte literarischen Schaffens zurück. Ihr Essay »Autobiografie schreiben« (1999) reflektiert die Arbeit an den zwei Bänden ihrer Autobiografie, *Unter der Haut* und *Schritte im Schatten*, die 1994 beziehungsweise 1997 erschienen. Unausgesprochener Bezugspunkt der Reflexionen ist sicherlich auch der stark autobiografisch geprägte Roman *Martha Quest* (1952) aus dem Romanzyklus »Kinder der Gewalt«, dessen zeitlicher und räumlicher Rahmen den in *Unter der Haut* geschilderten Erfahrungen entspricht. Die Frage nach dem literarischen Wert persönlicher Erfahrung, mit der auch der in diesem Band enthaltene Essay »Eine Neuauflage von *Das goldene Notizbuch*« von 1994 schließt, hat Doris Lessing ein Leben lang beschäftigt und wird noch 2007 im Zusammenhang mit ihren Schriften zum Nobelpreis von Bedeutung sein.

Der Vollständigkeit halber sei erwähnt, dass Doris Lessing Werke anderer Autoren im Rahmen der essayistischen Schriften häufig, sachlich und mit großem Respekt kritisiert und kommentiert hat. Da diese Rezensionen oder Nachworte meist die

Werke vor allem im angelsächsischen Sprachraum bekannter Kollegen betreffen, konnten sie für diese Auswahl in den Hintergrund treten. Exemplarisch für Doris Lessings Blick auf die Arbeit großer Kollegen steht hier der 1999 erschienene Essay »Probleme, Mythen, Geschichten«, der darüber hinaus das oben bereits erwähnte Lebensthema Doris Lessings aufgreift: die Frage nach der Bedeutung des Geschichtenerzählens für Literatur und Leben.

In ihren Reportagen berichtet Doris Lessing über zahlreiche Reisen, die sie im Lauf der Jahrzehnte unternommen hat und die meist politisch oder biografisch motiviert gewesen sind. So berichtet sie 1957 in *Going Home*, deutsch 1988 unter dem Titel *Heimkehr* erschienen, über ihre erste Afrikareise, zu der es erst kam, als ihre Übersiedlung vom damaligen Südrhodesien nach England bereits sieben Jahre zurücklag. *In Pursuit of the English* (1960), 1986 unter dem Titel *Auf der Suche* in deutscher Übersetzung erschienen, behandelt die Eindrücke der gerade im London der fünfziger Jahre angekommenen Autorin. Beide Bände setzen persönliches Erleben in Bezug zu den vorgefundenen politischen Zuständen, tragen aber eher romanhafte Züge, sodass sie in dieser Auswahl unberücksichtigt blieben. Die Sammlung von Afrikareportagen, *Rückkehr nach Afrika* aus dem Jahr 1992, ist als Band 11 Bestandteil dieser Werkauswahl. Auch hier finden sich kritische Betrachtungen der seinerzeit aktuellen politischen Lage und darüber hinaus Reminiszenzen an das Leben der Autorin in Afrika – Fragen, die sie über Jahrzehnte hinweg beschäftigen.

Aus dem Fundus der Reportagen wurde für diesen Band lediglich der Text »Ihr langes Haar war aufgelöst« gewählt. Er entstammt dem vierteiligen Reisebericht *The Wind Blows Away Our Words and Other Documents Relating to the Afghan Resistance* von 1987, der im gleichen Jahr auch in deutscher Übersetzung erschien. Der Anlass dieser Reise war ebenfalls politisch: Doris Lessing wollte sich als Mitglied einer gemeinnützigen Hilfsorganisation selbst ein Bild der Lage afghanischer Flüchtlinge verschaffen und flog 1986 nach Pakistan, um sich über die Zustände in den Flüchtlingslagern zu informieren, lange bevor die Weltöffentlichkeit reagierte. Vermittelt durch den mythischen Stoff der Kassandraerzählung verdichtet sie hier ihre Eindrücke aus einem vom Krieg zerrütteten Land zur Essenz. Das in der oben beschriebenen Weise aufgewertete Geschichtenerzählen übernimmt nun Mitte der achtziger Jahre eine politische Funktion.

Hintergrund der kleineren autobiografischen Schriften Doris Lessings ist immer wieder ihre Zeit in Afrika. Aus der Kindheit und Jugend im afrikanischen Busch, aus den Konflikten mit der Mutter und dem Schicksal des Vaters speisten sich zunächst große frühe Romanwerke wie der Zyklus »Kinder der Gewalt« und *Das goldene Notizbuch*, zahlreiche Erzählungen, sehr viel später zum Beispiel auch die Parabel *Mara und Dann* (1999) und darüber hinaus natürlich auch der erste Band der Autobiografie. Ein trotz aller Bezüge eigenes Leben führen daneben die kürzeren, überaus konzentrierten Porträts der Eltern. Sie erschienen bereits in den achtziger Jahren in deutscher Übersetzung, sind hier aber erstmals zusammen in einem Band enthalten, ergänzt durch die unter dem Titel »Henne und Ei« versammelten Skizzen, die Szenen aus Doris Lessings Jugend in zauberhafter Weise verdichten. Während die Autorin in »Mein Vater« (1963) voller Wärme einen knappen Abriss des Lebens eines Kriegsveteranen schildert, hebt sie in »Das Leben meiner Mutter« (1984/85) die schwierige Mutter-Tochter-Beziehung sowie die Enttäuschungen hervor, denen ihre Mutter ausgesetzt war – ein Motiv, das sie zur Gestaltung zahlreicher Frauenfiguren in ihren in Afrika spielenden Erzählungen herangezogen hat.

Diese thematische Linie in Doris Lessings Werk mündet erheblich später im 2008 erschienenen Band *Alfred und Emily*, mit dem sie beiden Eltern noch einmal ein Denkmal setzt. Im ersten, fiktionalen Teil dieses Buchs stattet sie beide mit neuen, nicht durch den Ersten Weltkrieg beschädigten Biografien aus, ein anrührendes Gedankenspiel, das die Autorin im zweiten Teil mit der Realität konfrontiert. Das durch den Ersten Weltkrieg ausgelöste persönliche und gesellschaftliche Trauma hat Doris Lessing immer beschäftigt – in *Alfred und Emily* versucht sie nun, diese Last endlich abzuschütteln, wie sie im Vorwort zu diesem Buch erläutert. So kehrt die Nobelpreisträgerin im hohen Alter nicht nur in ihrer Vorlesung anlässlich der Verleihung des Preises noch einmal nach Afrika und zu den Eindrücken ihrer Kindheit und Jugend zurück.

Doch es sind nicht nur Menschen, die in Doris Lessings literarischem Schaffen über Jahrzehnte hinweg ihren Platz behaupten – auch ihre Katzen sind geradezu sprichwörtlich geworden. Ihnen hat sie zahlreiche Porträts gewidmet, die im Randbereich der autobiografischen Schriften anzusiedeln sind und in denen immer die Interaktion, die Verständigung zwischen Mensch und Tier im Vordergrund steht. Umfangreiche Sammlungen erschienen von 1967 bis heute und liegen in verschiedenen Ausgaben auch in deutscher Übersetzung vor. Die Katzenporträts werden im Rahmen dieser Auswahl durch die Geschichte des Katers *Rufus* repräsentiert, der seinen Platz unter den bereits im Haus vorhandenen Katzen suchen und behaupten muss, ergänzt durch die Skizze »Katzen« (2000) aus *Time Bites*, in der Doris Lessing voller Zuneigung die Sensibilität ihrer felinen Begleiter hervorhebt und auf die Geschichte von Rufus zurückkommt.

Interviews und Gespräche nehmen seit jeher einen wichtigen Platz im Werk Doris Lessings ein. Charakteristisch ist hier – jenseits der diskutierten Inhalte – eine bestimmte Herangehensweise oder Haltung, mit der die Autorin einer Interviewsituation begegnet. Die Journalistin und Wissenschaftlerin Eve Bertelsen hat zugrunde liegende Muster aus eigener Erfahrung schöpfend charakterisiert: »Im Gespräch mit Lessing zeigt sich eine umfassende Verweigerung gegenüber dem Geist der Literaturkritik. Sie weist sämtliche Etiketten und Kategorien zurück, die man auf ihr Werk anwenden möchte. Sie sträubt sich gegen die Einordnung in Zeitabschnitte, Entwicklungsstufen oder Kalküle und legt stattdessen nahe, ihr Œuvre mit holistischem, sozusagen simultanem Blick zu betrachten.«

1994 erschien in den USA unter dem Titel *Conversations* der erste und bislang einzige Sammelband mit Gesprächen. Er enthält Interviews aus dreißig Jahren, darunter auch eines mit der soeben zitierten Eve Bertelsen, und wurde 1996 unter dem Titel *Putting the Questions Differently* auch in Großbritannien veröffentlicht. 1999 wurde mit dem Band *Gespräche* eine deutsche Übersetzung aufgelegt.

Darüber hinaus sind weltweit zahlreiche weitere Interviews in Zeitungen und Zeitschriften erschienen. Für den vorliegenden Band bot es sich an, die wichtigsten Interviews aus der Sammlung *Gespräche* aufzunehmen und eine ergänzende Auswahl aus den seither erschienenen zu treffen, um die Gedankenwelt der Autorin möglichst umfassend darzustellen.

Doris Lessings Interviews und Gespräche sind eine unerschöpfliche Quelle von Informationen und Reflexionen über ihre jeweils aktuelle Produktion, aber auch über drängende ästhetische oder gesellschaftliche Fragen – und vor allem über den Zusammenhang zwischen beidem. (Zu ihrem Verdruss, so möchte man ergänzend erwähnen, wird die Autorin allerdings in nahezu jedem Interview zu ihrer Position in Sachen Feminismus befragt – ein zweifelhaftes Privileg, das wohl der Vereinnahmung ihres Romans *Das goldene Notizbuch* durch die Frauenbewegung geschuldet ist.)

Das erste in dieser Auswahl enthaltene Interview – mit Studs Terkel – stammt aus dem Jahr 1969. Ihm sind interessante Aspekte des oben im Zusammenhang mit den Essays erwähnten Umbruchs zu entnehmen, der sich nicht zuletzt auch in dem Roman *Die viertorige Stadt* aus dem Zyklus »Kinder der Gewalt« niederschlug. Sehr deutlich erkennt man hier, wie Doris Lessing ihr literarisches Schaffen in Bezug zu aktuellen Themen wie etwa Psychologie oder Jugendrevolte setzt. In den Gesprächen aus den achtziger Jahren lässt sich Ähnliches in Hinsicht auf den Romanzyklus »Canopus im Argos: Archive« nachvollziehen, wobei

Doris Lessings Hinwendung zum Sufismus sowie die psychologischen und ökologischen Bedrohungsszenarien der Gesellschaft im Vordergrund stehen. Hier zeichnen sich allmählich auch jene Reflexionen zum autobiografischen Schreiben ab, mit denen sich die Autorin in den neunziger Jahren vornehmlich beschäftigen wird.

Im Fokus der Gespräche aus dem letzten Jahrzehnt des zwanzigsten Jahrhunderts steht jedoch keineswegs nur das Thema Autobiografie, denn nach dem Fall des Eisernen Vorhangs wendet sich die Autorin noch einmal der Betrachtung des Kommunismus zu, den sie in ihrer Jugend unterstützte – ein Thema, zu dem man sie gern und häufig befragt. Wie oben erläutert, spielte es während der fünfziger und sechziger Jahre eine große Rolle, als Doris Lessing nach Antworten auf ästhetische wie auch persönliche, lebenspraktische Fragen suchte. Man gewinnt jedoch den Eindruck, dass sie es später im Rückblick erheblich kritischer beleuchtet.

Vor dem Hintergrund der oben erwähnten und öffentlich wahrgenommenen Afrikareisen ist in den Gesprächen aus den neunziger Jahren auch häufig von den immer größer werdenden Gegensätzen zwischen Industrie- und Entwicklungsländern die Rede – und im Zusammenhang mit Doris Lessings seinerzeit gerade erschienener zweibändiger Autobiografie natürlich einmal mehr von den Fragen und Problemen autobiografischen Schreibens.

In den beiden ausgewählten Gesprächen aus dem ersten Jahrzehnt des einundzwanzigsten Jahrhunderts scheint die Autorin auf leicht melancholische Weise zu resümieren – eine Stimmung, wie sie auch aus dem oben erwähnten Buch *Alfred und Emily* spricht. Klar und nüchtern blickt Doris Lessing in diesen Interviews auf ihr damals bereits fünf Jahrzehnte umfassendes Arbeitsleben als Autorin, als Geschichtenerzählerin, als Rebellin, als unermüdliche und unbestechliche Chronistin zurück.

Aus welchem Jahrzehnt sie auch stammen – Doris Lessings Interviews und Gespräche bieten immer einen kostbaren Einblick in die Werkstatt der Autorin, die freimütig über Inspirationsquellen, Methoden und Gestaltungsprozesse Aufschluss gibt oder über Funktion und Verantwortung ihrer Zunft reflektiert. Biografische Wegmarken ermöglichen es dem Leser, diese Informationen mit dem literarischen Werk zu verknüpfen und Rückschlüsse zu ziehen. Niemals verkündet Doris Lessing eine Lehre oder Doktrin – ihre Interviews sind wie die literarischen Werke Suchbewegungen, Erkundungsfahrten, die ihren geistigen Kosmos festigen, vergrößern und erweitern. »Ihr Werk«, so die Journalistin und Autorin Elke Schmitter, »ist kein ästhetisches Projekt, sondern eine Erkundung von Außen und Innen ihrer Existenz.«

2007 wurde Doris Lessing mit dem Nobelpreis für Literatur ausgezeichnet, als »Epikerin weiblicher Erfahrung, die sich mit Skepsis, Leidenschaft und visionärer Kraft eine zersplitterte Zivilisation zur Prüfung vorgenommen hat«, so die Begründung des Nobelkomitees. Wie alle Preisträger hat sie eine Nobelvorlesung verfasst und einen autobiografischen Text vorgelegt, Dokumente, in denen sie sich rückblickend ihren Lebensthemen zuwendet. Während »Autobiografie« noch einmal mit großer Poesie jene Kindheits- und Jugendjahre in Persien und Afrika heraufbeschwört, die schon in den Porträts der Eltern, in den frühen Romanen, in zahlreichen Erzählungen und natürlich in der zweibändigen Autobiografie präsent gewesen sind, hebt Doris Lessing in ihrer Nobelvorlesung »Den Nobelpreis nicht gewinnen« die lebenswichtigen Funktionen der Bildung, des Lesens, der Geschichten hervor – Gedanken, die im Ansatz schon 1988 in »Für eine Broschüre des Book Trust« ausgeführt wurden und im Denken der Autorin jahrzehntelang prominent und entscheidend waren.

Mit den beiden genannten Texten aus dem Umfeld des Literaturnobelpreises 2007 schließt dieser Band. »Poetin des Feminismus« hat man Doris Lessing im Zuge der Berichterstattung über die Auszeichnung genannt, »kosmische Kassandra«, »unbeirrbare Individualistin«, »Nomadin im Herzen«, »gezeichnete Moralistin«, »Botschafterin der Einsamkeit«, »rebellische Weltbürgerin«, und nicht zuletzt »verdiente Siegerin«. Wie passend oder unpassend dergleichen Etikettierungen auch sein mögen – Doris Lessing sähe es sicher nicht gern, legte man sie darauf fest. Ihr Interesse ist immer das an der Erkenntnis gewesen, an Zusammenhängen und Entwicklungen, nicht zuletzt an Selbsterkenntnis. Entsprechend bescheiden klingt angesichts der hochfliegenden Charakterisierungen, was sie im zweiten Band ihrer Autobiografie konstatiert: »Wenn man über ein Thema schreibt – in einem Roman oder Artikel –, lernt man etliches, was man vorher nicht wusste.«

Liest man Doris Lessings kleinere Schriften in ihrer Vielgestalt und parallel zu den Romanen und Erzählungen, so erweist sich, dass bestimmte Themen und Motive ihr Werk über Jahrzehnte hinweg durchziehen, dass sie wiederaufgenommen, weiterentwickelt, neu verknüpft und beleuchtet werden. Der Reichtum ihres Werks erschließt sich vor allem dann, wenn man sich die Vielfalt der Gestaltungsformen dieser Konstanten vor Augen führt. Und der genaue Blick erkennt darüber hinaus, auf welchem Boden das gewaltige Werk der Autorin gewachsen ist. Es hat einen Kern, ein Zentrum, und all die Grundlinien, die ihr Werk jahrzehntelang prägten, haben ein gemeinsames Fundament. Sie fußen auf dem bewegten Leben der Autorin ebenso wie auf dem reichen Fundus ihrer Lektüre, aber vor allem auf dem unermüdlichen Interesse am Austausch mit anderen Menschen, mit anderen Künstlern, mit der Gesellschaft.

Barbara Christ

TEXTNACHWEIS

*Ein Nachweis der Erstveröffentlichung – so weit anders als
nachstehend angegeben – ist den jeweiligen Texten innerhalb des
vorliegenden Bandes vorangestellt.*

BUCHVERÖFFENTLICHUNGEN

»Mit leiser persönlicher Stimme«; »Mein Vater«; »In der Welt, nicht
von ihr«; »Gefängnisse, in denen wir freiwillig leben«:
Aus: Doris Lessing, *Mit leiser, persönlicher Stimme. Essays.* Aus dem
Englischen von Regine Laudann, S. Fischer/Goverts, © 1989 S. Fi-
scher Verlag GmbH, Frankfurt am Main
Im Original erschienen »The Small Personal Voice«, »My Father«
und »In The World, Not of It« 1974 in dem Sammelband: Doris
Lessing, *A Small Personal Voice*, herausgegeben von Paul Schlueter,
bei Alfred A. Knopf, New York. © Doris Lessing
Im Original erschien die Vortragsreihe »Prisons We Choose to Live
Inside« 1986 bei CBC Enterprises, Canadian Broadcasting Corpo-
ration, Toronto. © Doris Lessing

»Lernen, die Fragen anders zu stellen«; »Das Bedürfnis, Geschichten
zu erzählen«; »Noch steht der Zeiger nicht auf Mitternacht!«; »Zuschauen, wie die wütenden, destruktiven Horden vorbeimarschieren«; »Ein Schriftsteller ist kein Professor«; »Nicht hinterfragte Geis-
teshaltungen, die der Kommunismus hinterlassen hat«:
Aus: Doris Lessing, *Gespräche.* Aus dem Englischen von Sabine
Schulte, Hoffmann und Campe, Hamburg 1999
Im Original erschienen »Learning to Put the Questions Differently«,
»The Need to Tell Stories«, »Placing Their Fingers on the Wounds
of Our Times«, »Watching the Angry and Destructive Hordes Go
By«, »A Writer is Not a Professor« und »Unexamined Mental Atti-
tudes Left Behind by Communism« 1994 in dem Sammelband:
Doris Lessing – Conversations, herausgegeben von Earl G. Inger-

INTERVIEWS

445